普通高校经济管理类立体化教材·财会系列

审 计 学
(第四版)

杨昌红　赵凌云　主　编

降艳琴　李翼恒　副主编

清华大学出版社
北 京

内 容 简 介

本书共十二章，在理论方面以风险导向审计理论为基础阐述了有关审计的起源、组织体系与审计规范、审计技术与方法、审计程序、风险评估与风险应对等方面的内容；在审计实务部分按照国际上通行的业务循环法，结合大量审计实例，阐述与财务报表鉴证业务相关的内容；最后介绍了注册会计师的其他鉴证业务与相关服务业务。各章均配有案例导读、学习目标及关键概念、小结与复习思考题等。

本书充分借鉴国内外出版的"审计学"经典教材的优点，由长期从事审计学教学与研究的高校教师编写，可作为普通高校会计学专业、财务管理专业学生学习"审计学"的教材，也可供广大会计、审计实务工作者参考使用。

图书在版编目(CIP)数据

审计学/杨昌红，赵凌云主编. —4 版. —北京：清华大学出版社，2022.7(2023.8重印)
普通高校经济管理类立体化教材.财会系列
ISBN 978-7-302-61234-6

Ⅰ. ①审…　Ⅱ. ①杨…　②赵…　Ⅲ. ①审计学—高等学校—教材　Ⅳ. ①F239.0

中国版本图书馆 CIP 数据核字(2022)第 110263 号

责任编辑：孙晓红
封面设计：李　坤
责任校对：徐彩虹
责任印制：杨　艳
出版发行：清华大学出版社
　　　　　网　　　址：http://www.tup.com.cn, http://www.wqbook.com
　　　　　地　　　址：北京清华大学学研大厦 A 座　　　　邮　　编：100084
　　　　　社 总 机：010-83470000　　　　　　　　　　邮　　购：010-62786544
　　　　　投稿与读者服务：010-62776969, c-service@tup.tsinghua.edu.cn
　　　　　质量反馈：010-62772015, zhiliang@tup.tsinghua.edu.cn
　　　　　课件下载：http://www.tup.com.cn, 010-62791865
印 装 者：北京嘉实印刷有限公司
经　　销：全国新华书店
开　　本：185mm×260mm　　　印　　张：20.75　　　字　　数：495 千字
版　　次：2008 年 4 月第 1 版　2022 年 9 月第 4 版　　　印　　次：2023 年 8 月第 2 次印刷
定　　价：65.00 元

产品编号：094040-01

前　　言

在 2006 年 2 月 15 日财政部颁布《企业会计准则》与《中国注册会计师执业准则》的背景下，我们于 2008 年编写了《审计学》这本教材。为适应不断变化的审计环境，并体现与国际准则的持续全面趋同，审计准则一直在不断修订、更新，相应地，本书也在不断修订、完善。

2020 年 11 月 19 日，财政部批准印发《会计师事务所质量管理准则第 5101 号——业务质量管理》《会计师事务所质量管理准则第 5102 号——项目质量复核》以及《中国注册会计师审计准则第 1121 号——对财务报表审计实施的质量管理》三项新修订的中国注册会计师执业准则；2020 年 12 月 17 日，中国注册会计师协会发布《中国注册会计师职业道德守则(2020)》和《中国注册会计师协会非执业会员职业道德守则(2020)》；2021 年 2 月 2 日发布中国注册会计师协会制定的《中国注册会计师审计准则问题解答第 16 号——审计报告中的非无保留意见》。

2018 年 1 月 12 日新修订的《审计署关于内部审计工作的规定》发布，赋予了我国内部审计的新使命。内部审计作为增加企业价值和促进企业实现发展目标的职能部门，着眼于企业发展战略，推动企业战略目标的顺利实施，成为目前内部审计的新要求和新使命。

为加强党中央对审计工作的领导，构建集中统一、全面覆盖、权威高效的审计监督体系，更好发挥审计监督作用，党中央于 2018 年 3 月，组建了中央审计委员会，作为党中央决策议事协调机构。这标志着我国的审计工作进入新时代。2021 年 5 月 6 日，国务院常务会议通过《中华人民共和国审计法(修正草案)》(新修正的《审计法》已于 2021 年 10 月 23 日经第十三届全国人民代表大会常务委员会第三十一次会议表决通过)。

为及时体现这些新法规和新要求，我们对《审计学》(第三版)进行了较为全面、深入的修订，对每章内容都进行了程度不等的修改、完善，以满足现阶段会计学专业、审计学专业、其他经济管理类专业学生以及广大审计理论与实务工作者的需要。

本书第一～六章为审计理论部分，在原有框架结构上结合最新准则重点对相关内容做了修订、完善。第七～十章为审计实务部分，以制造业的销售与收款循环、采购与付款循环、生产与存货循环为例阐述各业务循环的审计，为更好体现风险导向审计，对原来章节结构重新进行了修订，按照业务循环及其内部控制—业务循环的重大错报风险—业务循环的控制测试—业务循环关键项目的实质性程序的思路展开阐述。收入审计部分依据 2017 年财政部新修订的《企业会计准则第 14 号——收入》进行了全面的修订。第十一章按照最新审计报告准则在《审计学》(第三版)基础上进行了较大幅度的修订。每章前面的案例导读大部分都重新修改，尽可能选用国内最新的真实案例。

本书共分为十二章，具体编写分工如下：杨昌红(河北地质大学)编写第一、二章；降艳琴(石家庄邮电职业技术学院)、杨昌红编写第三章；李翼恒(河北地质大学)编写第四、五章；杨昌红、刘三昌(河北地质大学)编写第六章；赵凌云(河北地质大学)编写第七~十章；降艳琴(石家庄邮电职业技术学院)编写第十一、十二章。各章初稿完成后，最后由杨昌红教授统筹定稿。

由于审计理论与实践的复杂性，相关法规、制度的广泛性，尽管我们力求谨慎、准确，但书中难免存在不足和疏漏之处，欢迎各位读者批评指正。

编　者

目　　录

第一章

总　　论

案例导读

"2001 年 9 月 5 日，中国证监会发布新闻指出，已查明银广夏公司通过各种造假手段虚构巨额利润的事实，查明深圳中天勤会计师事务所及其签字的注册会计师违反有关法律法规，为银广夏公司出具了严重失实的审计报告。2001 年 9 月 10 日，停牌一个月的银广夏以跌停板价格复牌，一路狂跌。经过史无前例的 15 个连续跌停后，在 10 月 8 日止住跌停。股价从停牌前的 30.79 元跌至 6.59 元，近 68 亿元的流通市值被无形蒸发，持有银广夏股票的投资者遭受重创。"

"2001 年 12 月 2 日，美国能源交易商安然公司向纽约法院申请破产保护，创下美国历史上最大的公司破产纪录。由于该公司虚报盈利的行为被披露后股价急剧下跌，投资者及公司员工损失惨重，纷纷提出投诉。美国国会、司法部、劳工部和证券交易委员会先后介入调查，除了暴露出安然公司与政坛要员关系密切的丑闻外，承担审计工作的安达信公司也难辞其咎，并因涉嫌故意销毁数千份有关资料而受到国会的质询。"

"2004 年 6 月，在十届全国人大常委会第十次会议上，国家审计署审计长李金华提交了一份让人触目惊心的审计'清单'，中央一些部委赫然在榜。长达 22 页的审计报告中有 19 页都是关于对各级财政审计后发现的违法违规问题，不仅披露了国家林业局、国家体育总局、国防科工委、科技部等中央单位虚报、挪用预算资金的违规事实，还披露了淮河灾区和云南大姚地震灾区有关地方政府虚报、挪用救灾款的事实，以及原国家电力公司领导班子决策失误造成重大损失的调查结果。"

"2004 年 12 月 28 日晚，被誉为"中国经济界奥斯卡奖"的 CCTV 2004 中国经济年度人物各个奖项在北京饭店揭晓。众望所归，冲破重重障碍刮起审计风暴的国家审计署审计长李金华，最终获得了分量最重的年度大奖。"

"国务院国有资产监督管理委员会 2004 年 10 月颁布并实施了《中央企业内部审计管理暂行办法》。要求国有控股公司和国有独资公司，应当依据完善公司治理结构和完备内部控制机制的要求，在董事会下设立独立的审计委员会。企业审计委员会成员应当由熟悉企业财务、会计和审计等方面专业知识并具备相应业务能力的董事组成，其中主任委员应当由外部董事担任。"

提示：

"审计"一词，就是这样出现在我们日常的新闻和生活中。可是，谁又能说清楚，什么是"审计"呢？

学习目标

通过对本章内容的学习，重点掌握审计的概念和属性、审计的基本分类，了解中外各类审计组织产生和发展的过程，明确审计产生和发展的动因，熟悉审计的职能和作用。

第一节　审计的产生和发展

一、政府审计的产生和发展

(一)我国政府审计的产生和发展

我国历代的政府审计经历了一个漫长的发展过程，大体上可分为六个阶段：西周初期的初步形成阶段，秦汉时期的确立阶段，隋唐至宋的日臻健全阶段，元明清的停滞不前阶段，中华民国时期的不断演进阶段，中华人民共和国成立后的振兴阶段。

(1) 在西周时期，我国就有了政府审计的萌芽，其主要标志是"宰夫"一职的出现。当时朝廷设天、地、春、夏、秋、冬六官，以天官为首的冢宰系统负责掌管财政支出，并设置中大夫司会，对财政收支进行记录与考核。同时，在天官的副职小宰之下设宰夫一职，由宰夫行使"考其出入，以定刑赏"之权。宰夫司职百官及地方的业绩、政绩的审查工作，并将审查结果向冢宰或直接向周王报告，以决定对朝廷百官及地方官员的奖惩。从宰夫的工作来看，它独立于财计部门之外，具有审计的性质，是我国政府审计的起源，也可称为古代官厅审计。

(2) 秦汉时期是我国古代官厅审计的确立阶段，主要表现在以下三个方面：一是初步形成了统一的审计模式。秦汉时期是我国封建社会的建立和成长时期，封建社会经济的发展促使秦汉时期逐渐形成全国审计机构与监察机构相结合、经济法制与审计监督制度相统一的审计模式。秦朝，中央设"三公""九卿"辅佐政务。御史大夫为"三公"之一，执掌弹劾、纠察之权，专司监察全国的民政、财政以及财物审计事项，并协助丞相处理政事。汉承秦制，仍由御史大夫领掌监督审计大权。二是"上计"制度日趋完善。所谓"上计"，就是皇帝亲自参加听取和审核各级地方官吏的财政会计报告，以决定赏罚的制度。这种制度始于周朝，至秦汉时期日趋完善。三是审计地位提高，职权扩大。御史制度是秦汉时期审计建制的重要组成部分，秦汉时期的御史大夫不仅行使政治、军事的监察之权，还行使经济的监督之权，控制和监督财政收支活动，钩稽总考财政收入情况。

(3) 隋唐至宋，随着中央集权的不断加强，官僚系统进一步完善，官厅审计在制度方面也随之日臻健全。隋朝开创一代新制，设置比部，隶属于都官或刑部，掌管国家财计监督，行使审计职权。唐代的比部审查范围极广、项目众多，而且具有很强的独立性和较高的权威性。比部审计之权通达国家财经各领域，而且一直下伸到州、县。宋太宗淳化三年(公元 992 年)设"审计院"。宋高宗建炎元年(公元 1127 年)在太府寺中设审计司，审查财政的收支。宋审计司(院)的建立，是我国"审计"的正式命名，从此，"审计"一词便成为财政监督的专用名词，对后世中外审计建制具有深远的影响。

(4) 元明清各朝，君主专制日益强化，官厅审计虽有发展，但总体上来说停滞不前。元代取消比部，户部兼管会计报告的审核，独立的审计机构即告消亡。明清时期，比部职权虚有其名，另设六科、十三道监察御史，构成独立的监察系统，即所谓的科道制度。事实上，元明清三朝基本上未设专门的审计机构，古代官厅审计处于衰落时期。

(5) 进入民国时期以后，政府于 1912 年在行政院下设审计处，1914 年改为审计院，同年颁布了《审计法》。国民党政府于 1928 年颁布《审计法》和实施细则，次年还颁布了《审计组织法》，审计人员有审计、协审、稽查等职称。这一时期的我国近代政府审计，日益演进，有所发展，但由于当时的政治不稳定，经济发展缓慢，审计工作一直没有长足的进展。

(6) 中华人民共和国成立以后，最初没有设置独立的审计机构，基本上以会计检查和对财税、银行等监督方式替代审计监督。党的十一届三中全会以来，党和政府把工作重点转移到经济建设上来，并意识到实行审计监督是加强宏观经济控制不可或缺的一项制度安排。为适应这种需要，我国把建立政府审计机构、实行审计监督载入 1982 年制定的《中华人民共和国宪法》，并于 1983 年 9 月成立了我国政府审计的最高机关——中华人民共和国审计署，在县以上各级人民政府设置各级审计机关。1995 年 1 月 1 日《中华人民共和国审计法》的实施，从法律上确立了政府审计的地位，为其进一步发展奠定了良好基础。

进入 21 世纪，在经济全球化的影响下，我国政府审计发展迅速，特别是近几年受审计风暴的影响，政府审计进入了一个新的阶段。随着社会主义市场经济体制的逐步完善，为加强和规范审计工作，2006 年第十届全国人大常委会第二十次会议第一次修改了《审计法》，自 2006 年 6 月 1 日起施行。

为加强党中央对审计工作的领导，构建集中统一、全面覆盖、权威高效的审计监督体系，更好地发挥审计监督作用，党中央于 2018 年 3 月，组建了中央审计委员会，作为党中央决策议事协调机构。这是我国审计发展史上的创举，迎来了我国审计发展的新时代。

2021 年 5 月 6 日，国务院常务会议通过《中华人民共和国审计法(修正草案)》，对 2006 年修订的《中华人民共和国审计法》再次修订，迎来全新的第 3 版。《中华人民共和国审计法(修正草案)》保持审计基本制度不变，在宪法和法律框架下扩展审计范围，增加了对除政府投资建设项目外的其他重大公共工程项目、国有资源、国有资产、公共资金和地方银行等进行审计监督的规定，强化审计监督手段，增强审计监督的独立性和公信力，明确要求被审计单位应按规定时间整改审计查出的问题。审计机关应对整改情况进行跟踪检查，对拒不整改或整改时弄虚作假的，依法追究责任。审计法是国家审计监督体系的基础性法律，审计法的与时俱进，不断修订完善有助于构建集中统一、全面覆盖、权威高效的审计监督体系。

(二)国外政府审计的产生和发展

在其他国家，随着生产力进步、社会经济的发展和经济关系的不断变革，政府审计的产生也有悠久的历史，并经历了一个漫长的发展过程。

据史料记载，早在奴隶制度下的古埃及、古希腊和古罗马时代就已有官厅审计机构。例如，古埃及政府机构中设置监督官，行使审查监督权，会计官员的收支记录、各级官吏是否尽职守法等均处于监督官的严格监督之下。监督官的职权大、地位高，管理权限也不限于经济监察，尚未形成独立的审计机构，审计处于萌芽时期。此外，在古罗马和古希腊，也有相应的负责经济监察的机构，通过"听证"方式，对掌握国家财物和赋税的官吏进行审查和考核等具有审计性质的经济监督工作。在世界各国封建社会时期，历代封建王朝大都设有审计机构对国家的财政收支进行审计监督，但当时的官厅审计不论是组织机构还是方法，都还处于很不完善的初始阶段。

在资本主义时期，随着资本主义国家经济的发展和资本主义制度的确立，政府审计也有了进一步的发展。西方实行立法、行政、司法三权分立，议会为国家最高立法机关，并对政府行使包括财政监督在内的监督权。为了监督政府的财政收支，保护公共资金的安全和合理使用，大多在议会下设有专门的审计机构，由议会或国会授权对政府及其各部门的财政、财务收支进行独立的审计监督。例如，美国的国家总审计局、英国的国家审计总署、加拿大的审计公署等，都是隶属于国家立法部门的独立审计机关，享有独立的审计监督权，其审计结果向议会报告。除隶属于立法机关的审计机关外，世界各国根据自己的国情设置本国的审计机关，如法国的审计法院是与审计相关的法院机构，但它属于独立的金融司法管辖范围，还有直接由政府财政部门领导的瑞典国家审计局等。无论是哪种形式的政府审计机关，都应保证审计机关拥有独立性和权威性，不受干扰，客观、公正地行使审计监督权。

二、内部审计的产生和发展

(一)我国内部审计的产生和发展

内部审计的历史几乎与政府审计一样悠久，奴隶社会是内部审计的萌芽时期。我国内部审计萌芽于西周时期。西周时期的司会虽然主要负责政府会计工作，但也行使内部审计权。《周礼》中所记载的"凡上之用，必考于司会"，就是指无论是日常的会计核算还是所有的会计报告，均需经过司会之手进行考查。这可以说是原始意义上的内部审计。

我国现代内部审计起步于1984年。在各级政府审计机关、各级主管部门的积极推动下，我国的内部审计得到蓬勃发展。1984年，开始在部门、单位内部成立审计机构，实行内部审计监督。审计署于1985年10月发布了《审计署关于内部审计工作的若干规定》。于2003年3月颁布了《内部审计条例》，2003年5月1日，审计署颁布施行了《审计署关于内部审计工作的规定》，进一步规范我国的内部审计工作。至此，我国形成了政府审计、民间审计和内部审计三位一体的审计监督体系。目前，大多数政府部门、企事业单位均设置了内部审计机构，实行内部审计制度。

2018年1月12日新修订的《审计署关于内部审计工作的规定》发布，赋予了我国内部审计的新使命。内部审计作为增加企业价值和促进企业实现发展目标的职能部门，着眼于企业发展战略，推动企业战略目标的顺利实施，成为目前内部审计的新要求和新使命。

(二)国外内部审计的产生和发展

国外内部审计产生的准确时间已无从考证，一般认为，内部审计是伴随政府审计而产生和发展的。在11—12世纪，西方国家产生了"行会审计"，类似于内部审计工作。当时的行会每年要召开几次总会，议事内容包括选举产生理事和审计人员。理事会是行会的执行机关，它必须在召开总会时将行会账户提交审计人员审查。审计人员审查的重点是作为受托人的理事在处理经济业务方面的诚实性，体现了内部审计的本质是由于"两权分离"，即生产资料所有权与管理权分离而产生的受托责任关系。到了中世纪，内部审计进一步发展，主要标志是出现了独立的内部审计人员。这一时期，内部审计主要采取寺院审计、城市审计、行会审计、银行审计和庄园审计等形式。

近代内部审计产生于19世纪末期，随着资本主义经济的发展，企业之间的竞争日益激烈，跨国公司也迅速崛起，使企业内部的管理层次增加，从而产生了对企业内部经济管理控制和监督的需要。

现代西方内部审计是自 20 世纪 40 年代起，随着大型企业管理层次的增多和管理人员控制范围的扩大，基于企业内部经济监督和管理的需要而产生的。进入 20 世纪 40 年代以后，资本主义企业的内部结构和外部环境进一步复杂化，跨国公司迅速崛起，管理层次快速分解。如此巨变的经济环境对内部审计提出了更高的要求，内部审计也因此有了长足的发展。1941 年，维克多·Z. 布瑞克(Victor Z. Brink)出版了第一部内部审计著作《内部审计学》，宣告了内部审计学科的诞生。约翰·B. 瑟斯顿(John B. Thurston)联合一群有识之士在美国纽约创立了"内部审计师协会"，后来发展为国际性的内部审计组织，为推动内部审计事业的发展做了大量有益的工作。这两件大事的完成，促使内部审计发生了翻天覆地的变化。内部审计已成为一支社会力量，且有了自身的理论体系，由此揭开了现代内部审计的序幕。

三、民间审计的产生和发展

(一)我国民间审计的产生和发展

我国民间审计的产生要晚于西方国家，它起源于 20 世纪初。当时，我国资本主义工商业有所发展，民间审计应运而生。1918 年 9 月，北洋政府农商部颁布了我国第一部注册会计师法规——《会计师暂行章程》，同年批准谢霖为我国第一位注册会计师。1921 年，谢霖在北京创办了我国第一家会计师事务所——正则会计师事务所，与随后潘序伦创办的立信会计师事务所、奚玉书创办的公信会计师事务所、徐永祚创办的徐永祚会计师事务所成为中华民国时期的四大会计师事务所。1925 年，上海成立了中国第一个注册会计师职业组织——上海会计师公会。随后，各地的会计师公会相继成立，1929 年《公司法》的公布以及后来有关《税法》和《破产法》的施行，也对职业会计师事业的发展起到了推动作用。自 20 世纪 30 年代以后，在一些大城市中相继成立了会计师事务所，接受委托人委托办理查账等业务，民间审计得到了发展。

中华人民共和国成立初期，民间审计在经济恢复工作中发挥了积极的作用。但由于后来推行苏联的高度集中的计划经济模式，在较长的一段时间内，民间审计悄然退出了经济舞台。党的十一届三中全会以后，随着"对外开放、对内搞活"方针的贯彻实施，恢复注册会计师制度的问题被提到了议事日程。1980 年 12 月，财政部颁发了《关于成立会计顾问处的暂行规定》，标志着我国民间审计进入了恢复起步阶段。1981 年 1 月 1 日，我国恢复民间审计制度后的第一家会计师事务所——上海会计师事务所成立。1987 年，中华人民共和国第一部注册会计师法规——《中华人民共和国注册会计师条例》颁布，标志着我国民间审计进入了创始阶段。1988 年年底，注册会计师的全国性职业组织——中国注册会计师协会成立，民间审计走向全面发展阶段。1994 年 1 月 1 日《中华人民共和国注册会计师法》的实施，使民间审计步入了法制的轨道，并得到了迅猛发展。1991 年设立注册会计师考试制度，2009 年经过全面改革，实现了考试制度的国际趋同。1996 年，随着中国独立审计准则的制定及施行，我国的民间审计逐步走向标准化、法制化、规范化。2006 年 2 月 15 日财政部发布《中国注册会计师执业准则》，标志着我国已建立起一套适应社会主义市场经济发展要求、顺应国际趋同大势的中国注册会计师执业准则体系。为保持与国际审计准则持续、全面的趋同，我国民间审计准则一直在及时修订、完善，使得我国民间审计更快、更好地在资本市场上发挥作用。

截至 2020 年年底，中国注册会计师行业全国从业人员超 40 万人，会计师事务所 9600余家，累计服务三资企业近 100 万家，吸引外资 2.2 万亿美元，帮助各类资本市场主体融资超过 220 万亿元。我国民间审计通过 40 多年的发展，在以下方面发挥了巨大作用：一是促进了上市公司会计信息质量的提高。国家对上市公司监管所依据的信息，主要来自上市公司的财务报表和注册会计师对此出具的审计报告。二是维护了市场经济秩序。注册会计师通过为投资者提供相关、可靠的信息，在很大程度上防止了市场交易的欺诈行为，增强了交易各方的信心。三是推动了国有企业的改革。注册会计师通过提供审计等服务，对国有企业改制上市、优化资源配置和促进经济结构调整等起到了推动作用。

(二)西方民间审计的产生和发展

在西方，由职业会计师进行的民间审计最早起源于 16 世纪末期的意大利。当时，地中海沿岸国家的商品贸易得到了发展，出现了为筹集大量资金而进行贸易活动的合伙经营方式，即由许多人合伙筹资，委托给某些人去经营贸易。这样，财产的所有权和经营权就分离了，对经营管理者进行监督成为必要，财产的所有者便聘请会计工作者来承担这项工作。1581 年，威尼斯会计学会的成立是民间审计的萌芽。

现代意义上的民间审计是伴随 18 世纪 60 年代到 19 世纪中叶英国工业革命的完成而产生的。工业革命的完成推动了资本主义商品经济的发展，在西方出现了以发行股票筹集资金为特征的股份公司。随着股份公司这一企业组织形式的出现，公司的所有权与经营权相分离，使得对经营管理人员的监督成为必要，现代民间审计制度便应运而生。1720 年，英国的"南海公司事件"(也称泡沫事件，South Sea Bubble)导致世界上第一位民间审计师的诞生。南海公司(South Sea Company)以欺骗手段虚构经营业绩和发展前景，吸引了大量投资，最后因经营失败而破产，使成千上万的人遭受了损失。英国议会聘请会计师查尔斯·斯内尔(Charles Snell)对南海公司诈骗案进行审计。查尔斯·斯内尔以"会计师"的名义提出了"查账报告书"，从而宣告了独立会计师——注册会计师的诞生。

1844 年，英国政府为了保护广大股票持有者的利益，颁布了《公司法》，规定股份公司必须设监察人，负责审查公司账目。因当时的监察人一般由股东担任，大多数人并不熟悉会计业务和专门的审查方法，难以有效地实施监督，所以 1845 年修订《公司法》时规定，股份公司可以聘请执业会计师协助办理此项业务。这一规定无疑对发展民间审计起了推动作用。1853 年爱丁堡会计师协会在苏格兰的爱丁堡成立，这是世界上第一个职业会计师的专业团体，标志着注册会计师职业的诞生。随后，英国有数家会计师协会相继成立，民间审计队伍迅速壮大。但此时的英国民间审计没有成套的方法和理论依据，只是出于查错揭弊的目的，对大量的账簿记录进行逐笔审查，即详细审计。由于详细审计产生于英国，且在英国盛行，故也被称为英国式审计。

19 世纪末 20 世纪初，美国的民间审计得到了迅猛发展。美国南北战争结束后，英国的巨额资本流入美国，对美国的经济发展起到了积极的作用。为了保护广大投资者和债权人的利益，英国的执业会计师远涉重洋到美国开展民间审计业务；同时，美国本土也很快形成了自己的民间审计队伍。1887 年美国公共会计师协会成立，1916 年改组为美国注册会计师协会，后来发展为美国注册公共会计师协会(American Institute of Certified Public Accountants，AICPA)，成为世界上最大的民间审计专业团体。20 世纪初期，美国的短期信用发达，企业多从银行举债。银行为了维护自身利益，要求对申请贷款企业的资产负债表进行审查、分析，判断企业的偿债能力，以决定是否给予贷款。因此，以证明企业偿债能力为主要目的的资产负债表审计，即信用审计在美国风行一时。由于资产负债表审计是美国首先实施的，故又被称为美国式审计。

20 世纪 20 年代以后，随着资本市场的发育成熟，证券交易的业务量和规模都有了较大的发展，资产负债表审计已无法满足需要。为顺应证券市场发展和社会各方面的要求，美国率先进入了会计报表审计时代。美国颁布的《1933 年证券法》规定，在证券交易所上市有价证券的所有企业的会计报表，都必须进行强制性的审计，其会计报表都必须经注册会计师出具报告。这要求所公开的各种会计报表必须按一定的标准编制，而与之相适应的审计鉴证工作也必须步入规范化、标准化的轨道。为此，西方会计学家、审计学家加速了对会计准则、审计准则的研究。许多国家的会计职业团体制定和实施了会计准则和审计准则。

第二次世界大战以后，各经济发达国家通过各种渠道推动本国企业向海外拓展，跨国公司得到空前发展。国际资本的流动带动了注册会计师职业的发展，形成了一批国际会计师事务所。随着会计师事务所规模的扩大，形成了"八大"国际会计师事务所，20 世纪 80 年代末合并为"六大"国际会计师事务所，之后又合并成为"五大"国际会计师事务所。2001 年，美国爆发了安然公司会计造假丑闻，出具审计报告的安达信会计师事务所因涉嫌舞弊和销毁证据受到美国司法部门的调查，之后宣布关闭，世界各地的安达信成员所也纷纷与其他国际会计师事务所合并。因此，目前，尚有"四大"国际会计师事务所，即普华永道(Price Waterhouse Coopers)、德勤(Deloitte Touche Tohmatsu)、安永(Ernst & Young)、毕马威(KPMG)。

四、审计产生的客观基础

从上述审计产生和发展的历史可以看出，财产所有者与经营者之间形成的受托经济责任关系是审计存在的客观基础。

审计是人类社会发展到一定阶段的产物。最早出现审计行为的政府(官厅)审计，是进入奴隶社会后产生的。在此之前，社会生产力低下，人们共同劳动，平均分配，没有阶级和剥削，资产的所有者和管理者之间并没有明确区分，不存在为他人管理、经营资财的责任关系，缺乏产生审计的条件。进入奴隶社会阶段，形成少数人占有社会资财并占有别人劳动的现象，出现了所有者授权管理者管理资财的经营责任关系，并逐渐导致社会分工的细化，奴隶主将其所有的资财授权其所属官员进行管理，特别是对钱粮赋税的管理，也授权那些有知识和专长的官员对资财管理者的管理活动和经营活动进行检查、评价。审计正是在这种经济责任关系产生后，为明确或解除资财管理者的经济责任而产生的。随着人类社会的进步和经济的发展，社会经济责任关系越来越复杂，与此相适应的审计也随之发展、进步。特别是股份制企业的出现，形成了大量不直接参与经营活动的投资者，为保护投资人和债权人的切身利益，民间审计随之产生和发展。随着政府各部门和企业分层、分权管理制度的发展，内部审计随之产生。这种古今中外普遍存在的受托责任关系，是审计产生和发展的客观基础。

受托经济责任关系就是财产经营权由委托者转移至受托者所引致的委托、受托双方相关权利、义务和责任的契约关系。

在这种关系下，委托人为保护自身的经济利益，需要对受托人提供报告的真实性以及履行受托责任的情况进行监督、检查，以便确认或解除受托责任。但是，由于财产委托人自身在能力、检查技术、法律、地域或经济等方面的限制，不能或无法亲自审核查实受托人的活动，这就需要有一个具有相对独立身份的第三者加以检查和评价，这就是审计。因此，受托责任关系的存在是审计产生的客观基础。当审计人员介入受托经济责任关系后，审计人员与受托责任双方就构成了如图 1-1 所示的审计关系。

在图 1-1 所示的三方关系中，审计授权人与审计人员是委托(授权)与受托审计的关系，审计授权人与被审计人或单位是委托(授权)与受托经营管理的关系，审计人员与被审计人或单位是审计与被审计的关系。第一关系人(审计人员)在审计活动中起主导作用。第二关系人(被审计人或单位)在审计活动中起对象或客体作用。第三关系人(审计授权人)对审计活动起决定性作用。由此可知，审计授权人与被审计人或单位之间形成受托与解除经济责任关系，是审计存在的基础。审计授权人与审计人员之间形成委托(授权)与报告关系，是审计活动进行的前提。审计人员与被审计人或单位之间形成鉴证与回馈关系，是审计活动的具体表现。

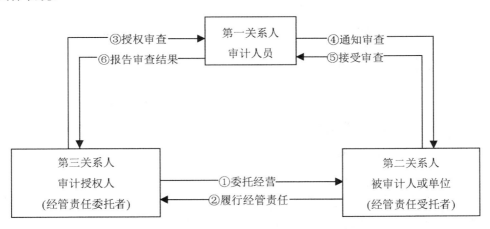

图 1-1　审计关系

第二节　审计的基本概念

一、审计的含义

审计的含义是对审计实践的科学总结。随着审计实践的发展，审计理论在不断地完善，人们对审计概念的认识也不断深入。1972 年美国会计学会(American Accounting Association，AAA)在颁布《基本审计概念说明》的公告中，把审计的概念描述为"为了查明经济行为及经济现象的认定与所制定的标准之间的符合程度，而客观地收集和评价证据，并将结果传递给利害关系人的一个系统过程"。

我国审计理论界基于我国的审计实践，对包括审计概念在内的一系列审计理论问题进行了研究。1995 年，我国审计学会在一次审计理论研讨会上将审计的概念表述为："审计是独立检查会计账目，监督财政、财务收支真实性、合法性、效益性的行为。"

根据审计的概念，可以概括出审计的两个基本特征，即独立性和权威性。

(1) 审计是一种具有独立性的经济监督活动。由于财产所有权与经营管理权相分离，财产的所有者对企业拥有所有权但并不亲自参加经营管理，为了保护自身的利益，财产所有者迫切希望了解与自己有经济联系的经济组织的财务状况和经营成果。这就需要对负有受托经济责任的经营管理者进行审查，而这种审查只有由独立于他们之外的第三者进行，才能得到客观、公正的结果。因此，独立性的经济监督活动是审计的属性，独立性是审计的灵魂。

(2) 审计是一种具有权威性的经济监督活动。审计的独立性和专业性，决定了它具有一定的权威性。各国为了保障审计的权威性，分别通过《公司法》《商法》《证券交易法》《破产法》等从法律上赋予审计在整个市场经济中的经济监督职能。一些国际性的组织为了提高审计的权威性，也通过协调各国的审计制度、准则、标准，使审计成为一项世界性的专业服务，增强各国会计信息的一致性和可比性，以有利于加强国际经济贸易往来，促进国际经济的繁荣。

由此，本书将审计定义为：审计是由独立的专职机构和人员接受委托或授权，对被审计单位财政、财务收支及有关经济活动的真实性、合法性、公允性和效益性进行监督、评价和鉴证，以确定或解除被审计单位受托经济责任为目的的独立性经济监督活动。

二、审计的本质

独立性是审计的重要特征，因此，审计的本质是具有独立性的经济监督活动。审计作为一种经济监督形式，与其他经济监督形式之间的根本区别就在于其独立性。

(一)审计独立性的含义

通常认为，独立性包括实质上的独立性与形式上的独立性两方面的含义。

所谓实质上的独立性，即要求审计主体的行为不受被审计人的影响，在审计过程的每个环节都保持客观公正的判断。审计人的观点和结论不应依赖和屈从于持任何意见的利害关系人施加的任何压力和影响，被认为是一种精神状态，即精神上的独立。所谓形式上的独立性，即要求审计主体必须在第三者面前呈现一种独立于委托人的身份，包括审计组织的独立性和审计人员的独立性。

就注册会计师的独立性而言，其实质上的独立性是一种内心状态，要求注册会计师在提出结论时不受有损职业判断的因素影响，能够诚实、公正地行事，并保持客观和职业怀疑态度。形式上的独立性要求注册会计师避免出现重大的事实和情况，使得一个理性且掌握充分信息的第三方在权衡这些事实和情况后，很可能推定会计师事务所或项目组成员的诚信、客观或职业怀疑态度已经受到损害。

实质上的独立性和形式上的独立性是两个不同的概念，但有时又密不可分。可以说形式上的独立性是实质上的独立性的重要保证，也是社会公众评价审计人员的工作、进而决定对审计人员信赖与否的标准。

(二)审计独立性的具体体现

审计的独立性主要体现在以下几个方面。

1．机构独立

审计机构必须独立设置，与被审计单位没有隶属关系，也不依附于、挂靠在任何其他部门和单位。

2．人员独立

审计机构配备专职工作人员，依法独立行使审计监督权，不受任何机构和个人的干涉，与委托人和被审计单位没有利益上的关系。

3．工作独立

审计机构和人员根据国家相关法律、法规赋予的审计权限，不受他人的干涉或影响，独立执行审计工作任务，客观地做出审计结论，提出审计报告。

4．经济独立

经济独立是指审计机构和人员在执行审计任务时，有一定的经费保障，或有合法的经济收入，不受被审计单位的制约，以保证独立地开展审计工作。

三、审计对象和审计目标

(一)审计对象

审计对象又称审计客体，是指审计监督的内容和范围的概括，即被审计单位的财务收支及其有关的经营管理活动和作为提供这些经济活动信息载体的财务报表及其他有关资料。

1．被审计单位的财政财务收支及其有关的经济活动

审计主体不同，审计对象的内容也不尽相同。无论是国家审计、民间审计还是内部审计，都要求以被审计单位的财政财务收支及有关经济活动为审计对象，对其真实性、合法性、效益性进行审查和评价，以便对其所负的受托经济责任是否被认真履行进行确定或解除。政府审计的对象为国务院各部门和地方各级政府及其各部门的财政收支、国有金融机构和企事业组织的财务收支。内部审计的对象为本部门、本单位的财务收支以及其他有关的经济活动。民间审计的对象为委托人指定的被审计单位的财务收支及其有关的经营管理活动。

2．被审计单位的会计资料和其他资料

由于财政财务收支状况及有关经济活动总要以一定的载体来反映，一般是通过会计、

统计和业务核算记录及预算计划、方案、合同、会计记录、分析等的文本，或者电子计算机的磁带、磁盘等来体现，所以各单位的会计资料及其他有关经济资料就成为审计的主要具体对象。

会计资料和其他有关经济资料是审计对象的现象，其反映的被审计单位的财政财务收支及有关经济活动是审计对象的本质。

(二)审计目标

审计目标是指审查和评价审计对象所要达到的最终结果或境地，是指导审计工作的指南。审计目标分为总体审计目标和具体审计目标。总体审计目标是审计人员所要达到的目的和要求，具体审计目标是总体审计目标的具体化。不同的审计主体，由于审计对象不同，审计委托者对审计工作的要求也不一样，其审计目标也不尽相同。

根据国务院常务会议于 2021 年 5 月 6 日通过的《中华人民共和国审计法 (修正草案)》(新修订的《审计法》已于 2021 年 10 月 23 日经第十三届全国人民代表大会常务委员会第三十一次会议通过，自 2022 年 1 月 1 日起施行)第三条的规定，我国政府审计的目标有三个：真实性、合法性和效益性。真实性目标是指审计机关审查被审计事项的真实性，确定财政财务收支活动是否真实存在、是否已经发生、有无虚假舞弊行为，各种信息是否客观、真实地反映了实际的财政、财务收支状况和经营成果，政府各项经济责任是否如实履行，向社会公众公布的信息是否真实无误。合法性目标是指审计机关审查被审计事项的合法性，确定各项财政、财务收支活动是否合乎法律和规章制度的规定，如会计处理是否遵循了会计准则和相关会计制度。效益性目标是指审计机关审查被审计事项的效益性，效益性包括经济性、效率性和效果性。

2014 年实施的新修订的《中华人民共和国内部审计准则》将内部审计重新定义为内部审计是一种独立、客观的确认和咨询活动，它通过运用系统、规范的方法，审查和评价组织的业务活动、内部控制和风险管理的适当性和有效性，以促进组织完善治理、增加价值和实现目标。由此，我国内部审计的目标是促进组织完善治理、增加价值和实现目标。这进一步明确了内部审计在提升组织治理水平、促进价值增值以及实现组织目标中的重要作用。对内部审计目标更高的定位将进一步提升内部审计在组织中的地位和影响力，提升内部审计的层次。

依据《中国注册会计师执业准则》，注册会计师审计的目的是提高财务报表预期使用者对财务报表的信赖程度。这一目的可以通过注册会计师对财务报表是否在所有重大方面按照适用的财务报告编制基础编制、发表审计意见得以实现。注册会计师按照审计准则和相关职业道德要求执行审计工作，能够形成这样的意见。因此，在执行财务报表审计工作时，注册会计师的总体目标是：①对财务报表整体是否不存在由于舞弊或错误导致的重大错报获得合理保证，使得注册会计师能够对财务报表是否在所有重大方面按照适用的财务报告编制基础编制、发表审计意见。②按照审计准则的规定，根据审计结果对财务报表出具审计报告，并与管理层和治理层沟通。

四、审计的职能和作用

(一)审计的职能

审计的职能是指审计本身所固有的功能,它取决于社会经济的客观需要,并随着社会经济的发展而发展变化。一般认为,审计具有经济监督、经济评价和经济鉴证职能。这三种职能相互联系、相互促进、相互制约,构成一个完整的职能体系。

1. 经济监督职能

监督即监察和督促。经济监督职能是指监察和督促被审计单位的经济活动在规定的范围内,在正常的轨道上进行。

古代封建王朝的官厅审计是为维护王朝的统治和利益,代理皇家专司财经监督的职责,对侵犯皇室利益者予以惩处。资本主义国家审计是为维护资产阶级的整体利益,代理国家专司经济监督的职责,对损害资本主义利益的行为进行严格的审查和处罚;而作为资本主义国家的民间审计组织,也是代理审计委托者(如股东等)通过对被审计单位财务报表的公允性和合法性的审查来实施经济监督。内部审计同样要对本部门、本单位的经济活动进行检查,依照法规或标准加以评价和衡量,明辨是非,揭发违法违纪和不经济行为,追究受托经济责任,这些都是其执行经济监督职能的具体体现。我国的审计实践证明,企业经济行为越活跃,越需要加强审计监督。

2. 经济评价职能

评价即评定和建议。经济评价职能是指通过审核检查,评定被审计单位的经济决策、计划、预算和方案是否先进可行,经济活动是否按既定的决策和目标进行,经济效益是高是低,以及管理经济活动的规章制度是否健全、有效等,从而有针对性地提出意见和建议,以促使其改善经营管理,提高经济效益。"建议"就是审计人员围绕所发现的问题,分析问题形成的原因,提出改进经济管理工作、提高效率的办法和途径。

3. 经济鉴证职能

鉴证即鉴定和证明。经济鉴证职能是指通过对被审计单位的会计报表及有关经济资料所反映的财务收支和有关经济活动的公允性、合法性的审核检查,确定其可信赖的程度,并做出书面证明,以取得审计委托人或其他有关方面的信任。

经济鉴证职能是随着现代市场经济的发展而出现的一项职能,并不断受到社会重视而日益强化。西方国家非常重视审计的经济鉴证职能,不少国家的法律明文规定,企业的财务报表必须经过注册会计师审查鉴证之后才能得到社会的承认。我国各类企业的财务报表必须经注册会计师鉴证之后才具有法律效力。因此,审计的经济鉴证职能将越来越发挥其在经济生活中的重要作用。

应该说,不同的审计组织在审计职能的体现上侧重点有所不同,政府审计和内部审计侧重于经济监督和经济评价,注册会计师审计则侧重于经济鉴证。

(二)审计的作用

审计的作用是指通过履行审计职能、实现审计目标而对社会经济生活产生的社会效果。通过审计，对经济活动可以起到制约性作用和促进性作用。

1. 制约性作用

审计人员通过对被审计单位的财务收支及其有关经营管理活动进行审核检查，对被审计单位的财务收支及经营管理活动进行监督，揭发贪污舞弊、弄虚作假等违法乱纪、严重损失浪费及不经济的行为，依法追究责任，执行经济裁决或提请给予行政处分或刑事处罚，保证党和国家的法律、法规、方针、政策、计划和预算的贯彻执行，维护财经纪律和各项规章制度，保证会计资料及其他资料的正确、可靠，保护国家财产的安全和完整，维护社会主义经济秩序，巩固社会主义法制。审计的制约性作用可以概括如下。

(1) 揭示差错和弊端。审计通过审查取证可以揭示差错和弊端，不仅可以纠正核算差错，提高会计工作质量，还可以保护财产的安全，堵塞漏洞，防止损失。

(2) 维护财经法纪。在审查取证、揭示各种违法行为的基础上，通过对过失人或犯罪者进行查处并提交司法、监察部门处理，有助于纠正或防止违法行为，维护财经法纪。

2. 促进性作用

审计人员通过对被审计单位的经营管理制度和内部控制制度进行检查评价，指出其优缺点，能够促进其扬长避短，建立健全内控制度；通过对企业经济效益的审查评价，指出潜力所在，能够促进其进一步挖掘潜力，进一步加强经营管理、提高经济效益。审计的促进性作用可以概括如下。

(1) 改善经营管理。通过审查取证、评价揭示经营管理中的问题和管理制度上的薄弱环节，提出改进建议，从而促进被审计单位改善经营管理。

(2) 提高经济效益。通过对被审计单位的财务收支及其有关经营管理活动效益性的审查，评价受托经济责任，总结经验，指出效益低下的环节，提出改进的意见和建议，从而改进被审计单位生产和经营管理工作，促进其提高经济效益。

第三节　审计的基本过程

审计过程是指审计人员对审计项目从开始到结束所采取的系统性工作程序。因此，有的直接称审计程序，还有的称审计流程。无论是政府审计、内部审计还是民间审计，也无论是财政财务审计还是经济效益审计，审计的基本过程从理论上都可以划分为准备、实施、完成三个阶段，只是每个阶段的具体工作内容随着审计种类的不同而有所不同。本书主要说明民间审计组织在实地审计方式下进行财务报表审计的基本过程。

风险导向审计模式要求注册会计师在审计过程中，以重大错报风险的识别、评估和应对作为工作的主线。相应地，审计过程大致可分为以下几个步骤。

一、接受业务委托

会计师事务所应当按照职业准则的规定，谨慎决策是否接受或保持客户关系和具体审计业务。在接受新客户的业务前，决定是否保持现有业务或考虑接受现有客户的新业务时，会计师事务所应当执行一些客户接受与保持的程序，以获取如下信息：①考虑客户的诚信，没有信息表明客户缺乏诚信；②具有执行业务必要的素质、专业胜任能力、时间和资源；③能够遵守相关职业道德的要求。

会计师事务所执行客户接受与保持的程序的目的，旨在识别和评估会计师事务所面临的风险。例如，如果注册会计师发现潜在客户正面临财务困难，或者发现现有客户在之前的业务中做出过虚假陈述，那么可以认为接受或保持该客户的风险非常高，甚至是不可接受的。会计师事务所除考虑客户施加的风险外，还需要复核执行业务的能力，看看是否存在利益冲突以及能否对客户保持独立性等。

一旦决定接受业务委托，注册会计师应当与客户就审计约定条款达成一致意见。对于连续审计，注册会计师应当决定是否需要根据具体情况修改业务约定条款，以及是否需要提醒客户注意现有的业务约定书。

二、计划审计工作

对于任何一项审计业务，注册会计师在执行具体审计程序之前，都必须根据具体情况制订科学、合理的计划，使审计业务以有效的方式得到执行。一般来说，计划审计工作主要包括在本期业务开始时开展的初步业务活动、制定总体审计策略、制订具体审计计划等。计划审计工作不是审计业务的一个孤立阶段，而是一个持续的、不断修正的过程，贯穿于整个审计过程。

三、识别和评估重大错报风险

审计准则规定，注册会计师必须实施风险评估程序，以此作为评估财务报表层次和认定层次重大错报风险的基础。风险评估程序是指注册会计师为了解被审计单位及其环境以识别和评估财务报表重大错报风险而实施的审计程序。风险评估程序是必要程序，了解被审计单位及其环境为注册会计师在许多关键环节做出职业判断提供了重要基础。了解被审计单位及其环境实际上是一个连续和动态地收集、更新与分析信息的过程，贯穿于整个审计过程的始终。一般来说，实施风险评估程序的主要工作包括：了解被审计单位及其环境，识别和评估财务报表层次以及各类交易、账户余额和披露认定层次的重大错报风险，确定需要特别考虑的重大错报风险(即特别风险)以及仅通过实施实质性程序无法应对的重大错报风险等。

四、应对重大错报风险

注册会计师实施风险评估程序本身并不足以为发表审计意见提供充分、适当的审计证据，还应当实施进一步审计程序，包括实施控制测试(必要时或决定测试时)和实质性程序。因此，注册会计师评估财务报表重大错报风险后，应当运用职业判断，针对评估的财务报表层次重大错报风险确定总体应对措施，并针对评估的认定层次重大错报风险设计和实施进一步审计程序，以将审计风险降至可接受的低水平。

五、编制审计报告

注册会计师在完成财务报表所有循环的进一步审计程序之后，还应当按照有关审计准则的规定做好审计完成阶段的工作，并根据所获取的各种证据，合理运用专业判断，形成适当的审计意见。

第四节　审计的种类

任何事物，只要从不同的角度观察，就会有不同的理解和认识。审计的种类就是按照不同的角度将审计分成若干类别。通过分类，可以加深对审计的理解和认识，把握审计的实质，做好审计工作。

在审计活动中，把按审计主体和审计内容及目的进行的审计分类称为审计的基本分类，基本分类可体现审计的本质。基本分类之外的分类都属于其他分类。

一、审计的基本分类

(一)按审计主体分类

按审计主体分类，可以将审计划分为政府审计、内部审计和民间审计。

(1) 政府审计也称为国家审计，是指由国家审计机关所实施的审计。在我国，国务院和县以上各级地方人民政府均设立了相应的审计机关，对各自审计管辖范围内的审计事项进行审查、评价和监督。政府审计的具体内容是国家公共资金的形成、分配、使用及其效果。《审计法》规定，国务院和县级以上地方人民政府设立审计机关，对国务院各部门和地方各级人民政府的财政收支、国有金融机构和企事业组织的财务收支进行审计监督。

(2) 内部审计是指部门或单位内部设置的审计机构所实施的审计。按照具体执行者的不同又可分为部门内部审计和单位内部审计。部门内部审计是指由国务院各部门以及国务院直属的、具有一定管理职能的各专业公司所设置的审计机构所实施的审计；单位内部审计是指由独立核算的企事业单位内部所设置的审计机构所实施的审计。内部审计是部门、单位加强内部控制、改善经营管理、提高经济效益的重要手段。

(3) 民间审计也称社会审计、注册会计师审计，是指由依法设立并承办注册会计师业务的会计师事务所所实施的审计。民间审计组织以其超然独立的第三者的身份，接受客户的委托，从事鉴证业务和相关服务业务。

(二)按审计的内容和目的分类

按审计的内容和目的进行分类，可以将审计划分为财政财务审计、财经法纪审计和管理审计。

(1) 财政财务审计是指对被审计单位的会计报表及其他会计资料的真实性、公允性以及它们所反映的财政财务收支活动的合规性、合法性所进行的审计。财政财务审计是一种传统的审计，也是我国目前主要的审计形式。财政财务审计的主要内容包括两个方面：一是检查会计处理上的技术差错；二是验证被审计单位受托经济责任的履行情况。

(2) 财经法纪审计是指对被审计单位和个人严重侵占国家资财、严重损失浪费以及其他严重损害国家经济利益等违反财经纪律行为所进行的专案审计。它是我国审计监督的一种重要形式。实际上，财经法纪审计是以财政财务收支活动的合规性、合法性为目的，查错揭弊，清除财政财务收支中的违法乱纪现象。以其审计内容和所使用的审计方法来看，同财政财务审计没有什么区别，只是由于问题重大，需专门进行立案审查，以便彻底查清问题。因此，财经法纪审计是专案性的财政财务审计，是财政财务审计的一种特殊类型。

(3) 管理审计也称绩效审计，是指审计人员为了评价被审计单位经营活动的效果和效率，而对其经营程序和方法进行的审计。它的审计内容包括对各级政府的财政收支及其管理活动、企业单位的财务收支及其经营管理活动、行政事业单位的资金使用及其管理活动、固定资产投资及其管理活动的经济性、效益性、效果性所进行的审计。管理审计的目的是促使被审计单位改善经营管理，提高经济效益和工作效率。管理审计的主要特点是通过对被审计单位工作和生产经营活动的分析评价，发现企事业单位在工作和经营管理上存在的薄弱环节，挖掘潜力，寻求提高绩效的途径，类似于国外的绩效审计或 3E 审计。绩效审计包括经营审计和管理审计的部分内容。3E 审计是指经济性(economics)审计、效率性(efficiency)审计和效果性(effect)审计。

二、审计的其他分类

除了上述审计的基本分类以外，还可以对审计进行其他分类。

(一)按审计范围分类

按审计范围分类，可以将审计分为全部审计、局部审计和专项审计。

(1) 全部审计又称全面审计，是指对被审计单位一定期间内有关经济活动的各个方面及其资料进行全面的审计。这种审计的业务范围较广泛，涉及被审计单位的会计资料及其经济资料所反映的采购、生产、销售、各项财产物资、债权债务和资金以及企业利润、税款等经济业务活动。其优点是详细、彻底；缺点是工作量太大，花费时间太多。

(2) 局部审计又称部分审计，是指对被审计单位一定期间内的财务收支或经营管理活动的某些方面及其资料进行部分、有目的、有重点的审计。如对企业进行的现金审计、银行存款审计、利税审计等，都属于局部审计。另外，为了查清贪污盗窃案件，对部分经济业务进行的审查也属于局部审计范围。这种审计时间较短，耗费较少，能及时发现和纠正问题；但容易遗漏问题，具有一定的局限性。

(3) 专项审计又称专题审计，是指对某一特定项目所进行的审计。这种审计的业务范围比局部审计更小，针对性更强，如自筹基建资金来源审计、扶贫专项资金审计、世界银行贷款审计等。专项审计有利于及时围绕当前的经济工作中心和重点开展审计业务，有针对性地提出意见和建议，为国家宏观调控和决策提供真实、可靠的信息。

(二)按审计实施时间分类

按审计实施时间分类，可以将审计分为事前审计、事中审计和事后审计。

(1) 事前审计是指在被审计单位经济业务发生以前所进行的审计，一般是对预算或计划的编制、对经济事项的预测及决策进行审计，目的是加强预算、计划、预测和决策的准确性、合理性和可行性。这种审计对于预防错弊、防患于未然，保证经济活动的合理性、有效性都具有积极的作用，故也称为预防性审计。

(2) 事中审计是指在被审计单位经济业务执行过程中进行的审计。通过对被审计单位的费用预算、费用开支标准、材料消耗定额等执行过程中有关经济业务进行事中审计，便于及时发现并纠正偏差，保证经济活动的合法性、合理性和有效性。

(3) 事后审计是指在被审计单位经济业务完成以后所进行的审计。事后审计的适用范围十分广泛，其主要目的是监督和评价被审计单位的财务收支及有关经济活动、会计资料和内部控制是否符合国家财经法规与财务会计制度的规定，从而确定或解除被审计单位的受托经济责任。政府审计、民间审计大多实施事后审计，内部审计也经常进行事后审计。

(三)按审计动机分类

按审计动机分类，可以将审计分为强制审计和任意审计。

(1) 强制审计是指审计机构根据法律、法规规定对被审计单位行使审计监督权而进行的审计。这种审计是按照审计机关的审计计划进行的，不管被审计单位是否愿意接受审查，都应依法进行。我国政府审计机关根据法律赋予的权力对国务院各部门和地方各级政府的财政收支、国家的财政金融机构和企事业单位的财务收支实行强制审计。

(2) 任意审计是指根据被审计单位自身的需要，要求审计组织对其进行的审计。一般民间审计接受委托人的委托，按照委托人的要求对其进行的财务审计或经济效益审计，即属于这种审计。任意审计是相对于强制审计而言的。实际上，任意审计大多也是按《公司法》《证券交易法》及其他经济法规的要求进行的，也带有一定的强制性。

(四)按审计使用的技术和方法分类

按审计使用的技术和方法进行分类，可以将审计分为账表导向审计、系统导向审计和风险导向审计。

(1) 账表导向审计也称账项基础审计，是围绕着会计账簿、会计报表的编制过程来进行的，通过对账表上的数字进行详细核实来判断是否存在舞弊行为和技术性错误。其技术和方法适用于评价简单的受托经济责任，是审计技术和方法发展的初级阶段，在审计技术和方法史上占据着十分重要的地位。

(2) 系统导向审计也称制度基础审计，强调对内部控制系统的评价。当评价结果证明内部控制系统可以信赖时，在实质性测试阶段只抽取少量样本就可以得出审计结论了；当评价结果认为内部控制系统不可靠时，才根据内部控制的具体情况扩大审查范围。系统导向审计是财务审计发展的高一级阶段，但是，系统导向审计仍需运用账表导向审计的一些技术和方法。

(3) 风险导向审计要求审计人员从对企业环境和企业经营进行全面的风险分析出发，

使用审计风险模型，积极采用分析程序，制订与企业状况相适应的多样化的审计计划，以达到审计工作的效率性和效果性。风险导向审计是适应高风险社会的产物，是现代审计方法的最新发展。

本 章 小 结

本章介绍了审计的产生和发展，并对审计及相关的基本概念进行了分析。

审计是具有独立性的经济监督活动。维系受托经济责任关系是审计产生和发展的基础。审计目标分为总体审计目标和具体审计目标。不同的审计主体，由于审计对象不同，审计委托者对审计工作的要求不一样，其审计目标也不尽相同，但其审计的基本过程从理论上都可划分为准备、实施、完成三个阶段，只是每个阶段的具体工作内容随着审计种类的不同而有所不同。

一般认为，审计具有经济监督、经济评价和经济鉴证职能。通过审计，可以对社会经济活动起到制约性作用和促进性作用。

审计最基本的分类是按审计主体和审计的内容与目的进行分类。按审计主体的性质不同，可以将审计分为政府审计、内部审计和民间审计。按审计的内容和目的不同，可以将审计分为财政财务审计、财经法纪审计和管理审计。

复习思考题

1. 我国政府审计的产生和发展经历了哪几个主要阶段？
2. 怎样理解"维系受托经济责任关系是审计产生和发展的基础"？
3. 按照审计主体、审计内容和目的，可以将审计分为哪些类别？
4. 如何理解审计的职能和作用？
5. 审计的对象应包括哪些内容？

第二章

审计组织与审计规范

案例导读

1938 年，美国纽约州的麦克森·罗宾斯药材公司突然宣布倒闭。罗宾斯药材公司的最大债权人汤普森公司遭受重大损失。纽约证券交易委员会组织调查人员对该公司 1937 年的财务状况与经营成果进行了重新审核。结果发现：1937 年 12 月 31 日的合并资产负债表计有总资产 8700 万美元，但其中的 1907.5 万美元的资产是虚构的，包括存货虚构 1 000 万美元，销售收入虚构 900 万美元，银行存款虚构 7.5 万美元；在 1937 年度合并损益表中，虚假的销售收入和毛利分别达到 1 820 万美元和 180 万美元。而该公司在经营的十余年中，每年都聘请了美国著名的普赖斯·沃特豪斯会计师事务所对该公司的财务报表进行审定。审计人员每年都对该公司的财务状况及经营成果发表了"正确、适当"等无保留审计意见。为此，汤普森公司对沃特豪斯会计师事务所提起诉讼。汤普森公司认为其之所以给罗宾斯公司贷款，是因为信赖了会计师事务所出具的审计报告。因此，汤普森公司要求沃特豪斯会计师事务所赔偿其全部损失。沃特豪斯会计师事务所拒绝了汤普森公司的赔偿要求。会计师事务所认为，他们执行的审计遵循了美国注册会计师协会在 1936 年颁布的《财务报表检查》(*Examination of Financial Statements*)中所规定的各项规则。罗宾斯药材公司的欺骗是由于经理部门共同串通合谋所致，审计人员对此不负任何责任。最后，在证券交易委员会的调解下，沃特豪斯会计师事务所以退回历年来收取的审计费用共 50 万美元作为对汤普森公司债权损失的赔偿。

提示：

罗宾斯药材公司的案例暴露了当时审计程序的不足，即只重视账册凭证而轻视实物的审核，只重视企业内部的证据而忽视了外部审计证据的取得，由此加速了美国公认审计准则的发展，同时，还为建立起现代美国审计的基本模式、在评价内部控制制度基础上的抽样审计奠定了基础。此外，该案例也成为美国审计委员会制度的起源。

学习目标

通过对本章内容的学习，重点掌握不同审计组织的审计特征、民间审计的职业道德和法律责任，熟练掌握注册会计师审计准则体系和一般公认审计准则的内容；了解政府审计组织的设置与构成，内部审计机构的隶属关系、构成形式；熟悉政府审计和内部审计组织法律规范体系，以及政府审计和内部审计基本准则的内容。

第一节　政府审计组织与政府审计规范

一、政府审计机关及其人员

(一)政府审计机关的设置

政府审计机关是指代表国家行使审计监督权的机构，具有宪法赋予的独立性和权威性。目前世界各国政府审计机关的设置可以分为四种主要模式。

(1) 立法型模式。这种模式是政府最高审计机关隶属于立法部门，直接对议会负责并报告工作，完全独立于政府，主要审计政府财政。立法机关一般为议会或国会，政府审计机关在议会的领导下开展工作，对政府的财政收支活动及国有企事业单位的财务收支活动实施审计监督。这种模式独立性最强，是目前世界审计制度的主流。英国、美国、加拿大、澳大利亚等国实行这种模式。

(2) 行政型模式。这种模式是政府最高审计机关隶属于政府行政部门，是国家行政机构的一部分，对政府负责并报告工作。但从发展趋势来看，它也越来越多地在为立法部门服务。目前，实行这种模式的主要有瑞典、沙特阿拉伯以及中国等国家。

(3) 司法型模式。这种模式是政府最高审计机关隶属于司法部门，审计机关除具有审计职能外，还拥有一定的司法权限，显示了国家对法制的强化。审计官员享有司法地位，他们除了对所审计的事项提出审计报告以外，还能直接对违反财经法规和造成重大损失的案件进行处理，使政府审计机关具有很强的权威性。这种模式起源于法国，西班牙、意大利等国也实行这种模式。

(4) 独立型模式。审计机关不隶属于任何权力部门，即政府审计机关独立于立法权、司法权和行政权之外，这种模式可以确保政府审计机关不带政治偏向地、公正地行使其审计监督职能。作为典型代表，德国设立了联邦审计院，独立于立法、司法和行政部门之外，直接对法律负责。这种模式从形式上看是独立于三权之外，实际上它更偏重于服务。

我国审计机关的设置属于行政型模式，目前政府审计机关分为四级：国家设审计署，省和自治区人民政府设审计厅(直辖市人民政府设审计局)，地、县两级地方政府设审计局。

审计署是国家的最高审计机关，在国务院总理的领导下，主管全国的审计工作，履行审计法和国务院规定的职责，向国务院负责并报告工作。

地方各级审计机关在本级人民政府行政首长和上一级审计机关的领导下，负责本行政区域内的审计工作，向本级人民政府和上一级审计机关负责并报告工作，审计业务以上级审计机关领导为主。为了保障地方审计机关依法独立地行使职权，地方政府任免审计机关主要负责人须征得上一级审计机关的同意。

党的十九届三中全会审议通过了《深化党和国家机构改革方案》，中国共产党中央委员会设立中央审计委员会，加强党对审计工作的集中统一领导。全国审计领域重大事项由中央审计委员会审议决定。地方各级审计委员会贯彻执行中央审计委员会的决定，审议决定本行政区域内的审计工作重大事项。审计委员会办公室设在同级审计机关。

(二)政府审计人员的设置

政府审计人员是指在国家审计机关中从事审计工作的人员。政府审计人员基本上属于公务员。有些国家的审计机关设有职称，而有些国家的审计机关则不设职称，不过对政府审计人员的要求都是比较严格的。我国对国家审计(政府审计)人员设置了职称制度，职称分为三种：高级审计师、审计师和助理审计师。

政府审计工作要求审计人员不仅要具备良好的专业知识，还要具有良好的职业道德。我国的政府审计人员应符合以下要求：①熟悉有关的法律、法规和政策；②掌握会计、审计及其他相关专业知识；③有一定的会计、审计及其他相关专业的工作经历；④具有良好的调查研究、综合分析和文字表达能力；⑤具有良好的职业道德。

二、政府审计规范

政府审计规范是指政府审计机关及其审计人员在审计工作过程中应当遵循的各种审计

法规、制度、准则等的总称。依法行政是政府审计的基本特征，我国政府审计规范的法律依据主要是《中华人民共和国宪法》(以下简称《宪法》)与《中华人民共和国审计法》(以下简称《审计法》)。这里讲的政府审计规范是以《宪法》《审计法》为依据的国家审计准则、国家审计职业道德和国家审计质量控制标准等所形成的政府审计规范体系。

20世纪70年代以来，在民间审计准则发展的影响下，出于政府审计自身发展的需要，国家审计准则也得到了发展，并日益受到重视。1972年美国审计总署颁布了世界上第一个国家审计准则。至今，很多国家的国家审计部门都制定了自己的审计准则。为了适应发展社会主义市场经济的需要，实现政府审计工作规范化，明确审计责任，保证审计质量，我国最高国家审计机关——审计署自1989年开始制定我国的国家审计准则，1996年起陆续发布了一系列国家审计准则，2000年对已发布的审计准则进行了全面的修订和补充。这一时期，国家审计准则体系由一个国家审计基本准则、若干个通用审计准则和专业准则构成。这种体系比较零散，相关准则间的内容存在交叉。2010年9月，审计署发布了新修订的《中华人民共和国国家审计准则》，于2011年1月1日施行。其具体内容框架包括总则、审计机关和审计人员、审计计划、审计实施、审计报告、审计质量控制和责任、附则，共七章。

三、政府审计的特征

政府审计的实质是对受托经济责任履行结果进行独立的经济监督。最初的政府审计是随着国家管理事务中经济责任关系的形成，为了促使经济责任的严格履行而诞生的。而现代意义上的政府审计是近代民主政治发展的产物。按照民主政治的原则，人民有权对国家事务和人民财产的管理进行监督。因此，各级政府机构和官员在受托管理属于全民所有的公共资金和资源的同时，还要受到严格的经济责任制度的约束。这种约束方式就表现为政府审计机关对受托管理者的经济责任进行监督，所以政府审计担负的是对全民财产的审计责任。

政府审计与社会审计、内部审计相比，具有审计监督的强制性和审计范围的广泛性等特征。

(一)审计监督的强制性

政府审计机关是专职国有财产监督的政府职能部门，通过依法对各级政府及其部门的财政收支情况、公共资金的收支和使用情况，以及使用财产取得的经济效果进行审计，以加强对国有资财的控制和管理。这种审计代表国家执行经济监督职能，是强制性的，体现的是国家的意志，无须被审计单位同意。此外，政府审计的强制性还体现在审计机关对违反国家规定的财政收支、财务收支行为，可在法定的职权范围内，依照法律、行政法规的规定做出有法律效力的审计决定，责令被审计单位执行，并可依法对被审计单位进行处罚等。另外，由于政府审计是行政监督，是政府行为，所以是无偿审计。

(二)审计范围的广泛性

由于政府审计的对象主要是与国有资财管理和使用有关的各种经济活动，这样，与国有资财有关的财政收支、财务收支活动都在政府审计的范围之内，这也就使政府审计有了较大的审计范围。具体来说，政府审计的内容主要包括财政审计、金融审计、国有企业财务收支审计、行政事业单位财务收支审计、农业资金审计、外国援助贷款项目审计和各种社会保障基金审计等。

第二节　内部审计组织与内部审计规范

一、内部审计机构的设置

为了确保企业内部审计机构顺利地履行其验证报告的职责，充分发挥内部审计在确保会计资料的可靠性、完整性，保护财产的安全完整，内部控制的有效运行，经营活动的经济性、效率性、效果性等方面的作用，必须建立健全内部审计机构，赋予内部审计机构适当的职责和权限。

(一)企业内部审计机构的组织形式

内部审计应该隶属于谁，即受谁的领导，在很大程度上决定了内部审计机构的独立性和权威性。一般来说，内部审计机构所隶属的层次越高，独立性和权威性就越强；反之，则越低。在西方国家，企业内部审计机构的组织形式主要有以下几种。

1．受董事会或其下设审计委员会的领导

这是一种主要的组织模式。这种模式使内部审计机构具有较大的独立性和权威性，因为内部审计机构可以在不受企业管理层影响或干涉的情况下开展工作。采用这一形式的企业一般是上市公司，设有审计委员会，审计委员会成员由内部董事和独立董事构成。审计委员会是企业内部审计工作的最高决策机构，负责制定审计工作的规章制度、制订年度审计计划、决定重要的审计事项等。

2．受本企业总裁或总经理领导

在这种模式下，内部审计机构根据企业主要负责人的要求开展工作，并直接向其报告审计结果。由于内部审计机构属于企业的一个组成部分，所以，其工作有时会受到企业管理层的制约，内部审计的独立性较弱。另外，内部审计机构只能从事日常的内部审计工作，而对总经理的经济责任和经营行为则缺乏有力的监督。

3．受企业主计长的领导

西方国家企业的主计长相当于我国企业的总会计师或主管财务的副总经理。这种形式与前两种形式相比，内部审计的独立性与权威性要差一些。此时，内部审计机构的地位与企业其他职能部门的地位是相等的，是审计工作保持独立的最低要求。

4．受董事会下设的审计委员会和主计长的双重领导

应该说，这种模式有利又有弊。"利"体现在内部审计机构的独立性与权威性较强；"弊"则是内部审计机构要接受两个方面的领导，在工作上有时会无所适从，直接影响审

计工作的有效进行。

(二)我国内部审计机构的设置

为适应建立现代企业制度的要求，按照《中华人民共和国公司法》的规定，我国在实行公司制的企业中，内部审计机构由董事会或其下设的审计委员会直接领导，以保证内部审计机构的独立性和相对权威性；在未实行公司制的企业中，内部审计机构由企业总经理直接领导。内部审计机构分为两个层次：一是部门内部审计机构，二是单位内部审计机构。

部门内部审计机构是国务院和县级以上地方各级人民政府各部门根据审计业务的需要设置的审计机构。这些审计机构在本部门负责人的领导下开展工作，对本部门及下属单位进行内部审计，同时在业务上接受政府审计机关的指导。

单位内部审计机构是大中型国有企业、大型基建项目的建设单位、国有金融企业和财务收支金额较大的全民所有制事业单位根据审计业务的需要设置的机构。这些审计机构在本单位负责人、上一级内部审计机构和同级政府审计机关的指导下开展审计工作，对本单位及下属单位的财务收支及经济效益等进行审计监督。审计业务不多的小型企业，也可不设内部审计机构，只设专职的内部审计人员。

二、我国内部审计机构的审计规范

内部审计规范是内部审计机构和人员在执行内部审计业务过程中应当遵守的各种行为规范。我国目前已制定的内部审计职业规范包括《中国内部审计准则》和《内部审计人员职业道德规范》。为了促进我国内部审计工作的发展，提高内部审计的工作质量和内部审计人员的素质，建立适合我国特点的内部审计准则，中国内部审计协会于 2003 年 4 月首次发布了《内部审计基本准则》和《内部审计人员职业道德规范》。《中国内部审计准则》是中国内部审计工作规范体系的重要组成部分，依据《审计法》和《审计署关于内部审计工作的规定》制定，由《内部审计基本准则》《中国中国内部审计准则》公告、《内部审计实务指南》三个层次组成。《中国内部审计准则》的发布和实施有力地促进了我国内部审计工作的规范化建设。

随着经济社会的发展，各类组织对内部审计的重视程度日益提高，内部审计在理念、目标、职能和内容等方面发生了很大变化。国际内部审计师协会根据内部审计实务的最新发展变化，多次对内部审计实务框架的结构和内容进行更新与调整。为此，中国内部审计协会对原内部审计准则做了大规模的修订、补充和完善，于 2013 年 8 月发布了新的中国内部审计准则体系，自 2014 年 1 月 1 日起施行。修订后的内部审计准则体系由内部审计基本准则、内部审计人员职业道德规范、具体准则、实务指南构成。

2018 年 1 月 12 日，审计署发布新修订的《审计署关于内部审计工作的规定》，并于 2018 年 3 月 1 日起正式实施。该规定将内部审计的职责范围扩大了，也对内部审计提出了新要求，赋予了其新使命。

三、内部审计的特征

与外部审计相比，内部审计具有以下几个特征。

(一)审计服务的内向性

内部审计的目的在于促进本部门、本单位经营管理和经济效益的提高，因此内部审计既是本单位的审计监督者，也是根据单位管理要求提供专门咨询的服务者。服务的内向性是内部审计的基本特征。内部审计一般在本单位主要负责人的领导下进行工作，只向本单位的领导负责。

(二)审计工作的相对独立性

一方面，内部审计与外部审计一样，都必须具有独立性，在审计过程中必须根据国家的法律法规及有关财务会计制度，独立地检查、评价本部门、本单位及所属各部门、各单位的财务收支及与此相关的经营管理活动，维护国家利益。另一方面，由于内部审计机构是部门、单位内部设立的机构，内部审计人员是本单位的职工，所以内部审计的独立性受到了很大的制约。特别是遇到国家利益与部门、单位利益冲突的情况时，内部审计机构的独立决策可能会受到本单位利益的限制。

(三)审查范围的广泛性

内部审计主要是为单位经营管理服务的，这就决定了内部审计的范围必然要涉及单位经济活动的方方面面。内部审计既可进行财务审计和经济效益审计，又可进行事后审计和事前审计；既可进行防护性审计，又可进行建设性审计。一般应做到：本部门、本单位的领导要求审查什么，内部审计人员就应该审查什么。

(四)审计实施的及时性

内部审计机构是本部门、本单位的一个部门，内部审计人员是本部门、本单位的职工，因此可根据需要随时对本部门、本单位的问题进行审查。一是可以根据需要，简化审计程序，在本部门、本单位负责人的领导下，及时开展审计；二是可以通过日常了解，及时发现管理中存在的问题或问题的苗头，迅速与有关职能部门沟通或向本部门、本单位最高管理者反映，以便采取措施。

第三节　民间审计组织与注册会计师执业准则体系

一、民间审计组织及人员

民间审计是商品经济发展到一定阶段的产物，其产生的基础是受托经济责任关系，而建立在财产所有权与经营权相分离基础上的股份有限公司是民间审计产生的直接原因。

(一)民间审计组织及其人员的设置

1. 会计师事务所

民间审计组织是指根据国家法律或条例规定，经政府有关部门审核、注册登记的会计师事务所。根据《中华人民共和国注册会计师法》(以下简称《注册会计师法》)的规定，我国目前会计师事务所的组织形式主要有有限责任会计师事务所、合伙会计师事务所和特殊普通合伙会计师事务所。

(1) 有限责任会计师事务所是指由注册会计师出资发起设立、承办注册会计师业务并负有限责任的社会中介机构。"有限责任"意味着会计师事务所以其全部资产对其债务承担责任，会计师事务所的出资人承担的责任以其出资额为限。我国有限责任会计师事务所的设立条件是：有 10 名以上国家规定的职龄以内的专职从业人员，其中至少有 5 名注册会计师；有固定的接公场所。其优点是：可以通过公司制形式迅速聚集一批注册会计师，建立规模大的事务所，能承接大型业务。其缺点是：降低了风险责任对执业行为的高度制约，弱化了注册会计师的个人责任。

(2) 合伙会计师事务所是指由 2 名以上符合条件的合伙人，以书面协议的形式设立，共同出资、共同执业的会计师事务所。合伙会计师事务所的债务由合伙人按出资比例或协议约定，以各自的财产承担无限责任，合伙人对会计师事务所的债务承担连带责任。合伙会计师事务所的设立条件是：2 名以上符合合伙人条件的注册会计师为合伙人，有一定数量的注册会计师和其他专业人员，有固定的办公场所和必要的设施，有能够满足执业和其他业务工作所需要的资金。其优点是：在风险的牵制和共同利益的驱动下，促使会计师事务所强化专业发展，扩大规模，提高规避风险能力。其缺点是：建立一个跨地区、跨国界的大型会计师事务所要经历一个漫长的过程，同时，任何一个合伙人执业中的错误与舞弊行为，都可能给整个会计师事务所带来灭顶之灾。

(3) 特殊普通合伙会计师事务所。我国现行的特殊普通合伙会计师事务所，在性质上相当于西方国家的有限责任合伙制会计师事务所。2010 年 7 月，财政部、国家工商行政管理总局联合发布了《关于推动大中型会计师事务所采用特殊普通合伙组织形式的暂行规定》(以下简称《暂行规定》)。该《暂行规定》指出：特殊普通合伙组织形式的会计师事务所，是指一个合伙人或数个合伙人在执业活动中因故意或者重大过失造成合伙企业债务的，应当承担无限责任或者无限连带责任，其他合伙人以其在合伙企业中的财产份额为限承担责任。合伙人在执业活动中因非故意或者非重大过失造成的合伙企业债务以及合伙企业的其他债务，由全体合伙人承担无限连带责任。

小知识

> 特殊普通合伙已成为当今会计师事务所组织形式发展的一大趋势。西方国家的有限责任合伙制会计师事务所是指事务所以全部资产对其债务承担有限责任，各合伙人对个人执业行为承担无限责任，合伙人之间不承担连带责任。有限责任合伙制会计师事务所最明显的特征是合伙人只需承担有限责任。无过失的合伙人对于其他合伙人的过失或不当执业行为不承担责任，除非该合伙人参与了过失或不当执业行为。它与普通合伙制的区别在于，合伙个人的执业行为虽然使合伙企业承担了有限责任，但是不会使其他合伙人由于一个合伙人的做假行为而负无限责任。它最大的特点是既吸收了合伙制和有限责任制事务所的优点，又摒弃了它们的不足。

会计师事务所除了以上三种组织形式外，国际上还有独资会计师事务所。独资会计师事务所由具有注册会计师资格的个人独立开业，承担无限责任。

2. 注册会计师协会

中国注册会计师协会是依据《注册会计师法》和《社会团体登记管理条例》的有关规

定设立的社会团体法人，是中国注册会计师行业的自律管理组织。省、自治区、直辖市注册会计师协会是注册会计师行业的地方性组织。中国注册会计师协会的宗旨是：服务、监督、管理、协调，即以诚信建设为主线，服务本会会员，监督会员执业质量、职业道德，依法实施注册会计师行业管理，协调行业内、外部关系，维护社会公众利益和会员合法权益，促进行业科学发展。

3．注册会计师

注册会计师是依法取得注册会计师证书并接受委托从事审计与会计咨询、会计服务业务的执业人员。在我国，从 1994 年起，通过注册会计师全国统一考试是取得注册会计师资格的前提。

根据《注册会计师法》及《注册会计师全国统一考试办法》的规定，具有下列条件之一的中国公民，可报名参加考试：①高等专科以上学历；②会计学或者相关专业(指审计学、统计学、经济学)中级以上专业技术职称。

通过注册会计师全国统一考试，考试科目全科成绩合格的，可以申请办理注册会计师考试全科合格证书，并可以申请加入注册会计师协会，成为注册会计师协会的非执业会员。如果要凭证执业，根据《注册会计师法》的规定，必须加入一家会计师事务所，具有两年以上的审计业务工作经历，符合其他审批条件，可向省级注册会计师协会申请注册。准予注册的申请人，由注册会计师协会发给国务院财政部门统一印制的注册会计师证书。

(二)民间审计的业务范围

随着经济环境的变化和会计市场的激烈竞争，使得注册会计师不断拓展其业务范围。就全球范围来看，目前民间审计的业务范围，按照提供服务的保证程度可分为认证服务和非认证服务。其中，认证服务又分为鉴证服务和非鉴证服务，如图 2-1 所示。

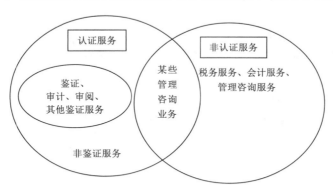

图 2-1　鉴证、非鉴证与非认证服务

(资料来源：吴琼. 审计学[M]. 北京：中国人民大学出版社，2005.)

1．认证服务

认证服务是指为决策制定者改善信息质量的独立的专业服务。认证服务的目的是改善信息质量或内涵，而不是出具报告。信息的质量包括信息的可靠性和相关性。信息的内涵是信息表述的方式。认证业务可能涉及各种类型的信息，它既以由注册会计师来提供，也可以由其他专业机构来提供。认证服务有时会出具报告，但在很多情况下，特别是涉及电子形式的数据时，出具书面报告本身有一定的困难。认证服务可分为鉴证服务和非鉴证服务(其他认证服务)两类。

1) 鉴证服务

鉴证服务是注册会计师对鉴证对象信息提出结论，以增强除责任方之外的预期使用者对鉴证对象信息信任程度的业务。它分为以下三种。

(1) 历史财务信息审计。注册会计师执行财务报表审计业务的目标是通过执行审计工作，对财务报表是否按照适用的会计准则和相关会计制度的规定编制，财务报表是否在所有重大方面公允反映被审计单位的财务状况、经营成果和现金流量等方面，发表审计意见。

(2) 历史财务信息审阅。注册会计师执行财务报表审阅业务的目标是注册会计师在实施审阅程序的基础上，说明是否注意到某些事项，使其相信财务报表没有按照适用的会计准则和相关会计制度的规定编制，未能在所有重大方面公允反映被审阅单位的财务状况、经营成果和现金流量。

(3) 其他鉴证业务。这包括注册会计师执行历史财务信息审计或审阅以外的鉴证业务和注册会计师执行预测性财务信息审核业务。

2) 非鉴证服务

非鉴证服务(其他认证服务)是指不符合鉴证服务正式定义的认证服务。这些服务要求注册会计师必须独立和为决策者使用的信息提供保证服务之处与鉴证服务相似，不同的是，不要求注册会计师发表书面报告，不要求责任方就遵循特定标准出具书面认定。美国注册会计师协会确定的其他认证服务共有五项：电子商务认证、信息系统认证、风险评估认证、绩效评价认证和养老工作认证。我国的注册会计师行业目前还未开展这类业务。

2. 非认证服务

随着经济的发展，社会对注册会计师的要求越来越高，产生了对注册会计师利用其专门知识，利用其对被审计单位经营管理，特别是对会计管理的充分了解，提供会计咨询和会计服务的业务。注册会计师执行的这些业务属于非认证服务，包括税务服务、管理咨询服务和会计服务。目前我国把这类非认证服务也称为相关服务业务。

(1) 税务服务。税务服务包括税务代理和税务筹划。税务代理是注册会计师接受企业和个人委托，为其填制纳税申报表，办理纳税事项。虽然从事税务代理的专业机构多种多样，但是注册会计师始终是税务代理的"主力军"。税务筹划是由于纳税义务发生的范围和时间不同，注册会计师从客户利益出发，代替纳税义务人设计可替代或不同结果的纳税方案。税务筹划始于所得税的纳税筹划，现已扩展到财产税、遗产税等诸多税种。

(2) 管理咨询服务。管理咨询服务是指注册会计师为客户提供管理建议与技术协助，以帮助客户改善其能力和合理利用资源，并实现预定的目标。

(3) 会计服务。会计服务是小型会计师事务所的主要业务，包括代理记账、编制财务报表、工资单处理等。除此之外，以处理与法律有关的问题的法务会计服务已成为会计师事务所的重要业务。

二、审计准则

审计准则最早诞生于美国。现在影响较大的审计准则制定团体是下属于国际会计师联合会的国际审计与鉴证准则理事会，其前身是国际审计实务委员会，主要任务是发布审计与鉴证业务方面的文告并提高其在全球范围内的接受程度，以促进世界范围内审计实务和相关服务的统一。我国注册会计师协会于 1997 年 5 月 8 日加入国际会计师联合会，成为其正式会员。我国民间审计准则的制定也参考了美国和国际会计师联合会及其他国家的审计准则。审计准则作为规范注册会计师执行审计业务的权威性标准，对提高注册会计师的执业质量、降低审计风险、维护社会公众利益具有重要的作用。

(一)美国的民间审计准则

美国的民间审计准则称为《一般公认审计准则》，是由美国注册会计师协会于 1972 年正式颁布的。它主要适用于民间审计所从事的财务报表审计。这个准则除了为美国民间审计所遵循以外，对民间审计领域以外的各种审计以及其他国家乃至国际审计准则的建立都产生了巨大的影响。早在 1947 年 10 月，美国注册会计师协会就提出了《审计准则试行方案》。这一准则自 1948 年发布实施后，又于 1954 年进行了修订补充，形成了三部分，共十条。这十条一般公认审计准则一直沿用至今。一般公认审计准则的内容如下。

1. 一般准则

一般准则共三条，主要是对人提出要求。一般准则它包括如下内容。
(1) 审计应由经过充分技术培训并精通审计实务的人员担任。
(2) 审计人员在执行工作时，必须保持独立的意志和态度。
(3) 在执行审计工作和撰拟审计报告时，要保持职业人员应有的严谨态度。

2. 工作准则

工作准则共三条，主要是对实施审计行为提出要求。工作准则包括如下内容。
(1) 审计工作必须妥善地进行计划安排，如果存在助理人员，就必须加以监督和指导。
(2) 应适当地研究和评价现行的内部控制系统，以确定可资信赖的程度，并以此作为决定审计程序和测试范围的依据。
(3) 运用检视、观察、查询、函证等方法，以获取充分而确切的证据，作为对所审核的财务报表发表意见的合理根据。

3. 报告准则

报告准则共四条，主要是对审计报告提出要求。报告准则包括如下内容。
(1) 审计报告应说明财务报表是否按照一般公认的会计准则编制。
(2) 审计报告应说明本期所使用的会计准则是否与上期一致。
(3) 除非报告中另有说明，财务报表中所提供的资料应被视为合理和充分。
(4) 审计报告应就整个财务报表发表意见，或断然表明不能发表意见。如果属于后者，应说明理由。在任何情况下，财务报表一经审计人员签署，就应在报告中明确表示审核的性质与其所负责任的程度。

美国注册会计师协会根据《一般公认审计准则》的框架，至今已发布 100 多号具体审计准则。

(二)我国注册会计师执业准则体系

高质量的职业标准体系是注册会计师执业的基础，中国注册会计师协会成立后，非常重视执业准则的建设。1991—1993 年，先后制定发布了《注册会计师检查验证会计报表规则(试行)》等七个职业标准，1992 年发布《中国注册会计师职业道德守则(试行)》。

1994 年启动独立审计准则的制订，到 2005 年，中国注册会计师协会先后制定了六批独立审计准则。这些执业规则对我国注册会计师行业走向正规化、法制化和专业化起到了积极作用。

为了完善中国注册会计师审计准则体系，实现与国际准则趋同，中国注册会计师协会又拟订了 22 项新准则，并对 26 项已颁布的准则进行了必要的修订和完善，共计 48 个准则，于 2006 年 2 月 15 日由财政部发布，2007 年 1 月 1 日起施行。这些准则的发布标志着我国已在建立起一套适应社会主义市场经济发展要求、顺应国际趋同大势的中国注册会计师执业准则体系的道路上迈出了一大步。

为了适应不断变化的审计环境，并体现与国际准则实行持续全面趋同，2009 年，中国注册会计师协会开始着手研究并启动审计准则的修订工作。2010 年 11 月 1 日，财政部发布修订后的 50 项中国注册会计师执业准则，自 2012 年 1 月 1 日起施行。为了指导注册会计师更好地运用审计准则，解决审计实务问题，防范审计风险，中国注册会计师协会继2013 年 10 月发布《中国注册会计师审计准则问题解答第 1 号——职业怀疑》等 6 项审计准则问题解答后，又于 2014 年 12 月 31 日发布了 7 项审计准则问题解答。2016 年 12 月23 日财政部发布《中国注册会计师审计准则第 1504 号——在审计报告中沟通关键审计事项》等 12 项准则。2019 年 2 月 20 日，财政部发布修订的《中国注册会计师审计准则第1101 号——注册会计师的总体目标和审计工作的基本要求》等 18 项审计准则。2020 年 11月 19 日，财政部发布修订的《会计师事务所质量管理准则第 5101 号——业务质量管理》等 3 项会计师事务所质量管理相关准则。截至目前发布了 53 项审计准则、6 项职业道德守则以及 130 余项问题解答和实务指引，已经形成了以注册会计师业务准则、职业道德守则和质量管理准则为核心的职业标准体系。

中国注册会计师执业准则体系受注册会计师职业道德守则统御，包括注册会计师业务准则和会计师事务所质量管理准则。注册会计师业务准则包括鉴证业务准则和相关服务准则。

质量管理准则是注册会计师从事各类业务均应执行的，而鉴证业务准则和相关服务准则是按照注册会计师所从事的业务是否具有鉴证职能、是否需要提出鉴证报告加以区分的。其中，鉴证业务准则由鉴证业务基本准则统领，又分为审计准则、审阅准则和其他鉴证业务准则三类。审计准则用来规范注册会计师执行历史财务信息审计业务，要求注册会计师综合使用审计方法，对财务报表获取合理程度的保证；审阅准则用来规范注册会计师执行历史财务信息审阅业务，要求注册会计师主要使用询问和分析程序等，对财务报表获取有限程度的保证；其他鉴证业务准则用来规范注册会计师执行除历史财务信息审计和审阅以外的非历史财务信息的鉴证业务。

在准则框架体系中，审计准则无疑是其核心内容和重点所在。因此，按照审计过程、业务性质和规范的内容，又将审计准则划分为一般原则与责任、风险评估与风险应对、审计证据、利用其他主体的工作、审计结论与报告，以及特殊目的、特殊业务、特殊领域等六小类。中国注册会计师执业准则体系具体包括如下内容。

1．审计准则、审阅准则与其他鉴证业务准则

(1) 中国注册会计师鉴证业务基本准则。

(2) 中国注册会计师审计准则。

① 一般原则与责任，主要包括以下几项准则。

《中国注册会计师审计准则第1101号——注册会计师的总体目标和审计工作的基本要求》。

《中国注册会计师审计准则第1111号——就审计业务约定条款达成一致意见》。

《中国注册会计师审计准则第1121号——对财务报表审计实施的质量管理》。

《中国注册会计师审计准则第1131号——审计工作底稿》。

《中国注册会计师审计准则第1141号——财务报表审计中与舞弊相关的责任》。

《中国注册会计师审计准则第1142号——财务报表审计中对法律法规的考虑》。

《中国注册会计师审计准则第1151号——与治理层的沟通》。

《中国注册会计师审计准则第1152号——向治理层和管理层通报内部控制缺陷》。

《中国注册会计师审计准则第1153号——前任注册会计师和后任注册会计师的沟通》。

② 风险评估与风险应对，主要包括以下几项准则。

《中国注册会计师审计准则第1201号——计划审计工作》。

《中国注册会计师审计准则第1211号——通过了解被审计单位及其环境识别和评估重大错报风险》。

《中国注册会计师审计准则第1221号——计划和执行审计工作时的重要性》。

《中国注册会计师审计准则第1231号——针对评估的重大错报风险采取的应对措施》。

《中国注册会计师审计准则第1241号——对被审计单位使用服务机构的考虑》。

《中国注册会计师审计准则第1251号——评价审计过程中识别出的错报》。

③ 审计证据，主要包括以下几项准则。

《中国注册会计师审计准则第1301号——审计证据》。

《中国注册会计师审计准则第1311号——对存货、诉讼和索赔、分部信息等特定项目获取审计证据的具体考虑》。

《中国注册会计师审计准则第1312号——函证》。

《中国注册会计师审计准则第1313号——分析程序》。

《中国注册会计师审计准则第1314号——审计抽样》。

《中国注册会计师审计准则第1321号——审计会计估计(包括公允价值会计估计)和相关披露》。

《中国注册会计师审计准则第1323号——关联方》。

《中国注册会计师审计准则第 1324 号——持续经营》。

《中国注册会计师审计准则第 1331 号——首次审计业务涉及的期初余额》。

《中国注册会计师审计准则第 1332 号——期后事项》。

《中国注册会计师审计准则第 1341 号——书面声明》。

④ 利用其他主体的工作,主要包括以下几项准则。

《中国注册会计师审计准则第 1401 号——对集团财务报表审计的特殊考虑》。

《中国注册会计师审计准则第 1411 号——利用内部审计人员的工作》。

《中国注册会计师审计准则第 1421 号——利用专家的工作》。

⑤ 审计结论与报告,主要包括以下几项准则。

《中国注册会计师审计准则第 1501 号——对财务报表形成审计意见和出具审计报告》。

《中国注册会计师审计准则第 1502 号——在审计报告中发表非无保留意见》。

《中国注册会计师审计准则第 1503 号——在审计报告中增加强调事项段和其他事项段》。

《中国注册会计师审计准则第 1504 号——在审计报告中沟通关键审计事项》。

《中国注册会计师审计准则第 1511 号——比较信息:对应数据和比较财务报表》。

《中国注册会计师审计准则第 1521 号——注册会计师对含有已审计财务报表的文件中的其他信息的责任》。

⑥ 特殊目的、特殊业务、特殊领域,主要包括以下几项准则。

《中国注册会计师审计准则第 1601 号——审计特殊目的财务报表的特殊考虑》。

《中国注册会计师审计准则第 1602 号——验资》。

《中国注册会计师审计准则第 1603 号——审计单一财务报表和财务报表特定要素的特殊考虑》。

《中国注册会计师审计准则第 1604 号——对简要财务报表出具报告的业务》。

《中国注册会计师审计准则第 1611 号——商业银行财务报表审计》。

《中国注册会计师审计准则第 1612 号——银行间函证程序》。

《中国注册会计师审计准则第 1613 号——与银行监管机构的关系》。

《中国注册会计师审计准则第 1631 号——财务报表审计中对环境事项的考虑》。

《中国注册会计师审计准则第 1632 号——衍生金融工具的审计》。

《中国注册会计师审计准则第 1633 号——电子商务对财务报表审计的影响》。

(3) 中国注册会计师审阅业务准则。

《中国注册会计师审阅准则第 2101 号——财务报表审阅》。

(4) 中国注册会计师其他鉴证业务准则。

《中国注册会计师其他鉴证业务准则第 3101 号——历史财务信息审计或审阅以外的鉴证业务》。

《中国注册会计师其他鉴证业务准则第 3111 号——预测性财务信息的审核》。

2.中国注册会计师相关服务准则

《中国注册会计师相关服务准则第 4101 号——对财务信息执行商定程序》。

《中国注册会计师相关服务准则第 4111 号——代编财务信息》。

3．会计师事务所质量管理准则

《会计师事务所质量管理准则第 5101 号——业务质量管理》。

《会计师事务所质量管理准则第 5102 号——项目质量复核》。

(三)中国注册会计师鉴证业务基本准则

1．鉴证业务的定义和分类

1)　鉴证业务的定义

鉴证业务是指注册会计师对鉴证对象信息提出结论，以便增强除了责任方之外的预期使用者对鉴证对象信息信任程度的业务。

上述定义可以从以下几方面加以理解。

(1)　鉴证业务的用户是"预期使用者"，即鉴证业务可以用来有效地满足预期使用者的需求。

(2)　鉴证业务的目的是改善信息的质量或内涵，增强除了责任方之外的预期使用者对鉴证对象信息的信任程度，即以适当保证或提高鉴证对象信息的质量为主要目的，而不涉及为如何利用信息提供建议。

(3)　鉴证业务的基础是独立性和专业性，通常由具备专业胜任能力和独立性的注册会计师来执行，注册会计师应当独立于责任方和预期使用者。

(4)　鉴证业务的"产品"是鉴证结论，注册会计师应当对鉴证对象信息提出结论，该结论应当以书面报告的形式予以传达。

2)　鉴证业务的分类

(1)　鉴证业务按照预期使用者获取鉴证对象信息的方式不同可分为基于责任方认定的业务和直接报告业务两类。

基于责任方认定的业务是指责任方对鉴证对象进行评价或计量，鉴证对象信息以责任方认定的形式为预期使用者获取。例如在财务报表审计中，被审计单位管理层(责任方)对财务状况、经营成果和现金流量(鉴证对象)进行确认、计量和列报(评价或计量)而形成的财务报表(鉴证对象信息)即为责任方的认定，该财务报表可为预期报表使用者获取，注册会计师针对财务报表出具审计报告。

直接报告业务是指注册会计师直接对鉴证对象进行评价或计量，或者从责任方获取对鉴证对象评价或计量的认定，而该认定无法为预期使用者获取，预期使用者只能通过阅读鉴证报告获取鉴证对象信息。例如在内部控制鉴证业务中，注册会计师可能无法从管理层(责任方)获取其对内部控制有效性的评价报告(责任方认定)，或虽然注册会计师能够获取该报告，但是预期使用者无法获取该报告，注册会计师直接对内部控制的有效性(鉴证对象)进行评价并出具鉴证报告，预期使用者只能通过阅读该鉴证报告获得内部控制有效性的信息(鉴证对象信息)。

(2)　鉴证业务按照保证程度可分为合理保证和有限保证两类。

合理保证的鉴证业务是指注册会计师将鉴证业务风险降至该业务环境下可接受的低水平，以此作为以积极方式提出结论的基础。如在历史财务信息审计中，要求注册会计师将审计风险降至可接受的低水平，对审计后的历史财务信息提供高水平保证(合理保证)，在审计报告中对历史财务信息采用积极方式提出结论。

有限保证的鉴证业务，是指注册会计师将鉴证业务风险降至该业务环境可接受的水平，以此作为以消极方式提出结论的基础。例如在历史财务信息审阅中，要求注册会计师将审阅风险降至该业务环境可接受的水平(高于历史财务信息审计中可接受的低水平)，对审阅后的历史财务信息提供低于高水平的保证(有限保证)，在审阅报告中对历史财务信息采用消极方式提出结论。

2. 鉴证业务要素

《中国注册会计师鉴证业务基本准则》规定鉴证业务要素包括鉴证业务的三方关系、鉴证对象、标准、证据和鉴证报告五个方面。

1) 鉴证业务的三方关系

鉴证业务涉及的三方关系人包括注册会计师、责任方和预期使用者。责任方与预期使用者既可能是同一方，也可能不是同一方。

(1) 注册会计师是指取得注册会计师证书并在会计师事务所执业的人员，有时也指其所在的会计师事务所。

注册会计师就是鉴证业务的主体。如果鉴证业务涉及的特殊知识和技能超出了注册会计师的能力，那么注册会计师可以利用专家协助执行鉴证业务。在这种情况下，注册会计师应当确信包括专家在内的项目组整体已具备执行该项鉴证业务所需的知识和技能，并充分参与该项鉴证业务和了解专家所承担的工作。

(2) 责任方的界定与其所执行鉴证业务的类型有关。在直接报告业务中，责任方是指对鉴证对象负责的组织或人员；在基于责任方认定的业务中，责任方是指对鉴证对象信息负责并可能同时对鉴证对象负责的组织或人员。

责任方既可能是鉴证业务的委托人，也可能不是委托人。

(3) 预期使用者是指预期使用鉴证报告的组织或人员。它包括与鉴证对象有重要共同利益的主要利益相关者。

责任方可能是预期使用者，但不是唯一的预期使用者。

2) 鉴证对象

在注册会计师提供的鉴证业务中，存在着不同类型的鉴证对象，相应地，鉴证对象信息也具有多种形式。

(1) 鉴证对象信息是按照标准对鉴证对象进行评价和计量的结果。鉴证对象与鉴证对象信息的形式主要包括以下几种。

① 当鉴证对象为财务业绩或状况时(如历史或预测的财务状况、经营成果和现金流量)，鉴证对象信息是财务报表。

② 当鉴证对象为非财务业绩或状况时(如企业的运营情况)，鉴证对象信息可能是反映效率或效果的关键指标。

③ 当鉴证对象为物理特征时(如设备的生产能力)，鉴证对象信息可能是有关鉴证对象物理特征的说明文件。

④ 当鉴证对象为某种系统和过程时(如企业的内部控制或信息技术系统)，鉴证对象信息可能是关于其有效性的认定。

⑤　当鉴证对象为一种行为时(如遵守法律法规的情况)，鉴证对象信息可能是对法律法规遵守情况或执行效果的声明。

(2)　鉴证对象具有不同的特征，可能表现为定性或定量、客观或主观、历史或预测、时点或期间。这些特征将对以下几方面产生影响。

①　按照标准对鉴证对象进行评价或计量的准确性。

②　证据的说服力。

鉴证报告应当说明与预期使用者特别相关的鉴证对象的特征。

(3)　适当的鉴证对象应当同时具备以下条件。

①　鉴证对象可以识别。

②　不同的组织或人员对鉴证对象按照既定标准进行评价或计量的结果合理一致。

③　注册会计师能够收集与鉴证对象有关的信息，获取充分、适当的证据，以支持其提出适当的鉴证结论。

3)　标准

(1)　标准是指用于评价或计量鉴证对象的基准，当涉及列报时，还包括列报的基准。

注册会计师在运用职业判断对鉴证对象做出评价或计量时，离不开适当的标准。如果没有适当的标准提供指引，那么任何个人的解释甚至误解都可能对结论产生影响。也就是说，标准是对所要发表意见的鉴证对象进行"度量"的一把"尺子"，责任方和注册会计师可以根据这把"尺子"对鉴证对象进行"度量"。

对同一鉴证对象进行评价或计量并不一定要选择同一个标准。例如，要评价消费者满意度这一鉴证对象，某些责任方或注册会计师可能会以消费者投诉的次数作为衡量标准。而另外一些责任方或注册会计师可能会选择消费者在初始购买后的三个月内重复购买的数量作为衡量的标准。

标准既可以是正式的规定(如编制财务报表所使用的会计准则和相关会计制度)，也可以是某些非正式的规定(如单位内部制定的行为准则或确定的绩效水平)。

(2)　适当的标准应当具备以下几个特征。

相关性：相关的标准有助于得出结论，便于预期使用者做出决策。

完整性：完整的标准不应忽略业务环境中可能影响得出结论的相关因素，当涉及列报时，还包括列报的基准。

可靠性：可靠的标准能够使能力相近的注册会计师在相似的业务环境中，对鉴证对象做出合理一致的评价或计量。

中立性：中立的标准有助于得出无偏向的结论。

可理解性：可理解的标准有助于得出清晰、易于理解、不会产生重大歧义的结论。

注册会计师基于自身的预期、判断和个人经验对鉴证对象进行的评价和计量，不构成适当的标准。

(3)　标准应当能够为预期使用者获取，以使预期使用者了解鉴证对象的评价或计量过程。标准可以通过下列方式供预期使用者获取：①公开发布；②陈述鉴证对象信息时以明确的方式表述；③在鉴证报告中以明确的方式表述；④常识理解，如计量时间的标准是小时或分钟。

　　4）　证据

　　注册会计师应当以职业怀疑态度来计划和执行鉴证业务，获取有关鉴证对象信息是否不存在重大错报的充分、适当的证据。在计划和执行鉴证业务时，注册会计师保持职业怀疑态度十分必要。它有助于降低注册会计师忽视异常情况的风险，有助于降低注册会计师在确定鉴证程序的性质、时间、范围及评价由此得出的结论时采用错误假设的风险，有助于避免注册会计师根据有限的测试范围过度推断总体实际情况的风险。

　　5）　鉴证报告

　　注册会计师应当出具含有鉴证结论的书面报告，该鉴证结论应当说明注册会计师就鉴证对象信息获取的保证。

　　(1)　在基于责任方认定的业务中，注册会计师的鉴证结论可以采用下列两种表述形式。

　　①　明确提及责任方认定，如"我们认为，责任方做出的'根据×××标准，内部控制在所有重大方面是有效的'这一认定是公允的"。

　　②　直接提及鉴证对象和标准，如"我们认为，根据×××标准，内部控制在所有重大方面是有效的"。

　　在基于责任方认定的业务中，由于可以获取责任方认定，注册会计师是针对鉴证对象信息进行评价并出具报告的，鉴证对象信息也可以以责任方认定的形式为预期使用者获取，所以注册会计师在鉴证报告中显然可以明确提及责任方认定。另外，直接提及鉴证对象和标准，也不会给预期使用者带来误解。如果在鉴证结论中提及责任方认定，那么注册会计师可以将该认定附于鉴证报告后，在鉴证报告中引述该认定或指明预期使用者能够从何处获取该认定。

　　(2)　在直接报告业务中，注册会计师应当明确提及鉴证对象和标准。

　　在直接报告业务中，注册会计师可能无法从责任方获取其对鉴证对象评价或计量的认定。即便可以获取这种认定，该认定也无法被预期使用者获取，预期使用者只能通过阅读鉴证报告获取鉴证对象信息。因此，注册会计师应当直接对鉴证对象进行评价并出具鉴证报告，明确提及鉴证对象和标准。

　　(3)　注册会计师不能出具无保留结论报告的情况有以下几种。

　　①　工作范围受到限制。

　　②　责任方认定未在所有重大方面做出公允表达。

　　③　鉴证对象信息存在重大错报。

　　④　标准或鉴证对象不适当。

　　在审计过程中如果出现上述情况，那么注册会计师应当视其重大与广泛程度，出具保留结论或否定结论的报告。在某些情况下，注册会计师应当考虑解除业务约定。

三、民间审计的特征

　　民间审计与政府审计、内部审计相比，其主要特征表现在以下几方面。

(一)审计的独立性

　　政府审计、内部审计在独立性上体现为单向独立，即仅独立于被审计单位；而注册会计师审计表现为双向独立，既独立于审计委托人，又独立于被审计单位。

(二)审计的方式

政府审计可以根据工作的需要确定被审计单位和审计事项，并可进行强制审计；内部审计根据本部门、本单位经营管理的需要自行安排施行；而注册会计师审计则是受托进行。政府审计机关是政府的工作部门，其审计工作是国家监督职能的体现，是无偿的；但是民间审计机构是独立的业务经营单位，要以业务收入抵补其支出，只能进行有偿服务。

(三)审计的对象

政府审计的对象主要是各级政府及其部门的财政收支情况及公共资金的收支、使用情况；内部审计机关的对象主要是对本单位内部控制的健全、有效，会计及相关信息的真实、合法完整，经营绩效以及经营合规性等进行检查、监督和评价；注册会计师审计对象包括一切营利性组织及非营利性组织。

(四)审计的结果

政府审计的特征之一是审计机关可依据审计事实提出对被审计单位的处理意见，即审计意见与审计决定。内部审计的结果只对本部门、本单位负责，只能作为本部门、本单位改进管理的参考，对外不起鉴证作用，并向外界保密。但是，民间审计的审计结论是以对外提供审计报告的方式表示，即发表独立、客观、公正的审计鉴证，对审计报告使用者注明被审计单位的会计资料等的可信赖程度，为审计委托者确立或解除被审计单位的经济责任提供参考。

第四节 注册会计师的职业道德

为了规范中国注册会计师职业行为，提高职业道德水准，维护职业形象，中国注册会计师协会制定了《中国注册会计师职业道德守则》和《中国注册会计师协会非执业会员职业道德守则》。为了顺应经济社会发展对注册会计师诚信和职业道德水平提出的更高要求，进一步提升审计质量，吸收借鉴国际职业会计师道德守则的最新成果，保持与国际守则的持续动态趋同，中国注册会计师协会对以上守则进行了全面修订。于2020年12月17日发布，自2021年7月1日起施行。

中国注册会计师协会会员包括注册会计师和非执业会员。非执业会员是指不在会计师事务所执业的中国注册会计师协会个人会员，通常在工业、商业、服务业、公共部门、教育部门、非营利性组织、监管机构或职业团体从事专业工作。中国注册会计师协会会员职业道德守则规定了职业道德基本原则和职业道德概念框架，会员应当遵守职业道德基本原则，并能够运用职业道德概念框架解决职业道德问题。

一、注册会计师职业道德基本原则

注册会计师为实现执业目标，必须遵守一系列基本原则。这些基本原则包括下列职业道德基本原则：诚信、客观和公正、独立性、专业胜任能力和勤勉尽责、保密、良好的职业行为。

(一)诚信

诚信是我国社会主义核心价值观的重要组成部分，是社会主义道德建设的重要内容，是构建社会主义和谐社会的重要纽带，同时也是社会主义市场经济运行的基础。对注册会计师行业来说，诚信是注册会计师行业存在和发展的基石，在职业道德基本原则中居于首要地位。

诚信是指正直、诚实守信。也就是说，一个人言行与内心思想一致，不虚假；能够履行与别人的约定而取得对方的信任。诚信原则要求注册会计师应当在所有的职业关系和商业关系中保持正直和诚实，秉公处理、实事求是。

注册会计师如果认为业务报告、申报资料或其他信息存在下列问题，则不得与这些有问题的信息发生牵连。

(1) 含有虚假记载、误导性陈述。

(2) 含有缺乏充分根据的陈述或信息。

(3) 存在遗漏或含糊其辞的信息，而这种遗漏或含糊其辞可能会产生误导。

注册会计师如果注意到已与已有问题的信息发生牵连，应当采取措施消除牵连。

(二)客观和公正

客观是指按照事物的本来面目去考查，不添加个人的偏见。公正是指公平、正直，不偏袒。客观和公正的原则要求注册会计师不得由于偏见、利益冲突或他人的不当影响而损害自己的职业判断。如果存在导致偏见或者对职业判断产生不当影响的情况，那么注册会计师不应提供相关的专业服务。

(三)独立性

独立性是指不受外来力量控制、支配，按照一定规则行事。独立性原则通常是对注册会计师而不是对非执业会员提出的要求。在执行鉴证业务时，注册会计师必须保持独立性。在市场经济条件下，投资者主要依赖财务报表判断投资风险，在投资机会中做出选择。如果注册会计师不能与客户保持独立，而是存在经济利益、关联关系，或屈从于外界压力，就很难取信于社会公众。

《中国注册会计师职业道德守则》规定，独立性包括实质上的独立性和形式上的独立性。

实质上的独立性是一种内心状态，使得注册会计师在提出结论时不受损害职业判断的因素影响，诚信行事，遵循客观和公正原则，并保持职业怀疑态度。

形式上的独立性是一种外在表现，使得一个理性且掌握充分信息的第三方在权衡所有相关事实和情况后，认为会计师事务所或项目组团队成员没有损害诚信原则、客观和公正原则或职业怀疑态度。

注册会计师执行审计和审阅业务以及其他鉴证业务时，应当从实质上和形式上保持独立性，不得因任何利害关系影响其客观性。会计师事务所在承办审计和审阅业务以及其他鉴证业务时，应当从整体层面和具体业务层面采取措施，以保持会计师事务所和项目团队的独立性。

(四)专业胜任能力和勤勉尽责

1. 专业胜任能力

专业胜任能力是指注册会计师具有专业知识、技能和经验，能够经济、有效地完成客户委托的业务。注册会计师如果不能保持和提高专业胜任能力，就难以完成客户委托的业务。如果注册会计师在缺乏足够的知识、技能和经验的情况下提供专业服务，就构成了欺诈。一个合格的注册会计师，不仅要充分认识自己的能力，对自己充满信心，更重要的是，必须清醒地认识到自己在专业胜任能力方面存在的不足。专业胜任能力可分为两个独立阶段：专业胜任能力的获取和专业胜任能力的保持。注册会计师应当通过教育、培训和执业实践获取和保持专业胜任能力。注册会计师应当持续地了解和掌握相关的专业技术和业务的发展，以保持专业胜任能力，使其能够胜任特定业务环境中的工作。

2. 勤勉尽责

勤勉尽责是要求注册会计师遵守职业准则的要求并保持应有的职业怀疑，认真、全面、及时地完成工作任务。即在审计过程中，注册会计师应当保持职业怀疑态度，运用专业知识、技能和经验，获取和评价审计证据。同时，注册会计师应当采取措施以确保在其授权下工作的人员得到适当的培训和督导。在适当时，注册会计师应当使客户或专业服务的其他使用者了解专业服务的固有局限。

(五)保密

(1) 保密原则要求注册会计师应当对在职业活动中获知的涉密信息予以保密，应当遵守下列要求。

① 警觉无意中泄密的可能性，包括在社会交往中无意中泄密的可能性，特别要警觉无意中向关系密切的商业伙伴或近亲属泄密的可能性。

② 对所在会计师事务所内部的涉密信息保密。

③ 对职业活动中获知的涉及国家安全的信息保密。

④ 对拟承接的客户向其披露的涉密信息保密。

⑤ 在未经客户授权的情况下，不得向会计师事务所以外的第三方披露其所获知的涉密信息，除非法律法规或职业准则规定注册会计师在这种情况下有权利或义务进行披露。

⑥ 不得利用因职业关系而获知的涉密信息为自己或第三方谋取利益。

⑦ 不得在职业关系结束后利用或披露因该职业关系获知的涉密信息。

⑧ 采取适当措施，确保下级员工以及为注册会计师提供建议和帮助的人员履行保密义务。

(2) 注册会计师在下列情况下可以披露涉密信息。

① 法律法规允许披露，并且取得了客户的授权。

② 法律法规要求披露，例如，为法律诉讼准备文件或提供其他证据，或者向适当机构报告发现的违反法律法规的情形。

③ 注册会计师有职业义务或权利进行披露，且法律法规未予禁止的情形有：接受注册会计师协会或监管机构的执业质量检查；答复注册会计师协会或监管机构的询问或调

查；在法律诉讼、仲裁中维护自身的合法权益；遵守职业准则的要求，包括职业道德要求；法律法规和职业准则规定的其他情形。

(六)良好的职业行为

良好的职业行为原则要求注册会计师遵守相关法律法规，避免发生任何注册会计师已知悉或应当知悉的有损职业声誉的行为。

在推介自身和工作时，注册会计师不应损害职业形象，不应该存在下列行为。

(1) 夸大宣传提供的服务、拥有的资质或获得的经验。

(2) 贬低或无根据地比较他人的工作。

二、对注册会计师职业道德原则产生不利影响的因素

对遵循职业道德基本原则的不利影响可能产生于各种情形或关系。某一情形或关系可能产生多种不利影响，某种不利影响也可能影响对多项职业道德基本原则的遵循。不利影响可以归纳为以下五类：自身利益导致的不利影响、自我评价导致的不利影响、过度推介导致的不利影响、密切关系导致的不利影响和外在压力导致的不利影响。

(一)自身利益导致不利影响的情形

因自身利益导致的不利影响，是指由于某项经济利益或其他利益可能影响注册会计师的判断或行为，从而对职业道德基本原则产生的不利影响。自身利益导致的不利影响有以下几个方面。

(1) 注册会计师在客户中拥有直接经济利益。

(2) 会计师事务所的收入过分依赖某一客户。

(3) 会计师事务所以较低的报价获得新业务，而该报价过低，可能导致注册会计师难以按照适用的职业准则要求执行业务。

(4) 注册会计师与客户之间存在密切的商业关系。

(5) 注册会计师能够接触到涉密信息，而该涉密信息可能被用于牟取个人私利。

(6) 注册会计师在评价所在会计师事务所以往提供的专业服务时，发现了重大错误。

(二)自我评价导致不利影响的情形

因自我评价导致的不利影响是指注册会计师在执行当前业务的过程中，其判断需要依赖其本人(或所在会计师事务所或工作单位的其他人员)以往执行业务时做出的判断或得出的结论，而该注册会计师可能不恰当地评价这些以往的判断或结论，从而对职业道德基本原则产生的不利影响。自我评价导致的不利影响有以下几个方面。

(1) 注册会计师在对客户提供财务系统的设计或操作服务后，又对系统的运行有效性出具鉴证报告。

(2) 注册会计师为客户编制用于生成有关记录的原始数据，而这些记录是鉴证业务的对象。

(三)过度推介导致不利影响的情形

因过度推介导致的不利影响，是指中国注册会计师协会会员倾向客户或工作单位的立场，导致该注册会计师的客观公正原则受到损害而产生的不利影响。过度推介导致的不利影响有以下几个方面。

(1) 注册会计师推介客户的产品、股份或其他利益。

(2) 当客户与第三方发生诉讼或纠纷时，注册会计师为该客户辩护。

(3) 注册会计师站在客户的立场上影响某项法律法规的制定。

(四)密切关系导致不利影响的情形

因密切关系导致的不利影响，是指注册会计师由于与客户或工作单位存在长期或密切的关系，导致过于偏向他们的利益或过于认可他们的工作，从而对职业道德基本原则产生的不利影响。密切关系导致的不利影响有以下几个方面。

(1) 审计项目团队成员的主要近亲属或其他近亲属担任审计客户的董事或高级管理人员。

(2) 鉴证客户的董事、高级管理人员，或所处职位能够对鉴证对象施加重大影响的员工，最近曾担任注册会计师所在会计师事务所的项目合伙人。

(3) 审计项目团队成员与审计客户之间长期存在业务关系。

除了以上情形外，注册会计师应当保持应有的职业谨慎，考虑其他可能存在的对职业道德基本原则产生不利影响的亲密关系。近亲属包括主要近亲属和其他近亲属。主要近亲属是指配偶、父母或子女；其他近亲属是指兄弟姐妹、祖父母、外祖父母、孙子女、外孙子女。审计项目团队成员是指所有审计项目组成员和会计师事务所中能够直接影响审计业务结果的其他人员，以及网络事务所中能够直接影响审计业务结果的所有人员。

(五)外在压力导致不利影响的情形

因外在压力导致的不利影响，是指注册会计师迫于实际存在的或可感知到的压力，导致无法客观行事而对职业道德基本原则产生的不利影响。外在压力导致的不利影响有以下几个方面。

(1) 注册会计师因对专业事项持有不同意见而受到客户解除业务关系或被会计师事务所解雇的威胁。

(2) 由于客户对所沟通的事项更具有专长，注册会计师面临服从该客户判断的压力。

(3) 注册会计师被告知，除非其同意审计客户某项不恰当的会计处理，否则计划中的晋升将受到影响。

(4) 注册会计师接受了客户赠予的重要礼品，并被威胁将公开其收受礼品的事情。

三、应对不利影响的防范措施

如果识别出对职业道德基本原则的不利影响，那么注册会计师应当评价该不利影响的严重程度是否处于可接受的水平。在评价不利影响的严重程度时需要考虑：与客户及其经营环境相关的条件、政策和程序以及与会计师事务所及其经营环境相关的条件、政策和程序。

注册会计师应当运用职业判断以确定如何更好地应对已识别的、超出可接受水平的不利影响，包括采取防范措施消除不利影响或将其降至可接受水平，或者终止业务约定或拒绝接受业务委托。防范措施是指可以消除不利影响或将其降至可接受水平的行动或其他措施。在特定情况下可以应对不利影响的防范措施包括以下几个方面。

(1) 向已承接的项目分配更多时间和有胜任能力的人员，可以应对因自身利益导致的不利影响。

(2) 由项目组以外的适当复核人员复核已执行的工作或在必要时提供建议，可以应对因自我评价导致的不利影响。

(3) 向鉴证客户提供非鉴证服务时，指派鉴证业务项目团队以外的其他合伙人和项目组，并确保鉴证业务项目组和非鉴证服务项目组分别向各自的业务主管报告工作，可以应对因自我评价、过度推介或密切关系导致的不利影响。

(4) 由其他会计师事务所执行或重新执行业务的某些部分，可能能够应对因自身利益、自我评价、过度推介、密切关系或外在压力导致的不利影响。

(5) 由不同项目组分别应对具有保密性质的事项，可以应对因自身利益导致的不利影响。

本 章 小 结

本章介绍了不同审计主体的审计组织及审计规范，并对注册会计师的职业道德规范进行了阐述。

我国的审计监督体系由三部分构成，即国家审计机关、部门或单位的内部审计机构和民间审计组织。国家审计、内部审计、民间审计三者之间既相互联系，又各自独立、各司其职，泾渭分明地在不同领域开展审计工作。它们各有特点，相互不可替代，不存在主导和从属的关系。

中国注册会计师执业准则体系包括鉴证业务准则、相关服务准则和质量控制准则三个部分。质量控制准则是注册会计师从事各类业务均应执行的，而鉴证业务准则和相关服务准则是按照注册会计师所从事业务是否具有鉴证职能、是否需要提出鉴证报告加以区分的。其中，鉴证业务准则又分为审计准则、审阅准则和其他鉴证业务准则三类。在准则框架体系中，审计准则无疑是其核心内容和重点所在。

为了规范中国注册会计师的职业行为，提高职业道德水准，维护职业形象，中国注册会计师协会制定了《中国注册会计师职业道德守则》和《中国注册会计师协会非执业会员职业道德守则》。我国注册会计师职业道德基本原则包括诚信、客观和公正、独立性、专业胜任能力和勤勉尽责、保密、良好的职业行为。

复习思考题

1. 简述国家审计机关、内部审计机构和民间审计组织的各自业务范围。

2. 我国的审计监督体系由哪几部分构成？它们的关系如何？

3. "有限责任"与"合伙"会计师事务所的设立条件是什么？

4. 简述中国注册会计师执业准则体系。
5. 我国注册会计师职业道德的基本原则是什么？
6. 对职业道德基本原则产生不利影响的情形有哪些？

第三章

计划审计工作

案例导读

2020 年 10 月，中国证监会发布 2020 年第 85 号行政处罚决定书，对涉及林州重机信息披露违法违规案的北京兴华会计师事务所 (以下简称"兴华所")以及肖丽娟、李杰两名责任人予以行政处罚：对兴华所责令改正，没收业务收入 118 万元，并处以 236 万元罚款；对肖丽娟、李杰给予警告，并分别处以 5 万元罚款。

经查明，兴华所存在以下违法事实：兴华所审计的林州重机 2017 年年度报告存在虚假记载。林州重机 2017 年合并资产负债表虚增在建工程 2.07 亿元，虚减预付账款 1.95 亿元，合并利润表虚减财务费用 11 244 131.28 元。然而，兴华所对林州重机 2017 年财务报表出具了标准无保留意见审计报告。兴华所在审计林州重机 2017 年财务报表时未勤勉尽责。兴华所在对林州重机全资子公司林州朗坤科技有限公司(以下简称"朗坤科技")在建工程 1.95 亿元及对应的资本化利息 11 918 779.16 元进行审计时，仅获取了未附任何附件的记账凭证，未关注到 1.95 亿元在建工程尚未取得发票的事实；对在建工程相关设备的监盘程序执行不到位，设备盘点清单上没有盘点人与审计人员的签字及盘点日期；未关注到朗坤科技在建工程中计提的资本化利息与母公司抵减的财务费用(母公司同时确认应交增值税销项税)未合并抵销。

提示：

兴华所审计程序执行不到位，未获取充分适当的审计证据，未能发现林州重机合并资产负债表虚增在建工程 2.07 亿元，合并利润表虚减财务费用 11 244 131.28 元的有关事实。兴华所的上述行为违反了《中国注册会计师审计准则第 1301 号——审计证据》第十条、《中国注册会计师审计准则第 1101 号——注册会计师的总体目标和审计工作的基本要求》第三十条的规定。

学习目标

通过对本章内容的学习，了解审计目标的演进；掌握审计的总目标和具体目标；了解财务报表审计的一般原则；了解审计业务约定书的定义及其内容；掌握计划审计工作内容；掌握重要性的定义、重要性的确定、重要性与审计风险的关系、评估错报的影响；掌握审计风险的组成要素及其相互关系。

第一节　财务报表审计目标

一、审计目标的演进

审计目标是在一定的历史环境下，人们通过审计实践活动所期望达到的境地或最终结果，它包括财务报表审计的总目标以及具体审计目标两个层次。

注册会计师审计的发展主要经历了详细审计、资产负债表审计和财务报表审计三个阶段。审计总目标也随之有所变化。

在详细审计阶段，注册会计师通过对被审计单位一定期间内会计记录的逐笔审查，判定有无技术错误和舞弊行为。查错防弊是这一阶段的审计目标。

在资产负债表审计阶段，注册会计师通过对被审计单位一定时期内资产负债表所有项目余额的真实性、可靠性进行审查，判断其财务状况和偿债能力。在此阶段，审计目标是对历史财务信息进行鉴证。查错防弊这一目标依然存在，但已退居第二位，审计的功能从防护性发展为公正性。

在财务报表审计阶段，但是注册会计师判定被审计单位一定时期内的财务报表是否公允地反映了其财务状况和经营成果以及现金流量，并在出具审计报告的同时，提出改进经营管理的意见。在此阶段，审计目标不再局限于查错防弊和历史财务信息鉴证，而是向管理领域有所深入和发展。此阶段的审计工作已有一定规模，且形成了一套比较完整的理论和方法。

尽管审计总目标发生了变化，但是注册会计师的重要职责之一始终是对被审计单位的财务报表进行审计。财务报表审计是与审计相关专业的基础，其他性质的业务从某种意义上讲都是财务报表审计的延伸和发展。

二、我国财务报表审计总目标

审计的目的是提高财务报表预期使用者对财务报表的信赖程度。这一目的可以通过注册会计师对财务报表是否在所有重大方面按照适用的财务报告编制基础编制、发表审计意见而得以实现。就大多数通用目的的财务报告框架而言，注册会计师针对财务报表是否在所有重大方面按照财务报告编制基础编制并实现公允反映发表审计意见。注册会计师按照审计准则和相关职业道德要求执行审计工作，能够形成这样的意见。

根据《中国注册会计师审计准则第 1101 号——注册会计师的总体目标和审计工作的基本要求》的规定，在执行财务报表审计工作时，注册会计师的总体目标如下。

(1) 对财务报表整体是否不存在由于舞弊或错误导致的重大错报获取合理保证，使得注册会计师能够对财务报表是否在所有的重大方面按照适用的财务报告编制基础编制、发表审计意见。

(2) 按照审计准则的规定，根据审计结果对财务报表出具审计报告，并与管理层和治理层沟通。

财务报表审计的目标对注册会计师的审计工作发挥着导向作用，它界定了注册会计师的责任范围，直接影响注册会计师计划和实施审计程序的性质、时间和范围，决定了注册会计师如何发表审计意见。例如，既然财务报表审计的目标是对财务报表整体发表审计意见，注册会计师就可以只关注与财务报表编制和审计有关的内部控制，而不对内部控制本身发表鉴证意见。同样，注册会计师关注被审计单位违反法规的行为，是因为这些行为影响到财务报表，而不是对被审计单位是否存在违反法规的行为提供鉴证。

三、审计具体目标及其确定

(一)被审计单位管理层对会计报表的认定

注册会计师应当详细运用各类交易和事项、账户余额及相关披露的认定，作为评估重大错报风险以及设计与实施进一步审计程序的基础。

1. 认定的含义

认定是指管理层在财务报表中做出的明确或隐含的表达，注册会计师将其用于考虑可能发生的不同类型的潜在错报。认定与审计目标密切相关,注册会计师的基本职责就是确定被审计单位管理层对其财务报表的认定是否恰当。注册会计师了解了认定,就很容易确定每个项目的具体审计目标。通过考虑可能发生的不同类型的潜在错报,注册会计师运用认定评估风险,并据此设计审计程序以应对评估的审计风险。

保证财务报表公允反映被审计单位的财务状况和经营情况等是管理层的责任。当管理层声明财务报表已按照适用的财务报告编制基础进行编制,在所有重大方面做出公允反映时,就意味着管理层对财务报表各组成要素的确认、计量、列报以及相关的披露做出了认定。管理层对财务报表的认定有些是明确表达的,有些则是隐含表达的。例如,管理层在资产负债表中列报存货及其金额,意味着做出了下列明确的认定:①记录的存货是存在的;②存货以恰当的金额包括在财务报表中,与之相关的计价或分摊调整已恰当记录。同时,管理层也做出下列隐含的认定:①所有应当记录的存货均已记录;②记录的存货都由被审计单位拥有。

2. 认定的分类(一)

注册会计师通常将与所审计期间的各类交易、事项及相关披露有关的认定分为以下几类。

(1) 发生:记录和披露的交易和事项已发生,且与被审计单位有关。

(2) 完整性:所有应当记录的交易和事项均已记录,所有应当包括在财务报表中的相关披露均已包括。

(3) 准确性:与交易和事项有关的金额及其他数据已恰当记录,相关披露已得到恰当计量和描述。

(4) 截止:交易和事项已记录于正确的会计期间。

(5) 分类:交易和事项已记录于恰当的账户。

(6) 列报:交易和事项已被恰当地汇总或分解且表述清楚,相关披露在适用的财务报告编制基础下是相关的、可理解的。

3. 认定的分类(二)

注册会计师将与期末账户余额及相关披露有关的认定分为以下几类。

(1) 存在:记录的资产、负债和所有者权益是存在的。

(2) 权利和义务:记录的资产由被审计单位拥有或控制,记录的负债是被审计单位应当履行的偿还义务。

(3) 完整性:所有应当记录的资产、负债和所有者权益均已记录,所有应当包括在财务报表中的相关披露均已包括。

(4) 计价和分摊:资产、负债和所有者权益以恰当的金额包括在财务报表中,与之相关的计价或分摊调整已恰当记录。相关披露已得到恰当计量和描述。

(5) 分类:资产、负债和所有者权益已记录于恰当的账户。

(6) 列报:资产、负债和所有者权益已被恰当地汇总或分解且表述清楚,相关披露在适用的财务报告编制基础下是相关的、可理解的。

注册会计师可以按照上述分类运用认定,也可按其他方式表述认定,但应涵盖上述所有方面。例如，注册会计师可以选择将关于各类交易、事项及相关披露的认定与关于账户余额及相关披露的认定综合运用。又如，当发生和完整性认定包含了对交易是否记录于正确会计期间的恰当考虑时，就可能不存在与交易和事项截止相关的单独认定。

(二)具体审计目标

注册会计师了解了认定，就容易确定每个项目的具体审计目标，并以此作为评估重大错报风险以及设计和实施进一步审计程序的基础。

1. 与所审计期间各类交易、事项及相关披露有关的审计目标

与所审计期间各类交易、事项及相关披露有关的审计目标包括发生目标、完整性目标、准确性目标、截止目标、分类目标和列报目标。

(1) 发生目标是指由发生认定推导出的审计目标，即确认已记录的交易是真实的。例如，如果没有发生销售交易，但在销售明细账中记录了一笔销售，就违反了该目标。

发生认定所要解决的问题是管理层是否把那些不曾发生的项目列入财务报表，它主要与财务报表组成要素的高估有关。

(2) 完整性目标是指由完整性认定推导出的审计目标，即确认已发生的交易确实已经记录，所有应包括在财务报表中的相关披露均已包括。例如，如果发生了销售交易，但没有在销售明细账和总账中记录，就违反了该目标。

发生目标和完整性目标两者强调的是相反的关注点。发生目标针对潜在的高估，而完整性目标则针对漏记交易(低估)。

(3) 准确性目标是指由准确性认定推导出的审计目标，即确认已记录的交易是按正确金额反映的，相关披露已得到恰当计量和描述。例如，如果在销售交易中发出商品的数量与账单上的数量不符，或者开账单时使用了错误的销售价格，或者账单中的乘积或加总有误，或者在销售明细账中记录了错误的金额，就违反了该目标。

准确性目标与发生目标、完整性目标之间存在区别。例如，若已记录的销售交易是不应当记录的(如发出的商品是寄销商品)，则即使发票金额是准确计算的，也违反了发生目标。再比如，若已入账的销售交易是对正确发出商品的记录，但金额计算错误，则违反了准确性目标，没有违反发生目标。在完整性目标与准确性目标之间也存在同样的关系。

(4) 截止目标是指由截止认定推导出的审计目标，即确认接近于资产负债表日的交易记录与恰当的期间。例如，如果本期交易推到下期，或下期交易提到本期，均违反了截止目标。

(5) 分类目标是指由分类认定推导出的审计目标，即确认被审计单位记录的交易经过了适当分类。例如，如果将现销记录为赊销，将出售经营性固定资产所得的收入记录为营业收入，则导致交易分类的错误，就违反了分类目标。

(6) 列报目标是指由列报认定推导出的审计目标，即确认被审计单位的交易和事项已被恰当地汇总或分解且表述清楚，相关披露在适用的财务报告编制基础下是相关的、可理解的。

2. 与期末账户余额及相关披露有关的审计目标

与期末账户余额及相关披露有关的审计目标包括存在目标，权利和义务目标，完整性

目标，准确性、计价和分摊目标，分类目标，列报目标。

(1) 存在目标是指由存在认定推导出的审计目标，即确认记录的金额确实存在。例如，如果不存在某顾客的应收账款，却在应收账款明细账中列入对该顾客的应收账款，则违反了存在的目标。

(2) 权利和义务目标是指由权利和义务认定推导出的审计目标，即确认资产归属于被审计单位，负债属于被审计单位的义务。例如，将他人寄售商品列入被审计单位的存货中，则违反了权利目标；将不属于被审计单位的债务记入账内，则违反了义务目标。

(3) 完整性目标是指由完整性认定推导出的审计目标，即确认已存在的金额均已记录。例如，如果存在某顾客的应收账款，在应收账款明细账中却没有列入对该顾客的应收账款，就违反了完整性目标。

(4) 准确性、计价和分摊目标是指确认资产、负债和所有者权益以恰当的金额包括在财务报表中，与之相关的计价或分摊调整已恰当记录，相关披露已得到恰当计量和描述。

(5) 分类目标是指确认资产、负债和所有者权益已记录于恰当的账户。

(6) 列报目标是指资产、负债和所有者权益已被恰当地汇总或分解且表述清楚，相关披露在适用的财务报告编制基础下是相关的、可理解的。

通过以上介绍可知，认定是确定具体审计目标的基础。注册会计师通常将认定转化为能够通过审计程序予以实现的审计目标。针对财务报表每一项目所表现出的各项认定，注册会计师相应地确定一项或多项审计目标，然后通过执行一系列审计程序获取充分、适当的审计证据以实现审计目标。认定、审计目标和审计程序之间的关系举例如表3-1所示。

表3-1 认定、审计目标和审计程序之间的关系举例

认　　定	审计目标	审计程序
存在目标	资产负债表列示的存货存在	实施存货监盘程序
完整性目标	销售收入包括所有已发货的交易	检查发货单和销售发票的编号以及销售明细账
准确性目标	销售业务是否基于正确的价格和数量，计算是否准确	比较价格清单与发票上的价格、发货单与销售订购单上的数量是否一致，重新计算发票上的金额
截止目标	销售业务记录在恰当的期间	比较上一年度最后几天和下一年度最初几天的发货单日期与记账日期
权利和义务目标	资产负债表中的固定资产确实为公司拥有	查阅所有权证书、购货合同、结算单和保险单
准确性、计价和分摊目标	以净值记录应收账款	检查应收账款账龄分析表、评估计提的坏账准备是否充分

(三)管理层和治理层的责任与注册会计师的责任

1. 管理层和治理层的责任

管理层是指对被审计单位经营活动的执行负有经营管理责任的人员，对财务报表编制负责。治理层是指对被审计单位战略方向以及管理层履行经营管理责任负有监督责任的人员或组织。治理层的责任包括监督财务报告过程。管理层与治理层应当承担下列责任，这些责任构成注册会计师按照审计准则的规定执行审计工作的基础。

(1) 按照适用的财务报告编制基础编制财务报表，并使其实现公允反映(例如适用)。

(2) 设计、执行和维护必要的内部控制，以使财务报表不存在由于舞弊或错误导致的重大错报。

(3) 向注册会计师提供必要的工作条件，包括允许注册会计师接触与编制财务报表相关的所有信息(例如记录、文件和其他事项)，向注册会计师提供审计所需的其他信息，允许注册会计师在获取审计证据时不受限制地接触其认为必要的内部人员和其他相关人员。

2. 注册会计师的责任

按照中国注册会计师审计准则的规定对财务报表发表审计意见是注册会计师的责任。注册会计师作为独立的第三方，对财务报表发表审计意见，有利于提高财务报表的可信赖程度。

财务报表审计不能减轻被审计单位管理层和治理层的责任。财务报表的编制和财务报表审计是财务信息生成链条上的不同环节，两者各司其职。如果财务报表存在重大错报，而注册会计师通过审计没有发现，就不能因为财务报表已经经过注册会计师审计这个事实而减轻管理层和治理层对财务报表的责任。

第二节　审　计　计　划

一、初步业务活动

初步业务活动是控制及降低审计风险的第一道也是非常重要的一道屏障。主要通过对被审计单位的情况和注册会计师自身的情况进行了解和评估，确定是否接受或保持审计业务。

(一)初步业务活动的目的

通过开展初步业务活动，注册会计师确保在计划审计工作时达到以下几个方面的要求。

(1) 注册会计师已具备执行业务所需要的独立性和专业胜任能力。

(2) 不存在因管理层的诚信问题而影响注册会计师保持该项业务意愿的情况。

(3) 与被审计单位不存在对业务约定条款的误解。

(二)初步业务活动的内容

注册会计师在本期审计业务开始时开展以下三项初步业务活动。

(1) 针对保持客户关系和具体审计业务实施相应的质量管理程序。针对保持客户关系和具体审计业务实施质量管理程序，并根据实施相应程序的结果做出适当的决策是注册会计师控制审计风险的重要环节。连续审计时，注册会计师通常执行针对保持客户关系和具体审计业务的质量管理程序。在首次接受审计委托时，注册会计师需要执行针对建立有关客户关系和承接具体审计业务的质量管理。

(2) 评价遵守相关职业道德规范的情况。质量管理准则含有包括独立性在内的有关职业道德要求，注册会计师应当按照其规定执行。虽然保持客户关系及具体审计业务和评价职业道德的工作贯穿审计业务的始终，但是这两项活动需要安排在其他审计工作之前，以确保注册会计师已具备执行业务所需要的独立性和专业胜任能力，且不存在因管理层的诚信问题而影响注册会计师保持该项业务意愿等情况。

(3) 就审计业务约定条款达成一致意见。在审计业务开始前，注册会计师应与被审计单位就审计业务约定条款达成一致意见，签订或修改审计业务约定，以避免双方对审计业务的理解产生分歧。

二、审计的前提条件

(一)财务报告编制基础

承接鉴证业务的条件之一是标准适当，且能够为预期使用者获取。适当的标准使注册会计师能够运用职业判断对鉴证对象做出合理一致的评价或计量。就审计准则而言，适用的财务报告编制基础为注册会计师提供了用以审计财务报表(包括公允反映，如相关)的标准。适用的财务报告编制基础是指法律法规要求采用的财务报告编制基础；或者管理层和治理层(如适用)在编制财务报表时，就被审计单位性质和财务报表目的而言，采用的可接受财务报告编制基础。财务报告编制基础分为通用目的的编制基础和特殊目的的编制基础。通用目的的编制基础是指旨在满足广大财务报表使用者共同的财务信息需求的财务报告编制基础，主要是会计准则和会计制度。特殊目的的编制基础是指旨在满足财务报表特定使用者对财务信息需求的财务报告编制基础，包括计税核算基础、监管机构的报告要求和合同的约定等。

如果不存在可接受的财务报告编制基础，管理层就不具有编制财务报表的恰当基础，注册会计师也不具有对财务报表进行审计的适当标准。

(1) 确定财务报告编制基础的可接受性。在确定编制财务报表所采用的财务报告编制基础的可接受性时，注册会计师需要考虑下列相关因素：第一，被审计单位的性质。例如，被审计单位是商业企业、公共部门实体还是非营利性组织。第二，财务报表的目的。例如，编制财务报表是用于满足广大财务报表使用者共同的财务信息需求，还是用于满足财务报表特定使用者的财务信息需求。第三，财务报表的性质。例如，财务报表是整套财务报表还是单一财务报表。第四，法律法规是否规定了适用的财务报告编制基础。

(2) 通用目的的编制基础。如果财务报告准则由经授权或获得认可的准则制定机构制定和发布，供某类实体使用，只要这些机构遵循一套既定和透明的程序(包括认真研究和仔细考虑广大利益相关者的观点)，就认为财务报告准则对于这类实体编制通用目的的财务报表是可接受的。

(二)就管理层的责任达成一致意见

按照审计准则的规定执行审计工作的前提是管理层已认可并理解其承担的责任。审计准则并不超越法律法规对这些责任的规定。然而，独立审计的理念要求注册会计师不对财务报表的编制或被审计单位的相关内部控制承担责任，并要求注册会计师合理预期能够获取审计所需要的信息，即在管理层能够提供或获取的信息范围内，包括从总账和明细账之外的其他途径获取的信息。因此，管理层认可并理解其责任，这一前提对执行独立审计工作是至关重要的。

(三)确认的形式

注册会计师应当要求管理层就其已履行的某些责任提供书面声明。因此,注册会计师需要获取针对管理层责任的书面声明、其他审计准则要求的书面声明,以及在必要时需要获取用于支持其他审计证据(用以支持财务报表或者一项或多项具体认定)的书面声明。注册会计师需要使管理层意识到这一点。如果管理层不认可其责任,或不同意提供书面声明,注册会计师将不能获取充分、适当的审计证据。在这种情况下,注册会计师承接此类审计业务是不恰当的,除非法律法规另有规定。如果法律法规要求承接此类审计业务,注册会计师可能需要向管理层解释这种情况的重要性及其对审计报告的影响。

三、审计业务约定书

(一)审计业务约定书的定义与作用

审计业务约定书是指会计师事务所与被审计单位签订的,用以记录和确认审计业务的委托与受托关系、审计目标和范围、双方的责任以及报告的格式等事项的书面协议。会计师事务所承接任何审计业务,都应与被审计单位签订审计业务约定书。

签署审计业务约定书的目的是明确约定双方的责任和义务,促使双方遵守约定事项并加强合作,以保护会计师事务所与委托人的利益。在注册会计师的审计实践中,审计业务约定书的作用有以下几个方面。

(1) 审计业务约定书可以增进会计师事务所与被审计单位之间的了解,尤其是被审计单位了解注册会计师的审计责任及需要提供的合作。

(2) 审计业务约定书可以作为被审计单位鉴定审计业务完成情况以及会计师事务所检查被审计单位约定义务履行情况的依据。

(3) 如果出现法律诉讼,审计业务约定书是确定会计师事务所和被审计单位双方应负责任的重要证据。

(二)审计业务约定书的基本内容

注册会计师应当将达成一致意见的审计业务约定条款记录于审计业务约定书或其他适当形式的书面协议中。审计业务约定书的具体内容和格式可能因被审计单位不同而不同,但一般都应当包括下列主要内容。

(1) 财务报表审计的目标与范围。

(2) 注册会计师的责任。

(3) 管理层的责任。

(4) 指出用于编制财务报表所适用的财务报告编制基础。

(5) 提及注册会计师拟出具的审计报告的预期形式和内容,以及对在特定情况下对出具的审计报告可能不同于预期形式和内容的说明。

(三)审计业务约定书的特殊考虑

审计业务约定书中应包括有关注册会计师责任的信息、管理层的责任,除上面所述基本内容外,还应包括以下几方面内容。

(1) 详细说明审计工作的范围，包括提及适用的法律法规、审计准则，以及注册会计师协会发布的职业道德守则和其他公告。

(2) 对审计业务结果的其他沟通形式。

(3) 说明由于审计和内部控制的固有限制，即使审计工作按照审计准则的规定得到恰当的计划和执行，仍不可避免地存在某些重大错报未被发现的风险。

(4) 计划和执行审计工作的安排，包括审计项目组的构成。

(5) 管理层确认将提供书面声明。

(6) 管理层同意向注册会计师及时提供财务报表草稿和其他所有附带信息，以使注册会计师能够按照预定的时间表完成审计工作。

(7) 管理层同意告知注册会计师在审计报告日至财务报表报出日之间注意到的可能影响财务报表的事实。

(8) 收费的计算基础和收费安排。

(9) 管理层确认收到审计业务约定书并同意其中的条款。

(10) 在某些方面对利用其他注册会计师和专家工作的安排。

(11) 对审计涉及的内部审计人员和被审计单位其他员工工作的安排。

(12) 在首次审计的情况下，与前任注册会计师(如存在)沟通的安排。

(13) 说明对注册会计师责任可能存在的限制。

(14) 注册会计师与被审计单位之间需要达成进一步协议的事项。

(15) 向其他机构或人员提供审计工作底稿的义务。

(四)审计业务约定书条款的变更

在缺乏合理理由的情况下，注册会计师不应同意变更审计业务约定条款。

(1) 在完成审计业务前，如果被审计单位或委托人要求将审计业务变更为保证程度较低的业务，注册会计师应当确定是否存在合理理由予以变更。

(2) 如果审计业务约定条款发生变更，注册会计师应当与管理层就新的业务约定条款达成一致意见，并记录在业务约定书或其他适当形式的书面协议中。

(3) 如果注册会计师不同意变更审计业务约定条款，而管理层又不允许继续执行原审计业务，注册会计师应当：①在适用的法律法规允许的情况下，解除审计业务约定；②确定是否有约定义务或其他义务向治理层、所有者或监管机构等报告该事项。

根据《〈中国注册会计师审计准则第 1111 号——就审计业务约定条款达成一致意见〉指南》的规定，审计业务约定书参考格式(合同式)如下。

审计业务约定书

甲方：ABC 股份有限公司

乙方：××会计师事务所

兹由甲方委托乙方对 20×1 年度财务报表进行审计，经双方协商，达成以下约定。

一、业务范围与审计目标

1. 乙方接受甲方委托，对甲方按照企业会计准则编制的 20×1 年 12 月 31 日的资产负债表，20×1 年度的利润表、股东权益变动表和现金流量表以及财务报表附注(以下统称财务报表)进行审计。

2. 乙方通过执行审计工作，对财务报表的下列方面发表审计意见：①财务报表是否在所有重大方面按照《企业会计准则》的规定编制；②财务报表是否在所有重大方面公允反映甲方的20×1年12月31日的财务状况、20×1年度的经营成果和现金流量。

二、甲方的责任

1. 根据《中华人民共和国会计法》及《企业财务会计报告条例》，甲方及甲方负责人有责任保证会计资料的真实性和完整性。因此，甲方管理层有责任妥善保存和提供会计记录(包括但不限于会计凭证、会计账簿及其他会计资料)，这些记录必须真实、完整地反映甲方的财务状况、经营成果和现金流量。

2. 按照《企业会计准则》的规定编制和公允列报财务报表是甲方管理层的责任，这种责任包括：①按照《企业会计准则》的规定编制财务报表，使其实现公允反映；②设计、执行和维护必要的内部控制，以使财务报表不存在由于舞弊或错误而导致的重大错报。

3. 及时为乙方提供与审计有关的所有记录、文件和所需要的其他信息(在20×2年×月×日之前提供审计所需的全部资料，如果在审计过程中需要补充资料，亦应及时提供)，并保证所提供资料的真实性和完整性。

4. 确保乙方不受限制地接触其认为必要的甲方内部人员和其他相关人员。

5. 甲方管理层对其做出的与审计有关的声明予以书面确认。

6. 为乙方派出的有关工作人员提供必要的工作条件和协助，乙方将于外勤工作开始前提供主要事项的清单。

7. 按本约定书的约定及时足额地支付审计费用以及乙方人员在审计期间的交通、住宿和其他相关费用。

8. 乙方的审计不能减轻甲方及甲方管理层的责任。

三、乙方的责任

1. 乙方的责任是在执行审计工作的基础上对甲方财务报表发表审计意见。乙方根据中国注册会计师审计准则(以下简称审计准则)的规定进行审计。审计准则要求注册会计师遵守中国注册会计师职业道德守则，计划和执行审计工作，以对财务报表是否不存在重大错报获取合理保证。

2. 审计工作涉及实施审计程序，以获取有关财务报表金额和披露的审计证据。选择的审计程序取决于乙方的判断，包括对由于舞弊或错误导致的财务报表重大错报风险的评估。在进行风险评估时，乙方考虑与财务报表编制和公允列报相关的内部控制，以设计恰当的审计程序，但目的并非对内部控制的有效性发表审计意见。审计工作还包括评价管理层选用会计政策的恰当性和做出会计估计的合理性，以及评价财务报表的总体列报。

3. 由于审计和内部控制的固有限制，即使按照审计准则的规定适当地计划和执行审计工作，仍不可避免地存在财务报表的某些重大错报未被乙方发现的风险。

4. 在审计过程中，乙方若发现甲方存在乙方认为值得关注的内部控制缺陷，应以书面形式向甲方治理层或管理层通报。但乙方通报的各种事项，并不代表已全面说明所有可能存在的缺陷或已提出所有可行的改进建议。甲方在实施乙方提出的改进建议前应全面评估其影响。未经乙方书面许可，甲方不得向任何第三方提供乙方出具的沟通文件。

5. 按照约定时间完成审计工作，出具审计报告。乙方应于 20×2 年×月×日前出具审计报告。

6. 除下列情况外，乙方应当对执行业务过程中知悉的甲方信息予以保密：①法律法规允许披露，并取得甲方的授权；②根据法律法规的规定，为法律诉讼准备文件或提供证据，以及向监管机构报告发现的违反法规行为；③在法律法规允许的情况下，在法律诉讼、仲裁中维护自己的合法权益；④接受注册会计师协会或监管机构的执业质量检查，答复其询问和调查；⑤法律法规、执业准则和职业道德规范规定的其他情形。

四、审计收费

1. 本次审计服务的收费是以乙方各级别工作人员在本次工作中所耗费的时间为基础计算的。乙方预计本次审计服务的费用为人民币××万元。

2. 甲方应于本约定书签署之日起××日内支付×%的审计费用，其余款项于审计报告草稿完成日结清。

3. 如果由于无法预见的原因，致使乙方从事本约定书所涉及的审计服务实际时间较本约定书签订时预计的时间有明显的增加或减少时，甲乙双方应通过协商，相应调整本约定书第四条第1项下所预计的审计费用。

4. 如果由于无法预见的原因，致使乙方人员抵达甲方的工作现场后，本约定书所涉及的审计服务中止，甲方不得要求退还预付的审计费用；如上述情况发生在乙方人员完成现场审计工作，并离开甲方的工作现场之后，甲方应另行向乙方支付人民币××元的补偿费，该补偿费应于甲方收到乙方的收款通知之日起××日内支付。

5. 与本次审计有关的其他费用(包括交通费、食宿费等)由甲方承担。

五、审计报告和审计报告的使用

1. 乙方按照中国注册会计师审计准则规定的格式和类型出具审计报告。

2. 乙方向甲方致送审计报告一式××份。

3. 甲方在提交或对外公布乙方出具的审计报告及其后附的已审财务报表时，不得对其进行修改。当甲方认为有必要修改会计数据、报表附注和所做的说明时，应当事先通知乙方。乙方将考虑有关的修改对审计报告的影响，必要时，将重新出具审计报告。

六、本约定书的有效期间

本约定书自签署之日起生效，并在双方履行完毕本约定书的所有义务后终止。但其中第三条的第6项和第四、五、七、八、九、十条并不因本约定书终止而失效。

七、约定事项的变更

如果出现不可预见的情况，影响审计工作如期完成，或需要提前出具审计报告，甲乙双方均可要求变更约定事项，但应及时通知对方，并由双方协商解决。

八、终止条款

1. 如果根据乙方的职业道德以及其他有关的专业职责、适用的法律法规或其他任何约定的要求，乙方认为已不适宜继续为甲方提供本约定书约定的审计服务时，乙方可以采取向甲方提出合理通知的方式终止履行本约定书。

2. 在终止业务约定的情况下，乙方有权就其于本约定书终止之日前对约定的审计服务项目所做的工作收取合理的审计费用。

九、违约责任

甲乙双方按照《中华人民共和国民法典(第三编 合同)》的规定承担违约责任。

十、适用法律和争议解决

本约定书的所有方面均应适用中华人民共和国法律进行解释并受其约束。本约定书履行地为乙方出具审计报告所在地，因本约定书所引起的或与本约定书有关的任何纠纷或争议(包括关于本约定书条款的存在、效力或终止，或无效之后果)，双方选择以下第____种解决方式。

(1) 向有管辖权的人民法院提起诉讼。

(2) 提交××仲裁委员会仲裁。

十一、双方对其他有关事项的约定

本约定书一式两份，甲乙双方各执一份，具有同等法律效力。

甲方：ABC 股份有限公司(盖章)　　　　乙方：××会计师事务所(盖章)

授权代表：(签名并盖章)　　　　　　　授权代表：(签名并盖章)

20×2 年×月×日　　　　　　　　　　　20×2 年×月×日

四、总体审计策略和具体审计计划

审计计划分为总体审计策略和具体审计计划两个层次。注册会计师应当根据总体审计策略中识别的不同事项，制订具体审计计划，并考虑通过有效利用审计资源以实现审计目标。值得注意的是，虽然制定总体审计策略的过程通常在具体审计计划之前，但是两者的活动并非是孤立、不连续的过程，而是具有内在的紧密联系，对其中一项的决定可能会影响甚至改变针对另外一项的决定。注册会计师在实施具体的审计计划的过程中，可能会对总体审计策略的内容进行调整。

计划审计工作有利于注册会计师执行财务报表审计工作，具体包括以下几方面内容。

(1) 有助于注册会计师适当关注重要的审计领域。

(2) 有助于注册会计师及时发现和解决潜在的问题。

(3) 有助于注册会计师恰当地组织和管理审计业务，以有效的方式执行审计业务。

(4) 有助于选择具备必要的专业素质和胜任能力的项目组成员应对预期的风险，并有助于向项目组成员分派适当的工作。

(5) 有助于指导和监督项目组成员并复核其工作。

(6) 在适用的情况下，有助于协调其他注册会计师和专家的工作。

(一)总体审计策略

注册会计师应当为审计工作制定总体审计策略，用以确定审计范围、时间安排和方向，并指导其制订具体的审计计划。

在制定总体审计策略时，注册会计师应当考虑如下事项。

(1) 确定审计业务的特征，以界定审计范围。

(2) 明确审计业务的报告目标，以计划审计的时间安排和所需要沟通的性质。

(3) 根据职业判断，考虑用以指导项目组工作方向的重要因素，包括确定适当的重要性水平，初步识别可能存在较高的重大错报风险的领域，初步识别重要的组成部分和账户余额，评价是否需要针对内部控制的有效性获取审计证据，识别被审计单位所处行业、财务报告要求及其他相关方面最近发生的重大变化等。

(4) 确定执行业务所需资源的性质、时间安排和范围。在调配审计资源时，注册会计师需要确定下列事项。

① 向具体审计领域调配的资源，包括向高风险领域分派有适当经验的项目组成员、就复杂的问题利用专家工作等。

② 向具体审计领域分配资源的数量，包括安排到重要存货存放地观察存货盘点的项目组成员的数量、对其他注册会计师工作的复核范围以及对高风险领域安排的审计时间预算等。

③ 何时调配这些资源，包括是在期中审计阶段还是在关键的截止日期调配资源等。

④ 如何管理、指导、监督这些资源的利用，包括预期何时召开项目组预备会和总结会，预期项目负责人和经理如何进行复核，是否需要实施项目质量控制复核等。

根据《〈中国注册会计师审计准则第 1201 号——计划审计工作〉指南》的规定，总体审计策略示例如下。

总体审计策略

被审计单位：＿＿＿＿＿＿＿＿＿＿＿＿＿＿　索引号：＿＿＿＿＿＿＿＿＿＿＿＿＿＿＿＿＿＿

项目：＿＿＿总体审计策略＿＿＿　财务报表截止日/期间：＿＿＿＿＿＿＿＿＿＿＿＿＿

编制：＿＿＿＿＿＿＿＿＿＿＿＿＿　复核：＿＿＿＿＿＿＿＿＿＿＿＿＿＿＿＿＿＿＿

日期：＿＿＿＿＿＿＿＿＿＿＿＿＿　日期：＿＿＿＿＿＿＿＿＿＿＿＿＿＿＿＿＿＿＿

1. 审计范围

报告要求	具体事项
适用的财务报告准则	
适用的审计准则	
与财务报告相关的行业特别规定	如监管机构发布的有关信息披露法规、特定行业主管部门发布的与财务报告相关的法规等
需审计的集团内组成部分的数量及其所在地点	
需要阅读的含有已审计财务报表的文件中的其他信息	上市公司年报
制定审计策略需考虑的其他事项	如单独出具报告的子公司范围等

2. 审计业务时间安排

2.1 对外报告时间安排

＿＿＿

2.2 执行审计时间安排

执行审计时间安排	时　间
期中审计，包括：	
——制定总体审计策略及具体审计计划	
……	
期末审计，包括：	
——监盘	
……	

2.3 沟通的时间安排

所需沟通	时　间
管理层及治理层的会议	
项目组会议(包括预备会和总结会)	
与专家或有关人士的沟通	
与其他注册会计师沟通	
与前任注册会计师沟通	
……	

3. 影响审计业务的重要因素

3.1 重要性

确定的重要性水平	索引号

3.2 可能存在较高重大错报风险的领域

可能存在较高重大错报风险的领域	索引号

3.3 重要的组成部分和账户余额

填写说明:

① 记录所审计的集团内重要的组成部分。

② 记录重要的账户余额,包括本身具有重要性的账户余额(如存货),以及评估出存在重大错报风险的账户余额。

重要的组成部分和账户余额	索引号
1. 重要的组成部分	
……	
2. 重要的账户余额	
……	

4. 人员安排

4.1 项目组主要成员的责任

在分配职责时可以根据被审计单位的不同情况按会计科目划分,或按交易类别划分。

职　位	姓　名	主要职责

4.2 与项目质量控制复核人员的沟通(如适用)

项目质量复核人员复核的范围、沟通内容及相关时间如下。

复核的范围：_____

沟通内容	负责沟通的项目组成员	计划沟通时间
风险评估、对审计计划的讨论		
对财务报表的复核		
……		

5. 对专家或有关人士工作的利用(如适用)

如果项目组计划利用专家或有关人士的工作，需记录其工作的范围和涉及的主要会计科目等。另外，项目组还应按照相关审计准则的要求对专家或有关人士的能力、客观性及其工作等进行考虑及评估。

5.1 对内部审计工作的利用

主要会计科目	拟利用的内部审计工作	工作底稿索引号
存货	内部审计部门对各仓库的存货每半年至少盘点一次。在中期审计时，项目组已经对内部审计部门盘点步骤进行观察，其结果满意，因此项目组将审阅其年底的盘点结果，并缩小存货监盘的范围	
……		

5.2 对其他注册会计师工作的利用

其他注册会计师名称	利用其工作范围及程度	工作底稿索引号

5.3 对专家工作的利用

主要会计科目	专家名称	主要职责及工作范围	利用专家工作的原因	工作底稿索引号

5.4 对被审计单位使用服务机构的考虑

主要会计科目	服务机构名称	服务机构提供相关服务及其注册会计师出具的审计报告意见及日期	工作底稿索引号

(二)具体审计计划

具体审计计划比总体审计策略更加详细，其内容包括为获取充分、适当的审计证据以将审计风险降至可接受的低水平，项目组成员拟实施的审计程序的性质、时间安排和范围。具体审计计划应当包括风险评估程序、计划实施的进一步审计程序和其他审计程序。

1. 风险评估程序

按照《中国注册会计师审计准则第 1211 号——通过了解被审计单位及其环境识别和评估重大错报风险》的规定，计划实施的风险评估程序的性质、时间安排和范围。

2. 计划实施的进一步审计程序

按照《中国注册会计师审计准则第 1231 号——针对评估的重大错报风险采取的应对措施》的规定，在认定层次计划实施的进一步审计程序的性质、时间安排和范围。

3. 计划实施的其他审计程序

计划的其他审计程序可以包括上述进一步程序的计划中没有涵盖的、根据其他审计准则要求，针对特定项目注册会计师应当执行的既定程序。

根据《〈中国注册会计师审计准则第 1201 号——计划审计工作〉指南》的规定，具体审计计划的示例如下。

具体审计计划

被审计单位：_____　　索引号：_____

项目：_____具体审计计划_____　　财务报表截止日/期间：_____

编制：_____　　复核：_____

日期：_____　　日期：_____

目录

1. 风险评估程序
    1.1 一般风险评估程序
    1.2 针对特定项目的程序
2. 了解被审计单位及其环境(不包括内部控制)
    2.1 行业状况、法律环境与监管环境以及其他外部因素
    2.2 被审计单位的性质
    2.3 会计政策的选择和运用
    2.4 目标、战略及相关经营风险
    2.5 财务业绩的衡量和评价
3. 了解内部控制
    3.1 控制环境
    3.2 被审计单位的风险评估过程
    3.3 信息系统与沟通
    3.4 控制活动
    3.5 对控制的监督
4. 对风险评估及审计计划的讨论
5. 评估的重大错报风险
    5.1 评估的财务报表层次的重大错报风险

　　5.2　评估的认定层次的重大错报风险
6.　计划的进一步审计程序
　　6.1　重要账户或列报的计划总体方案
　　6.2　计算机辅助审计技术的应用
7.　其他程序

以上是计划审计工作的主要内容。但需要注意的是，计划审计工作并非审计业务的一个孤立的阶段，而是一个持续的、不断修正的过程，贯穿于整个审计业务的始终。由于未预期事项、条件的变化或在实施审计过程中获取的审计证据等原因，注册会计师应当在审计过程中对总体审计策略和具体审计计划做出必要的更新和修改。此外，考虑存在被审计单位的规模和复杂程度、审计领域、重大错报风险和成员的素质及专业胜任能力等因素的影响，注册会计师还应对项目组成员工作的指导、监督与复核的性质、时间安排和范围制订计划。

第三节　审计风险和审计重要性

审计风险和审计重要性是审计理论与实务中两个很重要的基本概念。审计风险和审计重要性的运用贯穿于整个审计过程，尤其是在下列重要审计环节需要考虑重要性和审计风险：

(1)　识别和评估重大错报风险。
(2)　确定进一步审计程序的性质、时间安排和范围。
(3)　评价未更正错报对财务报表和形成审计意见的影响。

一、审计风险

审计风险是指当财务报表存在重大错报时，注册会计师发表不恰当审计意见的可能性。审计风险取决于重大错报风险和检查风险。

(一)重大错报风险

重大错报风险是指财务报表在审计前存在重大错报的可能性。重大错报风险与被审计单位的风险相关，且独立于财务报表审计而存在。重大错报风险分为财务报表层次的重大错报风险和认定层次的重大错报风险。认定层次的重大错报风险由固有风险和控制风险两个部分组成。注册会计师应当关注财务报表的重大错报，但没有责任发现对财务报表整体不产生重大影响的错报。

1.　两个层次的重大错报风险

财务报表层次的重大错报风险与财务报表整体存在广泛联系，它可能影响多项认定。此类风险通常与控制环境有关，如管理层缺乏诚信、治理层形同虚设而不能对管理层进行有效监督等；也可能与其他因素有关，如经济萧条、企业所处行业处于衰退期。这类风险难以被界定于某类交易、账户余额和披露的具体认定。相反，此类风险增大了认定层次发生重大错报的可能性，对注册会计师考虑由舞弊引起的风险特别相关。注册会计师评估财务报表层次重大错报风险的措施包括：考虑审计项目组承担重要责任的人员的学识、技术和能力，判断是否需要专家介入；考虑给予业务助理人员适当程度的监督指导；考虑是否存在导致注册会计师怀疑被审计单位持续经营假设合理性的事项或情况。

注册会计师同时考虑各类交易、账户余额和披露认定层次的重大错报风险，考虑的结果直接有助于注册会计师确定认定层次上实施的进一步审计程序的性质、时间和范围。注册会计师在各类交易、账户余额和披露认定层次获取审计证据，以便能够在审计工作完成时，以可接受的低审计风险水平对财务报表整体发表审计意见。

2．固有风险和控制风险

认定层次的重大错报风险又进一步细分为固有风险和控制风险。

(1)　固有风险是指在考虑相关的内部控制之前，某类交易、账户余额或披露的某一认定易于发生错报(该错报单独或连同其他错报可能是重大的)的可能性。

某些类别的交易、账户余额和披露及其认定，固有风险比较高。例如，复杂的计算比简单的计算更可能出错；技术进步可能导致某项产品陈旧，进而导致存货易于发生高估错报(计价认定)。

(2)　控制风险是指某类交易、账户余额或披露的某一认定发生错报，该错报单独或连同其他错报可能是重大的，但没有被内部控制及时防止或发现并纠正的可能性。控制风险取决于与财务报表编制有关的内部控制的设计和运行的有效性。由于控制的固有局限性，某种程度的控制风险始终存在。

需要特别说明的是，由于固有风险和控制风险不可分割地交织在一起，有时无法单独进行评估，因此本书将两者合并称为"重大错报风险"，实务中注册会计师可以单独对两者进行评估，也可以合并使用"重大错报风险"进行评估。

(二)检查风险

检查风险是指如果存在某一错报，该错报单独或连同其他错报可能是重大的，注册会计师为将审计风险降至可接受的低水平而实施程序后没有发现这种错报的风险。

在既定的审计风险水平下，可接受的检查风险水平与认定层次重大错报风险的评估结果呈反向关系。评估的重大错报风险越高，可接受的检查风险越低；评估的重大错报风险越低，可接受的检查风险越高。注册会计师应当获取认定层次充分、适当的审计证据，以便在完成审计工作时，能够以可接受的低审计风险对财务报表整体发表审计意见。

重大错报风险、检查风险的反向关系用模型表示如下。

$$审计风险=重大错报风险×检查风险$$

例如，注册会计师将可接受的审计风险设定为 5%，注册会计师实施风险评估程序后将被审计单位的重大错报风险评估为25%。根据这一模型，可接受的检查风险计算如下。

$$检查风险=审计风险÷重大错报风险=5\%÷25\%=20\%$$

而实务中注册会计师一般选用"高""中""低"等文字描述检查风险。

检查风险取决于审计程序设计的合理性和执行的有效性。注册会计师应当合理设计审计程序的性质、时间和范围，并有效执行审计程序，以控制检查风险。

风险在一般意义上是指未来事项发生的不确定性，尤其是发生损失的可能性。风险是注册会计师必须考虑的因素。因为根据《中国注册会计师审计准则第 1101 号——注册会计师的总体目标和审计工作的基本要求》的相关条款，审计的目的是提高财务报表预期使用者对财务报表的信赖程度。注册会计师应当按照审计准则的规定，对财务报表整体是否不存在由于舞弊或错误导致的重大错报获取合理保证，以作为发表审计意见的基础。合理保证是一种高水平保证。当注册会计师获取充分、适当的审计证据将审计风险降至可接受的低水平时，就获取了合理保证。合理保证就意味着审计风险始终存在。注册会计师应当通过计划和实施审计工作，获取充分、适当的审计证据，将审计风险降低至可接受的水平。审计风险从最终意义上讲，是针对注册会计师发表的不正确的审计意见而言。

注册会计师发表不正确的审计意见可分为两种情况：一种是被审计单位的财务报表不存在重大错报，而注册会计师发表了有保留的审计意见或否定的审计意见；另一种是被审计单位财务报表存在重大错报，而注册会计师发表了无保留的审计意见。在第一种情况下，注册会计师为避免错误地否定被审计单位事实上公允的财务报表，一般会通过扩大审计范围和相应的审计程序，增加充分、适当的审计证据，从而获得正确的审计意见。通常情况下，这会带来审计成本的上升和审计效率的下降，但审计质量不受影响。而在第二种情况下，注册会计师对不公允的财务报表发表了肯定的审计意见，可能导致信息使用者的经济决策失误，从而带来严重的经济后果。因此，这种情况带来的风险更值得关注，这也是我国审计准则中所界定的审计风险，即"财务报表存在重大错报而注册会计师发表不恰当审计意见的可能性"。

二、审计重要性的含义

根据《中国注册会计师审计准则第 1221 号——计划和执行审计工作时的重要性》的规定，在财务报表审计中，如果合理预期某一错报(包括漏报)单独或连同其他错报可能影响财务报表使用者依据财务报表做出的经济决策，则该项错报通常被认为是重大的。

财务报告编制基础通常从编制和列报财务报表的角度阐释重要性概念。财务报告编制基础可能以不同的术语解释重要性，但通常而言，重要性概念可从以下三个方面理解。

(1) 如果合理预期错报(包括漏报)单独或汇总起来可能影响财务报表使用者依据财务报表做出的经济决策，则通常认为错报是重大的。

(2) 对重要性的判断是根据具体环境做出的，并受错报的金额或性质的影响，或受两者共同作用的影响。

(3) 判断某事项对财务报表使用者是否重大，是在考虑财务报表使用者整体共同的财务信息需求的基础上做出的。由于不同财务报表使用者对财务信息的需求可能差异很大，因此不考虑错报对个别财务报表使用者可能产生的影响。

在审计开始时，就必须对重大错报的规模和性质做出一个判断，包括制定财务报表层次的重要性和特定类别交易、账户余额和披露认定层次的重要性水平。当错报金额低于整体重要性水平时，就可能被合理预期将对使用者根据财务报表做出经济决策产生影响。

注册会计师使用整体重要性水平的目的有三个方面：①确定风险评估程序的性质、时间安排和范围；②识别和评估重大错报风险；③确定进一步审计程序的性质、时间安排和范围。在整个业务过程中，随着审计工作的进展，注册会计师应当根据所获得的新信息更新重要性。在形成审计结论阶段，要使用整体重要性水平和为了特定交易类别、账户余额和披露而确定的较低金额的重要性水平来评价已识别的错报对财务报表的影响和对审计报告中审计意见的影响。

三、重要性水平的确定

在计划审计工作时，注册会计师应当确定一个可接受的重要性水平，以发现在金额上的重大错报。注册会计师在确定计划的重要性水平时，需要考虑对被审计单位及其环境的了解、审计的目标、财务报表各项目的性质及其相互关系、财务报表项目的金额及其波动幅度，同时，还应当从性质和数量两个方面合理确定重要性水平。

(一)从性质方面考虑重要性

在许多情况下，某项错报或漏报从量的方面来看并不重要，而从其性质方面来考虑，却可能是重要的，金额相对较少的错报可能会对财务报表产生重要影响。例如，一项不重大的违法支付或者一个没有遵循某项法律规定的行为，但该支付或违法行为可能导致一项重大的或有负债、重大的资产损失或者收入损失，就认为上述事项是重大的。再如，涉及舞弊与违法行为的错报或漏报，可能引起履行合同义务的错报或漏报，影响收益趋势的错报或漏报等。下面描述了可能构成重要性的因素。

(1) 对财务报表使用者需求的感知，如他们对财务报表的哪一方面最感兴趣。

(2) 获利能力趋势。

(3) 因没有遵守贷款契约、合同约定、法规条款和法定的或常规的报告要求而产生错报的影响。

(4) 计算管理层报酬(奖金等)的依据。

(5) 由于错报或舞弊而使一些账户项目对损失的敏感性。

(6) 重大或有负债。

(7) 通过一个账户处理大量的、复杂的和相同性质的个别交易。

(8) 关联方交易。

(9) 可能的违法行为、违约和利益冲突。

(10) 财务报表项目的重要性、性质、复杂性和组成。

(11) 可能包括高度主观性的估计、分配或不确定性。

(12) 管理层的偏见。管理层是否有动机将收益最大化或最小化。

(13) 管理层一直不愿意纠正已报告的与财务报告相关的内部控制的缺陷。

(14) 与账户相关联的核算与报告的复杂性。

(15) 自前一个会计期间以来账户特征发生的改变，如新的复杂性、主观性或者交易的种类。

(16) 个别极其重大但不同的错报抵消产生的影响。

(二)从数量方面考虑重要性

1. 财务报表整体的重要性

由于财务报表审计的目标是注册会计师通过执行审计工作对财务报表发表审计意见，

因此，注册会计师应当考虑财务报表整体的重要性。只有这样，才能得出财务报表是否公允反映的结论，注册会计师在制定总体审计策略时，应当确定财务报表整体的重要性。

确定多大错报会影响财务报表使用者所做的决策，是注册会计师运用职业判断的结果。审计准则要求注册会计师站在财务报表使用者的角度，充分考虑被审计单位的性质、所处的生命周期阶段以及所处行业和经济环境等因素，选用如资产、负债、所有者权益、收入、利润或费用等财务报表要素，或报表使用者特别关注的项目作为适当的基准。很多注册会计师根据所在会计师事务所的惯例及自己的经验来考虑重要性。

1) 选择基准需考虑的因素

确定重要性需要运用职业判断，通常先选定一个基准，再乘以某一百分比作为财务报表整体的重要性。在选择基准时，需要考虑以下几方面因素。

(1) 财务报表要素，如资产、负债、所有者权益、收入和费用。

(2) 是否存在特定会计主体的财务报表使用者特别关注的项目，如为了评价财务业绩，使用者可能更关注利润、收入或净资产。

(3) 被审计单位的性质、所处的生命周期阶段以及所处的行业和经济环境。

(4) 被审计单位的所有权结构和融资方式。例如，如果被审计单位仅通过债务而非权益进行融资，财务报表使用者可能更加关注资产及资产的索偿权，而非被审计单位的收益。

(5) 基准的相对波动性。

2) 确定基准的方法

适当的基准取决于被审计单位的具体情况，包括各种报告收益(如税前利润、营业收入、毛利和费用总额)以及所有者权益或净资产。在通常情况下，对于以盈利为目的的企业，利润可能是大多数财务报表使用者最为关注的财务指标，因此，注册会计师可能考虑选取经常性业务的税前利润作为基准。但是在某些情况下(如企业处于微利或微亏状态时)，采用经常性业务的税前利润为基准确定重要性可能影响审计的效率和效果。注册会计师可以考虑采用以下几种方法确定基准。

(1) 如果微利或微亏状态是由宏观经济环境的波动或企业自身经营的周期性所导致，可以考虑采用过去三到五年经常性业务的平均税前利润作为基准。

(2) 采用财务报表使用者关注的其他财务指标作为基准，如营业收入、总资产等。

3) 选择的常用基准

注册会计师为被审计单位选择的基准在各年度中通常会保持稳定，但是并非必须保持一贯不变。注册会计师可以根据经济形势、行业状况和被审计单位具体情况的变化对采用的基准做出调整。例如，对于处在新设立阶段的被审计单位可能采用总资产作为基准，对于处在成长期的被审计单位可能采用营业收入作为基准，对于进入经营成熟期的被审计单位可能采用经常性业务的税前利润作为基准。常用的基准如表 3-2 所示。

4) 为选定基准确定百分比要考虑的因素

为选定基准确定百分比需要运用职业判断。百分比和选定的基准之间存在一定的联系，如经常性业务的税前利润对应的百分比通常比营业收入对应的百分比要高。例如，对以盈利为目的的制造行业实体，注册会计师可能认为经常性业务的税前利润的 5%是适当的；而对于非营利性组织，注册会计师可能认为总收入或费用总额的 1%是适当的。百分比无论是高一些还是低一些，只要符合具体情况，都是适当的。

表 3-2　常用的基准

被审计单位的情况	可能选择的基准
企业的盈利水平保持稳定	经常性业务的税前利润
企业近年来经营状况大幅度波动，盈利和亏损交替发生，或者由正常盈利变为微利或微亏，或者本年度税前利润因情况变化而出现意外增加或减少	过去三至五年经常性业务的平均税前利润或亏损(取绝对值)，或其他基准，如营业收入
企业为新设企业，处于开办期，尚未开始经营，目前正在建造厂房及购买机器设备	总资产
企业处于新兴行业，目前侧重于抢占市场份额、扩大企业知名度和影响力	营业收入
企业为某开放式基金，致力于优化投资组合，提高基金净值、为基金持有人创造投资价值	净资产
为某国际企业集团设立的研发中心，主要为集团下属各企业提供研发服务，并以成本加成的方式向相关企业收取费用	成本与营业费用总额
企业为公益性质的基金会	捐赠收入或捐赠支出总额

在确定百分比时，除了考虑被审计单位是否为上市公司或公众利益实体外，其他因素也会影响注册会计师对百分比的选择，这些因素包括但不限于以下三个方面。

(1) 财务报表是否分发给广大范围的使用者。

(2) 被审计单位是否由集团内部关联方提供融资或是否有大额对外融资，如债券或银行贷款。

(3) 财务报表使用者是否对基准数据特别敏感，如特殊目的财务报表的使用者。

注册会计师应当在审计工作底稿中充分记录在选定基准和百分比时所考虑的因素，作为支持其做出的职业判断的依据。

注册会计师在确定重要性水平时，不需要考虑与具体项目计量相关的固有不确定性。例如，财务报表含有高度不确定性的大额估计，注册会计师并不会因此而确定一个比不含有该估计的财务报表整体的重要性更高或更低的重要性。

2. 特定类别交易、账户余额或披露的重要性水平

根据被审计单位的特定情况，下列因素可能表明存在一个或多个特定类别的交易、账户余额或披露，其发生的错报金额虽然低于财务报表整体的重要性，但合理预期将影响财务报表使用者依据财务报表做出的经济决策。

(1) 法律法规或使用的财务报告编制基础是否影响财务报表使用者对特定项目(如关联方交易、管理层和治理层的薪酬)计量或披露的预期。

(2) 与被审计单位所处行业相关的关键性披露，如制药企业的研究和开发成本。

(3) 财务报表使用者是否特别关注财务报表中单独披露的业务的特定方面，如新收购业务。

在根据被审计单位的特定情况考虑是否存在上述交易、账户余额或披露时，注册会计

师可能会发现了解治理层和管理层的看法和预期是有用的。

(三)实际执行的重要性

确定财务报表整体的实际执行的重要性(根据定义可能是一个或多个金额),旨在将财务报表中未更正和未发现错报的汇总数超过财务报表整体的重要性的可能性降至适当的低水平。与确定特定类别的交易、账户余额或披露的重要性水平相关的实际执行的重要性,旨在将这些交易、账户余额或披露中未更正与未发现的错报的汇总数超过这些交易、账户余额或披露的重要性水平的可能性降至适当的低水平。

确定实际执行的重要性并非简单机械地计算,需要注册会计师运用职业判断,并考虑下列因素的影响:①对被审计单位的了解,这些了解在实施风险评估程序的过程中得到更新);②前期审计工作中识别出的错报的性质和范围;③根据前期识别出的错报对本期错报做出的预期。

通常而言,实际执行的重要性通常为财务报表整体重要性的 50%～70%。

接近财务报表整体重要性 50%的情况有四种:①首次接受委托的审计项目;②连续审计项目,以前年度审计调整较多;③项目总体风险高,如处于高风险行业,经常面临较大的市场压力或业绩压力,管理层能力欠缺等;④存在或预期存在值得关注的内部控制缺陷。

接近财务报表整体重要性 75%的情况有三种:①连续审计项目,以前年度审计调整项目较少;②项目总体风险较低(处于低风险行业,市场压力较小);③以前期间审计经验表明内部控制运行有效。

审计准则要求注册会计师确定低于财务报表整体重要性的一个或多个金额作为实际执行的重要性,无须通过将财务报表整体的重要性平均分配或按比例分配至各个报表项目的方法来确定实际执行的重要性,而是根据对报表项目的风险评估结果,确定如何判断一个或多个实际执行的重要性。

实际执行的重要性在审计中的作用主要体现在以下两个方面。

(1) 注册会计师在计划审计工作时可以根据实际执行的重要性确定需要对哪些类型的交易、账户余额和披露实施进一步审计程序,即通常选取金额超过实际执行的重要性的财务报表项目,因为这些财务报表项目有可能导致财务报表出现重大错报。

需要注意的是,这不代表注册会计师可以对所有金额低于实际执行的重要性的财务报表项目不实施进一步审计程序,这主要出于以下考虑:第一,单个金额低于实际执行的重要性的财务报表项目汇总起来可能金额重大,注册会计师需要考虑汇总后的潜在错报风险;第二,对于存在低估风险的财务报表项目,不能仅仅因为其金额低于实际执行的重要性而不实施进一步审计程序;第三,对于识别出存在舞弊风险的财务报表项目,不能因为其金额低于实际执行的重要性而不实施进一步审计程序。

(2) 运用实际执行的重要性确定进一步审计程序的性质、时间安排和范围。

(四)审计过程中修改的重要性

由于存在下列原因,注册会计师可能需要修改财务报表整体重要性和特定类别交易、账户余额或披露的重要性水平(如适用):①审计过程中情况发生重大变化,如决定处置被审计单位的一个重要组成部分;②获取新信息;③通过实施进一步审计程序,注册会计师对被审计单位及其经营的了解发生变化。例如，注册会计师在审计过程中发现，实际财务成果与最初确定财务报表整体的重要性时使用的预期本期财务成果相比存在很大差异，则需要修改重要性。

(五)重要性、审计风险的关系

重要性和审计风险之间存在反向关系。重要性水平越高，审计风险越低；重要性水平越低，审计风险越高。这里所说的重要性水平高低指的是金额的大小。通常 4 000 元的重要性水平比 2 000 元的重要性水平高。在理解这两者之间的关系时，必须注意重要性水平是注册会计师从财务报表使用者的角度进行判断的结果。如果重要性水平是 4 000 元，则意味着低于 4 000 元的错报不会影响到财务报表使用者的决策，此时注册会计师需要通过执行有关审计程序合理保证能发现高于 4 000 元的错报。如果重要性水平是 2 000 元，则金额在 2 000 元以上的错报就会影响财务报表使用者的决策，此时注册会计师需要通过执行有关审计程序合理保证能发现金额在 2 000 元以上的错报。显然，重要性水平为 2 000 元时，审计不出这样的重大错报的可能性即审计风险，要比重要性水平为 4 000 元时的审计风险高。审计风险越高，越要求注册会计师收集更多、更有效的审计证据，以将审计风险降至可接受的低水平。因此，重要性和审计证据之间也是反向变动的关系。

值得注意的是，注册会计师不能通过不合理地人为调高重要性水平来降低审计风险。因为重要性是依据重要性概念中所述的判断标准确定的，而不是由主观期望的审计风险水平决定。

由于重要性和审计风险存在上述反向关系，而且这种关系对注册会计师将要执行的审计程序的性质、时间安排和范围有直接影响，因此，注册会计师应当综合考虑各种因素，合理确定重要性水平。

四、评价审计过程中识别出的错报

(一)错报的定义

错报是指某一财务报表项目的金额、分类或列报与按照适用的财务报告编制基础应当列示的金额、分类或列报之间存在的差异。错报可能是由于错误或舞弊导致的。

错报可能是由下列事项导致。

(1) 收集或处理用以编制财务报表数据时出现错误。

(2) 遗漏某项金额或披露。

(3) 由于疏忽或明显误解有关事实导致做出不正确的会计估计。

(4) 注册会计师认为管理层对会计估计做出不合理的判断或对会计政策做出不恰当的选择和运用。

(5) 信息的分类、汇总或分解不恰当。

(二)累计识别出的错报

注册会计师应当累积审计过程中识别出的错报，除非错报明显微小。明显微小的错报，是指无论单独或者汇总起来，无论从规模、性质或其发生的环境来看都是明显微不足道的,这些错报的汇总数明显不会对财务报表产生重大影响。"明显微小"不等同于"不重要",而是"远远低于重要性"。注册会计师需要在计划审计工作时运用职业判断,确定明显微小错报的临界值,低于该临界值的错报视为明显微小的错报,可以不累积。通常这一临界值被确定为财务报表整体重要性的 3%~5%,也可能低一些或高一些,但一般不超过财务报表整体重要性的10%。

为帮助注册会计师评价审计过程中累积的错报的影响以及与管理层和治理层沟通错报事项,将错报区分为事实错报、判断错报和推断错报。

1．事实错报

事实错报产生于被审计单位收集和处理数据的错误,对事实的忽略或误解,或故意舞弊。例如,注册会计师在实施细节测试时发现最近购入存货的实际价值为 15 000 元,但账面记录的金额却为 10 000 元。因此,存货和应付账款分别被低估了 5 000 元,这里被低估的 5 000 元就是已识别的对事实的具体错报。

2．判断错报

判断错报指注册会计师认为管理层对会计估计做出不合理的判断或不恰当地选择和运用会计政策而导致的差异。这类错报产生于两种情况:一是管理层和注册会计师对会计估计值的判断差异。例如,由于包含在财务报表中的管理层做出的估计值超过了注册会计师确定的一个合理范围,导致出现判断差异。二是管理层和注册会计师对选择和运用会计政策的判断差异,由于注册会计师认为管理层选用会计政策造成错报,管理层却认为选用会计政策适当,导致出现判断差异。

3．推断错报

推断错报是注册会计师对总体存在的错报做出的最佳估计数,涉及根据在审计样本中识别出的错报来推断总体的错报。推断错报通常是通过测试样本估计出的总体的错报减去在测试中发现的已经识别的具体错报。例如,应收账款年末余额为 2 000 万元,注册会计师在抽查的 500 万元余额样本中发现有 100 万元的高估,高估部分为账面金额的20%,据此注册会计师推断总体的错报金额为 400 万元(即 2 000 万元×20%),那么上述100 万元就是已识别的具体错报,其余 300 万元即推断错报。

(三)对审计过程识别出的错报的考虑

错报可能不会孤立地发生,一项错报的发生还可能表明存在其他错报。例如,注册会计师识别出由于内部控制失效而导致的错报,或被审计单位广泛运用不恰当的假设或评估方法而导致的错报,均可能表明还存在其他错报。另外,抽样风险和非抽样风险可能导致某些错报未被发现。

审计过程中累积错报汇总数接近确定的重要性水平,则表明存在比可接受的低风险水平更大的风险,即可能未被发现的错报连同审计过程中累积错报的汇总数,已超过重要性水平。

注册会计师可能要求管理层检查某类交易、账户余额或披露,以使管理层了解注册会计师识别的错报的产生原因，并要求管理层采取措施以确定这些交易、账户余额或披露实际发生错报的金额，以及对财务报表做出适当的调整。

本 章 小 结

从注册会计师审计的发展历程来看，审计主要经历了三个阶段，而审计目标也随之变化。审计目标有总目标和具体目标之分，中国注册会计师审计准则中规定的审计总目标是注册会计师通过执行审计工作，对财务报表的两个方面发表审计意见；而审计的具体目标又与被审计单位管理层的认定密切相关。认定分为两个层次：一是与各类交易、事项及相关披露的认定；二是与期末账户余额及相关披露的认定。注册会计师了解了认定，就很容易确定每个项目的具体审计目标。

在接受审计业务委托之前，注册会计师要了解被审计单位的基本情况，就审计业务约定的相关条款进行充分沟通，并达成一致意见，签订审计业务约定书。

注册会计师在对被审计单位的基本情况进行了解之后，在计划审计工作时，必须运用风险分析的方法，考虑重要性和审计风险的问题。只有将重点放在重大的、高风险的项目上，才能在符合执业标准的要求下，以最低的成本高效地完成审计任务。此外，审计意见本身要求注册会计师对财务报表在所有重大方面是否公允地反映了被审计单位的财务状况、经营成果和现金流量发表意。注册会计师不可能对所有细小的金额做出保证，重要性原则必不可少；而且财务报表不能公允反映的风险是存在的，从而审计风险也是客观存在的。

复习思考题

1. 我国财务报表审计的总目标是什么？什么是管理层认定？具体目标有哪些？
2. 什么是审计业务约定书？审计业务约定书中的主要内容有哪些？
3. 计划审计工作的主要内容有哪些？
4. 什么是重要性？如何确定重要性？
5. 重要性与审计风险有什么关系？
6. 审计风险的组成要素有哪些？

第四章

审计证据和审计工作底稿

案例导读

2021 年 2 月,中国证监会发布行政处罚决定书 2021 年 11 号,对涉及康美药业信息披露违法案的广东正中珠江会计师事务所 (以下简称"正中珠江")以及杨文蔚、张静璃、刘清、苏创升 4 名责任人予以行政处罚:没收正中珠江业务收入 1 425 万元,并处以 4 275 万元罚款;对杨文蔚、张静璃、苏创升给予警告,并分别处以 10 万元罚款;对刘清给予警告,并处以 3 万元罚款。

提示:

此次因涉康美药业信息披露违法案,证监会对正中珠江进行处罚,主要原因是正中珠江在康美药业 2016—2018 年度财务报告审计中存在若干违法事实:①正中珠江在对康美药业 2016 年度、2017 年度货币资金、营业收入进行审计时,未严格执行舞弊风险应对措施等审计计划,执行审计程序违反诚信原则,未对函证保持有效控制,未保持应有的职业怀疑,未执行进一步审计程序消除疑虑,导致未获取充分、适当的审计证据,甚至出现审计项目经理配合康美药业财务人员拦截询证函、将伪造的走访记录作为审计证据的行为。最终,正中珠江出具的康美药业 2016 年和 2017 年财务报表审计报告存在虚假记载。②正中珠江 2018 年部分审计底稿风险评估结果错误,未按照准则要求记录对舞弊讨论情况及结论。③正中珠江针对营业收入制订的审计计划包括"增加对销售前二十大客户的走访问卷,同时函证全年度发生额及相应余额",但并未按计划函证发生额,也未在审计底稿中说明未执行该程序的理由,而相关附件却作为审计证据出现在审计底稿中。正中珠江无正当理由不执行既定审计计划,发表审计意见所依据的审计底稿存在虚假,应当对此承担责任。

学习目标

通过对本章内容的学习,了解审计证据的定义,理解收集审计证据的种类,在此基础上掌握审计证据的特征,了解获取审计证据的程序;理解审计工作底稿的定义、分类及作用,理解和掌握审计工作底稿的编制、复核以及审计档案的管理。

第一节　审　计　证　据

一、审计证据的含义

审计证据是指注册会计师为了得出审计结论和形成审计意见而使用的信息。审计证据包括构成财务报表基础的会计记录所含有的信息和其他信息。注册会计师必须在每项审计工作中获取充分、适当的审计证据,以满足发表审计意见的要求。

(1) 会计记录中含有的信息。依据会计记录编制财务报表是被审计单位管理层的责任,注册会计师应当测试会计记录以获取审计证据。财务报表依据的会计记录一般包括对初始分录的记录和支持性记录。例如,支票、电子资金转账记录、发票和合同;总分类账、明细分类账、会计分录以及对财务报表予以调整但未在账簿中反映的其他分录;支持成本分配、计算、调节和披露的手工计算表和电子数据表。上述会计记录是编制财务报表的基础,构成注册会计师执行财务报表审计业务所需获取的审计证据的重要部分。这些会计记录通常是电子数据,因而要求注册会计师对内部控制予以充分关注,以获取这些记录的真实性、准确性和完整性。进一步说，电子形式的会计记录可能只能在特定时间获取，如果不存在备份文件，特定期间之后有可能无法再获取这些记录。

(2) 其他信息。会计记录中含有的信息本身并不足以提供充分的审计证据作为对财务报表发表审计意见的基础，注册会计师还应当获取用作审计证据的其他信息。可用作审计证据的其他信息包括注册会计师从被审计单位内部或外部获取的会计记录以外的信息，如被审计单位会议记录、内部控制手册、询证函的回函、分析师的报告、与竞争者的比较数据等；通过询问、观察和检查等审计程序获取的信息，如通过检查存货获取存货存在性的证据等；以及自身编制或获取的可以通过合理推断得出结论的信息，如注册会计师编制的各种计算表、分析表等。

财务报表依据的会计记录中包含的信息和其他信息共同构成了审计证据，两者缺一不可。如果没有前者，审计工作将无法进行；如果没有后者，可能无法识别重大错报风险。只有将两者结合在一起，才能将审计风险降至可接受的低水平，为注册会计师发表审计意见提供合理的基础。

二、审计证据的种类

审计证据的分类标准很多，由此而确定的审计种类也是名目繁多。事实上，注册会计师常常需要根据特定的审计目标收集不同的审计证据，而不同的审计证据需要采用不同的审计程序和审计方法来获取。本节将分别从证据的外表形式、证据来源以及证据的相关程度等角度进行分类。

(一)审计证据按外表形式分类

审计证据按外表形式分类，可以分为实物证据、书面证据、口头证据和环境证据。

1．实物证据

实物证据是指通过实际观察或盘点所取得的、用于确定某些实物资产是否确实存在的证据。实物证据主要用于查明实物存在的实在性和数量的正确性，如现金、存货、固定资产、在建工程等。实物证据通常是证明实物资产是否存在非常有说服力的证据，但实物资产的存在并不能完全证实被审计单位对其拥有所有权。例如，年终盘点的存货可能包括其他企业寄售或委托加工的部分，或者已经销售而等待发运的商品。再者，通过对某些实物资产的清点，虽然可以确定其实物数量，但质量好坏(它将影响到资产的价值)有时难以通过实物清点来判断。因此，对于取得实物证据的账面资产，还应就其所有权归属及其价值情况另行审计。

2．书面证据

书面证据是注册会计师所获取的各种以书面文件为形式的证据。它包括与审计有关的各种原始凭证、会计记录(记账凭证、会计账簿和各种明细表)、各种会议记录和文件、各种合同、通知书、报告书及函件等。在审计过程中，书面证据是注册会计师收集的数量最多、范围最广的一种证据。书面证据是审计证据的主要组成部分，故可称之为基本证据。

书面证据具有数量多、覆盖范围广、来源渠道多样化、容易被篡改等特点。根据这些特点，注册会计师在大量收集有关的书面证据时，还要注意对书面证据进行认真、细致地鉴定和分析，运用专业判断，辨别真伪，充分、正确地利用书面证据。书面证据的价值如何，要看取得它的途径。一般而言，注册会计师直接从外部取得的书面证据可靠性最高；来自企业内部但经过外部背书或加工的证据，因经过外部组织的审查，可靠性也较高；来自企业外部但被企业掌握的证据以及来自企业内部的证据，可靠性则较差。

3．口头证据

口头证据是指被审计单位职员或其他有关人员对注册会计师的提问进行口头答复所形成的一类证据。通常在审计过程中，注册会计师会向被审计单位的有关人员询问会计记录、文件的存放地点，采用特别会计政策和方法的理由，收回逾期应收账款的可能性等。对于这些问题的口头答复，就构成了口头证据。一般而言，口头证据本身并不足以证明事情的真相，但注册会计师往往可以通过口头证据发掘一些重要的线索，从而有利于对某些需要审核的情况做进一步的调查，以收集到更为可靠的证据。例如，注册会计师在对应收账款进行账龄分析后，可以询问应收账款负责人对收回逾期应收账款的可能性的意见。如果其意见与注册会计师自行估计的坏账损失基本一致，则这一口头证据就可成为证实注册会计师有关坏账损失判断的重要证据。

在审计过程中，注册会计师应把各种重要的口头证据尽快做成记录，并注明是何人、何时、在何种情况下所做的口头陈述，必要时还应获得被询问者的签名确认。相对而言，不同的人员对同一问题所做的口头陈述相同时，口头证据具有较高的可靠性。但在一般情况下，口头证据往往需要得到其他旁证的支持。

4．环境证据

环境证据也称状况证据，是指对被审计单位产生影响的各种环境事实。具体而言，它又包括以下几种情况。

1) 有关内部控制情况

如果被审计单位有着良好的内部控制，就可以增加其会计资料的可信赖程度。也就是说，当注册会计师确认被审计单位有良好的内部控制，且其日常管理又一贯地遵守其内部控制中的有关规定时，就可认为被审计单位现行的内部控制为会计报表项目的可靠性提供了强有力的证据。内部控制越健全、越严密，所需的其他各类审计证据就越少；否则，注册会计师就必须获取较大数量的其他审计证据。

2) 被审计单位管理人员的素质

被审计单位管理人员的素质越高，则其所提供的证据发生差错的可能性就越小。例如，当被审计单位会计人员的素质较高时，其会计记录就不容易发生错误。因此，会计人员的素质对会计资料的可靠性会产生影响。

3) 各种管理条件和管理水平

良好的管理条件和较高的管理水平，也是影响被审计单位所提供证据的可靠程度的一个重要因素。

需注意的是，环境证据一般不属于基本证据，但它可以帮助注册会计师了解被审计单位及其经济活动所处的环境，是注册会计师进行判断所必须掌握的资料。

(二)审计证据按来源分类

审计证据按其来源分类,可以分为外部证据、内部证据和亲历证据三类。

1. 外部证据

外部证据是由被审计单位以外的机构或人士所编制的证据。它一般具有较强的证明力。

外部证据包括两类:一类是由被审计单位以外的机构或人士编制,并由其直接递交注册会计师的外部证据;另一类是由被审计单位以外的机构或人士编制,但为被审计单位持有并提交注册会计师的书面证据。前者,如应收账款函证回函,被审计单位律师与其他独立的专家关于被审计单位资产所有权和或有负债等的证明函件,保险公司、寄售企业、证券经纪人的证明等,此类证据不仅由完全独立于被审计单位的外界机构或人员提供,而且未经被审计单位有关职员之手流转,从而排除了伪造、变造凭证或业务记录的可能性,因而其证明力最强。后者,如银行对账单、购货发票、应收票据、顾客订购单、有关的契约、合同等,由于此类证据已经过被审计单位职员之手,在评价其可靠性时,注册会计师应考虑被涂改或伪造的难易程度及其已被涂改的可能性。当获取的书面证据有被涂改或伪造的痕迹时,注册会计师应予以高度警觉。虽然第二类外部证据的可靠性不如第一类,但相对于内部证据来说,仍具有较高的可靠性。

2. 内部证据

内部证据是由被审计单位内部机构或职员编制和提供的证据。它包括被审计单位的会计记录、被审计单位管理当局声明书,以及其他各种由被审计单位编制和提供的有关书面文件。

一般而言,内部证据不如外部证据可靠。但如果内部证据在外部流转,并获得其他单位或个人的承认(如销货发票、付款支票等),则具有较强的可靠性。即使只在被审计单位内部流转的书面证据,其可靠程度也因审计单位内部控制的好坏而异。若内部证据(如收料单与发料单)经过了被审计单位不同部门的审核、签章,且所有凭证预先都有连续编号并按序号依次处理,则这些内部证据也具有较强的可靠性;相反,若被审计单位的内部控制不健全,注册会计师就不能过分地信赖其内部自制的证据。

3. 亲历证据

亲历证据是指审计人员在被审计单位执行审计工作时亲眼目击、亲自参加或亲自动手取得的证据。这类证据通常包括以下两种:一种是由注册会计师(包括助理人员、外聘专家)通过运用专业判断和相应的程序与方法,对被审事项的有关资料进行计算和分析而得到的证据,包括注册会计师动手编制的各种计算表、分析表等;另一种是由注册会计师(包括助理人员、外聘专家)重新执行被审计单位的一部分经济业务或监督、参与盘点财产物资等取得的证据,如审计人员监督财产物资盘点后取得的盘点表。亲历证据强调的是注册会计师对有关基础资料(证据)必须进行重新加工,按照既定的目标所确定的程序进行计算和分析,因此,它具有较其他来源的证据更为可靠的证明力。

(三)审计证据按相关程度分类

审计证据按相关程度分类，可以分为直接证据和间接证据。

1．直接证据

直接证据是指对审计事项具有直接证明力，能单独、直接地证明审计事项真相的资料和事实。例如，审计人员在亲自监督实物和现金盘点情况下取得的盘点实物和现金的记录，就是证明实物和现金实存数的直接证据。审计人员有了直接证据，就能根据直接证据做出判断，进而得出审计事项的结论。

2．间接证据

间接证据又称旁证，是指对审计事项只起间接证明作用，需要与其他证据结合起来，经过分析、判断、核实才能证明审计事项真相的资料和事实。例如，应证明事项是会计报表的公允性，就凭证而言，虽然凭证是会计报表的基础资料，但两者并没有直接的关系，所以对会计报表公允性的证明，凭证是间接证据。

在审计工作中，只有直接证据就能直接影响审计人员的意见和结论的情况并不多见。一般情况下，在直接证据以外，往往需要一系列的间接证据才能对审计事项做出完整的判断。当然，直接证据和间接证据是相对而言的，仍以凭证为例，凭证对于会计报表是间接证据，而对于账簿则是直接证据。

三、审计证据的特征

《中国注册会计师审计准则第 1301 号——审计证据》第十条对注册会计师获取审计证据提出了总体要求："注册会计师应当根据具体情况设计和实施恰当的审计程序，以获取充分、适当的审计证据。"这里所说的"充分、适当"正是审计证据的两大基本特征。

(一)审计证据的充分性

审计证据的充分性又称足够性，它是指审计证据的数量足以支持注册会计师的审计意见。因此，它是注册会计师为形成审计意见所需审计证据的最低数量要求。审计证据的充分性是对审计证据数量的衡量，主要与注册会计师确定的样本量有关。例如，对某个审计项目实施某一选定的审计程序，从 200 个样本中获得的证据要比从 100 个样本中获得的证据更充分。

注册会计师需要获取的审计证据的数量受其对重大错报风险评估的影响(评估的重大错报风险越高，需要的审计证据可能越多)，并受审计证据质量的影响(审计证据质量越高，需要的审计证据可能越少)。然而，注册会计师仅靠获取更多的审计证据可能无法弥补其质量上的缺陷。

客观公正的审计意见必须建立在有足够数量的审计证据的基础之上，但这并不是说审计证据的数量越多越好。为了使注册会计师进行有效率、有效益的审计，注册会计师通常把需要足够数量的审计证据的范围降到最低限度。

(二)审计证据的适当性

审计证据的适当性，是对审计证据质量的衡量，即审计证据在支持审计意见所依据的结论方面具有的相关性和可靠性。相关性和可靠性是审计证据适当性的核心内容，只有相关且可靠的审计证据才是高质量的。

1．审计证据的相关性

审计证据的相关性是指用作审计证据的信息与审计程序的目的和所考虑的相关认定之间的逻辑联系。审计证据要有证明力，必须与注册会计师的审计目标相关。注册会计师只能利用与审计目的相关联的审计证据来证实被审计单位所认定的事项。用作审计证据的信息的相关性可能受测试方向的影响。例如，如果某审计程序的目的是测试应付账款的计价高估，则测试已记录的应付账款可能是相关的审计程序；如果某审计程序的目的是测试应付账款的计价低估，则测试已记录的应付账款不是相关的审计程序，相关的审计程序可能是测试期后支出、未支付发票、供应商结算单以及发票未到的收货报告单等。审计证据是否相关，必须结合具体审计目标来考虑。在确定审计证据的相关性时，注册会计师应当考虑以下几个方面。

(1) 特定的审计程序可能只为某些认定提供相关的审计证据，而与其他认定无关。例如，检查期后应收账款收回的记录和文件可以提供有关存在和计价的审计证据，但是不一定与期末截止适当相关。

(2) 针对同一项认定可以从不同的来源获取审计证据或获取不同性质的审计证据。例如，注册会计师可以分析应收账款的账龄和应收账款情况，以获取与坏账准备计价有关的审计证据。

(3) 只与特定认定相关的审计证据并不能替代与其他认定相关的审计证据。例如，有关存货实物存在的审计证据并不能替代与存货计价相关的审计证据。

控制测试旨在评价内部控制在防止或发现并纠正认定层次重大错报方面的运行有效性。设计控制测试以获取相关审计证据，包括识别一些显示控制运行的情况(特征或属性)，以及显示控制未恰当运行的偏差情况。然后，注册会计师可以测试这些情况是否存在。

实质性程序旨在发现认定层次重大错报，包括细节测试和实质性分析程序。设计实质性程序包括识别与测试目的相关的情况，这些情况构成相关认定的错报。

2．审计证据的可靠性

审计证据的可靠性是指证据的可信程度。用作审计证据的信息的可靠性，以及审计证据本身的可靠性，受其来源和性质的影响，并取决于获取该证据的环境，包括与编制和维护该信息相关的控制。因此，有关各种审计证据可靠性的原则受重要例外情况的影响。即使用作审计证据的信息从独立于被审计单位的外部来源获得，一些可能存在的情况也会影响其可靠性。例如，从外部独立来源获取的信息，如果来自不知情者或来自缺乏客观性的管理层的专家，则该信息也可能是不可靠的。在确认可能存在的例外情况时，下列有关审计证据可靠性的原则可能是有用的。

(1) 从被审计单位外部独立来源获取的审计证据比从其他来源获取的审计证据更可靠。从外部独立来源获取审计证据由完全独立于被审计单位以外的机构或人士编制并提供，未经被审计单位有关职员之手流转，从而减少了伪造、变造凭证或业务记录的可能性，因而其证明力最强。这类证据，如银行询证函回函、应收账款询证函回函、保险公司等机构出具的证明等。相反，从其他来源获取的审计证据，由于证据提供者与被审计单位存在经济或行政关系等原因，其可靠性应受到质疑。这类证据，如被审计单位内部的会计记录、会议记录等。

(2) 相关控制有效时内部生成的审计证据比控制薄弱时内部生成的审计证据更可靠。如果被审计单位有着健全的内部控制且在日常管理中得到一贯地执行，会计记录的可信赖程度将会增加。如果被审计单位的内部控制薄弱，甚至不存在任何内部控制，被审计单位内部凭证记录的可靠性就大大降低。例如，如果与销售业务相关的内部控制有效，注册会计师就能从销售发票和发货单中取得比内部控制不健全时更加可靠的审计证据。

(3) 注册会计师直接获取的审计证据比间接获取或推论得出的审计证据更可靠。例如，注册会计师观察某项控制的运行得到的证据比询问被审计单位某项内部控制的运行得到的证据更可靠。间接获取的证据有被涂改、伪造的可能性，降低了可信赖程度；其推论得出的审计证据主观性较强，人为因素较多，可信赖程度也受到一定影响。

(4) 以文件记录形式(包括纸质、电子或其他介质)存在的审计证据比口头形式的审计证据更可靠。例如，会议的同步书面记录比对讨论事项事后的口头表述更可靠。口头证据本身并不足以证明事实的真相，仅仅提供一些重要线索，为进一步调查确认所用。一般情况下，口头证据往往需要得到其他相应证据的支持。

(5) 从原件获取的审计证据比从复印、传真或通过拍摄、数字化或其他方式转化成电子形式的文件获取的审计证据更可靠，后者的可靠性可能取决于与编制和维护信息相关的控制。注册会计师可审查原件是否有被涂改或伪造的迹象，排除伪证，提高证据的可信赖程度。而传真件、复印件或其他电子形式的文件容易被篡改或伪造，可靠性较低。

需要指出的是，以上只是注册会计师用来评价审计证据可靠性的一般原则，注册会计师还应当注意可能出现的重大例外情况。例如，审计证据虽然是从独立的外部来源获得，但如果该证据是由不知情者或不具备资格者提供，审计证据也可能是不可靠的。同样，如果注册会计师不具备评价证据的专业能力，那么即使是直接获取的证据，也可能不可靠。

(三)充分性和适当性之间的关系

充分性和适当性是审计证据的两个重要特征，两者缺一不可，只有充分且适当的审计证据才是有证明力的。

注册会计师获取的审计证据的数量受审计证据质量的影响。审计证据质量越高，需要的审计证据数量可能越少。也就是说，审计证据的适当性会影响审计证据的充分性。需要补充的是，尽管审计证据的充分性和适当性相关，但如果审计证据的质量存在缺陷，仅获取更多的审计证据可能无法弥补其质量上的缺陷。

充分性和适当性究竟应该怎样理解与把握，要求审计人员在实际工作中因具体情况，利用审计人员的职业判断来决定。

(四)评价充分性和适当性时的特殊考虑

1. 对文件记录可靠性的考虑

审计工作通常不涉及鉴定文件记录的真伪，其也不是鉴定文件记录真伪的专家，但应当考虑用作审计证据的信息的可靠性，并考虑与这些信息生成和维护相关的内部控制的有效性。

如果在审计过程中识别出的情况使其认为文件记录可能是伪造的，或文件记录中的某些条款已发生变动，注册会计师应当做出进一步调查，包括直接向第三方询证，或考虑利用专家的工作以评价文件记录的真伪。

2. 使用被审计单位生成信息时的考虑

注册会计师为获取可靠的审计证据，实施审计程序时使用的被审计单位生成的信息需要足够完整和准确。如果针对被审计单位生成信息的完整性和准确性获取审计证据是所实施审计程序本身不可分割的组成部分，则可以与对这些信息实施的审计程序同时进行。在某些情况下，注册会计师可能打算将被审计单位生成的信息用于其他的审计目的。在这种情况下，获取的审计证据的适当性受到该信息对于审计目的而言是否足够精确和详细的影响。

3. 证据相互矛盾时的考虑

如果针对某项认定从不同来源获取的审计证据或获取的不同性质的审计证据能够相互印证，与该项认定相关的审计证据则具有更强的说服力；如果从不同来源获取的审计证据或获取的不同性质的审计证据不一致，表明某项审计证据可能不可靠，注册会计师应当追加必要的审计程序。

4. 获取审计证据时对成本的考虑

注册会计师可以考虑获取审计证据的成本与所获取信息的有用性之间的关系，但不应以获取审计证据的困难和成本为由减少不可替代的审计程序。为了保证得出的审计结论、形成的审计意见是恰当的，注册会计师不应将获取审计证据的成本高低和难易程度作为减少不可替代的审计程序的理由。

四、获取审计证据的审计程序

审计程序是指注册会计师在审计过程中的某个时间，对将要获得的某类审计证据如何进行收集的详细指令。在审计过程中，注册会计师可根据需要单独或综合运用以下 7 种审计程序，以获取充分、适当的审计证据。

1. 检查

检查是指注册会计师对被审计单位内部或外部生成的，以纸质、电子或其他介质形式存在的记录和文件进行审查，或对资产进行实物审查。

2. 观察

观察是指注册会计师查看相关人员正在从事的活动或执行的程序。例如，对客户执行的存货盘点或控制活动进行观察。

3. 询问

询问是指注册会计师以书面或口头方式，向被审计单位内部或外部的知情人员获取财务信息和非财务信息，并对答复进行评价的过程。

4. 函证

函证是指注册会计师为了获取影响财务报表或相关披露认定的项目的信息，通过直接来自第三方的对有关信息和现存状况的声明，获取和评价审计证据的过程。

5. 重新计算

重新计算是指注册会计师以人工方式或使用计算机辅助审计技术，对记录或文件中的数据计算的准确性进行核对。重新计算通常包括计算销售发票和存货的总金额，加总日记账和明细账，检查折旧费用和预付费用的计算，检查应纳税额的计算等。

6. 重新执行

重新执行是指注册会计师以人工方式或使用计算机辅助审计技术，重新独立执行作为被审计单位内部控制组成部分的程序或控制。

7. 分析程序

分析程序是指注册会计师通过研究不同财务数据之间以及财务数据与非财务数据之间的内在关系，对财务信息做出评价。分析程序还包括调查识别出的、与其他相关信息不一致或与预期数据严重偏离的波动和关系。

上述审计程序单独或组合起来，可用作风险评估程序、控制测试和实质性程序。

注册会计师拟实施审计程序的性质和时间安排可能受到某些会计数据和其他信息的影响，这些数据和信息可能只能以电子形式存在，或只能在某一时点或某一期间获取。例如，当被审计单位使用电子商务时，购货单和发票等原始凭证可能仅以电子形式存在，或者当被审计单位使用图像处理系统以方便存储和查阅时，这些原始凭证可能会在扫描后被废弃掉。

某些电子信息一旦过了特定时期后将不能再获取，如文件被更改或备份文件不存在。因此，注册会计师可能认为有必要要求被审计单位按其数据保留政策保留某些信息以供注册会计师查阅，或在能够获取信息的时点或期间实施审计程序。

第二节　审计工作底稿

一、审计工作底稿的定义和作用

(一)审计工作底稿的定义

根据《中国注册会计师审计准则第 1131 号——审计工作底稿》第五条的规定，审计工作底稿是指注册会计师对制订的审计计划、实施的审计程序、获取的相关审计证据，以及得出的审计结论做出的记录。审计工作底稿是审计证据的载体，是注册会计师在审计过程中形成的审计工作记录和获取的资料。它形成于审计过程，也反映整个审计过程。

(二)审计工作底稿的作用

在审计过程中，注册会计师需要大量地编制或取得审计工作底稿，审计工作底稿在审计中的作用如下。

1．审计工作底稿是联结全部审计工作的纽带

审计工作经常由多个注册会计师进行，他们之间存在不同的分工协作。审计工作在不同阶段有不同的测试程序和实现目标。审计工作底稿可以把不同人员的审计结果、不同阶段的审计结果有机地联系起来，使得各项工作都围绕对会计报表发表意见这一总体目标来进行。

2．审计工作底稿是形成审计结论、发表审计意见的依据

审计工作底稿是审计证据的载体，它不但记录了审计证据本身的反映内容，而且记载了注册会计师对审计证据的评价分析情况以及得出的审计结论。这些审计证据和注册会计师的专业判断是形成审计结论、发表审计意见的直接依据。

3．审计工作底稿是评价审计责任、专业胜任能力和工作业绩的依据

评价审计责任通常是评价注册会计师对审计报告所负的真实性和合法性责任。如果注册会计师严格依据审计准则进行审计，据实发表意见，并把这些情况记录在审计工作底稿上，那么在任何时候依据审计工作底稿进行评价都有利于解脱或减除审计责任。注册会计师专业能力的强弱、工作业绩的好坏表现在选择何种程序、有无科学的计划、专业判断是否恰当等方面。这些因素可以通过评价审计工作底稿来体现和衡量。

4．审计工作底稿为审计质量控制与质量检查提供了基础依据

开展审计质量控制通常是由会计师事务所为确保审计质量符合独立审计准则的要求而制定和运用的控制政策和程序，主要包括指导和监督注册会计师选择实施审计程序，编制审计工作底稿，并对审计工作底稿进行复核。换言之，审计工作底稿既可以作为审计质量控制的对象，又可以作为审计质量控制的依据。审计质量检查通常由注册会计师协会或其他有关单位组织进行，其核心工作就是对审计工作底稿规范程度的检查。因此，离开审计工作底稿，审计质量检查就会成为无本之木、无源之水。

5．审计工作底稿具有参考价值

由于审计工作有很密切的联系性和连续性，前一年度的审计情况经常可以作为后一个年度开展审计业务的参考、借鉴；另外，前任注册会计师审计业务也可以作为后任注册会计师开展审计业务的参考、备查。这些参考、借鉴和备查的作用往往是通过调阅审计工作底稿而得以实现的。因此，审计准则不仅要求注册会计师认真编制和复核审计工作底稿，也要求注册会计师必须妥善保管审计工作底稿，建立与保管有关的保密、调阅等管理

制度。

二、审计工作底稿的编制目的

根据《中国注册会计师审计准则第 1131 号——审计工作底稿》第三条的规定,注册会计师应当及时编制审计工作底稿,以实现下列目的。

(1) 提供证据是作为注册会计师得出实现总体目标结论的基础。审计工作底稿是注册会计师形成审计结论,发表审计意见的直接依据。及时编制审计工作底稿有助于提高审计工作的质量,便于在出具审计报告之前,对取得的审计证据和得出的审计结论进行有效复核和评价。

(2) 提供证据是证明其按照中国注册会计师审计准则的规定执行了审计工作。在会计师事务所因执业质量而涉及诉讼或有关监管机构进行执业质量检查时,审计工作底稿能够提供证据,证明会计师事务所是否按照审计准则的规定执行了审计工作。

《中国注册会计师审计准则第 1131 号——审计工作底稿》第四条明确指出,除上述目的外,审计工作底稿还可以实现下列目的。

(1) 有助于项目组计划和执行审计工作。

(2) 有助于负责督导的项目组成员按照《中国注册会计师审计准则第 1121 号——对财务报表审计实施的质量管理》的规定,履行指导、监督与复核审计工作的责任。

(3) 便于项目组说明其执行审计工作的情况。

(4) 保留对未来审计工作持续产生重大影响的事项的记录。

(5) 便于会计师事务所按照《会计师事务所质量控制准则第 5101 号——业务实施质量管理》的规定,实施质量控制复核与检查。

(6) 便于监管机构和注册会计师协会根据相关法律法规或其他相关要求,对会计师事务所实施执业质量检查。

三、审计工作底稿的存在形式和内容

(一)审计工作底稿的存在形式

审计工作底稿可以以纸质、电子或其他介质形式存在。

无论审计工作底稿以哪种形式存在,会计师事务所都应当针对审计工作底稿设计和实施适当的控制,以实现下列目的。

(1) 使审计工作底稿清晰地显示其生成、修改及复核的时间和人员。

(2) 在审计业务的所有阶段,尤其是在项目组成员共享信息或通过互联网将信息传递给其他人员时,保护信息的完整性和安全性。

(3) 防止未经授权改动审计工作底稿。

(4) 允许项目组和其他经授权的人员为适当履行职责而接触审计工作底稿。

为便于会计师事务所内部进行质量管理和外部执业质量检查或调查,以电子或其他介质形式存在的审计工作底稿,应与其他纸质形式的审计工作底稿一并归档,并应能通过打印等方式,转换成纸质形式的审计工作底稿。

在实务中,为了便于复核,注册会计师可以将以电子或其他介质形式存在的审计工作底稿通过打印等方式，转换成纸质形式的审计工作底稿，并与其他纸质形式的审计工作底稿一并归档。同时，单独保存这些以电子或其他介质形式存在的审计工作底稿。

(二)审计工作底稿的内容

审计工作底稿通常包括总体审计策略、具体审计计划、分析表、问题备忘录、重大事项概要、询证函回函、管理层声明书、核对表、有关重大事项的往来信件(包括电子邮件)。注册会计师还可以将被审计单位文件记录的摘要或复印件(如重大的或特定的合同和协议)作为审计工作底稿的一部分。然而，审计工作底稿并不能代替被审计单位的会计记录。此外，审计工作底稿通常还包括业务约定书、管理建议书、项目组内部或项目组与被审计单位举行的会议记录、与其他人士(如其他注册会计师、律师、专家等)的沟通文件及错报汇总表等。

审计工作底稿不需要包括已被取代的审计工作底稿的草稿或财务报表的草稿、反映不全面或初步思考的记录、存在印刷错误或其他错误而作废的文本，以及重复的文件记录等。由于这些草稿、错误的文本或重复的文件记录不直接构成审计结论和审计意见的支持性证据，因此，注册会计师通常无须保留这些记录。

几种主要审计工作底稿的格式，如表4-1～表4-3所示。

表4-1 重大事项概要

被审计单位名称：　　　　　　　财务报表期间：　　　　　　　工作底稿索引号：

编制人及复核人员签字：

编制人：	日期：
复核人(如项目经理/项目负责人)：	日期：
项目质量控制复核人(如适用)：	日期：

1. 引起特别风险的事项

审计目标	
重大错报风险评估结果及得出评估结果的理由	

总体方案和发现

采用综合性方案，具体审计程序包括：
对控制运行的有效性进行测试
......

发现：

结论：

2. 实施审计程序的结果
2.1 修正以前对重大错报风险的评估和针对这些风险拟采取的应对措施

对以前重大错报风险评估结果的修正及原因

对修正后的重大错报风险评估结果的应对措施

对进一步审计程序的总体方案的重大更改	
对拟实施进一步审计程序的重大更改	
审计目标	
2.2 财务报表中未更正的错报	
3．导致难以实施必要审计程序的情形	
审计目标	
导致难以实施的情形及其解决方法	
4．可能导致出具非标准审计报告的事项	
事项及解决方法	

表 4-2　问题备忘录

被审计单位名称：　　　　　　　　　　财务报表期间：　　　　　　　　　　[存货监盘]

编制人及复核人员签字：　　　　　　　工作底稿索引号：

编制人：	日期：
复核人(如项目经理/项目负责人)：	日期：
项目质量控制复核人(如适用)：	日期：
1．审计目标(存货的存在)	
重大错报风险评估结果	得出评估结果的理由(可索引至具体审计计划)
2．事项及解决	
	工作底稿索引号
(被审计单位在存货盘点中进行的控制活动，如盘点指引、盘点表的填报和汇总、对盘点差异的处理等。 注册会计师实施的监盘程序，如监盘计划、具体的监盘程序、对特殊情况的处理等)	
3．结论	
(结果及对审计报告的影响)	

表4-3　审计工作完成情况核对表

被审计单位名称：　　　　　　财务报表期间：　　　　　　工作底稿索引号：

编制人及复核人员签字：

编制人(如项目经理)：	日期：
复核人(如项目负责人)：	日期：
项目质量控制复核人(如适用)：	日期：

核对项目	核对结果(是/不适用)	工作底稿索引号
(是否已取得管理层的书面声明)		
核对项目	核对结果(是/不适用)	工作底稿索引号
(如果发现舞弊或获取的信息表明可能存在舞弊，是否与适当层次的管理层或治理层沟通)		
(是否已将注意到的内部控制设计或执行方面的重大缺陷告知适当层次的管理层或治理层)		
……		

项目负责人确认：项目组已取得充分、适当的审计证据，以支持得出的审计结论及将出具的审计报告。

项目负责人签字：＿＿＿＿＿＿＿＿

四、审计工作底稿的要素与编制要求

(一)确定审计工作底稿的格式、要素和范围时考虑的因素

在确定审计工作底稿的格式、内容和范围时，注册会计师应当考虑下列因素。

(1) 被审计单位的规模和复杂程度。一般来说，对大型被审计单位进行审计形成的审计工作底稿，通常比对小型被审计单位进行审计形成的审计工作底稿要多；对业务复杂的被审计单位进行审计形成的审计工作底稿，通常比对业务简单的被审计单位进行审计形成的审计工作底稿要多。

(2) 拟实施审计程序的性质。通常，不同的审计程序会使得注册会计师获取不同性质的审计证据，由此注册会计师可能会编制不同格式、内容和范围的审计工作底稿。例如，注册会计师编制的有关函证程序的审计工作底稿(包括询证函及回函、有关不符事项的分析等)和存货监盘程序的审计工作底稿(包括盘点表、注册会计师对存货的测试记录等)，在内容、格式及范围方面是不同的。

(3) 已识别的重大错报风险。识别和评估的重大风险水平的不同可能导致注册会计师实施的审计程序和获取的审计证据不尽相同。例如，如果注册会计师识别出应收账款存在较高的重大错报风险，而其他应收款的重大错报风险较低，则注册会计师可能对应收账款实施较多的审计程序并获取较多的审计证据，因而对测试应收账款的记录会比针对测试其他应收款记录的内容多且范围广。

(4) 已获取审计证据的重要程度。注册会计师通过执行多项审计程序可能会获取不同的审计证据，有些审计证据的相关性和可靠性较高，有些质量则较差，注册会计师可能区

分不同的审计证据进行有选择性的记录，因此，审计证据的重要程度也会影响审计工作底稿的格式、内容和范围。

(5) 已识别的例外事项的性质和范围。有时注册会计师在执行审计程序时会发现例外事项，由此可能导致审计工作底稿在格式、内容和范围方面的不同。例如，某个函证的回函表明存在不符事项，如果在实施恰当的追查后发现该例外事项并未构成错报，注册会计师可能只在审计工作底稿中解释发生该例外事项的原因及影响。反之，如果该例外事项构成错报，注册会计师可能需要执行额外的审计程序并获取更多的审计证据，由此编制的审计工作底稿在内容和范围方面可能有很大不同。

(6) 当从已执行审计工作或获取审计证据的记录中不易确定结论或结论的基础时，记录结论或结论基础的必要性。在某些情况下，特别是在涉及复杂的事项时，注册会计师仅将已执行的审计工作或获取的审计证据记录下来，并不容易使其他有经验的注册会计师通过合理的分析，得出审计结论或结论的基础。此时注册会计师应当考虑是否需要进一步说明并记录得出结论的基础(即得出结论的过程)及该事项的结论。

(7) 使用的审计方法和工具。使用的审计方法和工具可能影响审计工作底稿的格式、内容和范围。例如，如果使用计算机辅助审计技术对应收账款的账龄进行重新计算时，通常可以针对总体进行测试，而采用人工方式重新计算时，则可能会针对样本进行测试，由此形成的审计工作底稿会在格式、内容和范围方面有所不同。

考虑以上因素有助于注册会计师确定审计工作底稿的格式、内容和范围是否恰当。注册会计师在考虑以上因素时需注意，根据不同情况确定审计工作底稿的格式、内容和范围均是为达到本准则第四条所述的编制审计工作底稿的目的，特别是提供证据的目的。例如，细节测试和实质性分析程序的审计工作底稿所记录的审计程序有所不同，但两类审计工作底稿都应当充分、适当地反映注册会计师执行的审计程序。

(二)审计工作底稿的要素

通常，审计工作底稿包括下列全部或部分要素。

1．审计工作底稿的标题

每张工作底稿应当包括被审计单位的名称、审计项目的名称以及资产负债表日或底稿覆盖的会计期间(如果与交易相关)。

2．审计过程记录

审计过程记录是指注册会计师的审计轨迹与专业判断的记录。注册会计师应将其实施审计而达到审计目标的过程记录在审计工作底稿中。

在记录审计过程时，应当特别注意以下几个方面。

(1) 特定项目或事项的识别特征。在记录实施审计程序的性质、时间和范围时，注册会计师应当记录测试的特定项目或事项的识别特征。记录特定项目或事项的识别特征可以实现多种目的。例如，便于对例外事项或不符事项进行检查，以及对测试的项目或事项进行复核。

识别特征是指被测试的项目或事项表现出的征象或标志。识别特征因审计程序的性质和所测试的项目或事项不同而不同。对某一个具体项目或事项而言，其识别特征通常具有唯一性，这种特性可以使其他人员根据识别特征在总体中识别该项目或事项并重新执行该测试。为了帮助理解，以下列举部分审计程序中所测试的样本的识别特征。

如在对被审计单位生成的订购单进行细节测试时，注册会计师可能以订购单的日期或编号作为测试订购单的识别特征。需要注意的是，在以日期或编号作为识别特征时，注册会计师需要同时考虑被审计单位对订购单编号的方式。例如，若被审计单位按年对订购单依次编号，则识别特征是××年的××号；若被审计单位仅以序列号进行编号，则可以直接将该号码作为识别特征。

对于需要选取或复核既定总体内一定金额以上的所有项目的审计程序，注册会计师可能会以实施审计程序的范围作为识别特征。例如，总账中一定金额以上的所有会计分录。

对于需要系统化抽样的审计程序，注册会计师可能会通过记录样本的来源、抽样的起点及抽样间隔来识别已选取的样本。例如，若被审计单位对发运单顺序编号，测试的发运单的识别特征可以是，对 4 月 1 日至 9 月 30 日的发运台账，从第 12345 号发运单开始每隔 125 号系统抽取发运单。

对于需要询问被审计单位中特定人员的审计程序，注册会计师可能会以询问的时间、被询问人的姓名及职位作为识别特征。

对于观察程序，注册会计师可能会以观察的对象或观察过程、观察的地点和时间作为识别特征。

(2) 重大事项。注册会计师应当根据具体情况判断某一事项是否属于重大事项。重大事项通常包括以下四种。

① 引起特别风险的事项。

② 实施审计程序的结果，该结果表明财务信息可能存在重大错报，或需要修正以前对重大错报风险的评估和针对这些风险拟采取的应对措施。

③ 导致注册会计师难以实施必要审计程序的情形。

④ 导致出具非标准审计报告的事项。

注册会计师应当及时记录与管理层、治理层和其他人员对重大事项的讨论，包括讨论的内容、时间、地点和参加人员。

有关重大事项的记录可能分散在审计工作底稿的不同部分。将这些分散在审计工作底稿中的有关重大事项的记录汇总在重大事项概要中，不仅可以帮助注册会计师集中考虑重大事项对审计工作的影响，还便于审计工作的复核人员全面、快速地了解重大事项，从而提高复核工作的效率。对于大型、复杂的审计项目，重大事项概要的作用尤为重要。因此注册会计师应当考虑编制重大事项概要，将其作为审计工作底稿的组成部分，以有效地复核和检查审计工作底稿，并评价重大事项的影响。

重大事项概要包括审计过程中识别的重大事项及其如何得到解决，或对其他支持性审计工作底稿的交叉索引。

(3) 针对重大事项如何处理矛盾或不一致的情况。如果识别出的信息与针对某重大事项得出的最终结论相矛盾或不一致，注册会计师应当记录形成最终结论时如何处理该矛盾或不一致的情况。

上述情况包括但不限于注册会计师针对该信息执行的审计程序、项目组成员对某事项的职业判断不同而向专业技术部门的咨询情况，以及项目组成员和被咨询人员不同意见(如项目组与专业技术部门的不同意见)的解决情况。

记录如何处理识别出的信息与针对重大事项得出的结论相矛盾或不一致的情况是非常必要的，它有助于注册会计师关注这些矛盾或不一致，并对此执行必要的审计程序以恰当地解决这些矛盾或不一致。但是，对如何解决这些矛盾或不一致的记录要求并不意味着注册会计师需要保留不正确的或被取代的资料。例如，某些信息初步显示与针对某重大事项得出的最终结论相矛盾或不一致，注册会计师发现这些信息是错误的或不完整的，并且初步显示的矛盾或不一致可以通过获取正确或完整的信息得到满意的解决，则注册会计师无须保留这些错误或不完整的信息。此外，对于职业判断的差异，若初步的判断意见是基于不完整的资料或数据，则注册会计师也无须保留这些初步的判断意见。

3．审计结论

审计结论是指注册会计师通过实施必要的审计程序后，对某一审计事项所做的专业判断。就控制测试程序而言，审计结论是指注册会计师对被审计单位内部控制的满意程度以及信赖程度；就实质性程序而言，审计结论是指注册会计师对某一审计事项的余额或发生额的确认情况。

4．审计标识及其说明

审计标识是注册会计师为便于表达审计含义而采用的符号。为了便于他人的理解，注册会计师应在审计工作底稿中说明各种审计标识所代表的含义，或者采用审计标识说明表的形式统一说明。审计标识应前后一致。

以下是注册会计师在审计工作底稿中列明标识并说明其含义的例子，供参考。

B：期初余额与上年审计后报表期末数核对相符。

T：与原始凭证核对相符。

G：与总账核对相符。

S：与明细账核对相符。

T/B：与试算平衡表核对相符。

C：已发询证函。

C\：已收回询证函。

∧：直栏数字加计，复核无误。

＜：横栏数字加计，复核无误。

5．索引号及编号

通常审计工作底稿需要注明索引号及顺序编号，相关审计工作底稿之间需要保持清晰的钩稽关系。每张表或记录都有一个索引号，以说明其在审计工作底稿中的放置位置。工作底稿中每张表所包含的信息都应当与另一张表中的相关信息进行交叉索引。例如，现金盘点表应当与列示所有现金余额的导表进行交叉索引。

在实务中，注册会计师可以按照所记录的审计工作的内容层次进行编号。例如，固定资产汇总表的编号为 C1，按类别列示的固定资产明细表的编号为 C1-1，房屋建筑物的编号为 C1-1-1，机器设备的编号为 C1-1-2，运输工具的编号为 C1-1-3，其他设备的编号为

C1-1-4。相互引用时，需要在审计工作底稿中交叉注明索引号。

例如，固定资产的原值、累计折旧及净值的总额应分别与固定资产明细表的数字互相钩稽。以下是从固定资产汇总表工作底稿(见表 4-4)及固定资产明细表工作底稿(见表 4-5)中节选的部分，以做相互索引的示范。

表 4-4　固定资产汇总表(工作底稿索引号：C1)(节选)

工作底稿索引号	固定资产	20×5 年 12 月 31 日	20×4 年 12 月 31 日
C1-1	原值	××× G	×××
C1-1	累计折旧	××× G	×××
	净值	××× T/B∧	××× B∧

表 4-5　固定资产明细表(工作底稿索引号：C1-1)(节选)

工作底稿索引号	固定资产	期初余额	本期增加	本期减少	期末余额
	原值				
C1-1-1	1.房屋建筑物	×××		×××	××× S
C1-1-2	2.机器设备	×××	×××		
C1-1-3	3.运输工具	×××			
C1-1-4	4.其他设备	×××			
	小计	××× B∧	××× ∧	××× ∧	××× ‹C1∧
	累计折旧				
C1-1-1	1.房屋建筑物	×××			
C1-1-2	2.机器设备	×××	×××		
C1-1-3	3.运输工具	×××			
C1-1-4	4.其他设备	×××			
	小计	××× B∧	××× ∧	××× ∧	××× ‹C1∧
	净值	××× B∧			××× C1∧

注："∧"纵加核对相符；"‹"横加核对相符。

6．编制者姓名及编制日期

注册会计师必须在其编制的审计工作底稿上签名和签署日期。

7．复核者姓名及复核日期

注册会计师必须在其复核过的审计工作底稿上签名和签署日期。如有多级复核，每级复核者均应签名和签署日期。

8．其他应说明事项

其他应说明事项是指注册会计师根据其专业判断，认为应当在审计工作底稿中予以记录的其他相关事项。

(三)审计工作底稿的编制要求

注册会计师编制的审计工作底稿,应当使未曾接触该项审计工作的有经验的专业人士清楚地了解。

(1) 按照审计准则和相关法律、法规的规定实施的审计程序的性质、时间安排和范围。

(2) 实施审计程序的结果和获取的审计证据。

(3) 审计中遇到的重大事项和得出的结论,以及在得出结论时做出的重大职业判断。

其中,有经验的专业人士,是指会计师事务所内部或外部的具有审计实务经验,并且对下列方面有合理了解的人士。

① 审计过程。

② 审计准则和相关法律、法规的规定。

③ 被审计单位所处的经营环境。

④ 与被审计单位所处行业相关的会计和审计问题。

五、审计工作底稿的归档

《会计师事务所质量管理准则第 5101 号——业务质量管理》和《中国注册会计师审计准则第 1131 号——审计工作底稿》对审计工作底稿的归档做出了具体规定,涉及归档工作的性质和期限、审计工作底稿保管期限等方面。

(一)审计工作底稿归档的性质

在出具审计报告前,注册会计师应完成所有必要的审计程序,取得充分、适当的审计证据并得出适当的审计结论。由此,在审计报告日后将审计工作底稿归整为最终审计档案是一项事务性的工作、不涉及实施新的审计程序或得出新的结论。

如果在归档期间对审计工作底稿做出的变动属于事务性的,注册会计师可以做出变动,主要包括以下几种:

(1) 删除或废弃被取代的审计工作底稿。

(2) 对审计工作底稿进行分类、整理和交叉索引。

(3) 对审计档案归整工作的完成核对表签字认可。

(4) 记录在审计报告日前获取的、与审计项目组相关成员进行讨论并取得一致意见的审计证据。

(二)审计工作底稿归档的期限

注册会计师应当按照会计师事务所质量控制政策和程序的规定,及时将审计工作底稿归整为最终审计档案。审计工作底稿的归档期限为审计报告日后 60 天内。如果注册会计师未能完成审计业务,审计工作底稿的归档期限为审计业务中止后的 60 天内。

如果针对客户的同一财务信息执行不同的委托业务,出具两个或多个不同的报告,会计师事务所应当将其视为不同的业务,根据会计师事务所内部制定的政策和程序,在规定的归档期限内分别将审计工作底稿归整为最终审计档案。

(三)审计工作底稿归档后的变动

1. 需要变动审计工作底稿的情形

一般情况下,在审计报告归档之后不需要对审计工作底稿进行修改或增加。注册会计师发现有必要修改现有审计工作底稿或增加新的审计工作底稿的情形主要有以下两种。

(1) 注册会计师已实施了必要的审计程序,取得了充分、适当的审计证据并得出了恰当的审计结论,但审计工作底稿的记录不够充分。

(2) 审计报告日后,发现例外情况要求注册会计师实施新的或追加审计程序,或导致注册会计师得出新的结论。例外情况主要是指审计报告日后发现与已审计财务信息相关,且在审计报告日已经存在的事实,该事实如果被注册会计师在审计报告日前获知,可能影响审计报告。例如,注册会计师在审计报告日后才获知法院在审计报告日前已对被审计单位的诉讼、索赔事项做出最终判决结果。例外情况可能在审计报告日后发现,也可能在财务报表报出日后发现,注册会计师应当按照《中国注册会计师审计准则第 1332 号——期后事项》第四章"财务报表报出后发现的事实"的相关规定,对例外事项实施新的或追加的审计程序。

2. 变动审计工作底稿时的记录要求

在完成最终审计档案的归整工作后,如果发现有必要修改现有审计工作底稿或增加新的审计工作底稿,无论修改或增加的性质如何,注册会计师均应当记录下列事项。

(1) 修改或增加审计工作底稿的理由。

(2) 修改或增加审计工作底稿的时间和人员,以及复核的时间和人员。

(四)审计工作底稿的保存期限

会计师事务所应当自审计报告日起,对审计工作底稿至少保存 10 年。如果注册会计师未能完成审计业务,会计师事务所应当自审计业务中止日起,对审计工作底稿至少保存 10 年。

在完成最终审计档案的归整工作后,注册会计师不得在规定的保存期限届满前删除或废弃审计工作底稿。

本 章 小 结

本章主要介绍了审计证据和审计工作底稿。

审计证据和审计工作底稿直接关系到审计报告的意见类型和审计工作的质量,并且反映着审计人员的业务能力。因此,在审计工作中获取审计证据和编制审计工作底稿是非常重要的工作环节,必须予以足够的重视。

审计证据是审计人员为了得出审计结论、形成审计意见而使用的所有信息,包括编制财务报表所依据的会计记录中含有的信息和其他信息。审计证据按其外形特征,可以分为实物证据、书面证据、口头证据、环境证据,这是审计证据的基本分类。不同类型的审计证据可以证明不同的审计目标,注册会计师应根据不同的审计项目,选择不同种类的审计证据。

审计证据具有充分性、适当性特征。充分性是审计证据的数量特征，适当性是审计证据的质量特征，包括相关性和可靠性。审计人员可以通过检查、观察、询问、函证、重新计算、重新执行、分析程序等具体审计程序来获取审计证据。

审计工作底稿是指审计人员对编制的审计计划、实施的审计程序、获取的相关审计证据以及得出的审计结论做出的记录。审计工作底稿形成于审计工作的全过程，是形成审计结论、发表审计意见的直接依据。为了保证审计工作的质量，审计工作底稿由执行审计工作的人员填制后，必须由相关人员进行复核，并要求审计组织妥善保管和使用审计工作底稿。

复习思考题

1. 什么是审计证据？审计证据有哪些种类？
2. 审计证据有哪些主要特征？
3. 获取审计证据的主要方法有哪些？
4. 说明审计工作底稿的概念和作用。
5. 编制审计工作底稿有哪些要求？
6. 简述审计工作底稿的内容。
7. 审计工作底稿如何归档和保管？

第五章

审计技术方法

案例导读

2020 年 5 月，中国证监会发布行政处罚决定书 2020 年 20 号，对涉及山东新绿股份信息披露违法案的中兴财光华会计师事务所有限公司(以下简称中兴财光华)及孙国伟、许洪磊 2 名责任人予以行政处罚：没收中兴财光华审计项目收入 25 万元，并处以 25 万元罚款；对孙国伟、许洪磊给予警告，并分别处以 5 万元罚款。

证监会公告称，经调查，新绿股份的审计服务机构中兴财光华在对公司 2015 年年报的审计工作中存在以下违法事实：①未按审计准则规定对银行存款实施充分函证程序；②未对银行存款账户存在的不符事项执行恰当的审计程序；③对应收账款和预付账款的审计程序不当；④对存货的审计程序执行不到位；⑤对其他应收款的审计程序执行不当。

提示：

新绿股份 2015 年审计报告意见类型为标准无保留意见。事实上，因会计师专业判断错误和审计程序不到位、审计证据不充分，未能发现公司当年的重大错报，致使 2015 年公司虚增主营业务收入 36 907.29 万元，隐瞒关联方资金往来发生额 28 494.37 万元。

学习目标

通过对本章内容的学习，了解审计方法体系的构成，掌握审计取证的七种技术方法：检查、观察、询问、函证、重新计算、重新执行和分析程序；掌握审计抽样的相关概念，了解审计抽样在控制测试和细节测试中的运用；熟悉信息技术对审计的影响，了解信息系统内部控制审计的内容以及计算机辅助审计的相关技术。

第一节　审　计　方　法

审计方法是指审计人员为了行使审计职能、完成审计任务、达到审计目标所采取的方式、手段和技术的总称。审计方法贯穿于整个审计工作过程，而不只存于某一审计阶段或某几个环节。审计工作从制订审计计划开始，直至出具审计意见书、依法做出审计决定和最终建立审计档案，都有运用审计方法的问题。

随着审计实践的发展和理论的丰富，审计方法也日趋多样化和现代化。现代审计方法从传统的事后查账技术发展到广泛运用审计调查、审计分析、内部控制审计、抽样审计以及计算机辅助审计。

审计方法从广义上说包括计划方法、取证方法、报告方法、处理审计文件方法等，从狭义上看主要是指审计人员为取得充分有效的审计证据而采取的一切技术手段。本节仅对审计取证方法进行介绍。在审计过程中，注册会计师可以根据需要单独或综合运用以下七种审计技术方法，以获取充分、适当的审计证据。

一、检查

检查是指注册会计师对被审计单位内部或外部生成的，以纸质、电子或其他介质形式存在的记录和文件进行审查，或对资产进行实物审查。检查程序具有方向性，即审计测试的"顺查"和"逆查"。检查包括检查文件记录和检查有形资产。

(一)检查记录或文件

检查记录或文件,是指注册会计师对被审计单位内部或外部生成的,以纸质、电子或其他介质形式存在的记录或文件进行审查。检查记录或文件包括注册会计师对会计记录和其他书面文件可靠程度的审阅与复核。审阅是为了发现有无不正常现象而批判性地阅读书面资料的审计技术,其目的在于确认书面文件是否真实、合法;复核是确认各种书面文件之间钩稽关系的审计技术,通过书面文件之间的对照检查,确认双方对交易或事项的记录是否一致、计算是否正确。

检查文件和记录又可细分为审阅法和核对法。

(1) 审阅法是指仔细审查阅读被审计单位一定时期的会计资料和其他有关资料,获取审计证据的一种审查方法,它广泛用于各种审计中。审阅的内容包括会计凭证、账簿、报表以及其他相关资料,其中对会计凭证、账簿、报表的审阅最重要。

(2) 核对法是指对被审计单位的书面资料按照其内在联系相互对照检查,从中获取审计证据的方法。核对的内容包括账证核对、账账核对、账表核对、账实核对等。

检查记录或文件可以提供可靠程度不同的审计证据。审计证据的可靠性取决于记录或文件的性质和来源。在检查内部记录或文件时,其可靠性则取决于生成该记录或文件的内部控制的有效性。

某些文件是表明一项资产存在的直接审计证据,如构成金融工具的股票或债券,但检查这类文件并不一定能提供有关所有权或计价的审计证据。此外,检查已执行的合同可以提供与被审计单位运用会计政策(如收入确认)相关的审计证据。

(二)检查有形资产

检查有形资产,是指注册会计师对资产实物进行审查。运用这种方法的目的在于确定被审计单位实物形态的资产是否真实存在并且与账面数量相符,查明有无短缺、毁损及其他舞弊行为。它主要适用于存货和现金的检查,也适用于有价证券、应收票据和固定资产等。

检查有形资产按照方式不同分为直接盘存和监督盘存两种形式。

直接盘存是指注册会计师亲自到现场盘点实物,并要求被审计单位有关人员协同执行,以证实书面资料同有关的财产物资是否相符的方法。这种方法在实际中应用较少,常用于盘点数量较小但容易出现舞弊行为的贵重财产物资,如贵重文物、珠宝、贵重材料等。

监督盘存是指注册会计师现场监督被审计单位各种实物资产及现金、有价证券等的盘点,并进行适当的抽查。一般而言,实物资产的盘点是被审计单位管理当局的责任,应由被审计单位进行计划、组织和实施,注册会计师只进行现场监督并适当抽查复点。注册会计师抽点部分如发现差异,除应督促被审计单位更正外,还应扩大抽查范围,如发现差错过大,则应要求被审计单位重新盘点。盘点结束,审计人员应会同被审计单位有关人员编制盘点清单,并根据盘点的溢缺数,调整账面记录。盘点清单即作为审计报告的附件。

检查有形资产只能对实物资产是否确实存在提供可靠的审计证据,但不一定能够为权利和义务或计价等认定提供可靠的审计证据。因此,注册会计师在盘点之外,还应采取其他方法验证实物资产的所有权和计价情况。

在检查有形资产时，有时还需要运用调节法。调节法是指由于审计单位报告日数据与审计日数据存在差异或由于被审计项目存在未达账项时，通过调整有关数据，求得需要证实的数据的方法。这也是一种取得实物证据的方法。调节法通常与实物盘存法结合使用，也可以用于调节银行存款及有关结算类账户的未达账项。

小知识

> (1) 对未达账项的调节
>
> 通过编制银行存款余额调节表，对被审计单位与开户银行双方发生的未达账项进行增减调节，以验证银行存款账户的余额是否正确。
>
> (2) 对财产物资的调节
>
> 当财产物资的盘存日同书面资料结账日不同时，结合实物盘存，将盘存日期与结账日期之间新发生的出入库数量用来对盘存日有关财产物资的盘存数进行增减调节，以验证或推算结账日有关财产物资的应结存数。其计算公式为
>
> 结账日数量=盘存日盘点数量+结账日至盘存日发出数量-结账日至盘存日收入数量

二、观察

观察是指注册会计师查看相关人员正在从事的活动或执行的程序。例如，注册会计师对被审计单位人员执行的存货盘点或控制活动进行观察。注册会计师按照审计具体目标的要求，前往被审计单位的工作现场，察看业务活动的方法、程序及实施情况，以掌握整个业务活动或执行程序的实际情况，获取审计证据。但观察提供的审计过程仅限于观察发生的时点，而且被观察人员的行为可能因被观察而受到影响，这也会使观察提供的审计证据受到限制。

三、询问

询问是指注册会计师以书面或口头方式，向被审计单位内部或外部的知情人员获取财务信息和非财务信息，并对答复进行评价的过程。作为其他审计程序的补充，询问广泛应用于整个审计过程中。询问本身不足以发现认定层次存在的重大错报，也不足以测试内部控制运行的有效性。

知情人员对询问的答复可能为注册会计师提供尚未获悉的信息或佐证证据；对询问的答复也可能提供与注册会计师已获取的其他信息存在重大差异的信息，例如，关于被审计单位管理层凌驾于控制之上的可能性的信息。在某些情况下，对询问的答复为注册会计师修改审计程序或实施追加的审计程序提供了基础。

尽管对通过询问获取的审计证据予以佐证通常特别重要，但在询问管理层意图时，获取的支持管理层意图的信息可能是有限的。在这种情况下，了解管理层过去所声称意图的实现情况、选择某项特别措施时声称的原因以及实施某项具体措施的能力，可以为佐证通过询问获取的证据提供相关信息。

针对某些事项，注册会计师可能认为有必要向管理层和治理层(如适用)获取书面声

明，以证实对口头询问的答复。

四、函证

函证是指注册会计师直接从第三方(被询证者)获取书面答复作为审计证据的过程，书面答复可以采用纸质、电子或其他介质等形式。当针对的是与特定账户余额及其项目相关的认定时，函证常常是相关的程序。但是，函证不必仅仅局限于账户余额。例如，注册会计师可能要求对被审计单位与第三方之间的协议和交易条款进行函证。注册会计师可能在询证函中询问协议是否做过修改，如果做过修改，要求被询证者提供相关的详细信息。此外，函证程序还可以用于获取不存在某些情况的审计证据，如不存在可能影响被审计单位收入确认的"背后协议"。实施函证的目的是证实影响财务报表或相关披露认定的账户余额或其他信息。通常情况下，注册会计师以函证方式直接从被询证者获取的审计证据比被审计单位内部生成的审计证据更可靠。

注册会计师应当确定是否有必要实施函证程序以获取认定层次的相关、可靠的审计证据。在做出决策时，注册会计师应当考虑评估的认定层次重大错报风险、函证程序针对的认定以及实施函证以外的其他审计程序这三个因素。除上述三个因素外，注册会计师在确定是否选择函证程序作为实质性程序时，还可以考虑被询证者对函证事项的了解、预期被询证者回复询证函的能力或意愿以及预期被询证者的客观性等因素。

注册会计师应当对银行存款、借款(包括零余额账户和在本期内注销的账户)、借款及与金融机构往来的其他重要信息实施函证程序，除非有充分证据表明某一银行存款、借款及与金融机构往来的其他重要信息对财务报表不重要且与之相关的重大错报风险很低。如果不对这些项目实施函证程序，注册会计师应当在审计工作底稿中说明理由。

注册会计师应当对应收账款实施函证程序，除非有充分证据表明应收账款对财务报表不重要，或函证很可能无效。如果认为函证很可能无效，注册会计师应当实施替代审计程序，获取相关、可靠的审计证据。如果不对应收账款函证，注册会计师应当在审计工作底稿中说明理由。

注册会计师可采用积极的或消极的函证方式实施函证，也可将两种方式结合使用。

1. 积极式函证

积极式函证是指要求被询证者直接向注册会计师回复，表明是否同意询证函所列示的信息，或填列所要求的信息的一种询证方式。在采用积极的函证时，只有注册会计师收到回函，才能为财务报表认定提供审计证据。注册会计师没有收到回函，就无法证明所函证信息是否正确。

积极的函证又分为两种：一种是在询证函中列明拟函证的账户余额或其他信息，要求被询证者确认所函证的款项是否正确。通常认为，对这种询证函的回复能够提供可靠的审计证据，但其缺点是被询证者可能对所列示信息根本不加以验证就予以回函确认。注册会计师通常难以发觉是否发生了这种情形。为了避免这种风险，注册会计师可以采用另一种询证函，即在询证函中不列明账户余额或其他信息，而要求被询证者填写有关信息或提供进一步信息。由于这种询证函要求被询证者做出更多的努力，可能会导致回函率降低，进而导致注册会计师执行更多的替代程序。

2. 消极式函证

消极式函证是指要求被询证者只有在不同意询证函所列示的信息时才直接向注册会计师回复的一种询证方式。

对消极式询证函而言，未收到回函并不能明确表明预期的被询证者已经收到询证函或已经核实了询证函中包含的信息的准确性。因此，未收到消极式询证函的回函提供的审计证据，远不如积极式询证函的回函提供的审计证据有说服力。如果询证函中的信息对被询证者不利，则被询证者更有可能回函表示其不同意；相反，如果询证函中的信息对被询证者有利，回函的可能性就会相对较小。例如，被审计单位的供应商如果认为询证函低估了被审计单位的应付账款余额，则其更有可能回函；如果高估了该余额，则回函的可能性很小。因此，注册会计师在考虑这些余额是否可能低估时，向供应商发出消极式询证函可能是有用的程序。但是，利用这种程序收集该余额高估的证据就未必有效。

除非同时满足下列条件，注册会计师不得将消极式函证作为唯一实质性程序，以应对评估的认定层次重大错报风险。

(1) 注册会计师将重大错报风险评估为低水平，并已就与认定相关的控制的运行的有效性获取充分、适当的审计证据。

(2) 需要实施消极式函证程序的总体由大量的小额、同质的账户余额、交易或事项构成。

(3) 预期不符事项的发生率很低。

(4) 没有迹象表明接收询证函的人员或机构不认真对待函证。

如果存在对询证函回函的可靠性产生疑虑的因素，注册会计师应当进一步获取审计证据以消除这些疑虑。如果认为询证函回函不可靠，注册会计师应当评价其对评估的相关重大错报风险(包括舞弊风险)以及其他审计程序的性质、时间安排和范围的影响。在未回函的情况下，注册会计师应当实施替代程序以获取相关、可靠的审计证据。

注册会计师应当对函证的全过程保持控制。询证函经被审计单位盖章后，应当由注册会计师直接发出。在我国目前的实务操作中，询证函的发出和收回可以采用邮寄、跟函、电子形式函证(包括传真、电子邮件、直接访问网站)等方式，其中，邮寄和跟函更为常见。如果注册会计师根据具体情况选择通过电子方式发送询证函，在发函前可以基于对特定询证方式所存在风险的评估，考虑相应的控制措施。

2020 年 9 月，财政部、人民银行等七部委联合发布《关于推进会计师事务所函证数字化相关工作的指导意见》，明确要求推进函证数字化，扎实提高会计师事务所审计质量，防范控制银行风险。

五、重新计算

重新计算是指注册会计师对记录或文件中的数据计算的准确性进行核对。重新计算可通过手工方式或电子方式进行。重新计算通常包括对被审计单位的凭证、账簿和报表中有关数字的验算和对会计资料中有关项目的加总或其他运算。例如，计算销售发票和存货的总金额、加总日记账和明细账、检查折旧费用和预付费用的计算、检查应纳税额的计算等。

六、重新执行

重新执行是指注册会计师独立执行原本作为被审计单位内部控制组成部分的程序或控制。实施重新执行可以验证被审计单位内部控制的有效性，获取内部控制是否有效的审计证据。例如，注册会计师按照被审计单位相关内部控制制度的规定，重新编制银行存款余额调节表，来验证相应内部控制是否有效运行。重新执行在控制测试时运用。

七、分析程序

分析程序是指注册会计师通过分析不同财务数据之间以及财务数据与非财务数据之间的内在关系，对财务信息做出评价。分析程序还包括在必要时对识别出的、与其他相关信息不一致或与预期值差异重大的波动或关系进行调查。如果不发生影响财务数据或非财务数据以及数据之间相互关系的事项(如异常业务或事项的发生、会计政策变更、重大错报等)，那么数据之间的关系将会合理存在。利用这一前提，注册会计师通过数据之间的内在关系的研究，就可以发现影响事项、获取审计证据，对鉴证对象信息做出评价。

(一)注册会计师实施分析程序的目的

注册会计师实施分析程序，主要是出于以下几个方面的目的。

1. 用作风险评估程序，以了解被审计单位及其环境

分析程序可以帮助注册会计师发现财务报表中的异常变化，或者预期发生而未发生的变化，识别存在潜在重大错报风险的领域。分析程序还可以帮助注册会计师发现财务状况或盈利能力发生变化的信息和征兆，识别那些表明被审计单位持续经营能力问题的事项。在这个阶段运用分析程序是强制要求。

注册会计师可以将分析程序与询问、检查和观察程序结合运用，以获取对被审计单位及其环境的了解，识别和评估财务报表层次及具体认定层次的重大错报风险。在运用分析程序时，注册会计师应重点关注关键的账户余额、趋势和财务比率关系等方面，对其形成一个合理的预期，并与被审计单位记录的金额、依据记录金额计算的比率或趋势相比较。如果分析程序的结果显示的比率、比例或趋势与注册会计师对被审计单位及其环境的了解不一致，并且被审计单位管理层无法提出合理的解释，或者无法取得相关的支持性文件证据，注册会计师应当考虑其是否表明被审计单位的财务报表存在重大错报风险。

注册会计师无须在了解被审计单位及其环境的每一方面都实施分析程序。例如，在对内部控制的了解中，注册会计师一般不会运用分析程序。

2. 用作实质性程序

当使用分析程序比细节测试能更有效地将认定层次的检查风险降至可接受的水平时，分析程序可以用作实质性程序。在针对评估的重大错报风险实施进一步审计程序时，注册会计师可以将分析程序作为实质性程序的一种，单独或结合其他细节测试，收集充分、适当的审计证据。此时运用分析程序可以减少细节测试的工作量，节约审计成本，降低审计风险，使审计工作更有效率和效果。

在设计和实施实质性分析程序时，无论单独使用或与细节测试结合使用，注册会计师都应当考虑针对所涉及认定评估的重大错报风险和实施的细节测试(如有)，确定特定实质性分析程序对这些认定的适用性；考虑可获得信息的来源、可比性、性质和相关性以及与信息编制相关的控制，评价在对已记录的金额或比率做出预期时使用数据的可靠性；对已记录的金额或比率做出预期，并评价预期值是否足够精确地识别重大错报(包括单项重大的错报和单项虽不重大但连同其他错报可能导致财务报表产生重大错报的错报)；确定已记录金额与预期值之间可接受的，且无须按准则要求做进一步调查的差异额。

需要注意的是，并非所有认定都适合使用实质性分析程序。如果数据之间不存在稳定的可预期关系，注册会计师将无法运用实质性分析程序。在信赖实质性分析程序的结果时，注册会计师应当考虑实质性分析程序存在的风险，即分析程序的结果显示数据之间存在预期关系而实际上却存在重大错报。相对于细节测试而言，分析程序能够达到的精确度可能受到种种限制，所提供的证据在很大程度上是间接证据，证明力相对较弱，因此，注册会计师不能仅依赖分析程序，而忽略对细节测试的运用。

3. 在审计结束或临近结束时对财务报表进行总体复核

在临近审计结束时，注册会计师应当设计和实施分析程序，帮助其对财务报表形成总体结论，以确定财务报表是否与其对被审计单位的了解一致。这时运用分析程序是强制要求，注册会计师在这个阶段应当运用分析程序。

在总体复核阶段实施的分析程序主要在于强调并解释财务报表项目自上个会计期间以来发生的重大变化，以证实财务报表中列报的所有信息与注册会计师对被审计单位及其环境的了解一致、与注册会计师取得的审计证据一致。因为在总体复核阶段实施的分析程序并非为了对特定账户余额和披露提供实质性的保证水平，因此，并不如实质性分析程序那样详细和具体，而往往集中在财务报表层次。

运用分析程序进行总体复核时，如果识别出以前未识别的重大错报风险，注册会计师应当重新考虑对全部或部分各类交易、账户余额、列报评估的风险是否恰当，并在此基础上重新评价之前计划的审计程序是否充分，是否有必要追加审计程序。

分析程序运用的不同目的，决定了分析程序运用的具体方法和特点。值得说明的是，注册会计师在风险评估阶段和审计结束时的总体复核阶段必须运用分析程序，在实施实质性程序阶段可选用分析程序。

(二)分析程序的常用方法

分析程序常用的方法有两种，即绝对数的比较分析和相对数的比较分析。

1. 绝对数的比较分析

绝对数的比较分析是通过某一会计报表项目与其既定标准的比较，判断其差额的程度是否在正常合理范围，来获取审计证据的一种方法。绝对数比较分析中的既定标准，可以是本期的计划数、预算数或审计人员的计算结果，也可以是本期的同业标准。在绝对数的比较分析中，若发现可疑之处，则应扩大审查范围，证实是否存在差错或舞弊现象。

2. 相对数的比较分析

相对数的比较分析，是通过对会计报表中的某一项目同与其相关的另一项目比所得的值与既定的标准进行比较分析，来获取审计证据的一种方法。相对数的比较主要是对被审单位一些财务比率指标的比较分析，如流动比率、速动比率、应收账款的周转率、净资产利润率等。审计人员应结合被审单位所处的行业背景、生产规模和经济环境等具体因素，判断所得的各项比率指标是否出现异常，并分析其产生的原因，决定是否有扩大相应审查范围的必要。

第二节　审计测试中的抽样技术

一、审计抽样的概念及特征

(一)审计抽样的概念

注册会计师在对被审计单位进行审计的时候，不可能对被审计单位所有的项目进行审计，为了在合理的时间内以合理的成本完成审计工作，会采用一种重要的方法——审计抽样。

根据《中国注册会计师审计准则第 1314 号——审计抽样》的规定，审计抽样(即抽样)是指注册会计师对具有审计相关性的总体中低于百分之百的项目实施审计程序，使所有抽样单元都有被选取的机会，为注册会计师针对整个总体得出结论提供合理基础。其中，总体是指注册会计师从中选取样本并期望据此得出结论的整个数据集合；抽样单元是指构成总体的个体项目。

(二)审计抽样的特征

审计抽样应当具备三个基本特征：①对某类交易或账户余额中低于百分之百的项目实施审计程序；②所有抽样单元都有被选取的机会；③审计测试的目的是评价该账户余额或交易类型的某一特征。

审计抽样并非在所有审计程序中都可以使用。注册会计师拟实施的审计程序将对运用审计抽样产生重要影响。在风险评估程序、控制测试和实质性程序中，有些审计程序可以使用审计抽样，有些审计程序不适宜使用审计抽样。

风险评估程序不可以使用审计抽样。因为注册会计师需要对被审计单位及其环境进行了解，如果运用审计抽样，某些方面没有抽到，则可能会影响评估认定层次和报表层次的重大错报风险。

当控制的运行留下轨迹时，注册会计师可以考虑使用审计抽样实施控制测试。对于未留下运行轨迹的控制，注册会计师通常实施询问、观察等审计程序，以获取有关控制运行有效性的审计证据，此时不涉及审计抽样。

实质性程序包括对各类交易、账户余额和披露的细节测试以及实质性分析程序。在细节测试时可以用审计抽样获取审计证据，以验证有关财务报表金额的一项或多项认定(如应收账款的存在)，或对某些金额做出独立估计(如陈旧存货的价值)。实质性分析是对总体进行分析，所以不可以用审计抽样。

二、统计抽样和非统计抽样

审计抽样按照抽样决策的依据不同，划分为统计抽样和非统计抽样。

统计抽样是指同时具备下列特征的抽样方法：①随机选取样本；②运用概率论评价样本结果，包括计量抽样风险。不同时具备上述两个特征的抽样方法为非统计抽样。

一方面，即使注册会计师严格按照随机原则选取样本，如果没有对样本结果进行统计评估，就不能认为使用了统计抽样。另一方面，基于非随机选样的统计评估是无效的。

注册会计师应当根据具体情况并运用职业判断，确定使用统计抽样或非统计抽样方法，最有效率地获取审计证据。例如，在控制测试中，与仅仅对偏差的发生进行定量分析相比，对偏差的性质和原因进行定性分析通常更为重要。在这种情况下，使用非统计抽样可能更为适当。

注册会计师在统计抽样与非统计抽样之间进行选择时，主要考虑成本效益。统计抽样的优点在于能够客观地计量抽样风险，并通过调整样本规模精确地控制风险，这是与非统计抽样最重要的区别。另外，统计抽样还有助于注册会计师高效地设计样本，计量所获取证据的充分性，以及定量评价样本结果。但统计抽样又可能发生额外的成本。首先，统计抽样需要特殊的专业技能，因此，使用统计抽样需要增加额外的支出培训注册会计师。其次，统计抽样要求单个样本项目符合统计要求，这些也可能需要支出额外的费用。非统计抽样如果设计适当，也能提供与设计适当的统计抽样方法同样有效的结果。注册会计师使用非统计抽样时，必须考虑抽样风险并将其降至可接受水平，但不能精确地测定出抽样风险。

不管统计抽样还是非统计抽样，两种方法都要求注册会计师在设计、实施抽样和评价样本时运用职业判断。另外，使用的抽样方法通常也不影响对选取的样本项目实施的审计程序。

三、属性抽样和变量抽样

属性抽样和变量抽样都是统计抽样方法。

属性抽样是一种用来对总体中某一事项发生率得出结论的统计变量抽样方法，在审计中则是测试某一控制的偏差率(即是否违背内部控制)，以支持注册会计师评估的控制有效性。

变量抽样是指用来估计总体金额而采用的一种方法。变量抽样通常回答下列问题：金额是多少？账户是否存在错报？变量抽样在审计中的主要用途是进行细节测试，以确定记录金额是否合理。

在审计实务中，经常存在同时进行控制测试和细节测试的情况，在此情况下采用的审计抽样称为双重目的抽样。

四、抽样风险和非抽样风险

注册会计师在运用抽样技术进行审计时，同样面临着审计风险。审计风险按其与抽样是否相关分为抽样风险和非抽样风险。

(一)抽样风险

抽样风险是指注册会计师根据样本得出的结论，可能不同于如果对整个总体实施与样本相同的审计程序得出的结论的风险。抽样风险由抽样引起，与样本规模和抽样方法相关。

注册会计师在进行控制测试时，应关注信赖过度风险和信赖不足风险。

(1) 信赖过度风险是指推断的控制有效性高于其实际有效性的风险，也可以说，尽管样本结果支持注册会计师计划信赖内部控制的程度，但实际偏差率不支持该信赖程度的风险。信赖过度风险与审计的效果有关。如果注册会计师评估的控制有效性高于其实际有效性，从而导致评估的重大错报风险水平偏低，注册会计师可能不适当地减少从实质性程序中获取的证据，因此，审计的有效性下降。对于注册会计师而言，信赖过度风险更容易导致注册会计师发表不恰当的审计意见，因而更应予以关注。在选取审计样本量时，样本量的大小与信赖过度风险成反比，即信赖过度风险越低，样本量越大；信赖过度风险越高，样本量越小。从审计抽样风险来说，信赖过度风险属于审计抽样风险。

(2) 信赖不足风险是指推断的控制有效性低于其实际有效性的风险，也可以说，尽管样本结果不支持注册会计师计划信赖内部控制的程度，但实际偏差率支持该信赖程度的风险。信赖不足风险与审计的效率有关。当注册会计师评估的控制有效性低于其实际有效性时，评估的重大错报风险水平偏高。为了弥补注册会计师根据评估的控制有效性而对重大错报风险评估的高水平，注册会计师可能会增加不必要的实质性程序。在这种情况下，审计效率可能降低。

在实施细节测试时，注册会计师应关注误受风险和误拒风险。

(1) 误受风险也称β风险，是指注册会计师推断某一重大错报不存在而实际上存在的风险。如果账面金额实际上存在重大错报而注册会计师认为其没有存在重大错报，注册会计师通常会停止对该账面金额继续进行测试，并根据样本结果得出账面金额无重大错报的结论。与信赖过度风险相似，误受风险影响审计效果，容易导致注册会计师发表不恰当的审计意见，要更加予以关注。

(2) 误拒风险也称α风险，是指注册会计师推断某一重大错报存在而实际上不存在的风险。与信赖不足风险类似，误拒风险影响审计效率。如果账面金额不存在重大错报而注册会计师认为其存在重大错报，注册会计师会扩大细节测试的范围并考虑获取其他审计证据，最终注册会计师会得出恰当的结论。在这种情况下，审计效率可能降低。

综上所述，无论在控制测试还是在细节测试中，抽样风险都可以分为两种类型：一类是影响审计效果的抽样风险，包括控制测试中的信赖过度风险和细节测试中的误受风险；另一类是影响审计效率的抽样风险，包括控制测试中的信赖不足风险和细节测试中的误拒风险。

只要抽样，抽样风险就存在。抽样风险与样本规模呈反方向变动：样本规模越小，抽样风险越大；样本规模越大，抽样风险越小。既然抽样风险只与被检查项目的数量有关，那么控制抽样风险的唯一途径就是控制样本规模。无论是控制测试还是细节测试，注册会计师都可以通过扩大样本规模降低抽样风险。如果对总体中的所有项目都实施检查，就不存在抽样风险，此时审计风险完全由非抽样风险产生。

(二)非抽样风险

非抽样风险是指由于任何与抽样风险无关的原因而得出错误结论的风险。

在审计过程中，可能导致非抽样风险的原因包括以下五个方面。

(1) 注册会计师选择的总体不适合测试目标。例如，注册会计师在测试销售收入完整性认定时，将主营业务收入日记账界定为总体。

(2) 注册会计师未能适当地定义误差(包括控制偏差或错报)，导致注册会计师未能发现样本中存在的偏差或错报。例如，注册会计师在测试现金支付授权控制的有效性时，未将签字人未得到适当授权的情况界定为控制偏差。

(3) 注册会计师选择了不适于实现特定目标的审计程序。例如，注册会计师依赖应收账款函证来揭露未入账的应收账款。

(4) 注册会计师未能适当地评价审计发现的情况。例如，注册会计师错误解读审计证据可能导致没有发现误差。注册会计师对所发现误差的重要性的判断有误，从而忽略了性质十分重要的误差，也可能导致得出不恰当的结论。

(5) 其他原因。非抽样风险是由人为错误造成的，虽不能量化，但可以通过仔细设计其审计程序来降低、消除或防范。

五、审计抽样的步骤

在使用审计抽样时，注册会计师的目标是为得出有关抽样总体的结论提供合理的基础。因此，抽样技术作为审计活动的一种重要方法，必须按照审计目的及环境的要求，做出科学合理的抽样决策，按照规定的步骤去完成审计抽样工作。

注册会计师在控制测试和细节测试中实施审计抽样，主要分为三个阶段：第一阶段是样本设计阶段，旨在根据测试的目标和抽样总体制定选取样本的计划；第二阶段是选取样本阶段，旨在按照适当的方法从抽样总体中选取所需的样本，并对其实施检查，以确定是否存在误差；第三阶段是评价样本结果阶段，旨在根据对误差的性质和原因的分析，将样本结果推断至总体，形成对总体的结论。

(一)样本设计阶段

在设计审计样本时，注册会计师应当考虑审计程序的目标和抽样总体的特征。也就是说，注册会计师首先应考虑拟实现的具体目标，并根据目标和总体的特点确定能够最好地实现该目标的审计程序组合，以及如何在实施审计程序时运用审计抽样。样本设计阶段的工作主要有以下几个步骤。

1．确定测试目标

审计抽样必须紧紧围绕审计测试的目标展开，因此确定测试目标是样本设计阶段的第一项工作。一般而言，控制测试是为了获取关于某项控制运行有效的证据，而细节测试的目的是确定某类交易或账户余额的金额是否正确，获取与存在的错报有关的证据。

2. 定义总体与抽样单元

(1) 定义总体。在实施抽样之前,注册会计师必须仔细定义总体,确定抽样总体的范围。总体可以包括构成某类交易或账户余额的所有项目,也可以只包括某类交易或账户余额中的部分项目。例如,如果应收账款中没有单个重大项目,注册会计师直接对应收账款账面余额进行抽样,则总体包括构成应收账款期末余额的所有项目。如果注册会计师已使用选取特定项目的方法将应收账款中的单个重大项目挑选出来单独测试,只对剩余的应收账款余额进行抽样,则总体只包括构成应收账款期末余额的部分项目。

注册会计师应当确保总体的适当性和完整性。适当性是指注册会计师应确定总体适合于特定的审计目标,包括适合于测试的方向。完整性是指在实施审计抽样时,注册会计师需要实施审计程序,以获取有关总体的完整性的审计证据。注册会计师应当从总体项目内容和涉及时间等方面确定总体的完整性。

(2) 定义抽样单元。在定义抽样单元时,注册会计师应使其与审计测试目标保持一致。在控制测试中,抽样单元通常是能够提供控制运行证据的文件资料;在细节测试中,抽样单元可能是一个账户余额、一笔交易或交易中的一项记录,甚至为每个货币单位。

(3) 分层。如果总体项目存在重大的变异性,注册会计师可以考虑将总体分层。分层是指将总体划分为多个子总体的过程,每个子总体由一组具有相同特征的抽样单元组成。分层可以降低每一层中项目的变异性,从而在抽样风险没有成比例增加的前提下减小样本规模,提高审计效率。注册会计师应当仔细界定子总体,以使每一抽样单元只能属于一个层。

在实施细节测试时,注册会计师通常根据金额对总体进行分层。这使注册会计师能够将更多的审计资源投向金额较大的项目,而这些项目最有可能包含高估错报。注册会计师也可以根据表明更高错报风险的特定特征对总体分层。例如,在测试应收账款计价中的坏账准备时,注册会计师可以根据账龄对应收账款余额进行分层。分层后的每层构成一个子总体且可以单独检查。对某一层中的样本项目实施审计程序的结果只能用于推断构成该层的项目。如果注册会计师将某类交易或账户余额分成不同的层,需要对每层分别推断错报。在考虑错报对该类别的所有交易或账户余额的可能影响时,注册会计师需要综合考虑每层的推断错报。

3. 定义误差构成条件

注册会计师必须事先准确定义构成误差的条件,否则,执行审计抽样程序时就没有识别误差的标准。在控制测试中,误差是指控制偏差,如控制要求每笔付款都要附有发票、收据、验收报告和订货单等书面证据,并加盖"已付"戳记,误差就可以定义为没有盖戳的发票和没有验收报告等证明文件的付款。在细节测试中,误差是指错报,如函证结果与账面金额不符的就是误差。

注册会计师定义误差的构成条件时,要考虑审计程序的目标。例如,在对应收账款存在性的细节测试中(如函证),客户在函证日之前支付、被审计单位在函证日之后不久收到的款项(即未达账项)不构成误差。

4．确定审计程序

注册会计师必须确定能够最好地实现测试目标的审计程序组合。例如，如果注册会计师的审计目标是通过测试某一阶段的适当授权证实交易的有效性，审计程序就是检查特定人员已在某文件上签字以示授权的书面证据。注册会计师预计样本中每一张该文件上都有适当的签名。

(二)选取样本阶段

1．确定样本规模

样本规模是指从总体中选取样本项目的数量。在审计抽样中，如果样本规模过小，就不能反映出审计对象总体的特征，注册会计师就无法获取充分的审计证据，其审计结论的可靠性就会大打折扣，甚至可能得出错误的审计结论。因此，注册会计师应当确定足够的样本规模，以将抽样风险降至可接受的低水平。相反，如果样本规模过大，则会增加审计的工作量，造成不必要的时间和人力上的浪费，加大审计成本，降低审计效率，就会失去审计抽样的意义。

影响样本规模的因素主要包括以下五种。

(1) 可接受的抽样风险。可接受的抽样风险与样本规模成反比。注册会计师愿意接受的风险水平越低，需要的样本规模就越大。注册会计师愿意接受的抽样风险越高，样本规模就越小。

(2) 可容忍误差。可容忍误差是指注册会计师在认为测试目标已实现的情况下准备接受的总体最大误差。在其他因素既定的条件下，可容忍误差越大，所需的样本规模就越小。

在控制测试中，它指可容忍偏差率，是注册会计师设定的偏离规定的内部控制程序的比率。注册会计师试图对总体中的实际偏差率不超过该利率获取适当水平的保证。也就是说，可容忍偏差率是注册会计师能够接受的最大偏差数量，如果偏差超过这一数量则减少或取消对内部控制程序的依赖。

在细节测试中，它指可容忍错报，是注册会计师设定的货币金额。注册会计师试图对总体中的实际错报不超过该货币金额获取适当水平的保证。实际上，可容忍错报是实际执行的重要性这个概念在特定抽样程序中的运用。可容忍错报可能等于或低于实际执行的重要性。

(3) 预计总体误差。预计总体误差是指注册会计师根据以前对被审计单位的经验或实施风险评估程序的结果而估计总体中可能存在的误差。预计总体误差越大，可容忍误差也应当越大，但预计总体误差不应超过可容忍误差。在既定的可容忍误差下，当预计总体误差增加时，所需的样本规模更大。

(4) 总体变异性。总体变异性是指总体的某一特征(如金额)在各项目之间的差异程度。在控制测试中，注册会计师在确定样本规模时一般不考虑总体变异性。在细节测试中，注册会计师确定适当的样本规模时要考虑特征的变异性。总体项目的变异性越低，通常样本规模越小。注册会计师可以通过分层，将总体分为相对同质的组，以尽可能降低每一组中变异性的影响，从而减小样本规模。

(5) 总体规模。除非总体非常小，一般而言总体规模对样本规模的影响几乎为零。注册会计师通常将抽样单元超过 5 000 个的总体视为大规模总体。对大规模总体而言，总体的实际容量对样本规模几乎没有影响。对小规模总体而言，审计抽样比其他选择测试项目的方法的效率低。

表 5-1 列示了审计抽样中影响样本规模的因素，并分别说明了这些影响因素在控制测试和细节测试中的表现形式。

表 5-1　影响样本规模的因素

影响因素	控制测试	细节测试	与样本规模的关系
总体规模	总体规模	总体规模	影响很小
可接受的抽样风险	可接受的信赖过度风险	可接受的误受风险	反向变动
可容忍误差	可容忍偏差率	可容忍错报	反向变动
预计总体误差	预计总体偏差率	预计总体错报	同向变动
总体变异性		总体变异性	同向变动

使用统计抽样方法时，注册会计师必须对影响样本规模的因素进行量化，并利用根据统计公式开发的专门的计算机程序或专门的样本量表来确定样本规模。在非统计抽样中，注册会计师可以只对影响样本规模的因素进行定性的估计，并运用职业判断确定样本规模。

2．选取样本

在选取样本项目时，注册会计师应当使总体中的所有抽样单元均有被选取的机会。不管使用统计抽样还是非统计抽样方法，所有的审计抽样均要求注册会计师选取的样本对总体来讲具有代表性，否则，就无法根据样本结果推断总体。

选取样本的基本方法，包括使用随机数表或计算机辅助审计技术选样、系统选样和随意选样。

(1) 使用随机数表或计算机辅助审计技术选样。使用随机数表或计算机辅助审计技术选样又称随机数选样。使用随机数选样需以总体中的每一项目都有不同的编号为前提。注册会计师可以使用计算机生成的随机数，如电子表格程序、随机数码生成程序、通用审计软件程序等计算机程序产生的随机数，也可以使用随机鼠标获得所需的随机数。

随机数表是随机产生的由 0～9 这 10 个数字组成的多个多位数字，并将这些数字随机纵横排列而成的一种表。表 5-2 列示了部分随机数表。

注册会计师运用此法时，应该先对总体项目进行编号，建立总体中的项目与表中数字的一一对应关系。然后确定连续选取随机数的方法，即确定随机起点和选号路线。起点和选号路线可以任意选择，但一经选定，就不得改变，必须从起点开始，按照选号路线依次选取。

例如，注册会计师决定采用随机数表法从连续编号为 0001～2000 的 2000 张凭证中随机抽取 20 张进行检查。确定使用后四位数，以第十列第一行为起点，自上而下，从右到左逐列查找，则依次选取：0209、1105、1352、1530、0795、1584、1293、0582、1034、

1413、0030、1523、1642、1414、1371、1359、0940、1792、1958、0764。选出这 20 个号码后，便可找出与其对应的凭证作为选定样本进行审查。

表 5-2　随机数表(部分列示)

行号	列号随机数									
	(1)	(2)	(3)	(4)	(5)	(6)	(7)	(8)	(9)	(10)
1	32044	69037	29655	92114	81034	40582	01584	77184	85762	46505
2	23821	96070	82592	81642	08971	07411	09037	81530	56195	98425
3	82383	94987	66441	28677	95961	78346	37916	09416	42438	48432
4	68310	21792	72635	86089	38157	95620	96718	79554	50209	17705
5	94856	76940	22165	01414	01413	37231	05509	37489	56459	52983
6	95000	61958	83430	98250	70030	05436	74814	45978	09277	13827
7	20764	64638	11359	32556	89822	02713	81293	52970	25080	33555
8	71401	17964	50940	95753	34905	93566	36318	79530	51105	26952
9	38464	75707	16750	61371	01523	69205	32122	03436	14489	02086
10	59442	59247	74955	82835	98378	83513	47870	20795	01352	89906

随机数选样不仅使总体中每个抽样单元被选取的概率相等，而且使相同数量的抽样单元组成的每种组合被选取的概率相等。这种方法在统计抽样和非统计抽样中均适用。由于统计抽样要求注册会计师能够计量实际样本被选取的概率，这种方法尤其适合于统计抽样。

(2) 系统选样。系统选样也称等距选样，是指按照相同的间隔从审计对象总体中等距离地选取样本的一种选样方法。采用系统选样法，首先要计算选样间距，确定选样起点，然后根据间距顺序地选取样本。选样间距的计算公式如下：

选样间距=总体规模÷样本规模

例如，注册会计师拟采用系统抽样从 500 张采购发票中选取 25 张作为样本，则选样间隔为 20。假定注册会计师把第 101 号发票作为随机起点，每隔 20 张发票选取一个样本，则选取的号码依次为 101、121、141、161、181……

系统选样方法的主要优点是使用方便，比其他选样方法节省时间，并可用于无限总体。此外，使用这种方法时，对总体中的项目不需要编号，注册会计师只要简单数出每一个间距即可。但是，使用系统选样方法要求总体必须是随机排列的，否则容易发生较大的偏差，造成非随机的、不具代表性的样本。

为克服系统选样法的这一缺点，可采用两种办法：一是增加随机起点的个数；二是在确定选样方法之前对总体特征的分布进行观察。如发现总体特征的分布呈随机分布，则采用系统选样法；否则，应考虑使用其他选样方法。

系统选样可以在非统计抽样中使用，在总体随机分布时也可适用于统计抽样。

(3) 随意选样。随意选样是指注册会计师不带任何偏见地选取样本，即注册会计师不考虑样本项目的性质、大小、外观、位置或其他特征而选取总体项目。随意选样的主要缺点在于很难完全无偏见地选取样本项目，即这种方法难以彻底排除注册会计师的个人偏好对选取样本的影响，因而很可能使样本失去代表性。

三种基本方法均可选出代表性样本。但随机数选样和系统选样属于随机基础选样方法，即对总体的所有项目按随机规则选取样本，因而可以在统计抽样中使用，当然也可以在非统计抽样中使用。随意选样虽然也可以选出代表性样本，但它属于非随机基础选样方法，因而不能在统计抽样中使用，只能在非统计抽样中使用。

3．对样本实施审计程序

注册会计师应当针对选取的每个项目，实施适合于具体审计目标的审计程序。对选取的样本项目实施审计程序旨在发现并记录样本中存在的误差。

如果选取的项目不适合实施审计程序，注册会计师通常使用替代项目。例如，注册会计师在测试付款是否得到授权时选取的付款单据中可能包括一个空白的付款单。如果注册会计师确信该空白付款单是合理的且不构成误差，可以适当地选择一个替代项目进行检查。

注册会计师通常对每一样本项目实施适合于特定审计目标的审计程序。有时，注册会计师可能无法对选取的抽样单元实施计划的审计程序(如由于原始单据丢失等原因)。注册会计师对未检查项目的处理取决于未检查项目对评价样本结果的影响。如果注册会计师对样本结果的评价不会因为未检查项目可能存在错报而改变，就不需对这些项目进行检查。如果未检查项目可能存在的错报会导致该类交易或账户余额存在重大错报，注册会计师就要考虑实施替代程序，为形成结论提供充分的证据。例如，对应收账款的积极式函证没有收到回函时，注册会计师必须审查期后收款的情况，以证实应收账款的余额。注册会计师也要考虑无法对这些项目实施检查的原因是否会影响计划的重大错报风险评估水平或对舞弊风险的评估。如果注册会计师无法或者没有执行替代审计程序，则应将该项目视为一项误差。

(三)评价样本结果

注册会计师在对样本实施必要的审计程序后，需要对抽样结果进行评价。其具体程序和内容包括：分析样本误差、推断总体误差和形成审计结论。

1．分析样本误差

注册会计师在分析样本误差时，应当考虑样本的结果、已识别的所有误差的性质和原因及其对具体审计目标和审计的其他方面可能产生的影响。

无论是统计抽样还是非统计抽样，对样本结果的定性评估和定量评估一样重要。即使样本的统计评价结果在可接受的范围内，注册会计师也应对样本中的所有误差(包括控制测试中的控制偏差和细节测试中的金额错报)进行定性分析。

2．推断总体误差

分析样本误差后，注册会计师应根据抽样中发现的误差，采用适当的方法，推断审计对象总体误差。

在实施控制测试时，由于样本的偏差率就是总体偏差率的最佳估计，所以，注册会计师将样本偏差率直接视为推断的总体偏差率，但注册会计师必须考虑抽样风险。

当实施细节测试时，注册会计师应当根据样本中发现的错报金额推断总体错报金额，并考虑这一结果对特定审计目标及审计的其他方面的影响。

3．形成审计结论

注册会计师在对抽样结果评价的基础上，应根据所取得的证据，确定审计证据是否足以证实某一审计对象总体的特征，从而得出审计结论。

(1) 控制测试中的样本结果评价。在控制测试中，注册会计师应当将总体偏差率与可容忍偏差率比较，但必须考虑抽样风险。

① 统计抽样。在统计抽样中，注册会计师通常使用表格或计算机程序计算抽样风险，即计算在注册会计师确定的信赖过度风险条件下可能发生的偏差率上限的估计值。该偏差率上限的估计值即总体偏差率与抽样风险允许限度之和。

如果估计的总体偏差率上限低于可容忍偏差率，则总体可以接受。这时注册会计师对总体做出结论，样本结果支持计划评估的控制有效性，从而支持计划的重大错报风险评估水平。

如果估计的总体偏差率上限大于或等于可容忍偏差率，则总体不能接受。这时注册会计师对总体做出结论，样本结果不支持计划评估的控制有效性，从而不支持计划的重大错报风险评估水平。此时注册会计师应当修正重大错报风险评估水平，并增加实质性程序的数量。注册会计师也可以对影响重大错报风险评估水平的其他控制进行测试，以支持计划的重大错报风险评估水平。

如果估计的总体偏差率上限低于但接近可容忍误差，注册会计师应当结合其他审计程序的结果，考虑是否接受总体，并考虑是否需要扩大测试范围，以进一步证实计划评估的控制有效性和重大错报风险水平。

② 非统计抽样。在非统计抽样中，抽样风险无法直接计量。注册会计师通常将样本偏差率(即估计的总体偏差率)与可容忍偏差率相比较，以判断总体是否可以接受。

如果样本偏差率大于可容忍偏差率，则总体不能接受。这时注册会计师对总体做出结论，样本结果不支持计划评估的控制有效性，从而不支持计划的重大错报风险评估水平。因此，注册会计师应当修正重大错报风险评估水平，并增加实质性程序的数量。

如果样本偏差率低于总体的可容忍偏差率，注册会计师要考虑即使总体实际偏差率高于可容忍偏差率时仍出现这种结果的风险。

如果样本偏差率大大低于可容忍偏差率，注册会计师通常认为总体可以接受。

如果样本偏差率虽然低于可容忍偏差率，但两者很接近，注册会计师通常认为总体实际偏差率高于可容忍偏差率的抽样风险很高，因而总体不可接受。

如果样本偏差率与可容忍偏差率之间的差额不是很大也不是很小，以至于不能认定总体是否可以接受时，注册会计师则要考虑扩大样本规模，以进一步收集证据。

(2) 细节测试中的样本结果评价。在细节测试中，注册会计师首先必须根据样本中发现的实际错报要求被审计单位调整账面记录金额。将被审计单位已经更正的错报从推断的总体错报金额减掉后，注册会计师应将调整后的推断总体错报与该类交易或账户余额的可容忍错报相比较，但必须考虑抽样风险。

① 统计抽样。在统计抽样中，注册会计师计算出总体错报上限，并将计算的总体错报上限与可容忍错报比较。计算的总体错报上限等于推断的总体错报(调整后)与抽样风险允许限度之和。

如果计算的总体错报上限低于可容忍错报，则总体可以接受。这时注册会计师对总体做出结论，所测试的交易或账户余额不存在重大错报。

如果计算的总体错报上限大于或等于可容忍错报，则总体不能接受。这时注册会计师对总体做出结论，所测试的交易或账户余额存在重大错报。

通常，注册会计师会建议被审计单位对错报进行调查，且在必要时调整账面记录。

② 非统计抽样。在非统计抽样中，注册会计师运用其经验和职业判断评价抽样结果。

如果调整后的总体错报大于可容忍错报，或虽小于可容忍错报但两者很接近，注册会计师通常做出总体实际错报大于可容忍错报的结论。也就是说，该类交易或账户余额存在重大错报，因而总体不能接受。

如果调整后的总体错报远远小于可容忍错报，注册会计师可以做出总体实际错报小于可容忍错报的结论，即该类交易或账户余额不存在重大错报，因而总体可以接受。

如果调整后的总体错报小于可容忍错报，但两者之间的差距接近(既不很小又不很大)，注册会计师必须特别仔细地考虑，总体实际错报超过可容忍错报的风险是否能够接受，并考虑是否需要扩大细节测试的范围，以获取进一步的证据。

六、审计抽样在控制测试中的具体运用

控制测试中的审计抽样，通常被称为属性抽样。属性抽样是根据控制测试的目的和特点所采用的审计抽样。它是通过对样本检查的结果推断总体中某些特征或属性发生的频率或次数，借以评价客户的内部控制是否值得信赖并为实质性程序提供依据。

属性是指审计对象总体的质量特征，即被审业务或内部控制是否遵循了既定的标准以及存在差错水平。注册会计师对内部控制进行控制测试，只要求做出某种属性的总体发生率是多少的结论，而不必做出总体错误数额大小的估计。

属性抽样的方法主要有发现抽样和属性估计抽样两种。

发现抽样是在既定的可信赖程度下，在假定误差以既定的误差率存在于总体之中的情况下，至少查出一个误差的抽样方法。发现抽样主要用于搜查重大非法事件，它能够以极高的可信赖程度(如99.5%以上)确保查出误差率仅在0.5%～1%之间的误差。使用发现抽样时，当发现重大的误差(如欺诈的凭据)时，无论发生的次数多少，注册会计师都可能放弃一切抽样程序，对总体进行全面彻底的检查。若抽样未发现任何例外，注册会计师可得出下列结论：在既定的误差率范围内没有发现重大误差。使用发现抽样时，注册会计师需确定可信赖程度及可容忍误差。然后，在预期总体误差为0时的假设下，参阅适当的属性抽样表，即可得出所需的样本量。发现抽样适用于总体容量较大，但差错率较低的情况。在怀疑存在舞弊欺诈行为的审计情况下，这种方法最有效。

属性估计抽样用以估计被测试控制的偏差发生率，或控制未有效运行的频率。这里将重点介绍这种方法。

在控制测试中使用审计抽样可以分为样本设计、选取样本和评价样本结果三个阶段。

(一)样本设计阶段

1. 确定测试目标

注册会计师实施控制测试的目标是提供关于控制运行有效性的审计证据,以支持计划的重大错报风险评估水平。例如,注册会计师实施控制测试的目标是确认现金支付授权控制的运行有效性,以支持对现金账户确定的重大错报风险评估水平。

2. 定义总体和抽样单元

1) 定义总体

在控制测试中,注册会计师必须考虑总体的同质性。同质性是指总体中的所有项目应该具有同样的特征。例如,如果被审计单位的出口和内销业务的处理方式不同,注册会计师应分别评价两种不同的控制情况,因而出现两个独立的总体。注册会计师在界定总体时,应当确保总体的适当性和完整性。首先,总体应适合于特定的审计目标。例如,要测试现金支付授权控制是否有效运行,如果从已得到授权的项目中抽取样本,注册会计师不能发现控制偏差,因为该总体不包含那些已支付但未得到授权的项目。因此在本例中,为发现未得到授权的现金支付,注册会计师应当将所有已支付现金的项目作为总体。其次,注册会计师还应考虑总体的完整性,包括代表总体的实物的完整性。例如,如果注册会计师将总体定义为特定时期的所有现金支付,代表总体的实物就是该时期的所有现金支付单据。

2) 定义抽样单元

在控制测试中,注册会计师应根据被测试的控制定义抽样单元。抽样单元通常是能够提供控制运行证据的一份文件资料、一个记录或其中一行。上例中,注册会计师定义的抽样单元为现金支付单据上的每一行。

3. 定义偏差

注册会计师应根据对内部控制的了解,确定哪些特征能够显示被测试控制的运行情况,然后据此定义误差构成条件。在上例中,误差被定义为没有授权人签字的发票和验收报告等证明文件的现金支付。

4. 定义测试期间

注册会计师通常在期中实施控制测试。由于期中测试获取的证据只与控制截止期中测试时点的运行有关,注册会计师需要确定如何获取关于剩余期间的证据。例如,注册会计师将总体定义为从年初到期中测试日为止的交易。将整个被审计期间的所有交易包括在抽样总体中通常效率不高,有时使用替代方法测试剩余期间的控制有效性也许效率更高。例如,注册会计师将总体定义为从年初到期中测试日为止的交易,并确定是否要针对剩余期间获取额外证据以及获取哪些证据。

注册会计师应获取与控制在剩余期间发生的所有重大变化的证据。如果发生了重大变化,注册会计师应修正其对内部控制的了解,并考虑对变化后的控制进行测试。或者考虑对剩余期间实施实质性分析程序或细节测试。

(二)选取样本阶段

1．确定样本规模

注册会计师在确定样本规模时，考虑的因素包括可接受的信赖过度风险、可容忍偏差率、预计总体偏差率和总体规模。

确定样本规模，注册会计师可能使用统计抽样，也可能使用非统计抽样。在统计抽样中，注册会计师可以使用样本量表确定样本规模。表 5-3 提供了在控制测试中确定的可接受信赖过度风险为 10%时，所使用的样本量表。如果注册会计师需要其他信赖过度风险水平的抽样规模，必须使用统计抽样参考资料中的其他表格或计算机程序。

注册会计师根据可接受的信赖过度风险选择相应的抽样规模表，然后读取预计总体偏差率栏，找到适当的比率，接下来注册会计师确定与可容忍偏差率对应的列。可容忍偏差率所在列与预计总体偏差率所在行的交点就是所需的样本规模。本例中，如前所述，注册会计师确定的可接受信赖过度风险为 10%，可容忍偏差率为 7%，预计总体偏差为1.75%。则在表 5-3 中，可容忍偏差率 7%与预计总体偏差率 1.75%的交叉处为 55，即所需的样本规模为 55。

表 5-3　控制测试统计抽样样本规模——信赖过度风险 10%

(括号内是可接受的偏差数)

预计总体偏差率/%	可容忍偏差率/%										
	2	3	4	5	6	7	8	9	10	15	20
0.00	114(0)	76(0)	57(0)	45(0)	38(0)	32(0)	28(0)	25(0)	22(0)	15(0)	11(0)
0.25	194(1)	129(1)	96(1)	77(1)	64(1)	55(1)	48(1)	42(1)	38(1)	25(1)	18(1)
0.50	194(1)	129(1)	96(1)	77(1)	64(1)	55(1)	48(1)	42(1)	38(1)	25(1)	18(1)
0.75	265(2)	129(1)	96(1)	77(1)	64(1)	55(1)	48(1)	42(1)	38(1)	25(1)	18(1)
1.00	*	176(2)	96(1)	77(1)	64(1)	55(1)	48(1)	42(1)	38(1)	25(1)	18(1)
1.25	*	221(3)	132(2)	77(1)	64(1)	55(1)	48(1)	42(1)	38(1)	25(1)	18(1)
1.50	*	*	132(2)	105(2)	64(1)	55(1)	48(1)	42(1)	38(1)	25(1)	18(1)
1.75	*	*	166(3)	105(2)	88(2)	55(1)	48(1)	42(1)	38(1)	25(1)	18(1)
2.00	*	*	198(4)	132(3)	88(2)	75(2)	48(1)	42(1)	38(1)	25(1)	18(1)
2.25	*	*	*	132(3)	88(2)	75(2)	65(2)	42(2)	38(2)	25(1)	18(1)
2.50	*	*	*	158(4)	110(3)	75(2)	65(2)	58(2)	38(2)	25(1)	18(1)
2.75	*	*	209(6)	132(4)	94(3)	65(2)	58(2)	52(2)	25(1)	18(1)
3.00	*	*	*	*	132(4)	94(3)	65(2)	58(2)	52(2)	25(1)	18(1)
3.25	*	*	*	*	132(4)	113(4)	82(3)	58(2)	52(2)	25(1)	18(1)
3.50	*	*	*	*	194(7)	113(4)	82(3)	73(3)	52(2)	25(1)	18(1)
3.75	*	*	*	*	*	131(5)	98(4)	73(3)	52(2)	25(1)	18(1)
4.00	*	*	*	*	*	149(6)	98(4)	73(3)	65(3)	25(1)	18(1)
5.00	*	*	*	*	*	*	160(8)	115(6)	78(4)	34(2)	18(1)
6.00	*	*	*	*	*	*	*	182(11)	116(7)	43(3)	25(2)
7.00	*	*	*	*	*	*	*	*	199(14)	52(4)	25(2)

注：①*表示样本规模太大，因而在大多数情况下不符合成本效益原则。

②本表假设总体为大总体。

2．选取样本并实施审计程序

在控制测试中使用统计抽样方法时，注册会计师必须在随机数表或计算机辅助审计技术选样和系统选样中选择一种方法。其原因在于，这两种方法能够产生随机样本，而其他选样方法虽然也可能提供代表性的样本，但却不是随机的。

在对选取的样本项目实施审计程序时可能会出现无效单据、未使用或不适用的单据、对总体的估计出现错误、在结束之前停止测试和无法对选取的项目实施检查等几种情况，注册会计师应分情况采取相应的程序。

(三)评价样本结果阶段

1．分析偏差的性质和原因

除了评价偏差发生的频率之外，注册会计师还要对偏差进行定性分析，即分析偏差的性质和原因。

注册会计师对偏差的性质和原因的分析包括：是有意的还是无意的？是误解了规定还是粗心大意？是经常发生还是偶然发生？是系统的还是随机的？如果对偏差的分析表明是故意违背了既定的内部控制政策或程序，注册会计师应考虑存在重大舞弊的可能性。

在控制测试中，考虑已识别的误差对财务报表的直接影响时，注册会计师应当注意，控制偏差并不一定导致财务报表中的金额错报。控制偏差虽然增加了金额错报的风险，但两者不是一一对应的关系。如果某项控制偏差更容易导致金额错报，该项控制偏差就更加重要。例如，与被审计单位没有定期对信用限额进行检查相比，如果被审计单位的销售发票出现错误，则注册会计师对后者的容忍度较低。这是因为，被审计单位即使没有对客户的信用限额进行定期检查，其销售收入和应收账款的账面金额也不一定发生错报。但如果销售发票出现错误，通常会导致被审计单位确认的销售收入和其他相关账户金额出现错报。

2．计算总体偏差率

将样本中发现的偏差数量除以样本规模，就可以计算出样本偏差率。样本偏差率就是注册会计师对总体偏差率的最佳估计，因而在控制测试中无须另外推断总体偏差率。但注册会计师还必须考虑抽样风险。

3．得出总体结论

在实务中，注册会计师使用统计抽样方法时，通常使用公式、表格或计算机程序直接计算在确定的信赖过度风险水平下可能发生的偏差率上限，即估计的总体偏差率与抽样风险允许限度之和。表 5-4 列示了在控制测试中常用的风险系数。

表 5-4　控制测试中常用的风险系数表

样本中发现偏差的数量/个	信赖过度风险	
	5%	10%
0	3.0	2.3
1	4.8	3.9

样本中发现偏差的数量/个	信赖过度风险	
	5%	10%
2	6.3	5.3
3	7.8	6.7
4	9.2	8.0
5	10.5	9.3
6	11.9	10.6
7	13.2	11.8
8	14.5	13.0
9	15.7	14.2
10	17.0	15.4

使用统计公司评价样本结果。假定本例中，注册会计师对 55 个项目实施了既定的审计程序，且未发现偏差，则在既定的可接受信赖过度风险下，根据样本结果计算总体最大偏差率如下：

$$总体偏差率上限(MDR) = \frac{R}{n} = \frac{风险系数}{样本量} = \frac{2.3}{55} = 4.18\%$$

其中的风险系数根据可接受的信赖过度风险为 10%，且偏差数量为 0，在表 5-4 中查得为 2.3。

这意味着，如果样本量为 55 且无一例偏差，总体实际偏差率超过 4.18%的风险为 10%，即有 90%的把握保证总体实际偏差率不超过 4.1%。由于注册会计师确定的可容忍偏差率为 7%，因此可以得出结论：总体的实际偏差率超过可容忍偏差率的风险很小，总体可以接受。也就是说，样本结果证实注册会计师对控制运行有效性的估计和评估的重大错报风险水平是适当的。

如果在 55 个样本中有两个偏差，则在既定的可接受信赖过度风险下，按照公式计算的总体偏差率上限如下：

$$总体偏差率上限(MDR) = \frac{R}{n} = \frac{风险系数}{样本量} = \frac{5.3}{55} = 9.64\%$$

这意味着，如果样本量为 55 且有两个偏差，总体实际偏差率超过 9.64%的风险为 10%。在可容忍偏差率为 7%的情况下，注册会计师可以做出结论：总体的实际偏差率超过可容忍偏差率的风险很大，因而不能接受总体。也就是说，样本结果不支持注册会计师对控制运行有效性的估计和评估的重大错报风险水平。注册会计师应当扩大控制测试范围，以证实初步评估结果，或提高重大错报风险评估水平，并增加实质性程序的数量。

在控制测试中使用非统计抽样时，抽样的基本流程和主要步骤与使用统计抽样时相同。在非统计抽样中，注册会计师也必须考虑可接受抽样风险、可容忍偏差率、预计总体偏差率以及总体规模等，但可以不对其量化，而只进行定性的估计。此时，注册会计师可以根据表 5-5 确定所需的样本规模。该表是在预计没有控制偏差的情况下对人工控制进行测试的最低样本数量。考虑到前述因素，注册会计师往往可能需要测试比表中所列更多的样本。

表 5-5　人工控制最低样本规模表

控制执行频率	控制发生总次数/次	最低样本数量/个
1次/年度	1	1
1次/季度	4	2
1次/月	12	2
1次/周	52	5
1次/日	250	20
每日数次	大于250	25

通过测试发现了偏差，注册会计师可以得出控制无效的结论，或考虑扩大样本量。如果拟测试的控制是针对相关认定的唯一控制时，注册会计师应考虑更大的样本量。

在非统计抽样方法中，注册会计师可以使用随机数表或计算机辅助审计技术选样、系统选样，也可以使用随意选样。非统计抽样只要求选出的样本具有代表性，并不要求必须是随机样本。此时，抽样风险无法直接计量。注册会计师通常将样本偏差率(即估计的总体偏差率)与可容忍偏差率相比较，以判断总体是否可以接受。

七、审计抽样在细节测试中的具体运用

在细节测试中进行审计抽样，可能使用统计抽样，也可能使用非统计抽样。这两种抽样方法的基本流程和主要步骤相同，但在部分环节中所用的具体方法有所差别。

注册会计师在细节测试中使用的统计抽样方法主要包括传统变量抽样和概率比例规模抽样两种方法。这两种统计抽样方法的区别主要体现在确定样本规模和推断总体两个方面。

(一)传统变量抽样

传统变量抽样在确定样本规模时需要量化可接受的抽样风险、可容忍错报、预计总体错报等影响因素，并代入专门的统计公式中计算所需的样本数量。根据推断总体的方法不同，传统变量抽样又可以分为三种具体的方法，即均值估计抽样、差额估计抽样和比率估计抽样。

1．均值估计抽样

均值估计抽样是指通过抽样审查确定样本的平均值，再根据样本平均值推断总体的平均值和总值的一种变量抽样方法。使用这种方法时，注册会计师先计算样本中所有项目审定金额的平均值，然后用这个样本平均值乘以总体规模，得出总体金额的估计值。总体估计金额和总体账面金额之间的差额就是推断的总体错报。例如，注册会计师从总体规模为1 000、账面金额为 1 000 000 元的存货项目中选择了 200 个项目作为样本。在确定了正确的采购价格并重新计算了价格与数量的乘积之后，注册会计师将 200 个样本项目的审定金额加总后除以 200，确定样本项目的平均审定金额为 980 元，然后计算估计的存货余额为980 000 元(980 × 1 000)，推断的总体错报就是 20 000 元(1 000 000 - 980 000)。

2．差额估计抽样

差额估计抽样是以样本实际金额与账面金额的平均差额来估计总体实际金额与账面金额的平均差额，然后再以这个平均差额乘以总体规模，从而求出总体的实际金额与账面金额的差额(即总体错报)的一种方法。差额估计抽样的计算公式如下：

$$平均错报 = \frac{样本实际金额与账面金额差额}{样本规模}$$

$$推断的总体错报 = 平均错报 \times 总体规模$$

使用这种方法时，注册会计师先计算样本项目的平均错报，然后根据这个样本平均错报推断总体。例如，注册会计师从总体规模为 1000 个的存货项目中选取了 200 个项目进行检查。总体的账面金额总额为 1 040 000 元。注册会计师逐一比较 200 个样本项目的审定金额和账面金额并将账面金额(208 000 元)和审定金额(196 000 元)之间的差异加总，本例中为 12 000 元。12 000 元的差额除以样本项目个数 200，得到样本平均错报 60 元。然后注册会计师用这个平均错报乘以总体规模，计算出总体错报为 60 000 元(60 × 1 000)。

3．比率估计抽样

比率估计抽样是指以样本的实际金额与账面金额之间的比率关系来估计总体实际金额与账面金额之间的比率关系，然后再以这个比率去乘总体的账面金额，从而求出估计的总体实际金额的一种抽样方法。其计算公式如下：

$$比率 = \frac{样本审定金额}{样本账面金额}$$

$$估计的总体实际金额 = 总体账面金额 \times 比率$$

如果上例中注册会计师使用比率估计抽样，样本审定金额合计与样本账面金额的比例则为 0.94(即 196 000 ÷ 208 000)。注册会计师用总体的账面金额乘以该比例 0.94，得到估计的存货余额 977 600 元(1 040 000 × 0.94)。推断的总体错报则为 62 400 元(1 040 000−977 600)。

如果未对总体进行分层，注册会计师通常不使用均值估计抽样，因为此时所需的样本规模可能太大，以至于对一般的审计而言不符合成本效益原则。比率估计抽样和差额估计抽样都要求样本项目存在错报。如果样本项目的审定金额和账面金额之间没有差异，这两种方法使用的公式所隐含的机理就会导致错误的结论。如果注册会计师决定使用统计抽样，且预计只发现少量差异，就不应使用比率估计抽样和差额估计抽样，而考虑使用其他的替代方法，如均值估计抽样或 PPS 抽样。

(二)概率比例规模抽样

1．概率比例规模抽样的概念

概率比例规模抽样(Probability-Proportional-to-Size Sampling，简称 PPS 抽样)是一种运用属性抽样原理对货币金额而不是对发生率得出结论的统计抽样方法。PPS 抽样以货币单元作为抽样单元，有时也被称为金额加权选样、货币单元抽样、累计货币金额抽样，以及综合属性变量抽样等。在该方法下，总体中的每个货币单元被选中的机会相同，所以总体中某一项目被选中的概率等于该项目的金额与总体金额的比率。项目金额越大，被选中的概率就越大。但实际上注册会计师并不是对总体中的货币单元实施检查，而是对包含被选取货币单元的余额或交易实施检查。注册会计师检查的余额或交易被称为逻辑单元或实物单元。PPS 抽样有助于注册会计师将审计重点放在较大的余额或交易。此抽样方法之所以得名，是因为总体中每一余额或交易被选取的概率与其账面金额(规模)成比例。

注册会计师进行 PPS 抽样必须满足两个条件：第一，总体的错报率很低(低于 10%)，且总体规模在 2 000 以上。这是 PPS 抽样使用的泊松分布的要求。第二，总体中任一项目的错报不能超过该项目的账面金额。这就是说，如果某账户的账面金额是 100 元，其错报金额不能超过 100 元。

2．概率比例规模抽样的优缺点

除了具备统计抽样的一般优点外，PPS 抽样还具有一些特殊之处。了解 PPS 抽样的优点和不足有助于注册会计师确定在测试中是否使用 PPS 抽样。

PPS 抽样的优点包括以下六个方面。

(1) PPS 抽样一般比传统变量抽样更易于使用。由于 PPS 抽样以属性抽样原理为基础，注册会计师可以很方便地计算样本规模，手工或使用量表评价样本结果。样本的选取可以在计算机程序或计算器的协助下进行。

(2) PPS 抽样可以如同大海捞针一样发现极少量的大额错报，原因在于它通过将少量的大额实物单元拆成数量众多、金额很小的货币单元，从而赋予大额项目更多的机会被选入样本。

(3) PPS 抽样的样本规模无须考虑被审计金额的预计变异性。传统变量抽样的样本规模是在总体项目共有特征的变异性或标准差的基础上计算的。PPS 抽样在确定所需的样本规模时不需要直接考虑货币金额的标准差。

(4) PPS 抽样中项目被选取的概率与其货币金额的大小成比例，因而生成的样本自动分层。如果使用传统变量抽样，注册会计师通常需要对总体进行分层，以减小样本规模。在抽样中，如果项目金额超过选样间距，PPS 系统选样将自动识别所有单个重大项目。

(5) 如果注册会计师预计错报不存在或很小，PPS 抽样的样本规模通常比传统变量抽样方法更小。

(6) PPS 抽样的样本更容易设计，且可在能够获得完整的总体之前开始选取样本。

PPS 抽样的缺点包括以下六个方面。

(1) PPS 抽样要求总体每一实物单元的错报金额不能超出其账面金额。

(2) 在 PPS 抽样中，被低估的实物单元被选取的概率更低。PPS 抽样不适用于测试低估。如果注册会计师在 PPS 抽样的样本中发现低估，在评价样本时需要特别考虑。

(3) 对零余额或负余额的选取需要在设计时特别考虑。例如，如果准备对应收账款进行抽样，注册会计师可能需要将贷方余额分离出去，作为一个单独的总体。如果检查零余额的项目对审计目标非常重要，注册会计师需要单独对其进行测试，因为零余额的项目在 PPS 抽样中不会被选取。

(4) 当总体中错报数量增加时，PPS 抽样所需的样本规模也会增加。在这些情况下，PPS 抽样的样本规模可能大于传统变量抽样所需的规模。

(5) 当发现错报时，如果风险水平一定，PPS 抽样在评价样本时可能高估抽样风险的影响，从而导致注册会计师更可能拒绝一个可接受的总体账面金额。

(6) 在 PPS 抽样中，注册会计师通常需要逐个累计总体金额。但如果相关的会计数据以电子形式储存，就不会额外增加大量的审计成本。

第三节　信息技术对审计的影响

现代信息技术是借助以微电子学为基础的计算机技术和电信技术的结合而形成的手段，对声音的、图像的、文字的、数字的和各种传感信号的信息进行获取、加工、处理、储存、传播和使用的能动技术。现代信息技术包括微电子技术、光电子技术、通信技术、网络技术、感测技术、控制技术、显示技术等。

现代信息技术的发展将人类社会带入信息时代。1954 年美国通用电气公司首次在会计领域引入计算机进行工资核算，标志着电子计算机进入会计和管理领域。计算机会计信息系统的使用改变了会计数据处理的方式和会计信息的存储、输出方式，进而影响到企事业单位组织结构和业务程序等的变化，也导致客户内部控制方式发生变化，审计对象、审计程序和测试方法等也相应地变化，对审计人员的要求也更高。

一、信息技术对企业财务报告的影响

企业可以运用信息系统来创建、记录、处理和报告各项交易，以衡量和审查企业自身的财务业绩，并持续记录资产、负债及所有者权益。信息系统形成的信息质量将影响企业编制财务报表、管理企业活动和做出适当的管理决策。

信息系统的使用，会给企业的管理和会计核算程序带来很多重要的变化，包括：

(1) 计算机输入和输出设备代替了手工记录；
(2) 计算机显示屏和电子影像代替了纸质凭证；
(3) 计算机文档代替了纸质日记账和分类账；
(4) 网络通信和电子邮件代替了公司间的邮寄；
(5) 管理需求固化到应用程序之中；
(6) 灵活多样的报告代替了固定的定期报告；
(7) 数据更加充分，信息实现共享；
(8) 系统问题的存在比偶然性误差更为普遍。

信息系统形成的信息的质量影响企业编制财务报表、管理企业活动和做出适当的管理决策。因此，有效的信息系统需要实现下列功能并保留记录结果：

(1) 识别和记录全部经授权的交易；
(2) 及时、详细地记录交易内容，并在财务报告中对全部交易进行适当分类；
(3) 衡量交易价值，并在财务报告中适当体现相关价值；
(4) 确定交易发生的期间，并将交易记录在适当的会计期间；
(5) 将相关交易信息在财务报告中做适当披露。

注册会计师在进行财务报表审计时，如果依赖相关信息系统所形成的财务信息和报告作为审计工作的依据，则必须考虑相关信息和报告的质量，而财务报告相关的信息质量是通过交易的录入到输出整个过程中适当的控制来实现的，所以，注册会计师需要在整个过程中考虑信息的准确性、完整性、授权体系及访问限制等四个方面。

二、信息技术对内部控制的影响

在信息技术环境下，传统的人工控制越来越多地被自动控制所替代。许多内部控制可以通过编制计算机程序实现自动化，如软件保密控制、数据的正确性校验、操作权限控制等。自动化控制手段能够有效减少甚至消除一些低级错误的发生，但是过分依赖程序控制有时也会因为程序本身的漏洞而导致错误反复发生而不被发现。当然，被审计单位采用信息系统处理业务，并不意味着人工控制被完全取代。例如，在基于信息技术的信息系统中，系统进行自动操作来实现对交易信息的创建、记录、处理和报告，并将相关信息保存为电子形式(如电子的采购订单、采购发票、发运凭证以及相关会计记录)，但相关控制活动也可能同时包括手工的部分，如对订单审批和事后审阅以及会计记录调整之类的人工控制。由于被审计单位信息技术的特点及复杂程度不同，被审计单位的手工及自动控制的组合方式往往会有所区别。

在信息技术环境下，自动控制能为企业带来以下好处：①自动控制能够有效处理大流量交易及数据，因为自动信息系统可以提供与业务规则一致的系统处理方法；②自动控制比较不容易被绕过；③自动信息系统、数据库及操作系统的相关安全控制可以实现有效的职责分离；④自动信息系统可以提高信息的及时性、准确性，并使信息变得更易获取；⑤自动信息系统可以提高管理层对企业业务活动及相关政策的监督水平。

信息技术是一把"双刃剑"，在为内部控制提供更为先进的控制技术的同时也带来了新的特定风险：①信息系统或相关系统程序可能会对数据进行错误处理，也可能会去处理那些本身就错误的数据；②自动信息系统、数据库及操作系统的相关安全控制如果无效，会增加对数据信息非授权访问的风险，这种风险可能导致系统对非授权交易及虚假交易请求的拒绝处理功能遭到破坏，系统程序、系统内的数据遭到不适当的改变，系统对交易进行不适当的记录，以及信息技术人员获得超过其职责范围的过大系统权限等；③数据丢失风险或数据无法访问风险，如系统瘫痪；④不适当的人工干预，或人为绕过自动控制。

三、信息技术中的一般控制和应用控制测试

在信息技术环境下，人工控制的基本原理与方式在信息环境下并不会发生实质性的改变，注册会计师仍需要按照标准执行相关的审计程序；而对于自动控制，就需要从信息技术一般控制审计、信息技术应用控制审计和公司层面信息技术控制审计三方面进行考虑。

(一)信息技术一般控制审计

一般控制是指对计算机信息系统的构成要素和系统环境实施的控制，适用于整个计算机信息系统，为信息系统提供良好的工作条件和必要的安全保证，是应用控制的基础。一般控制通常会对实现部分或全部财务报表认定做出间接贡献。

一般控制具体包括程序开发、程序变更、程序和数据访问以及计算机运行四个方面，它作用于所有的信息系统。审计人员应对这四个方面进行审计。

1. 程序开发审计

程序开发领域的目标是确保系统的开发、配置和实施能够实现管理层的应用控制目标。对于一个系统的首次审计，应当对系统开发和调试进行追溯审查。

2. 程序变更审计

程序变更领域的目标是确保对程序和相关基础组件的变更是经过请求、授权、执行、测试和实施的，以达到管理层的应用控制目标。程序变更范围除包含代码类的常规变更外，也需要关注配置类的变更以及紧急变更。

3. 程序和数据访问审计

程序和数据访问这一领域的目标是确保分配的访问程序和数据的权限是经过用户身份认证并经过授权的。程序和数据访问的子组件一般包括安全活动管理、安全管理、数据安全、操作系统安全、网络安全和物理安全。

4. 计算机运行审计

计算机运行这一领域的目标是确保生产系统根据管理层的控制目标完整准确地运行，确保运行问题被完整准确地识别并解决，以维护财务数据的完整性。计算机运行的子组件一般包括计算机运行活动的总体管理、批调度和批处理、实时处理、备份和问题管理以及灾难恢复。

(二)信息技术应用控制审计

应用控制是针对某个具体应用系统(如工资系统、采购系统、销售系统等)的敏感环节和控制要求，为加强具体应用系统的输入、处理、输出、通信和数据库资源的正确可靠性而建立的控制，包括业务处理流程控制、输入控制、处理控制和输出控制等。

和人工控制类似，系统自动控制关注的要素包括：完整性、准确性、存在和发生等。各要素的主要含义如下。

1. 完整性

系统处理数据的完整性，如各系统之间数据传输的完整性、销售订单的系统自动顺序编号、总账数据的完整性等。

2. 准确性

系统运算逻辑的准确性，如金融机构利息计提逻辑的准确性、生产企业的物料成本运算逻辑的准确性、应收账款账龄的准确性等。

3. 存在和发生

信息系统相关的逻辑校验控制，如限制检查、合理性检查、存在检查和格式检查等。部分业务操作的授权管理，如入账审批管理的权限设定和授予、物料成本逻辑规则修改权限的设定和授予等。

(三)公司层面信息技术控制审计

除信息系统一般控制和应用控制外，目前企业的管理层也越来越重视公司层面的信息技术控制管理。常见的公司层面信息技术控制包括信息技术规划的制订、信息技术年度计划的制订、信息技术内部审计机制的建立、信息技术外包管理、信息技术预算管理、信息安全和风险管理、信息技术应急预案的制定、信息系统架构和信息技术复杂性等。

(四)信息技术一般控制、应用控制和公司层面控制三者之间的关系

公司层面信息技术控制是公司信息技术整体控制环境，决定了信息技术一般控制和信息技术应用控制的风险基调。信息技术一般控制是基础，信息技术一般控制的有效与否会直接关系到信息技术应用控制的有效性是否能够信任。根据目前信息技术审计的业内最佳实践，注册会计师在执行信息技术一般控制和信息技术应用控制审计之前，会首先执行配套的公司层面信息技术控制审计，以了解公司的信息技术整体控制环境，并基于此识别出信息技术一般控制和信息技术应用控制的主要风险点以及审计重点。

四、信息技术对审计过程的影响

信息技术在企业中的应用并不改变注册会计师制定审计目标、进行风险评估和了解内部控制的原则性要求，基本审计准则和财务报告审计目标在所有情况下都适用。但是，由于系统的设计和运行对审计风险的评价、业务流程和控制的了解、审计工作的执行以及需要收集的审计证据的性质都有直接的影响，所以注册会计师必须更深入了解企业的信息技术应用范围和性质。

信息技术对审计过程的影响主要体现在以下几方面：对审计线索"轨迹"的影响，对审计技术手段的影响，对内部控制的影响，对审计内容的影响，对注册会计师的影响。

1．对审计线索(轨迹)的影响

在信息技术环境下，从业务数据的具体处理过程到报表的输出都由计算机按照程序指令自动完成，客观上存在审计可视线索自然消失的现象。信息技术环境下的数据均保存在磁性介质上，可能被篡改而不留痕迹。因此，审计人员很难像在传统手工模式下对经济业务进行跟踪。

2．对审计技术手段的影响

随着信息技术的广泛应用，审计人员需要掌握相关信息技术，把信息技术当作一种有力的审计工具，实现从手工向计算机操作的转变。

3．对内部控制的影响

在高度信息化的环境中，企业的业务活动和业务流程引发了新的风险，企业内部控制在控制观念、控制重心和控制内容方面产生极大的变化，信息技术环境下信息系统本身成为内部控制的组成要素之一。

4．对审计内容的影响

信息系统的特点及固有风险决定了信息化环境下审计的内容包括对信息化系统的处理和相关控制功能的审查。

5．对注册会计师的影响

信息技术在被审计单位的广泛应用，要求注册会计师一定要具备相关信息技术方面的知识。注册会计师必须对系统内的风险和控制都非常熟悉，然后对审计的策略、范围、方法和手段做出相应的调整，以获取充分、适当的审计证据，支持发表的审计意见。

五、计算机辅助审计技术

计算机辅助审计技术(Computer Assisted Audit Techniques, CAATs)，是指利用计算机和相关软件，使审计测试工作实现自动化的技术。通常将计算机辅助审计技术分为两类，一类是用来测试程序/系统的，即面向系统的计算机辅助审计技术；另一类是用于分析电子数据的，即面向数据的计算机辅助审计技术。

(一)面向系统的计算机辅助审计技术

常见的用于验证程序/系统的计算机辅助审计技术包括平行模拟法、测试数据法、集成测试、程序编码审查、程序代码比较和跟踪、快照等。

1．平行模拟法

平行模拟法是指针对某一应用程序，审计人员采用一个独立的程序去模拟该程序的部分功能，在输入数据的同时进行并行处理，比较模拟程序处理的结果和该应用程序处理的结果，以验证该应用程序的功能是否正确的方法。

2．测试数据法

测试数据法是指采用审计人员准备好的测试数据来检测被审计信息系统，通过将被审计信息系统处理的结果与应有的正确结果进行比较，来检测应用系统的逻辑问题和控制问题的一种方法。

3．集成测试

集成测试是在正常的应用系统中创建一个虚拟的部分或分支，从而提供一个内置的测试工具。它一般用来审计复杂的应用系统。该技术是在系统正常处理过程中进行测试的，因此可直接测试被审计信息系统在真实业务处理时的功能是否正确有效。

4．程序编码审查

程序编码审查是一种对应用系统的程序编码进行详细审查的技术，它一般不被算作真正的计算机辅助审计技术。通过审查程序编码，审计人员可以识别出程序中的错误代码、未被授权的代码、无效的代码、效率低的代码以及不标准的代码。

5. 程序代码比较

程序代码比较是指审计人员对程序的两个版本进行比较。使用这种技术的目的主要有：检查被审计单位所给的被审计信息系统和被审计单位所使用的信息系统实施同一款软件；检查和前一个版本相比，程序代码是否发生了变化，如果发生了变化，是否有程序变更管理程序。

6. 跟踪

跟踪是指审计人员采用跟踪技术可以分析一个程序的每一步，从而发现每一行代码对被处理数据或程序本身的影响。

7. 快照

快照是指注册会计师使用专业的工具，将系统运行过程中的某一状态进行快照记录，以进行包括系统性能、功能、状态等的横向比较。

(二)面向数据的计算机辅助审计技术

1. 可提供高效率的工作

同手工审计技术相比，使用计算机辅助审计技术可以大大提高以下审计工作的效率和效果。

(1) 将现有手工执行的审计测试自动化。例如，对报告数据的准确性进行测试。

(2) 在手工方式不可行的情况下执行测试或分析。例如，审阅大量的和非正常的销售交易，尽管这项工作有可能通过手工执行来实现，但对于多数大型公司而言，从时间角度出发，需要审阅的交易数量是无法通过手工方式来进行的。

(3) 帮助审计人员编制审计工作底稿，底稿中的许多数据可以由系统自动传递并实时更新，使得工作底稿的编制更加规范和系统。

2. 常见的辅助技术

目前常见的用于分析数据文件的计算机辅助审计技术主要包括嵌入审计模块和通用审计软件。

嵌入审计模块技术是指在一个应用系统中长久驻存一个审计模块，该模块检查输入到系统中的每一笔事务数据，并识别出其中不符合预定义规则的事务数据，审计人员可以对这些被识别出的事务数据进行实时的或定期的审查。

通用审计软件是目前我国最常使用的计算机辅助审计技术。其功能主要包括对审计工作进行日常管理、制订审计计划、数据采集与转换、提供审计工具、编制与复核工作底稿等。审计软件提供的常用审计工具包括数据查询、查账、图形分析、审计方法库等。

目前我国国内较流行的审计软件有博科、中普、CPAS 审计系统、鼎信诺等。

3. 常见工具

计算机辅助审计技术是一种审计方式，因此也需要使用一定的工具来加以实现。常见的工具包括以下几项。

（1）通用类：Excel 和 Access 等。Excel 自带了大量的核算或分析的库函数或工具，但是它处理的数据量较为有限。Access 可以灵活导入数据，并可使用简单的 SQL 语言进行分析，处理数据的范围和数量大于 Excel。

（2）数据库类：SQL Server 和 Oracle 等，是专用的数据库工具，可以快速高效地分析大量数据，但是对分析人员的技术水平要求较高，至少必须非常精通 SQL 语言。

（3）专业工具类：ACL 和 IDEA 等，是专业的分析工具，一般只有审计和内部控制专业人士以及财务管理人员才会使用这些工具。

本 章 小 结

本章主要介绍了审计取证的七大方法、审计抽样以及计算机辅助审计技术。

审计方法从广义上说，包括计划方法、取证方法、报告方法、处理审计文件方法等；从狭义上看，主要是指审计人员为取得充分有效的审计证据而采取的一切技术手段，包括检查、观察、询问、函证、重新计算、重新执行和分析程序。

审计抽样是指注册会计师对具有审计相关性的总体中低于百分之百的项目实施审计程序，使所有抽样单元都有被选取的机会，为注册会计师针对整个总体得出结论提供合理基础。审计抽样按照抽样决策的依据不同划分为统计抽样和非统计抽样。统计抽样按其所对应总体特征的不同，可以分为属性抽样和变量抽样。注册会计师在运用抽样技术进行审计时，同样面临着审计风险，按其与抽样是否相关分为抽样风险和非抽样风险。

信息技术的发展对审计产生了较大的影响，信息系统的内部控制包括一般控制和应用控制。计算机辅助审计技术的出现大大地提高了审计工作的效率和效果。常用的计算机辅助审计技术包括嵌入式审计模块和通用审计软件，常见的工具包括通用类、数据库类及专业的数据分析工具。

复习思考题

1. 试述审计取证的七大技术方法。
2. 试述统计抽样和非统计抽样的区别。
3. 控制测试和实质性程序中各有哪些抽样风险？
4. 试述信息技术对审计的影响。
5. 试述信息技术一般控制、应用控制和公司层面信息技术控制。

第六章

风险评估与风险应对

案例导读

山东鑫秋科技股份有限公司(以下简称:鑫秋公司)是一家成立于 2001 年的公司,拥有资产达 5.02 亿元,注册资本为 13.33 亿元。公司位于德州市夏津县,是一家由农业部直接管理的企业,在全国范围内经营的科技型种业企业。公司依托夏津县远近闻名的产棉行业,逐渐发展成为山东省内最具资产规模、基地面积最大、种子产销量首位的龙头企业,在全国也是远近闻名。2015 年 3 月 24 日,公司在中小企业股份转让系统挂牌上市。随着公司上市,各种财务数据暴露在投资者和监管部门的视线之中。由公开转让说明书得悉,其 2012 年、2013 年的净利润分别为 4 349.52 万元和 3 410.52 万元。鑫秋公司 2015 年年报显示,公司全年亏损 1.1 亿元。而在半年报中营收总额高于年报中营收总额,10 月时还赚了 2 000 万元。年报数据受到投资者质疑,作为主板券商的中泰证券对鑫秋公司年报也是持有不认可的态度。随着矛盾的进一步显现,中国证监会的监管部门和会计师事务所进驻鑫秋公司进行实地调查。

从鑫秋公司上市的 IPO 审计到接下来两年的年报审计工作,其聘请的审计机构都是瑞华会计师事务所。瑞华所出具的一直都是标准无保留意见的审计报告。在 2016 年双方终止了合作协议。2012—2014 连续三年,瑞华所为鑫秋公司出具的都是标准无保留意见的审计报告。

但是随着鑫秋公司财务造假丑闻的爆发,瑞华会计师事务所在这三年的年度审计工作中存在的漏洞被一一揭发,对鑫秋公司财务报告中很明显的重大错报风险未能有效识别和评估。2012 年度财务报告审计工作中未对新增的大客户进行充分的关注和执行必要的审计程序;在对 2014 年 1~8 月财务报告的审计工作中,针对鑫秋公司财务数据中主营业务收入这一项目中数额较大的销售业务,在对该笔收入进行核验时,未检查验收单和销售凭证等重要信息;未对四家金额较大的客户销售额的调整变化执行审计程序进行调查;在对 2014 年 12 月财务数据中主营业务收入进行核验时,未对新增的数额较大的交易执行必要的审计程序,没有调取货物签收单或提货单等关键凭证进行核对。

提示:

中国证券监督管理委员会山东监管局在 2018 年 4 月 18 日出具了处罚决定书,指出鑫秋公司在 2014 年年报、2015 年半年报及 2015 年年报中存在虚增收入行为,其手段主要是通过虚假交易以虚增销售收入。注册会计师在审计过程中未识别出此重大错报风险,纵容了鑫秋公司虚增收入来进行财务舞弊的这一行为。

学习目标

通过对本章内容的学习,重点掌握以风险导向审计为主流的审计方法;熟练掌握重大错报风险评估方法和应对措施;了解风险评估的程序、信息来源以及被审计单位的内部控制;了解风险应对的总体措施和进一步审计程序;熟悉重大错报风险的评估程序和应对重大错报风险的方法。

第一节　风险评估概述

注册会计师实施风险导向审计,其目标是对财务报表不存在由于错误或舞弊导致的重大错报获取合理保证。根据风险审计理论,对审计结论的正确性产生影响的风险因素应包括重大错报风险和检查风险。其中，重大错报风险是不可控制的，这就要求注册会计师以重大错报风险的识别、评估和应对作为审计工作的主要内容，以提高审计效率和效果。《中国注册会计师审计准则第1211号——通过了解被审计单位及其环境识别和评估重大错报风险》作为专门规范风险评估的准则，规定了注册会计师应当了解被审计单位及其环境，以充分识别和评估财务报表重大错报风险，并针对评估的重大错报风险确定总体应对措施，设计和实施进一步审计程序。

风险识别和评估是指注册会计师通过实施风险评估程序，识别和评估财务报表层次和认定层次的重大错报风险。其中，风险识别是指找出财务报表层次和认定层次的重大错报风险；风险评估是指对重大错报发生的可能性和后果严重程度进行评估。风险的识别和评估是审计风险控制流程的起点。

一、了解被审计单位及其环境

(一)了解被审计单位及其环境的必要性

了解被审计单位及其环境是必要程序，特别是为注册会计师在下列关键环节做出职业判断提供重要基础。

(1) 确定重要性水平，并随着审计工作的进程评估其对重要性水平的判断是否仍然适当。

(2) 考虑会计政策的选择和运用是否恰当，以及财务报表的列报是否适当。

(3) 识别需要特别考虑的领域，包括关联方交易、管理层运用持续经营假设的合理性，或交易是否具有合理的商业目的等。

(4) 确定在实施分析程序时所使用的预期值。

(5) 设计和实施进一步审计程序，以将审计风险降至可接受的低水平。

(6) 评价所获取审计证据的充分性和适当性。

了解被审计单位及其环境是一个连续和动态地收集、更新与分析信息的过程，贯穿于整个审计过程的始终。注册会计师应当运用职业判断确定需要了解被审计单位及其环境的程度。

(二)了解被审计单位及其环境的具体内容

注册会计师应当从行业状况、法律环境与监管环境以及其他外部因素，被审计单位的性质，被审计单位对会计政策的选择和运用，被审计单位的目标、战略以及相关经营风险，被审计单位财务业绩的衡量和评价，被审计单位的内部控制六个方面了解被审计单位及其环境，识别重大错报风险。

1. 行业状况、法律环境与监管环境以及其他外部因素

1) 行业状况

了解行业状况有助于注册会计师识别与被审计单位所处行业有关的重大错报风险。被审计单位的行业状况主要包括所在行业的市场供求与竞争、生产经营的季节性和周期性、产品生产技术的变化、能源供应与成本、行业的关键指标和统计数据。

2) 法律环境及监管环境

了解法律环境及监管环境的主要原因在于：某些法律法规或监管要求可能对被审计单位经营活动有重大影响，如不遵守将导致停业等严重后果；某些法律法规或监管要求(如环保法规等)规定了被审计单位某些方面的责任和义务；某些法律法规或监管要求决定了被审计单位需要遵循的行业惯例和核算要求。

注册会计师应当了解被审计单位所处的法律环境及监管环境，主要包括适用的会计准则、会计制度和行业特定惯例；对经营活动产生重大影响的法律法规及监管活动；对开展业务产生重大影响的政府政策，包括货币、财政、税收和贸易等政策；与被审计单位所处行业和所从事经营活动相关的环保要求。

3) 其他外部因素

注册会计师应当了解影响被审计单位经营的其他外部因素，主要包括总体经济情况、利率、融资的可获得性、通货膨胀水平或币值变动等。

2. 被审计单位的性质

注册会计师应当主要从下列几方面了解被审计单位的性质。

1) 所有权结构

对被审计单位所有权结构的了解有助于注册会计师识别关联方关系并了解被审计单位的决策过程。注册会计师应当了解所有权结构以及所有者与其他人员或单位之间的关系，考虑关联方关系是否已经得到识别，以及关联方交易是否得到恰当核算。

2) 治理结构

良好的治理结构可以对被审计单位的经营和财务运作实施有效的监督，从而降低财务报表发生重大错报的风险。注册会计师应当了解被审计单位的治理机构，考虑治理层是否能够在独立于管理层的情况下对被审计单位事务(包括财务报告)做出客观判断。

3) 组织结构

复杂的组织结构可能导致某些特定的重大错报风险。注册会计师应当了解被审计单位的组织结构，考虑复杂组织结构可能导致的重大错报风险，包括财务报表合并、商誉减值以及长期股权投资核算等问题。

4) 经营活动

了解被审计单位的经营活动有助于注册会计师识别预期在财务报表中反映的主要交易类别、重要账户余额和披露。注册会计师应当了解被审计单位的经营活动，主要包括主要业务的性质；与生产产品或提供劳务相关的市场信息；业务的开展情况；联盟、合营与外包情况；从事电子商务的情况、地区和行业分布、生产设施、仓库的地理位置及办公地点、关键客户、重要供应商、劳动用工情况；研究和开发活动及其支出、关联方交易。

5) 投资活动

了解被审计单位的投资活动有助于注册会计师关注被审计单位在经营策略和方向上的重大变化。注册会计师应当了解被审计单位的投资活动，主要包括近期拟实施或已实施的并购与资产处置情况；证券投资、委托贷款的发生与处置；资本性投资活动，包括固定资产和无形资产投资、近期或计划发生的变动以及重大的资本承诺等；不纳入合并范围的投资。

6)　筹资活动

了解被审计单位的筹资活动有助于注册会计师评估被审计单位在融资方面的压力，并进一步考虑被审计单位在可预见未来的持续经营能力。注册会计师应当了解被审计单位的筹资活动，主要包括债务结构和相关条款、固定资产的租赁、关联方融资、实际受益股东、衍生金融工具的运用。

7)　财务报告

了解影响财务报告的重要政策、交易或事项，主要包括会计政策和行业特定惯例；收入确认惯例；公允价值会计核算；外币资产、负债与交易；异常或复杂交易的会计处理。

3．被审计单位对会计政策的选择和运用

注册会计师应当了解被审计单位对会计政策的选择和运用是否符合运用的会计准则和相关会计制度，是否符合被审计单位的具体情况。

在了解被审计单位对会计政策的选择和运用是否适当时，注册会计师应当关注下列重要事项。

(1)　重大和异常交易的会计处理方法。

(2)　在新领域和缺乏权威性标准或共识的领域，采用重要会计政策产生的影响。

(3)　会计政策的变更。

(4)　被审计单位何时采用以及如何采用新颁布的财务报告准则、法律法规。

4．被审计单位的目标、战略以及相关经营风险

注册会计师应当了解被审计单位的目标和战略，以及可能导致财务报表重大错报的相关经营风险。

(1)　目标是企业经营活动的指针。企业管理层或治理层一般会根据企业经营面临的外部环境和内部各种因素，制定合理可行的经营目标。

(2)　战略是企业管理层为实现经营目标而采用的总体层面的策略和方法。为了实现某一既定的经营目标，企业可能有多个可行战略。

(3)　经营风险源于对被审计单位实现目标和战略产生不利影响的重大情况、事项、环境和行动，或源于不恰当的目标和战略。不同的企业可能面临不同的经营风险，这取决于企业经营的性质、所处行业、外部监管环境、企业的规模和复杂程度。管理层有责任识别和应对这些风险。

注册会计师应当了解被审计单位是否存在与下列方面有关的目标和战略，并考虑相应的经营风险：①行业发展及其可能导致的被审计单位不具备足以应对行业变化的人力资源和业务专长等风险；②开发新产品或提供新服务及其可能导致被审计单位产品责任增加等风险；③业务扩张及其可能导致的被审计单位对市场需求的估计不准确等风险；④新颁布的会计法规及其可能导致的被审计单位执行法规不当或不完整，或会计处理成本增加等风险；⑤监管要求及其可能导致的被审计单位法律责任增加等风险；⑥本期及未来的融资条件以及其可能导致的被审计单位由于无法满足融资条件而失去融资机会等风险；⑦信息技术的运用及其可能导致的被审计单位信息系统与业务流程难以融合等风险。

多数经营风险最终都会产生财务后果，从而影响财务报表。注册会计师应当根据被审

计单位的具体情况考虑经营风险是否可能导致财务报表发生重大错报。

管理层通常制订识别和应对经营风险的策略，注册会计师应当了解被审计单位的风险评估过程。

5．被审计单位财务业绩的衡量和评价

被审计单位内部或外部对财务业绩的衡量和评价可能对管理层产生压力，促使其采取行动改善财务业绩或歪曲财务报表。注册会计师应当了解被审计单位财务业绩的衡量和评价情况，考虑这种压力是否可能导致管理层采取行动，以至于增加财务报表发生重大错报的风险。

在了解被审计单位财务业绩衡量和评价情况时，注册会计师应当关注下列信息：①关键业绩指标、关键比率、趋势和经营统计数据；②同期财务业绩比较分析；③预测、预算和差异分析；④管理层和员工业绩考核与激励性报酬政策；⑤分部信息与不同层次部门的业绩报告；⑥与竞争对手的业绩比较。

6．被审计单位的内部控制

注册会计师应当了解与审计相关的内部控制以识别潜在错报的类型，考虑导致重大错报风险的因素，以及设计和实施进一步审计程序的性质、时间安排和范围，详细内容将在本章第二节讨论。

二、风险评估程序

注册会计师了解被审计单位及其环境，目的是识别和评估财务报表层次重大错报风险。为了解被审计单位及其环境而实施的程序称为"风险评估程序"。注册会计师应当依据实施这些程序所获取的信息，评估重大错报风险。

注册会计师应当实施下列风险评估程序，以了解被审计单位及其环境：①询问被审计单位管理层和内部其他相关人员；②分析程序；③观察和检查。

(一)询问被审计单位管理层和内部其他相关人员

询问被审计单位管理层和内部其他相关人员是注册会计师了解被审计单位及其环境的一个重要信息来源。注册会计师可以考虑向管理层和财务负责人询问下列事项。

(1) 管理层所关注的主要问题，如新的竞争对手、主要客户和供应商的流失、新的税收法规的实施以及经营目标或战略的变化等。

(2) 被审计单位最近的财务状况、经营成果和现金流量。

(3) 可能影响财务报告的交易和事项，或者目前发生的重大会计处理问题，如重大的购并事宜等。

(4) 被审计单位发生的其他重要变化，如所有权结构、组织结构的变化以及内部控制的变化等。

尽管注册会计师通过询问管理层和财务负责人可获取大部分信息，但是询问被审计单位内部的其他人士可能会为注册会计师提供不同的信息，有助于注册会计师识别重大错报风险。因此，注册会计师除了询问管理层和对财务报告负有责任的人员外，还应当考虑询

问治理层、内部审计人员、采购人员、生产人员、销售人员等其他人员，并考虑询问不同级别的员工，以获取对识别重大错报风险有用的信息。由于了解被审计单位及其环境是一个连续和动态的过程，注册会计师的询问可能贯穿于整个审计业务的始终。

(二)分析程序

实施分析程序有助于识别异常的交易或事项，以及对财务报表和审计产生影响的金额、比率和趋势。在实施分析程序时，注册会计师应当预期可能存在的合理关系，并与被审计单位记录的金额、依据记录金额计算的比率或趋势相比较。如果发现异常或未预期到的关系，注册会计师应当在识别重大错报风险时考虑这些比较结果。

如果使用了高度汇总的数据，实施分析程序的结果仅可能初步显示财务报表存在重大错报风险，注册会计师应当将分析结果连同识别重大错报风险时获取的其他信息一并考虑。例如，被审计单位存在很多产品系列，各个产品系列的毛利率存在一定差异。对总体毛利率实施分析程序的结果仅可能初步显示销售成本存在重大错报风险，注册会计师需要实施更加详细的分析程序。例如，对每一产品系列进行毛利率分析，或者将总体毛利率分析的结果连同其他信息一并考虑。

(三)观察和检查

观察和检查程序可以印证对管理层和其他相关人员的询问结果，并可提供有关被审计单位及其环境的信息。注册会计师应当实施下列观察和检查程序。

(1) 观察被审计单位的生产经营活动。

(2) 检查文件、记录和内部控制手册。

(3) 阅读由管理层和治理层编制的报告。

(4) 实地察看被审计单位的生产经营场所和设备。通过现场访问和实地察看被审计单位的生产经营场所和设备，可以帮助注册会计师了解被审计单位的性质及其经营活动。

(5) 追踪交易在财务报告信息系统中的处理过程(穿行测试)。这是注册会计师了解被审计单位业务流程及其相关控制时经常使用的审计程序。通过追踪某笔或某几笔交易在业务流程中如何生成、记录、处理和报告，以及相关控制如何执行，注册会计师可以确定被审计单位的交易流程和相关控制是否与之前通过其他程序所获得的了解一致，并确定相关的控制是否得到执行。

除了采用上述程序从被审计单位内部获取信息外，如果根据职业判断认为从被审计单位外部获取的信息有助于识别重大错报风险，注册会计师应当实施其他审计程序以获取这些信息。例如，询问被审计单位聘请的外部法律顾问、专业评估师、投资顾问和财务顾问等。此外，阅读外部信息也可能有助于注册会计师了解被审计单位及其环境。外部信息包括证券分析师、银行、评级机构出具的有关被审计单位及其所处行业的经济或市场环境等状况的报告，贸易与经济方面的报纸期刊，法规或金融出版物，以及政府部门或民间组织发布的行业报告和统计数据等。

注册会计师从六个方面了解被审计单位及其环境，但注册会计师无须在了解每个方面时都实施以上所有的风险评估程序。例如，在了解内部控制时通常不用分析程序。但是，在对被审计单位及其环境获取了解的整个过程中，注册会计师通常会实施上述所有的风险评估程序。

三、项目组内部讨论

注册会计师应当组织项目组成员对财务报表存在重大错报的可能性进行讨论，并运用职业判断确定讨论的目标、内容、人员、时间和方式。项目组内部的讨论在所有业务阶段都非常必要，可以保证所有事项得到恰当的考虑，项目组成员可以分享到组内具有较多经验的成员(如项目负责人)的见解和以往获取的被审计单位的经验。

1. 讨论的目标

项目组内部的讨论为项目组成员提供了交流信息和分享见解的机会。项目组通过讨论可以使成员更好地了解在各自负责的领域中，由于舞弊或错误导致财务报表重大错报的可能性，并了解各自实施审计程序的结果如何影响审计的其他方面，包括对确定进一步审计程序的性质、时间和范围的影响。

2. 讨论的内容

项目组应当讨论被审计单位面临的经营风险、财务报表容易发生错报的领域以及发生错报的方式，特别是由于舞弊导致重大错报的可能性。讨论的内容和范围会受到项目组成员的职位、经验和所需要的信息的影响。

3. 参与讨论的人员

注册会计师应当运用职业判断确定项目组内部参与讨论的成员。项目组的关键成员应当参与讨论，如果项目组需要拥有信息技术或其他特殊技能的专家，这些专家也应参与讨论。总之，参与讨论人员的范围受项目组成员的职责经验和信息需要的影响。

4. 讨论的时间和方式

项目组应当根据审计的具体情况，在整个审计过程中持续交换有关财务报表发生重大错报可能性的信息。

按照审计准则的规定，注册会计师应当在计划和实施审计工作时保持职业怀疑态度，充分考虑可能存在导致财务报表发生重大错报的情形。项目组在讨论时应当强调在整个审计过程中保持职业怀疑态度，警惕可能发生重大错报的迹象，并对这些迹象进行严格追踪。通过讨论，项目组成员可以交流和分享在整个审计过程中获得的信息，包括可能对重大错报风险评估产生影响的信息或针对这些风险实施审计程序的信息。

第二节　内部控制

一、内部控制的历史演进

现代意义上的内部控制诞生于 20 世纪 40—70 年代的美国企业。20 世纪 40 年代以前，人们习惯使用内部牵制这一概念。内部控制作为一个单位管理活动中的自我调整和制约的手段，是在内部牵制的基础上，由企业管理人员在经营管理实践中创造并经注册会计师理论总结而逐步完善起来的。

最初的内部牵制实践，可以追溯到公元前 3600 年前的美索不达米亚文化时期。古埃及人通过让两个官吏同时对税收加以记录来进行简单的控制。如果没有签发的支出令单，任何东西都不能出库。在古罗马时代，也存在利用内部牵制来审查有无记账差错或舞弊行为，进而达到控制财产收支目的的思想。掌握现金的财务官没有擅自批准支出的权限，只有出具书面证明才能从国库提取货币。财政记录官负责记录所有的经济业务，财务官负责对全部的政府财政事项进行监督和审查。

在我国西周时期，内部牵制制度已基本形成。周王朝统治者为了防止掌管财物的官吏贪污盗窃或弄虚作假，对其实施了严密的分工牵制和交互考核等方法，并达到了"一毫财赋之出入，数人耳目之通焉"的程度。

纵观这一历史时期的内部牵制，可以发现它基本上是以查错防弊为目的，以职务分离和账目核对为手段，以钱、账、物等为主要控制对象，其主要特点是以任何个人或部门不能单独控制任何一项或一部分业务权力的方式进行组织上的责任分工，每项业务通过正常发挥其他个人或部门的作用和功能进行交互检查或控制。在现代内部控制理论中，内部牵制仍占有相当重要的地位，并成为现代内部控制中有关组织控制、职务分离控制的雏形。

随着资本主义经济的发展，社会化大生产程度日益提高，企业内部分工不断细化，企业之间的竞争逐渐加剧，企业内外要求加强管理的呼声渐趋高涨，从而使得与手工工场相适应并局限于会计事项的内部牵制难以满足日益复杂的工业化生产的需要。于是，以科学管理为先导，进行管理尝试与创新的实践活动日益推进和展开，并促使以职务分工和账户核对为主要内容的内部牵制逐渐发展成为由组织结构、职务分离、业务程序、处理手续等构成的内部控制系统。

第二次世界大战以后，资本主义经济的进一步发展促使内部控制从对单项经济活动进行独立控制为主向对全部经济活动进行系统控制为主演变，进而形成了包括内部审计在内的涵盖范围更广、运行机制更为有效的严密的控制系统。在这一时期，注册会计师也在不断改进审计方法的探索中逐渐认识到内部控制及其对审计工作的重要性。于是，他们从开展审计业务的实际需要出发，将内部控制从企业管理活动中抽离出来，进行专门的研究与评价，逐渐把在管理实践中产生与发展的内部控制通过理性化思考上升为理论，并不断地深化。

此外，内部控制的发展，与注册会计师法律责任的不断加强及其对审计风险的日益关注有着密切关系。不断发生的诉讼案件和有关法规的颁布实施进一步强化了注册会计师的法律责任，使其更加关注审计风险，并使内部控制的研究和评价成为一项法定的审计步骤，甚至将委托人的内部控制是否健全、有效作为能否接受审计委托的重要的前提条件，这同时也促使企业更加注重自身内部控制的建设。

内部控制一词最早见诸文字是作为审计术语出现在 1936 年美国注册会计师协会(American Institute of Certified Public Accountants，AICPA)发布的《注册会计师对财务报表的审查》文告中的。该文告中指出："注册会计师在制定审计程序时，应考虑的一个重要因素是审查企业的内部牵制和控制，企业的会计制度和内部控制越好，财务报表需要测试的范围则越小。"

在较长时期的讨论与研究中，内部控制一词不断得到修正。1948 年，美国注册会计师协会下属的审计程序委员会对内部控制进行研究，并在次年依据研究结果发表了题为《内部控制——一种协调制度下的要素及其对管理阶层与注册会计师的重要性》的报告。在该报告中，内部控制被定义为"包括为保护资产安全、检查会计资料的精确性及可靠性、提高经营效率以及鼓励员工遵守既定管理政策的组织的计划及企业内部采用的所有协调与衡量工具"。1958年，美国审计程序委员会发布的《审计程序公告第29号》对内部控制定义重新进行表述，将内部控制分为会计控制和管理控制。

这种按目标定义内部控制的方法延续了40多年，直到1988年，美国审计准则委员会发布第55号审计准则公告《财务报表审计中内部控制结构的考虑》，内部控制的定义才有较大幅度的改变，不再用内部控制的目标来定义内部控制。该文告首次使用"内部控制结构"一词，取代了原有的"内部控制"一词。该文告指出，"企业的内部控制结构包括为合理保证企业特定目标的实现而建立的各种政策和程序"，并且明确了内部控制结构的内容。该定义不再区分会计控制和管理控制，并将内部控制环境纳入了内部控制的范畴，指出内部控制包括三个组成要素，即控制环境、会计系统和控制程序。

1992年，美国的全国虚假财务报告委员会下属的发起人委员会(The Committee of Sponsoring Drganizations of the Treadway Commission，COSO)委员会发表了一个有关内部控制的报告，对内部控制提出了新的定义为"内部控制是一个过程，它受到一个实体的董事会、管理部门和其他人事部门的影响，它提供有关目标实现的合理保证。这些目标包括经营的效率和效果，财务报告的可靠性，相关法律与规定的遵循。"这一定义强调内部控制是一个整体架构，适应企业的现实情况。将内部控制结构中的三个要素扩展为五个要素，即控制环境、风险评估、控制活动、信息与沟通、监控。

1996年，美国AICPA颁布第78号审计准则公告，采用了COSO所定义的内部控制整体架构概念，对第55号审计准则公告做了修订，美国审计委员会认可了COSO的研究成果。

2001年，COSO委托普华永道开发一个对于管理当局评价和改进他们所在组织的企业风险管理的简便易行的框架，2004年9月《企业风险管理——整合框架》正式文本发布。企业风险管理整合框架认为："企业风险管理是一个过程，它由一个主体的董事会、管理当局和其他人员实施，应用于战略制定并贯穿于企业之中，旨在识别可能会影响主体的潜在事项，管理风险以使其在该主体的风险容量之内，并为主体目标的实现提供合理保证。"在五个要素基础上拓展成八个要素：内部环境、目标设定、事项识别、风险评估、风险应对、控制活动、信息与沟通、监控。该框架拓展了内部控制，更有力、更广泛地关注企业风险管理这一更加宽泛的领域。

2017年9月，COSO发布了新版(2017版)的企业风险管理框架：《企业风险管理——与战略和业绩的整合》。该框架全面修订了风险管理要素，重新分为五个要素：治理与文化，风险、战略与目标设定，风险管理执行，审查和修订，信息、沟通和报告。

纵观内部控制的演变历史，可以发现促进内部控制发展的动因主要有两个：一是企业内部管理的压力；二是外部审计开展的推动。实行内部控制有其积极作用，即保护企业财产的完整性，提高会计信息的准确性，以及配合外部审计的有效性。

二、内部控制理论概述

(一)内部控制的含义及目标

根据《中国注册会计师审计准则第 1211 号——通过了解被审计单位及其环境识别和评估重大错报风险》的规定，内部控制是指被审计单位为了合理保证财务报告的可靠性、经营的效率和效果以及对法律法规的遵守，由治理层、管理层和其他人员设计与执行的政策及程序。

对于内部控制，可以从以下几个方面加以理解。

首先，内部控制的目标是合理保证，包括：①财务报告的可靠性，这一目标与管理层履行财务报告编制责任密切相关；②经营的效率和效果，即经济有效地使用企业资源，以最优方式实现企业的目标；③在所有经营活动中遵守法律法规的要求，即在法律法规的框架下从事经营活动。

其次，设计和实施内部控制的责任主体是治理层、管理层和其他人员，组织中的每一个人都对内部控制负有责任。

最后，实现内部控制目标的手段是设计和执行控制政策及程序。

(二)与审计相关的控制

内部控制的目标旨在合理保证财务报告的可靠性、经营的效率和效果以及对法律法规的遵守。注册会计师审计的目标是对财务报表是否不存在重大错报发表审计意见，因此，注册会计师需要了解和评价的内部控制只是与财务报表审计相关的内部控制，并非被审计单位所有的内部控制。确定一项控制单独或连同其他控制是否与审计相关，需要注册会计师做出职业判断。

在运用职业判断时，注册会计师应当考虑下列因素：①重要性；②相关风险的重要程度；③被审计单位的规模；④被审计单位的性质，包括组织结构和所有制性质；⑤被审计单位经营的多样性和复杂性；⑥适用的法律法规；⑦内部控制的情况和适用的要素；⑧作为内部控制组成部分的系统(包括利用服务机构)的性质和复杂性；⑨一项特定控制(单独或连同其他控制)是否以及如何防止或发现并纠正重大错报。

注册会计师根据以前的经验以及在了解被审计单位及其环境过程中获得的信息，来帮助其识别与审计相关的控制。如果用以保证经营效率、效果的控制以及对法律法规遵守的控制与实施审计程序时评价或适用的数据相关，注册会计师应当考虑这些控制可能与审计相关。例如，对某些非财务数据(如销售统计数据)的控制，如果注册会计师在实施分析程序时使用这些数据，这些控制可能与审计相关。又如，某些法规(如税法)对财务报表存在直接和重大影响(影响应交税费和所得税费用)。为了遵守这些法规，被审计单位可能设计和执行相应的控制，这些控制也与注册会计师的审计有关。

用以保护资产安全的内部控制可能包括与实现财务报告可靠性和经营效率、效果目标相关的控制。注册会计师在了解保护资产的内部控制各项要素时，可仅考虑其中与财务报告可靠性目标相关的控制。例如，保护存货安全的控制可能与审计相关，但在生产中防止材料浪费的控制通常就与审计不相关，只有所用材料的成本没有在财务报表中如实反映，才会影响财务报表的可靠性。

被审计单位通常有一些与审计无关的控制，注册会计师无须对其加以考虑。例如，被审计单位可能依靠某一复杂的自动控制系统提高经营活动的效率(如航空公司用于维护航班时间表的自动控制系统)，但这些控制通常与审计无关。

(三)内部控制的局限性

无论内部控制的设计多么严密，其执行多么严格，也不能认为它是完全有效的。或者说，它只能对财务报告的可靠性提供合理的保证。因为内部控制会因其固有的限制而存在一定的局限性。一般而言，内部控制存在以下固有的局限性。

(1) 在决策时，人为判断可能出现错误和由于人为失误而导致内部控制失效。例如，被审计单位信息技术工作人员没有完全理解系统如何处理销售交易，为使系统能够处理新型产品的销售，可能错误地对系统进行更改；或者对系统的更改是正确的，但是程序员没能把此次更改转化为正确的程序代码。

(2) 可能由于两个或更多的人员进行串通或管理层凌驾于内部控制之上而被规避。例如，管理层可能与客户签订背后协议，对标准的销售合同做出变动，从而导致收入确认发生错误。再如，软件中的编辑控制旨在发现和报告超过赊销信用额度的交易，但这一控制可能被逾越或规避。

(3) 如果被审计单位内部行使控制职能的人员素质不适应岗位要求，也会影响内部控制功能的正常发挥。

(4) 被审计单位实施内部控制的成本效益问题也会影响其效能，当实施某项控制成本大于控制效果而发生损失时，就没有必要设置控制环节或控制措施。

(5) 内部控制一般都是针对经常重复发生的业务而设置的，如果出现不经常发生或未预计到的业务，原有控制就可能不适用。

由于内部控制存在上述固有的局限，这就要求注册会计师必须清醒地认识到，无论被审计单位的内部控制设计和运行得多么健全、有效，都只能在一定程度上防止错误和舞弊的发生，而不能杜绝错误和舞弊。因此，内部控制只能为财务报告的可靠性提供合理的保证。注册会计师在确定内部控制的可信赖程度时，应当保持应有的职业谨慎，充分关注内部控制的固有的局限性。

三、内部控制要素

内部控制包括下列要素：①控制环境；②风险评估过程；③与财务报告相关的信息系统(包括相关业务流程)与沟通；④控制活动；⑤对控制的监督。这种对内部控制要素进行分类的方法不是唯一的，被审计单位也不一定按这种分类方式设计和执行内部控制，但注册会计师应当从这五个要素所涉及的各个方面对被审计单位的内部控制进行了解和描述。

(一)控制环境

1. 控制环境的含义

控制环境包括治理职能和管理职能，以及治理层和管理层对内部控制及其重要性的态度、认识和行动。控制环境设定了被审计单位的内部控制基调，影响员工对内部控制的认识和态度。良好的控制环境是实施有效内部控制的基础。

2．控制环境的构成要素

控制环境的构成要素包括以下几个方面。

(1) 对诚信和道德价值观念的沟通与落实。诚信和道德价值观念是控制环境的重要组成部分，影响到重要业务流程的设计和运行。内部控制的有效性直接依赖于负责创建、管理和监控内部控制的人员的诚信和道德价值观念。被审计单位是否存在道德行为规范，以及这些规范如何在被审计单位内部得到沟通和落实，决定了是否能产生诚信和道德的行为。对诚信和道德价值观念的沟通与落实既包括管理层如何处理不诚实、非法或不道德行为，也包括在被审计单位内部，通过行为规范以及高层管理人员的身体力行，对诚信和道德价值观念的营造和保持。

例如，管理层在行为规范中指出，员工不允许从供货商那里获得超过一定金额的礼品，超过的部分都须报告和退回。尽管该行为规范本身并不能绝对保证员工都照此执行，但至少意味着管理层已对此进行了明示，它连同其他程序可以构成一个有效的预防机制。

(2) 对胜任能力的重视。胜任能力是指具备完成某一职位的工作所应有的知识和能力。管理层对胜任能力的重视包括对于特定工作所需胜任能力的考虑以及这些能力如何转化为必要的技能和知识。例如，财务人员是否对编报财务报表所适用的会计准则和相关会计制度有足够的了解并能正确运用。

(3) 治理层的参与程度。被审计单位的控制环境在很大程度上受治理层的影响。治理层的职责应在被审计单位的章程和政策中予以规定。治理层(董事会)通常通过其自身的活动，并在审计委员会或类似机构的支持下，监督被审计单位的财务报告政策和程序。因此，董事会、审计委员会或类似机构应关注被审计单位的财务报告，并监督被审计单位的会计政策以及内部、外部的审计工作和结果。治理层的职责还包括监督用于复核内部控制有效性的政策和程序设计是否合理，执行是否有效。

治理层对控制环境的影响要素有：治理层相对于管理层的独立性；治理层的经验与品德；治理层参与被审计单位经营的程度、收到的信息及其对经营活动的详细检查；治理层采取措施的适当性，包括提出问题的难度和对问题的跟进程度，以及治理层与内部审计人员和注册会计师的互动。

(4) 管理层的理念和经营风格。管理层负责企业的运作以及经营策略和程序的制定、执行与监督。控制环境的每个方面在很大程度上都受管理层采取的措施和做出决策的影响。管理层的理念包括管理层对内部控制的理念，即管理层对内部控制以及对具体控制实施环境的重视程度。管理层对内部控制的重视，有助于控制的有效执行，并减少特定控制被忽视或规避的可能性。衡量管理层对内部控制重视程度的重要标准，是管理层收到有关内部控制缺陷及违规事件的报告时是否做出适当反应。管理层及时下达纠弊措施，表明他们对内部控制的重视，也有利于增强企业内部的控制意识。

管理层的经营风格是指管理层所能接受的业务风险的性质。例如，管理层是否经常投资于风险特别高的领域或者在接受风险方面极为保守，不敢越雷池一步。

(5) 组织结构及职权与责任的分配。被审计单位的组织结构为计划、运作、控制及监督经营活动提供了一个整体框架。通过集权或分权决策，可在不同部门间进行适当的职责划分，建立适当层次的报告体系。组织结构将影响权利、责任和工作任务在组织成员中的分配。被审计单位的组织结构在一定程度上取决于被审计单位的规模和经营活动的性质。

(6) 人力资源政策与实务。政策与程序(包括内部控制)的有效性通常取决于执行人。因此，被审计单位员工的能力与诚信是控制环境中不可缺少的因素。人力资源政策与实务涉及招聘、培训、考核、咨询、晋升和薪酬等方面。被审计单位是否有能力招聘并保留一定数量既有能力又有责任心的员工，在很大程度上取决于其人事政策与实务。例如，如果招聘录用标准要求录用最合适的员工，包括强调员工的学历、经验、诚信和道德，表明被审计单位希望录用有能力并值得信赖的人员。被审计单位有关培训方面的政策应显示员工应达到的工作表现和业绩水准，通过定期考核的晋升政策表明被审计单位希望具备相应资格的人员承担更多的职责。

(二)风险评估过程

每个组织都面临着来自内部和外部的不同风险，风险对其生存和竞争能力产生影响。很多风险并不为经济组织所控制，但管理层应当确定可以承受的风险水平，识别这些风险并采取一定的应对措施。可能产生风险的事项和情形包括：监管和经营环境的变化，新员工的加入，新信息系统的使用或对原系统进行升级，业务快速发展，新技术的运用，新生产型号、产品和业务活动，企业重组，发展海外经营，新的会计准则。

风险评估过程包括识别与财务报告相关的经营风险，以及针对这些风险所采取的措施。财务报告中的风险评估，就是企业的有关管理部门对于按照公认会计原则编制财务报表有关风险所进行的识别和分析。

风险评估过程的作用是识别、评估和管理影响被审计单位实现经营目标能力的各种风险。例如，风险评估可能会涉及被审计单位如何考虑对某些交易未予记录的可能性，或者识别和分析财务报告中的重大会计估计发生错报的可能性。与财务报告相关的风险也可能与特定事项和交易有关。

(三)与财务报告相关的信息系统与沟通

与财务报告相关的信息系统，包括用以生成、记录、处理和报告交易、事项和情况，对相关资产、负债和所有者权益履行经营管理责任的程序和记录。

与财务报告相关的信息系统通常包括以下职能：①识别与记录所有的有效交易；②及时、详细地描述交易，以便在财务报告中对交易做出恰当分类；③恰当地计量交易，以便在财务报告中对交易的金额做出准确记录；④恰当地确定交易生成的会计期间；⑤在财务报表中恰当地列报交易。

与财务报告相关的沟通包括使员工了解各自在与财务报告有关的内部控制方面的角色和职责，员工之间的工作联系，以及向适当级别的管理层报告例外事项的方式。

公开的沟通渠道有助于确保例外情况得到报告和处理。沟通可以采用政策手册、会计和财务报告手册及备忘录等形式进行，也可以通过发送电子邮件、口头沟通和管理层的行动来进行。

(四)控制活动

控制活动是指有助于确保管理层的指令得以执行的政策和程序，包括与授权、业绩评价、信息处理、实物控制和职责分离等相关的活动。

(1) 授权。授权包括一般授权和特别授权。一般授权是指管理层制定的要求组织内部遵守的普遍适用于某类交易或活动的政策。特别授权是指管理层针对特定类别的交易或活动逐一设置的授权，如重大资本支出和股票发行等。特别授权也可能用于超过一般授权限制的常规交易。例如，因某些特殊原因，同意对某个不符合一般信用条件的客户赊销商品。

(2) 业绩评价。业绩评价主要包括被审计单位分析评价实际业绩与预算(或预测、前期业绩)的差异，综合分析财务数据与经营数据的内在关系，将内部数据与外部信息来源相比较，评价职能部门、分支机构或项目活动的业绩，以及对发现的异常差异或关系采取必要的调查与纠正措施。

(3) 信息处理。信息处理包括信息技术的一般控制和应用控制。信息技术一般控制是指与多个应用系统有关的政策和程序，有助于保证信息系统持续恰当地运行，支持应用控制作用的有效发挥，通常包括数据中心和网络运行控制，系统软件的购置、修改及维护控制，接触或访问权限控制，应用系统的购置、开发及维护控制。信息技术应用控制是指主要在业务流程层面运行的人工或自动化程序，与用于生成、记录、处理、报告交易或其他财务数据的程序相关，通常包括检查数据计算的准确性，审核账户和试算平衡表，设置对输入数据和数字序号的自动检查，以及对例外报告进行人工干预。

(4) 实物控制。实物控制包括了解对资产和记录采取适当的安全保护措施，对访问计算机程序和数据文件设置授权，以及定期盘点并将盘点记录与会计记录相核对。例如，现金、有价证券和存货的定期盘点控制。实物控制的效果影响资产的安全，从而对财务报表的可靠性及审计产生影响。

(5) 职责分离。职责分离包括了解被审计单位如何将交易授权、交易记录以及资产保管等职责分配给不同员工，以防范同一员工在履行多项职责时可能发生的舞弊或错误。当信息技术运用于信息系统时，职责分离可以通过设置安全控制来实现。

(五)对控制的监督

对控制的监督是指被审计单位评价内部控制在一段时间内运行有效性的过程，该过程包括及时评价控制的设计和运行，以及根据情况的变化采取必要的纠正措施。例如，管理层对是否定期编制银行存款余额调节表进行复核，内部审计人员评价销售人员是否遵守公司关于销售合同条款的政策，法律部门定期监控公司的道德规范和商务行为准则是否得到遵循等。

通常，被审计单位通过持续的监督活动、专门的评价活动或两者相结合，实现对控制的监督。持续的监督活动通常贯穿于被审计单位的日常经营活动与常规管理工作中。例如，管理层在履行其日常管理活动时，取得内部控制持续发挥功能的信息。当业务报告、财务报告与其获取的信息有较大差异时，管理层会对有重大差异的报告提出疑问，并做必要的追踪调查和处理。

被审计单位可能使用内部审计人员或具有类似职能的人员对内部控制的设计和执行进行专门的评价，以找出内部控制的优点和不足，并提出改进建议。被审计单位也可能利用与外部有关各方沟通或交流所获取的信息监督相关的控制活动。例如，客户通过付款来表示其同意发票金额，或者认为发票金额有误而不予付款。监管机构(如银行监管机构)可能会对影响内部控制运行的问题与被审计单位沟通。管理层可能也会考虑与注册会计师就内部控制进行沟通，通过与外部信息的沟通，可以发现内部控制存在的问题，以便采取纠正措施。

四、了解被审计单位的内部控制

由于企业经营活动和各种内部控制十分复杂，内部控制的某些要素(如控制环境)更多地对被审计单位整体层面产生影响，而其他要素(如信息系统与沟通、控制活动)则可能更多地与特定业务流程相关。在实务中，注册会计师一方面要在整体层面了解内部控制，另一方面要在业务流程层面了解内部控制。

(一)了解内部控制的深度和程序

1. 了解内部控制的深度

了解内部控制的深度包括评价控制的设计，并确定其是否得到执行，但不包括对控制是否得到一贯执行的测试。评价控制的设计，涉及考虑该控制单独或连同其他控制是否能够有效防止或发现并纠正重大错报。控制得到执行是指某项控制存在且被审计单位正在使用。评估一项无效控制的运行没有什么意义，因此，需要首先考虑控制的设计。设计不当的控制可能表明存在值得关注的内部控制缺陷。

2. 了解内部控制的程序

用以获取有关控制设计和执行的审计证据的风险评估程序包括：①询问被审计单位人员；②观察特定控制的运用；③检查文件和报告；④追踪交易在财务报告信息系统中的处理过程(穿行测试)。

(二)在整体层面了解内部控制

注册会计师在整体层面对被审计单位内部控制的了解和评估，主要是通过对内部控制各组成要素的了解。通常由项目组中对被审计单位情况比较了解且较有经验的成员负责，同时需要项目组其他成员的参与和配合。对于连续审计，注册会计师可以重点关注整体层面内部控制的变化以及采取的对策。注册会计师还需要特别考虑因舞弊而导致重大错报的可能性及其影响。在了解内部控制的构成要素时，注册会计师需要特别注意这些要素在实际中是否得到执行。

被审计单位整体层面的内部控制是否有效将直接影响重要业务流程层面控制的有效性，进而影响注册会计师拟实施的进一步审计程序的性质、时间和范围。

1. 对控制环境的了解

在审计业务承接阶段，注册会计师需要对控制环境做出初步了解和评价。在评价控制环境的设计和实施情况时，注册会计师应当了解管理层在治理层的监督下，是否营造并保持了诚实守信和合乎道德的文化，以及是否建立了防止或发现并纠正舞弊和错误的恰当控制。

在评价控制环境的各个要素时，注册会计师应当考虑控制环境的各个要素是否得到执行。因为管理层也许建立了合理的内部控制，但却未有效执行。例如，管理层已建立正式的行为守则，但实际操作中却没有对不遵守该守则的行为采取措施。在确定构成控制环境的要素是否得到执行时，注册会计师应当考虑将询问与其他风险评估程序相结合以获取审计证据。通过询问管理层和员工，注册会计师可能了解管理层如何就业务规程和道德价值观念与员工进行沟通；通过观察和检查，注册会计师可能了解管理层是否建立了正式的行为守则，在日常工作中行为守则是否得到了遵守，以及管理层如何处理违反行为守则的情形。

控制环境对重大错报风险的评估具有广泛影响，注册会计师应当考虑控制环境的总体优势是否为内部控制的其他要素提供了适当的基础，并且未被控制环境中存在的缺陷所削弱。注册会计师在评估重大错报风险时，存在令人满意的控制环境是一个积极的因素。虽然令人满意的控制环境并不能绝对防止舞弊，但却有助于降低发生舞弊的风险。有效的控制环境还能为注册会计师相信在以前年度和期中所测试的控制将继续有效地运行提供一定的基础。相反，控制环境中存在的弱点可能削弱控制的有效性。例如，注册会计师在进行风险评估时，如果认为被审计单位控制环境薄弱，则很难认定某一流程的控制是有效的。

控制环境本身并不能防止或发现并纠正各类交易、账户余额和披露认定层次的重大错报。注册会计师在评估重大错报风险时，应当将控制环境连同其他内部控制要素产生的影响一并考虑。例如，将控制环境与对控制的监督和具体控制活动一并考虑。

2．对风险评估过程的了解

在评价被审计单位风险评估过程的设计和执行时，注册会计师应当确定管理层如何识别与财务报告相关的经营风险，如何估计该风险的重要性，如何评估风险发生的可能性，以及如何采取措施管理这些风险。如果被审计单位的风险评估过程符合其具体情况，了解被审计单位的风险评估过程和结果有助于注册会计师识别财务报表的重大错报风险。注册会计师了解风险评估，通常采用问题调查表和与管理人员进行讨论的方法。

需要指出的是，企业所进行的风险评估和注册会计师对财务报告所进行的风险评估是不同的。企业进行风险评估，目的是辨认和分析自身目标不能达到的可能性。而注册会计师的风险评估，目的在于确定企业财务报表的重大错报风险，借以确定可以接受的检查风险，从而保证审计工作的质量。

3．对信息系统与沟通的了解

注册会计师应当从以下几个方面了解与财务报告相关的信息系统：①在被审计单位经营过程中，对财务报表具有重大影响的各类交易；②在信息技术和人工系统中，交易生成、记录、处理和报告的程序；③用以生成、记录、处理和报告交易的会计记录、支持性信息和财务报表中的特定账户；④信息系统如何获取除各类交易之外的对财务报表具有重大影响的事项和情况的信息；⑤被审计单位编制财务报告的过程；⑥与会计分录相关的控制。

注册会计师对与财务报告相关的沟通的了解，主要了解被审计单位内部如何对财务报告的岗位职责以及与财务报告相关的重大事项进行沟通，了解管理层与治理层之间的沟通，以及被审计单位与外部的沟通。

4．对控制活动的了解

在了解控制活动时，注册会计师应当重点考虑一项控制活动单独或连同其他控制活动是否能够以及如何防止或发现并纠正各类交易、账户余额和披露存在的重大错报。注册会计师的工作重点是识别和了解针对重大错报可能发生的领域的控制活动。如果多项控制活动能够实现同一目标，注册会计师不必了解与该目标相关的每项控制活动。

5．对控制的监督的了解

了解被审计单位对于控制的监督情况，主要应了解被审计单位使用的监督活动的主要类型，包括内部审计和其他监督手段，以及在需要的时候这些活动怎样对内部控制进行必要的修正和调整。这种了解一般是通过与管理人员的讨论来进行的。

(三)在业务流程层面了解内部控制

在初步计划审计工作时，注册会计师需要确定在被审计单位财务报表中可能存在重大错报风险的重大账户及其相关认定。为实现此目的，通常采取以下步骤。在实务中，这些步骤可能会同时进行。

1．确定重要业务流程和重要交易类别

在实务中，注册会计师更多的是从业务层面了解内部控制。所谓业务循环，是指处理某一类型经济业务的工作程序和先后顺序的总称。将被审计单位的整个经营活动划分为几个重要的业务循环，有助于注册会计师更有效地了解和评估重要业务流程及相关控制。通常，对制造业企业来说，可以划分为销售与收款循环、采购与付款循环、生产与存货循环、人力资源与工薪循环、投资与筹资循环等业务循环。经营活动的性质不同，所划分的业务循环也不同。例如，对于银行业来说，没有生产循环，但有贷放款循环和活期业务存款循环。同时，不同的注册会计师在检查内部控制时，可以按照自己的判断去划分特定的业务循环，如可以将上述销售和收款循环按照处理销货的程序和处理现金收入的程序划分为两个循环进行调查。重要交易类别是指可能对被审计单位财务报表产生重大影响的各类交易，它应与相关账户及其认定相联系，另外，除了一般所理解的交易外，对财务报表具有重大影响的事项和情况也应包括在内。

2．了解重要交易流程，并进行记录

在确定重要的业务流程和交易类别后，注册会计师便可着手了解每一类重要交易在信息技术或人工系统中生成、记录、处理及在财务报表中报告的程序，即重要交易流程。这是确定在哪个环节或哪些环节可能发生错报的基础。

交易流程通常包括以下一系列工作：输入数据的核准与修订，数据的分类与合并，进行计算、更新账簿资料和客户信息记录，生成新的交易，归集数据，列报数据。与注册会计师了解重要交易相关的流程通常包括生成、记录、处理和报告交易等活动。

注册会计师可以通过下列方法获得对重要交易流程的了解：检查被审计单位的手册和其他书面指引，询问被审计单位的适当人员，观察所运用的处理方法和程序，穿行测试。

3. 确定可能发生错报的环节

注册会计师需要确认和了解被审计单位应在哪些环节设置控制，以防止或发现并纠正各重要业务流程可能发生的错报。注册会计师所关注的控制，是那些能通过防止错报的发生，或者通过发现和纠正已有错报，从而确保每个流程中业务活动的具体流程能够顺利运转的人工或自动化控制程序。

尽管不同的被审计单位会为确保会计信息的可靠性而对业务流程设计和实施不同的控制，但设计控制的目的是为了实现某些控制目标。实际上，这些控制目标与财务报表重大账户的相关认定相联系。但注册会计师在此时通常不考虑列报认定，而在审计财务报告流程时将考虑该认定。

4. 识别和了解相关控制

通过对被审计单位的了解，包括在被审计单位整体层面对内部控制各要素的了解，以及在上述程序中对重要业务流程的了解，注册会计师可以确定是否有必要进一步了解在业务流程层面的控制。在某些情况下，注册会计师之前的了解可能表明被审计单位在业务流程层面针对某些重要交易流程所设计的控制是无效的，或者注册会计师并不打算信赖控制，这时注册会计师没有必要进一步了解在业务流程层面的控制。需要注意的是，如果认为仅通过实质性程序无法将认定层次的检查风险降至可接受的水平，或者针对特别风险，注册会计师应当了解和评估相关的控制活动。

如果注册会计师计划对业务流程层面的有关控制进行进一步的了解和评价，那么针对业务流程中容易发生错报的环节，注册会计师应当确定以下几个方面的事项：被审计单位是否建立了有效的控制，以防止或发现并纠正这些错报；被审计单位是否遗漏了必要的控制；是否识别了可以最有效测试的控制。通常将业务流程中的控制划分为预防性控制和检查性控制。预防性控制通常用于正常业务流程的每一项交易，以防止错报的发生。在流程中防止错报是信息系统的重要目标。建立检查性控制的目的是发现流程中可能发生的错报(尽管有预防性控制还是会发生的错报)。被审计单位通过检查性控制，监督其流程和相应的预防性控制能否有效地发挥作用。检查性控制通常是管理层用来监督实现流程目标的控制。预防性控制和检查性控制可以由人工执行，也可以由信息系统自动执行。

5. 执行穿行测试，证实对交易流程和相关控制的了解

为了了解各类重要交易在业务流程中发生、处理和记录的过程，注册会计师通常会每年执行穿行测试。执行穿行测试可获得下列方面的证据：确认对业务流程的了解；确认对重要交易的了解是完整的，即在交易流程中所有与财务报表认定相关的可能发生错报的环节都已识别；确认所获取的有关流程中的控制信息的准确性；评估控制设计的有效性；确认控制是否得到执行；确认之前所做的书面记录的准确性。

需要注意的是，如果不打算信赖控制，注册会计师仍需要执行穿行测试以确认以前对业务流程及可能发生错报环节了解的准确性和完整性。

6. 进行初步评价和风险评估

在识别和了解控制后，根据执行上述程序及获取的审计证据，注册会计师需要评价控

制设计的合理性并确定其是否得到执行。注册会计师对控制的评价结论可能是：所设计的控制单独或连同其他控制能够防治或发现并纠正重大错报，并得到执行；控制本身的设计是合理的，但没有得到执行；控制本身的设计就是无效的或缺乏必要的控制。由于对控制的了解和评价是在穿行测试完成后但又在测试控制运行有效性之前进行的，因此，上述评价结论只是初步结论，仍可能随着控制测试后实施实质性程序的结果而发生变化。

注册会计师对控制的评价，进而对重大错报风险的评估，需要考虑的因素包括账户特征及已识别的重大错报风险。如果已识别的重大错报风险水平为高，相关的控制应有较高的敏感度。例如，复杂的发票计算或计价过程增加了开票错报的风险；经营的季节性特征增加了在旺季发生错报的风险。对被审计单位整体层面控制的评价，注册会计师应将对整体层面获得的了解和结论，同在业务流程层面获得的有关重大交易流程及其控制的证据结合起来考虑。

在评价业务流程层面的控制要素时，考虑的影响因素可能包括：管理层及执行控制的员工表现出来的胜任能力及诚信度；员工受监督的程度及员工流动的频繁程度；管理层凌驾于控制之上的潜在可能性；缺乏职责划分，包括信息技术系统中自动化的职责划分的情况；审计期间内部审计人员或其他监督人员测试控制运行情况的程度；业务流程变更产生的影响，如变更期间控制程序的有效性是否受到了削弱；在被审计单位的风险评估过程中，所识别的与某项控制运行相关的风险，以及对于该控制是否有进一步的监督。注册会计师同时也要考虑其识别出针对某控制的风险，被审计单位是否也识别出该风险，并采取了适当的措施来降低该风险。

在对控制进行初步评价及风险评估后，注册会计师需要利用实施上述程序获得的信息来确定控制本身的设计是否合理、控制是否得到执行以及是否更多地信赖控制并拟实施控制测试。

总之，在实务中，注册会计师应当从被审计单位的整体层面和业务流程层面分别了解和评价被审计单位的内部控制。内部控制的某些要素(如控制环境)更多地对被审计单位整体层面产生影响，而其他要素(如信息系统与沟通、控制活动)则可能更多地与特定业务流程相关。整体层面的控制(包括对管理层凌驾于内部控制之上的控制)和信息技术一般控制通常在所有业务活动中普遍存在。业务流程层面控制主要是对工薪、销售和采购等交易的控制。整体层面的控制对内部控制在所有业务流程中得到严格的设计和执行具有重要影响，整体层面的控制较差甚至可能使最好的业务流程层面控制失效。

此外，在实务中，注册会计师还需要进一步了解有关信息从具体交易的业务流程过入总账、财务报表以及相关列报的流程，即财务报告流程及其控制。这一流程和控制与财务报表的列报认定直接相关。财务报告流程包括：①将业务数据汇总记入总账的程序，即如何将重要业务流程的信息与总账和财务报告系统相连接；②在总账中生成、记录和处理会计分录的程序；③记录对财务报表常规和非常规调整的程序，如合并调整、重分类等；④草拟财务报表和相关披露的程序。

在了解财务报告流程的过程中，注册会计师应当考虑对以下方面做出评估：①主要的输入信息、执行的程序、主要的输出信息；②财务报告流程要素中涉及信息技术的程度；③管理层的哪些人员参与其中；④记账分录的主要类型，如标准分录、非标准分录等；⑤适当人员(包括管理层和治理层)对流程实施监督的性质和范围。

五、描述被审计单位的内部控制

注册会计师在充分了解企业内部控制的情况后，应当采用适当的方法将了解的内部控制情况记录下来，形成审计工作底稿。注册会计师可采用文字叙述法、调查表法和流程图法等方法对内部控制进行描述。

(一)文字叙述法

文字叙述法也称文字说明法，是指注册会计师用文字叙述的方式描述被审计单位内部控制的方法。文字叙述法一般按业务循环来说明内部控制的情况，主要说明的内容有：每个业务循环中的每种凭证和记录的来源，业务发生的全部处理过程，业务循环中每种凭证和记录的存放地点，业务循环中每项工作的负责人及经办人的职责，业务循环中与控制风险相关的控制程序等。文字叙述法的参考格式如表6-1所示。

表6-1　ABC公司现金收支内部控制

被审计单位名称：	索引号：	页次：
会计期间：	编制者姓名：	日期：
	复核者姓名：	日期：

内部控制情况	ABC公司收入现金，先由出纳审核有关凭证，并填写收款收据。收妥现金后，编制记账凭证，并登记库存现金日记账，而后将此凭证交给会计用以登记相关的账目。每日收到的现金于第二天由出纳送存银行。支出现金，先由出纳审核支出款项的原始凭证(一般为发票)，然后填制付款记账凭证，并于款项付出后在原始凭证上加盖"付讫"的戳记。出纳根据付款记账凭证登记库存现金日记账，而后将记账凭证交会计登记相关的账目。 凭证上的复核印章一般先盖好，因此就不再复核。出纳每隔九天进行一次核对，如有差异，须报领导审批后处理。月终，由财务负责人进行盘点
评价	该公司的内部控制较差，尤其是由出纳填制收付款凭证又不经复核的做法，容易产生错弊

(二)调查表法

调查表法也称调查问卷法，是指注册会计师通过预先设计好的有关内部控制的问题式调查表，利用其向被审计单位有关人员调查了解内部控制，从而对内部控制加以描述的一种方法。编制内部控制调查表是调查表法的关键，调查表的设计是否恰当，直接关系到调查与评价工作的质量。内部控制调查表的问题一般采用封闭式问题，其答案一般为"是""否""不适用"三种。内部控制调查表的基本格式如表6-2所示。

内部控制调查表法的优点主要有：①简便易行，即使没有较高的专业知识和专业技能的人员也能操作；②能对所调查的对象提供一个概括的说明，有利于注册会计师利用对内部控制进行分析和评价；③编制调查表省时省力，有利于审计成本的节约；④注册会计师从调查表中"否"栏的信息中很容易找出内部控制存在的问题，有利于抓住审计重点，减少注册会计师忽略重要控制的可能性。

表 6-2　销售业务的内部控制调查表

被审计单位名称：　　　　　　　　　　索引号：　　　　　　　　页次：

　　　　　　　　　　　　　　　　　　编制者姓名：　　　　　　日期：

会计期间：　　　　　　　　　　　　　复核者姓名：　　　　　　日期：

调查问题	是	否	不适用	备注
1. 登记入账的销售业务是否均有经过审批的发运单和客户的订货单？	√			
2. 对客户的赊销是否经过适当的审批？		√		
3. 产品出厂是否均有事先编号的书面发运单？	√			
4. 发运单是否采取适当的方式进行控制，以保证所有发货均已开票收款？	√			
5. 发运单是否预先连续编号并登记入账？	√			
6. 销售发票是否预先连续编号并登记入账？	√			
7. 销售发票与发运单所列的数量是否核对相符？	√			
8. 销售发票的金额是否经过复核？	√			
9. 是否定期向客户发出对账单？		√		
10. 销售业务的明细账和总账是否相符？	√			

　　但是，内部控制调查表也有其缺陷，主要表现为：①因其调查内容、格式的固定性，缺乏弹性，没有充分考虑不同被审计单位的特殊情况，使"不适用"栏目填得太多，导致该方法本身不适用；②调查表一般是按项目考查被审计单位的内部控制情况的，调查内容只限于明确的调查事项，而不易了解其他方面的有关信息，往往不能提供一个完整的、系统的、全面的分析评价。这种方法比较适合于检查、了解内部控制系统中各项具体的控制点和控制措施。

(三)流程图法

　　流程图法是指用特定的符号、线条和图形来表示被审计单位内部控制的方法。流程图是一种十分有用的方法，它可以清晰地反映出被审计单位的组织结构、职责分工、权限范围、各种业务处理流程、各种文件或凭证的编制及传递流程、会计档案的种类及存放地点等情况，能直观地表现内部控制的实际情况。内部控制流程图如图 6-1 所示。

　　流程图法的优点主要有：形象直观，能从整体的角度，以简明的形式描绘内部控制的实际情况，突出了控制点和关键控制点，便于较快地检查出内部控制逻辑上的薄弱环节，从而有利于对内部控制进行评价，同时流程图便于修改或更新。流程图的缺点有：编制流程图需具备较娴熟的技术和较丰富的工作经验，并颇费时间，绘制工作复杂，绘制难度较大，初学者不易掌握和运用；无法直接反映控制流程之外的控制措施(如实物控制等)，也不能明显地标出内部控制中的薄弱环节。

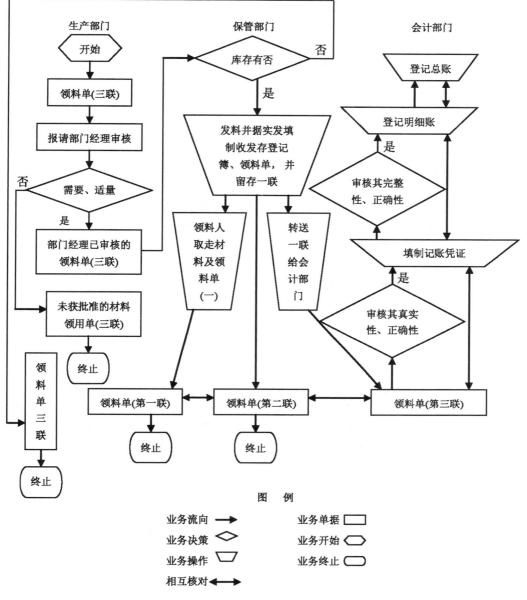

图 6-1 生产部门领用材料业务流程图

第三节 评估重大错报风险

评估重大错报风险是风险评估的最后一个步骤。注册会计师通过实施风险评估程序,来评估财务报表层次以及各类交易、账户余额和披露认定层次的重大错报风险。评估将作为确定进一步审计程序的性质、时间安排和范围的基础,以应对识别风险。

一、评估财务报表层次和认定层次的重大错报风险

(一)评估重大错报风险的审计程序

在评估重大错报风险时，注册会计师应当实施下列审计程序。

(1) 在了解被审计单位及其环境的整个过程中识别风险，并考虑各类交易、账户余额和披露。

(2) 将识别的风险与认定层次可能发生错报的领域相联系。

(3) 考虑识别的风险是否重大。

(4) 考虑识别的风险导致财务报表发生重大错报的可能性。

注册会计师应利用风险评估程序获取的信息，包括在评价控制设计和确定其是否得到执行时获得的审计证据，作为支持风险评估结果的审计证据。注册会计师应根据风险评估结果，确定实施进一步审计程序的性质、时间和范围。

(二)识别两个层次的重大错报风险

在对重大错报风险进行识别和评估后，注册会计师应当确定，识别的重大错报风险是与特定的某类交易、账户余额和披露的认定相关，还是与财务报表整体广泛相关，进而影响多项认定。

某些重大错报风险可能与特定的某类交易、账户余额和披露的认定相关。例如，被审计单位存在复杂的联营或合资，这一事项表明长期股权投资账户的认定可能存在重大错报风险。又如，被审计单位存在重大的关联方交易，该事项表明关联方及关联方交易的披露认定可能存在重大错报风险。注册会计师应当考虑对识别的各类交易、账户余额和披露认定层次的重大错报风险予以汇总和评估，以确定进一步审计程序的性质、时间安排和范围。表 6-3 所示是评估认定层次重大错报风险汇总示例。

表 6-3　评估认定层次重大错报风险汇总表

重大账户	认　定	识别的重大错报风险	风险评估结果
列示重大账户。 例如，应收账款	列示相关的认定。 例如，存在、完整性、计价或分摊等	汇总实施审计程序识别出的与该重大账户的某项认定相关的重大错报风险	评估该项认定的重大错报风险水平(应考虑控制设计是否合理、是否得到执行)

某些重大错报风险可能与财务报表整体广泛性相关，进而影响多项认定。例如，在经济不稳定的国家和地区开展业务、资产的流动性出现问题、重要客户流失、融资能力受到限制等，可能导致注册会计师对被审计单位的持续经营能力产生重大疑虑。又如，管理层缺乏诚信或承受异常的压力可能引发舞弊风险，这些风险与财务报表整体相关。

财务报表层次的重大错报风险很可能源于薄弱的控制环境。薄弱的控制环境带来的风险可能对财务报表产生广泛影响，难以限于某类交易、账户余额和披露，注册会计师应当采取总体应对措施。例如，被审计单位治理层、管理层对内部控制的重要性缺乏认识，没有建立必要的制度和程序；或管理层经营理念偏于激进，又缺乏实现激进目标的人力资源等。

在评估重大错报风险时，注册会计师应当将所了解的控制与特定认定相联系。这是由于控制有助于防止或发现并纠正认定层次的重大错报。在评估重大错报发生的可能性时，除了考虑可能的风险外，还要考虑控制对风险的抵消和遏制作用。有效的控制会减少错报发生的可能性，而控制不当或缺乏控制，错报就会由可能变成现实。

控制可能与某一认定直接相关，也可能与某一认定间接相关。关系越间接，控制在防止或发现并纠正认定中错报的作用越小。例如，销售经理对分地区的销售网点的销售情况进行复核，与销售收入完整性的认定只是间接相关。相应地，该项控制在降低销售收入完整性认定中的错报风险方面的效果，要比与该认定直接相关的控制(例如，将发货单与开具的销售发票相核对)的效果差。

注册会计师可能识别出有助于防止或发现并纠正特定认定发生重大错报的控制。在确定这些控制能否实现上述目标时，注册会计师应当将控制活动和其他要素综合考虑。如将销售和收款的控制置于其所在的流程和系统中考虑，以确定其能否实现控制目标。因为单个的控制活动(如将发货单与销售发票相核对)本身并不足以控制重大错报风险，只有多种控制活动和内部控制的其他要素综合作用才足以控制重大错报风险。

当然，也有某些控制活动可能专门针对某类交易或账户余额的个别认定。例如，被审计单位建立的、以确保盘点工作人员能够正确地盘点和记录存货的控制活动，直接与存货账户余额的存在性和完整性认定相关。注册会计师只需要对盘点过程和程序进行了解，就可以确定控制是否能够实现目标。注册会计师应当考虑对识别的各类交易、账户余额和披露认定层次的重大错报风险予以汇总和评估，以确定进一步审计程序的性质、时间和范围。

(三)评估重大错报风险时考虑的因素

表6-4 列示了评估重大错报风险时考虑的部分风险因素。

表6-4 评估重大错报风险时考虑的部分风险因素

1. 已识别的风险是什么？	
财务报表层次	(1) 源于薄弱的被审计单位层次内部控制或信息技术一般控制。 (2) 特别风险。 (3) 与管理层凌驾和舞弊相关的风险因素。 (4) 管理层愿意接受的风险，如小企业因缺乏职责分工导致的风险

续表

认定层次	(1) 与完整性、准确性、存在或计价相关的特定风险。 ① 收入、费用和其他交易。 ② 账户余额。 ③ 财务报表披露。 (2) 可能产生多重错报的风险
相关内部控制程序	(1) 特别风险。 (2) 用于预防、发现或减轻已识别风险的恰当设计并执行的内部控制程序。 (3) 仅通过执行控制测试应对的风险
2. 错报(金额影响)可能发生的规模有多大？	
财务报表层次	什么事项可能导致财务报表重大错报？考虑管理层凌驾、舞弊、未预期事件和以往经验
认定层次	考虑以下因素： (1) 交易、账户余额或披露的固有性质。 (2) 日常和例外事件。 (3) 以往经验
3. 事件(风险)发生的可能性有多大？	
财务报表层次	考虑以下因素： (1) 来自高层的基调。 (2) 管理层风险管理的方法。 (3) 采用的政策和程序。 (4) 以往经验
认定层次	考虑以下因素： (1) 相关的内部控制活动。 (2) 以往经验
相关内部控制程序	识别对于降低事件发生可能性非常关键的管理层风险应对要素

(四)考虑财务报表的可审计性

注册会计师在了解被审计单位的内部控制后，可能对被审计单位财务报表的可审计性产生怀疑。例如，对被审计单位会计记录的可靠性和状况的担心会使注册会计师认为可能很难获取充分、适当的审计证据，以支持对财务报表发表意见。再如，管理层严重缺乏诚信，注册会计师认为管理层在财务报表中做出虚假陈述的风险高到无法进行审计的程度。因此，如果通过对内部控制的了解发现下列情况，并对财务报表局部或整体的可审计性产生疑问，注册会计师应当考虑出具保留意见或无法表示意见的审计报告：①被审计单位会计记录的状况和可靠性存在重大问题，不能获取充分、适当的审计证据以发表无保留意见；②对管理层的诚信存在严重疑虑。必要时，注册会计师应当考虑解除业务约定。

二、需要特别考虑的重大错报风险

作为风险评估的一部分，注册会计师应当运用职业判断，确定识别的风险哪些是需要特别考虑的重大错报风险(以下简称特别风险)。

(一)确定特别风险时应考虑的事项

在确定风险的性质时,注册会计师应当考虑下列事项。

(1) 风险是否属于舞弊风险。

(2) 风险是否与近期经济环境、会计处理方法和其他方面的重大变化有关。

(3) 交易的复杂程度。

(4) 风险是否涉及重大的关联方交易。

(5) 财务信息计量的主观程度,特别是对不确定事项的计量存在较大区间。

(6) 风险是否涉及异常或超出正常经营过程的重大交易。

(二)特别风险通常与非常规交易和判断事项有关

日常的、不复杂的、经正规处理的交易不太可能产生特别风险。特别风险通常与重大的非常规交易和判断事项有关。

对于特别风险,注册会计师应当评价相关控制的设计情况,并确定其是否已经得到执行。与重大非常规交易或判断事项相关的风险很少受到日常控制的约束,因此,注册会计师应当了解被审计单位是否针对该特别风险设计和实施了控制。如果管理层未能实施控制以恰当应对特别风险,注册会计师应当认为内部控制存在重大缺陷,并考虑其对风险评估的影响。

(三)考虑与特别风险相关的控制

了解与特别风险相关的控制,有助于注册会计师制定有效的审计方案予以应对。对特别风险,注册会计师应当评价相关控制的设计情况,并确定其是否已经得到了执行。由于与重大非常规交易或判断事项相关的风险很少受到日常控制的约束,注册会计师应当了解被审计单位是否针对该特别风险设计和实施了控制。

例如,做出会计估计所依据的假设是否由管理层或专家进行复核,是否建立了做出会计估计的正规程序,重大会计估计结果是否由治理层批准等。再如,管理层在收到重大诉讼事项的通知时采取的措施,包括这类事项是否提交适当的专家(例如内部或外部的法律顾问)处理、是否对该事项的潜在影响做出评估、是否确定该事项在财务报表中的披露问题以及如何确定等。

如果管理层未能实施控制以恰当应对特别风险,注册会计师应当认为内部控制存在重大缺陷,并考虑其对风险评估的影响。在此情况下,注册会计师应当就此类事项与治理层进行沟通。

三、仅通过实质性程序无法应对的重大错报风险

作为风险评估的一部分,如果认为仅通过实质性程序获取的审计证据无法将认定层次的重大错报风险降至可接受的低水平,注册会计师应当评价被审计单位针对这些风险设计的控制,并确定其执行情况。在被审计单位对日常交易采用高度自动化处理的情况下,审计证据可能仅以电子形式存在,其充分性和适当性通常取决于自动化信息系统相关控制的

有效性，注册会计师应当考虑仅通过实施实质性程序不能获取充分、适当的审计证据的可能性。如果认为仅通过实施实质性程序不能获取充分、适当的审计证据，注册会计师应当考虑所依赖的相关控制的有效性。

四、对风险评估的修正

注册会计师对认定层次重大错报风险的评估应以获取的审计证据为基础，并可能随着不断地获取审计证据而做出相应的变化。例如，注册会计师对重大错报风险的评估可能基于预期控制运行有效这一判断，即相关控制可以防止或发现并纠正认定层次的重大错报。但在测试控制运行的有效性时，注册会计师获取的证据可能表明相关控制在被审计期间并未有效运行。同样，在实施实质性程序后，注册会计师可能发现错报的金额和频率比在风险评估时预计的金额和频率要高。因此，如果通过实施进一步审计程序获取的审计证据与初始评估获取的审计证据相矛盾，注册会计师应当修正风险评估结果，并相应地修改原计划实施的进一步审计程序。

评估重大错报风险与了解被审计单位及其环境一样，也是一个连续和动态地收集、更新与分析信息的过程，贯穿于整个审计过程的始终。

第四节　风　险　应　对

《中国注册会计师审计准则第 1231 号——针对评估的重大错报风险采取的应对措施》对注册会计师针对评估的重大错报风险确定总体应对措施、设计和实施进一步审计程序做了规范。

一、重大错报风险的应对

注册会计师应当针对评估的财务报表层次重大错报风险确定总体应对措施，并针对评估的认定层次重大错报风险设计和实施进一步审计程序，以将审计风险降至可接受的低水平。在确定总体应对措施以及设计和实施进一步审计程序的性质、时间和范围时，注册会计师应当运用职业判断。

(一)财务报表层次重大错报风险的总体应对措施

注册会计师应当针对评估的财务报表层次重大错报风险确定以下几个方面的总体应对措施。

(1) 向项目组强调在收集和评价审计证据过程中保持职业怀疑态度的必要性。

(2) 分派更有经验或具有特殊技能的注册会计师，或利用专家的工作。

(3) 提供更多的督导。

(4) 在选择拟实施进一步审计程序时，融入更多的不可预见因素。

被审计单位人员，尤其是管理层，如果熟悉注册会计师的审计套路，可能会采取种种规避手段，掩盖财务报告中的舞弊行为。为了避免既定思维对审计方案的限制，以及对审计效果的人为干涉，注册会计师应考虑使某些程序不被审计单位管理层预见或事先了解。

注册会计师可以通过以下方法提高审计程序的不可预见性：对某些以前未测试的低于设定的重要性水平或风险较小的账户余额和认定实施实质性程序；调整实施审计程序的时间，使其超出被审计单位的预期；采取不同的审计抽样方法，使当年抽取的测试样本与以前有所不同；选取不同的地点实施审计程序，或预先不告知被审计单位所选定的测试地点等。表 6-5 举例说明了一些具有不可预见性的审计程序。

表 6-5　审计程序的不可预见性示例

审计领域	一些可能适用的具有不可预见性的审计程序
存货	向以前审计过程中接触不多的被审计单位员工询问
	在不事先通知被审计单位的情况下，选择一些以前未曾到过的盘点地点进行存货监盘
采购和应付账款	如果以前未曾对应付账款余额普遍进行函证，可考虑直接向供应商函证确认余额。如果经常采用函证的方式，可考虑改变函证的范围或时间
	使用计算机辅助审计技术审阅采购和付款账户，以发现一些特殊项目。例如，是否有不同的供应商使用相同的银行账户
销售和应收账款	向以前审计过程中接触不多或未曾接触过的被审计单位员工询问。例如，负责处理大客户账户的销售部人员
	改变实施实质性分析程序的对象，如对收入按系类进行分析
	针对销售和销售退回延长截止测试期间
	实施以前未曾考虑过的审计程序，如：测试以前未曾函证过的账户余额，改变函证日期，实施更细致的分析程序等
现金和银行存款	多选几个月的银行存款余额调节表进行测试
	对有大量银行账户的单位，考虑改变抽样方法
固定资产	对以前由于低于设定的重要性水平而未曾测试过的固定资产进行测试。例如，考虑实地盘查一些价值较低的固定资产，如汽车和其他设备

(5) 对拟实施审计程序的性质、时间和范围做出总体修改。财务报表层次的重大错报风险很可能源于薄弱的控制环境。薄弱的控制环境带来的风险可能对财务报表产生广泛影响，难以限于某类交易、账户余额和披露，注册会计师应当采取总体应对措施。相应地，注册会计师对控制环境的了解也影响其对财务报表层次重大错报风险的评估。有效的控制环境可以使注册会计师增强对内部控制和被审计单位内部产生的证据的信赖程度。如果控制环境存在缺陷，注册会计师在对拟实施审计程序的性质、时间和范围做出总体修改时应当考虑：①在期末而非期中实施更多的审计程序；②通过实施实质性程序获取更广泛的审计证据；③增加纳入审计范围的经营地点的数量。

(二)认定层次重大错报风险的进一步审计程序

1. 进一步审计程序的含义

进一步审计程序相对于风险评估程序而言，是指注册会计师针对评估的各类交易、账户余额和披露认定层次重大错报风险实施的审计程序，包括控制测试和实质性程序。

注册会计师应当针对评估的认定层次重大错报风险设计和实施进一步审计程序，包括审计程序的性质、时间安排和范围。注册会计师设计和实施的进一步审计程序的性质、时间安排和范围应当与评估的认定层次重大错报风险具备明确的对应关系。

2. 设计进一步审计程序时的考虑因素

在设计进一步审计程序时，注册会计师应当考虑下列因素。

(1) 风险的重要性。风险的重要性是指风险造成的后果的严重程度。风险的后果越严重，就越需要注册会计师关注和重视，越需要精心设计有针对性的进一步审计程序。

(2) 重大错报发生的可能性。重大错报发生的可能性越大，越需要注册会计师精心设计进一步审计程序。

(3) 涉及的各类交易、账户余额和披露的特征。不同的交易、账户余额和披露，产生的认定层次的重大错报风险会存在差异，适用的审计程序也有差别，需要注册会计师区别对待，并设计有针对性的进一步审计程序予以应对。

(4) 被审计单位采用的特定控制的性质。不同性质的控制(是人工控制还是自动化控制)对注册会计师设计进一步的审计程序具有重要影响。

(5) 注册会计师是否拟获取审计证据，以确定内部控制在防止或发现并纠正重大错报方面的有效性。如果注册会计师在风险评估时预期内部控制运行有效，随后拟实施的进一步审计程序必须包括控制测试，且实质性程序自然会受到之前控制测试结果的影响。

综合上述因素，注册会计师对认定层次重大错报风险的评估为确定进一步审计程序的总体方案奠定了基础。拟实施进一步审计程序的总体方案包括实质性方案和综合性方案。实质性方案是指注册会计师实施的进一步审计程序以实质性程序为主；综合性方案是指注册会计师在实施进一步审计程序时，将控制测试与实质性程序结合使用。因此，注册会计师应当根据对认定层次重大错报风险的评估结果，以及评估的财务报表层次重大错报风险和采取的总体应对措施，恰当地选用实质性方案或综合性方案。

通常情况下，注册会计师出于成本效益的考虑可以采用综合性方案设计进一步审计程序，即将测试控制运行的有效性与实质性程序结合使用。

当评估的财务报表层次重大错报风险属于高风险水平时，拟实施的进一步审计程序的总体方案往往更倾向于实质性方案。在某些情况下(如仅通过实质性程序无法应对重大错报风险)，注册会计师必须通过实施控制测试，才可能有效地应对评估出的某一认定的重大错报风险；而在另一些情况下(如注册会计师的风险评估程序未能识别出与认定相关的任何控制，或注册会计师认为控制测试很可能不符合成本效益原则)，注册会计师可能认为仅实施实质性程序就是适当的。

还需要特别说明的是，注册会计师对重大错报风险的评估毕竟是一种主观判断，可能无法充分识别所有的重大错报风险，同时内部控制存在固有局限性(特别是存在管理层凌驾于内部控制之上的可能性)。因此，无论选择何种方案，注册会计师都应当对所有重大的各类交易、账户余额和披露设计和实施实质性程序。

3. 进一步审计程序的性质、时间安排与范围

1) 进一步审计程序的性质

进一步审计程序的性质是指进一步审计程序的目的和类型。进一步审计程序的目的包

括通过实施控制测试以确定内部控制运行的有效性，通过实施实质性程序以发现认定层次的重大错报。进一步审计程序的类型包括检查、观察、询问、函证、重新计算、重新执行和分析程序。

在应对评估的风险时，合理确定审计程序的性质是最重要的。因为不同的审计程序应对特定认定错报风险的效力不同。例如，对于与收入完整性认定相关的重大错报风险，控制测试通常更能有效应对；对于与收入发生认定相关的重大错报风险，实质性程序通常更能有效应对。在确定进一步审计程序的性质时，注册会计师应当考虑认定层次重大错报风险的评估结果与评估的认定层次重大错报风险产生的原因。

2) 进一步审计程序的时间安排

进一步审计程序的时间安排是指注册会计师何时实施进一步审计程序，或审计证据适用的期间或时点。

注册会计师可以在期中或期末实施控制测试或实质性程序。当重大错报风险较高时，注册会计师应当考虑在期末或接近期末实施实质性程序；或采用不通知的方式，或在管理层不能预见的时间实施审计程序。在期中实施进一步审计程序，可能有助于注册会计师在审计工作初期识别重大事项，并在管理层的协助下及时解决这些事项；或针对这些事项制定有效的实质性方案或综合性方案。如果在期中实施了进一步审计程序，注册会计师还应当针对剩余期间获取审计证据。

3) 进一步审计程序的范围

进一步审计程序的范围是指实施进一步审计程序的数量，包括抽取的样本量，对某项控制活动的观察次数等。

在确定审计程序的范围时，注册会计师应当考虑下列因素。

(1) 确定的重要性水平。确定的重要性水平越低，注册会计师实施进一步审计程序的范围越广。

(2) 评估的重大错报风险。评估的重大错报风险越高，对拟获取审计证据的相关性、可靠性的要求越高，因此注册会计师实施进一步审计程序的范围越广。

(3) 计划获取的保证程度。计划获取的保证程度，是指注册会计师计划通过所实施的审计程序对测试结果可靠性所获取的信心。计划获取的保证程度越高，注册会计师实施进一步审计程序的范围越广。

二、控制测试

(一)控制测试的含义和要求

1. 控制测试的含义

控制测试指的是测试控制运行的有效性，即用于评价内部控制在防止或发现并纠正认定层次重大错报方面的运行有效性的审计程序。

这一概念需要与"了解内部控制"进行区分。"了解内部控制"包含两层含义：一是评价控制的设计；二是确定控制是否得到执行。测试控制运行的有效性与确定控制是否得到执行所需获取的审计证据是不同的。在实施风险评估程序以获取控制是否得到执行的审计证据时，注册会计师应当确定某项控制是否存在，被审计单位是否正在使用。在测试控制运行的有效性时，注册会计师应当从下列四个方面获取关于控制是否有效运行的审计证据：①控制在所审计期间的相关时点是如何运行的；②控制是否得到一贯执行；③控制由谁执行；④控制以何种方式运行(如人工控制或自动化控制)。从这四个方面来看，控制运行有效性强调的是控制能够在各个不同时点按照既定设计得以一贯执行。因此，在了解控制是否得到执行时，注册会计师只需抽取少量的交易进行检查或观察某几个时点。但在测试控制运行的有效性时，注册会计师需要抽取足够数量的交易进行检查或对多个不同时点进行观察。

测试控制运行的有效性与确定控制是否得到执行所需获取的审计证据虽然存在差异，但两者也有联系。为评价控制设计和确定控制是否得到执行而实施的某些风险评估程序并非专为控制测试而设计，但可能会提供有关控制运行有效性的审计证据，注册会计师可以考虑在评价控制设计和获取其得到执行的审计证据的同时测试控制运行有效性，以提高审计效率；同时注册会计师应当考虑这些审计证据是否足以实现控制测试的目的。

2．控制测试的要求

控制测试并非评估重大错报风险的必要程序，当存在下列情形之一时，注册会计师应当实施控制测试：①在评估认定层次重大错报风险时，预期控制的运行是有效的；②仅实施实质性程序不足以提供认定层次充分、适当的审计证据。

如果在评估认定层次重大错报风险时，预期控制的运行是有效的，即发现某项控制的设计是存在的，也是合理的，同时得到了执行。在这种情况下，出于成本效益的考虑，注册会计师可能预期，如果相关控制在不同时点都得到了一贯执行，与该项控制有关的财务报表认定发生重大错报的可能性就不会很大，也就不需要实施很多的实质性程序。为此，注册会计师可能会认为值得对相关控制在不同时点是否得到了一贯执行进行测试，即实施控制测试，就控制在相关期间或时点的运行有效性获取充分、适当的审计证据。

如果认为仅实施实质性程序获取的审计证据无法将认定层次重大错报风险降至可接受的低水平，例如，在被审计单位对日常交易或与财务报表相关的其他数据采用高度自动化处理的情况下，审计证据可能仅以电子形式存在，此时审计证据是否充分和适当通常取决于自动化信息系统相关控制的有效性。如果信息的生成、记录、处理和报告均通过电子格式进行而没有适当有效地控制，则生成不正确信息或信息被不恰当修改的可能性就会大大增加。此时，注册会计师应当实施相关的控制测试，以获取控制运行有效性的审计证据。

(二)控制测试的性质

控制测试的性质是指控制测试所使用的审计程序的类型及其组合。虽然控制测试与了解内部控制的目的不同，但两者采用审计程序的类型通常相同，包括询问、观察、检查和重新执行。

(1) 询问。注册会计师可以向被审计单位适当员工询问，获取与内部控制运行情况相关的信息。例如，询问信息系统管理人员有无未经授权而接触计算机硬件和软件。然而，仅仅通过询问不能为控制运行的有效性提供充分的证据，注册会计师通常需要印证被询问者的答复。因此，询问必须和其他测试手段结合使用才能发挥作用。在询问过程中，注册会计师应当保持职业怀疑态度。

(2) 观察。观察是测试不留下书面记录的控制(如职责分离)的运行情况的有效方法。例如，观察存货盘点控制的执行情况。观察也可运用于实物控制，如查看仓库门是否锁好，或空白支票是否被妥善保管。通常情况下，注册会计师通过观察直接获取的证据比间接获取的证据更可靠。但是，注册会计师还要考虑其所观察到的控制在注册会计师不在场时可能未被执行的情况。

(3) 检查。对运行情况留有书面证据的控制，检查非常适用。书面说明、复核时留下的记号，或其他记录在偏差报告中的标志都可以被当作控制运行情况的证据。例如，检查销售发票是否有复核人员签字，检查销售发票是否附有客户订购单和出库单等。

(4) 重新执行。只有当询问、观察和检查程序结合在一起仍无法获得充分的证据时，注册会计师才考虑通过重新执行来证实控制是否有效运行。例如，为了合理保证计价认定的准确性，被审计单位的一项控制是由复核人员核对销售发票上的价格与统一价格单上的价格是否一致。但是，要检查复核人员有没有认真执行核对，仅仅检查复核人员是否在相关文件上签字是不够的，注册会计师还需要自己选取一部分销售发票进行核对，这就是重新执行程序。

询问本身并不足以测试控制运行的有效性，注册会计师应当将询问与其他审计程序结合使用；而观察提供的证据仅限于观察发生的时点，本身也不足以测试控制运行的有效性。将询问与检查或重新执行结合使用，可能会比仅实施询问和观察获取更高水平的保证。

(三)控制测试的范围及时间

1. 控制测试的范围

对于控制测试的范围，其含义主要是指某项控制活动的测试次数。注册会计师应当设计控制测试，以获取控制在整个拟信赖的期间有效运行的充分、适当的审计证据。

注册会计师在确定某项控制的测试范围时通常考虑的因素包括：在整个拟信赖的期间，被审计单位执行控制的频率；在所审计期间，注册会计师拟信赖控制运行有效性的时间长度；为证实控制能够防止或发现并纠正认定层次重大错报，所需获取审计证据的相关性和可靠性；通过测试与认定相关的其他控制获取的审计证据的范围；在风险评估时拟信赖控制运行有效性的程度；控制的预期偏差。

2. 控制测试的时间

控制测试的时间包含两层含义：一是何时实施控制测试；二是测试所针对的控制适用的时点或期间。如果测试特定时点的控制，注册会计师只需获取该时点控制运行有效性的审计证据；如果测试某一期间的控制，注册会计师可获取控制在该期间有效运行的审计证据。因此，注册会计师应当根据控制测试的目的确定控制测试的时间，并确定拟信赖的相关控制的时点或期间。

知识拓展

对于控制测试，注册会计师在期中实施具有更积极的作用。但需要说明的是，即使注册会计师已获取有关控制在期中运行有效性的审计证据，仍然需要考虑如何能够将控制在期中运行有效性的审计证据合理延伸至期末，针对期中至期末这段剩余期间获取充分、适当的审计证据。因此，如果已获取有关控制在期中运行有效性的审计证据，注册会计师应当做如下考虑。

（1）获取这些控制在剩余期间变化情况的审计证据。如果这些控制在剩余期间没有发生变化，注册会计师可能决定信赖期中获取的审计证据；如果这些控制在剩余期间发生了变化(如信息系统、业务流程或人事管理等方面发生变动)，注册会计师需要了解并测试控制的变化对期中审计证据的影响。

（2）确定针对剩余期间还需获取的补充审计证据。该项是针对期中证据以外的、剩余期间的补充证据。在执行该项规定时，注册会计师应当考虑下列因素：①评估的认定层次重大错报风险的重大程度；②在期中测试的特定控制；③在期中对有关控制运行有效性获取的审计证据的程度；④剩余期间的长度；⑤在信赖控制的基础上拟减少进一步实质性程序的范围；⑥控制环境。

注册会计师还须考虑以前审计获取的有关控制运行有效性的审计证据。如果拟利用以前审计获取的有关控制运行有效性的审计证据，注册会计师应当获取这些控制在以前审计后是否发生重大变化的审计证据，确定以前审计获取的审计证据是否与本期审计相关。

注册会计师应当通过实施询问并结合观察或检查程序，获取这些控制是否发生重大变化的审计证据。①如果已发生变化，且这些变化对以前审计获取的审计证据的持续相关性产生影响，注册会计师应当在本期审计中测试这些控制运行的有效性；②如果未发生变化，注册会计师应当每三年至少控制测试一次，并且在每年审计中测试部分控制，以避免将所有拟信赖控制的测试集中于某一年，而在之后的两年中不进行任何测试。

如果拟信赖以前审计获取的某些控制运行有效性的审计证据，注册会计师应当在每次审计时从中选取足够数量的控制，测试其运行有效性；不应将所有拟信赖控制的测试集中于某一次审计，而在之后的审计中不进行任何测试。

对于旨在减轻特别风险的控制，不论该控制在本期是否发生变化，注册会计师都不应依赖以前审计获取的证据，而应在本期审计中测试这些控制的运行有效性。也就是说，如果注册会计师拟信赖针对特别风险的控制，那么，所有关于该控制运行有效性的审计证据必须来自当年的控制测试。相应地，注册会计师应当在每次审计中都测试这类控制。

图6-2所示概括了注册会计师是否需要在本期测试某项控制的决策过程。

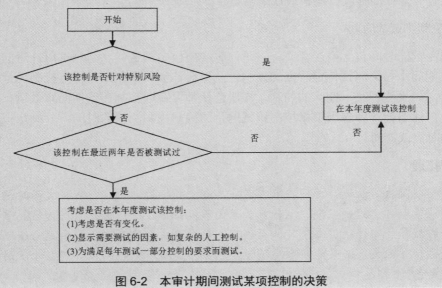

图6-2 本审计期间测试某项控制的决策

三、实质性程序

(一)实质性程序的含义

实质性程序是指用以发现认定层次重大错报的审计程序，包括对各类交易、账户余额和披露的细节测试以及实质性分析程序。

注册会计师实施的实质性程序应当包括下列与财务报表编制完成阶段相关的审计程序：①将财务报表与其所依据的会计记录相核对；②检查财务报表编制过程中做出的重大会计分录和其他会计调整。注册会计师对会计分录和其他会计调整检查的性质和范围，取决于被审计单位财务报告过程的性质和复杂程度以及由此产生的重大错报风险。

由于注册会计师对重大错报风险的评估是一种判断，可能无法充分识别所有的重大错报风险，并且由于内部控制存在固有局限性，无论评估的重大错报风险结果如何，注册会计师都应当针对所有重大的各类交易、账户余额和披露实施实质性程序。此外，如果认为评估的认定层次重大错报风险是特别风险，注册会计师应当专门针对该风险实施实质性程序。如果针对特别风险实施的程序仅为实质性程序，这些程序应当包括细节测试，或将细节测试和实质性分析程序结合使用，以获取充分、适当的审计证据。

(二)实质性程序的性质

实质性程序的性质是指实质性程序的类型及组合，其基本类型包括细节测试与实质性分析程序。细节测试是指对各类交易、账户余额和披露的具体细节进行测试，目的在于直接识别财务报表认定是否存在错报；实质性分析程序即分析程序，用以识别各类交易、账户余额和披露及相关认定是否存在错报。

由于细节测试和实质性分析程序的目的和技术手段存在一定差异，因此各自有不同的适用领域。注册会计师应当根据各类交易、账户余额和披露的性质选择实质性程序的类型。细节测试适用于对各类交易、账户余额和披露认定的测试，尤其是对存在或发生、计价认定的测试；对在一段时期内存在可预期关系的大量交易，注册会计师可以考虑实施实质性分析程序。

(三)实质性程序的范围及时间

1. 实质性程序的范围

确定实质性程序的范围时，注册会计师应当考虑评估的认定层次重大错报风险和实施控制测试的结果。评估的认定层次的重大错报风险越高，需要实施实质性程序的范围越广；如果对控制测试的结果不满意，也应当考虑扩大实质性程序的范围。

前已述及，实质性程序的基本类型包括细节测试与实质性分析程序。在设计细节测试时，注册会计师除了从样本量的角度考虑测试范围外，还要考虑选样方法的有效性等因素。实质性分析程序的范围有两层含义：一是对什么层次上的数据进行分析。注册会计师可以选择在高度汇总的财务数据层次进行分析，也可以根据重大错报风险的性质和水平调整分析层次；二是需要对什么幅度或性质的偏差展开进一步调查。可容忍或可接受的偏差越大，作为实质性分析程序一部分的进一步调查的范围就越小。

2. 实质性程序的时间

实质性程序的时间选择与控制测试的时间选择有共同点，也有很大差异。其共同点在于两类程序都存在着对期中审计证据和对以前审计获取的审计证据的考虑。两者的差异在于：①在控制测试中，期中实施控制测试并获取期中关于控制运行有效性审计证据的做法更具有一种"常态"；而由于实质性程序的目的在于更直接地发现重大错报，在期中实施实质性程序时更需要考虑其成本效益的权衡。②在本期控制测试中拟信赖以前审计获取的有关控制运行有效性的审计证据，已经受到了很大的限制；而对于以前审计中通过实质性程序获取的审计证据，则采取了更加慎重的态度和更严格的限制。

虽然大部分的实质性程序应在期末或接近期末，但为了节约期后审计的时间，一小部分的实质性程序可以在期中审计阶段进行。在考虑是否期中实施实质性程序时，注册会计师应当考虑的因素有：控制环境和其他相关的控制；实施审计程序所需信息在期中之后的可获得性；实质性程序的目标；评估的重大错报风险；各类交易或账户余额以及相关认定的性质；针对剩余期间，能否通过实施实质性程序或将实质性程序与控制测试相结合，降低期末存在错报而未被发现的风险。

如果在期中实施了实质性程序，注册会计师应当针对剩余期间实施进一步的实质性程序，或将实质性程序和控制测试结合使用，以将期中测试得出的结论合理地延伸至期末。在考虑如何将期中实施的实质性程序得出的结论合理延伸至期末时，注册会计师有两种选择：一是针对剩余期间实施进一步的实质性程序；二是将实质性程序和控制测试结合使用。

如果拟将期中测试得出的结论延伸至期末，注册会计师应当考虑针对剩余期间仅实施实质性程序是否足够。如果认为实施实质性程序本身不充分，注册会计师还应测试剩余期间相关控制运行的有效性或针对期末实施实质性程序。

此外，对于舞弊导致的重大错报风险(作为一类重要的特别风险)，被审计单位存在故意错报或操纵的可能性，那么注册会计师为将期中得出的结论延伸至期末而实施的审计程序通常是无效的，注册会计师应当考虑在期末或者接近期末实施实质性程序。

在以前审计中实施实质性程序获取的审计证据，通常对本期只有很弱的证据效力或没有证据效力，不足以应对本期的重大错报风险。只有当以前获取的审计证据及其相关事项未发生重大变动时，以前获取的审计证据才可能用作本期的有效审计证据。但即便如此，如果拟利用以前审计中实施实质性程序获取的审计证据，注册会计师应当在本期实施审计程序，以确定这些审计证据是否具有持续相关性。

本 章 小 结

本章是风险导向审计中的核心内容，主要阐述了注册会计师在财务报表审计中对重大错报风险的评估和针对评估的重大错报风险应采取的应对措施——设计并实施进一步审计程序。

注册会计师要充分认识到评估重大错报风险的必要性，通过对被审计单位及其环境的了解以及对被审计单位内部控制的了解，采用一定的风险评估程序对被审计单位的重大错报风险进行识别和评估。

注册会计师应当根据认定层次重大错报风险的评估结果选择审计程序，设计进一步审计程序。注册会计师可以采用综合性方案设计进一步审计程序，即将测试控制运行的有效性与实质性程序结合使用。对于通过实质性程序无法应对的重大错报风险，注册会计师必须实施控制测试，才能有效地应对评估出的某一认定的重大错报风险。但当注册会计师认为控制测试很可能不符合成本效益原则时，仅实施实质性程序也是适当的。

在实施进一步审计程序过程中，注册会计师要掌握控制测试的性质、时间安排和范围以及掌握实质性程序的性质、时间安排和范围。

复习思考题

1. 导致内部控制存在固有限制的因素有哪些？这会对审计产生什么影响？

2. 简述注册会计师应当针对评估的财务报表层次重大错报风险确定的总体应对措施。

3. 注册会计师应当从哪几个方面了解被审计单位及其环境？了解被审计单位及其环境有什么重要意义？

4. 简述风险评估程序的内容。

5. 简述注册会计师评估的重大错报风险和总体应对措施对其拟实施的进一步审计程序的影响。

6. 注册会计师在设计进一步审计程序时应考虑哪些因素？

第七章

销售与收款循环审计

案例导读

康得新复合材料集团股份有限公司(以下简称"康得新")于 2001 年 8 月成立,是深圳中小板上市公司。康得新有三大主要业务,分别是以预涂材料和光电材料为核心的新材料,以 SR、3D、大屏触控为中心的智能显示,以及碳纤维业务。

康得新的全年营业收入从 2007 年的 1.64 亿元攀升到 2010 年的 5.24 亿元,4 年间涨幅近 219.51%,显示出良好的发展态势。2011 年上市后,康得新的股价不断攀升,2017 年在蓝筹牛市中创下历史新高,涨幅达 27 倍,一度被誉为"中国的 3M"和"千亿白马股"。

然而,一切终止于 2019 年 1 月 15 日,康得新手握"巨额现金"却无法足额偿付 10 亿元短期融资券本息,随后,康得新的股票因银行账号被冻结而触发深交所规定中的其他风险警示情形,被纳入"退市风险警示股票"名单,直到中国证监会向康得新下发《中国证券监督管理委员会行政处罚及市场禁入事先告知书》,一场精心策划的百亿元级财务造假大案引起了全社会的广泛关注。

提示:

2019 年 1 月 23 日开市起,康得新一夜之间变"ST 康得新",15 万股民震惊,其股价跌至 3.52 元/股,跌幅 80%。康得新的造假手法主要有虚构收入、虚构预付账款、虚增货币资金、隐瞒关联担保情况、隐瞒募集资金使用五个方面。在虚构收入方面康得新主要通过两种手段虚构收入:第一,通过关联方虚构销售业务,虚构大量应收账款;第二,通过虚构客户的采购金额进而虚构收入,并在年报中隐瞒前五大客户和供应商。

2015 年 1 月至 2018 年 12 月,康得新通过虚构销售业务、虚构采购、生产、研发、产品运输费用等方式,虚增营业收入、营业成本、研发费用和销售费用,导致 2015 年至 2018 年年度报告虚增利润总额分别为 2 242 745 642.37 元、2 943 420 778.01 元、3 908 205 906.90 元、2 436 193 525.40 元,分别占各年度报告披露利润总额的 136.22%、127.85%、134.19%、711.29%。康得新 2015 年至 2018 年年度报告中披露的利润总额存在虚假记载。

学习目标

销售与收款是业务循环中的重要环节,企业利润形成的基础就是收入。通过对本章内容的学习,要求了解销售与收款循环的主要业务活动、主要凭证与会计记录,掌握销售与收款循环的内部控制要点和相应的控制测试,了解该循环中重大错报风险,熟悉主营业务收入的审计目标和主要实质性程序,熟悉应收账款的审计目标和主要实质性程序。

从本章起,将以执行企业会计准则企业的财务报表审计为例,介绍业务循环审计的具体内容,以及对各循环中重要财务报表项目如何进行审计测试。

财务报表审计的组织方式大致有两种:一是对财务报表的每个账户余额单独进行审计,此法称为账户法;二是将财务报表分成几个循环审计,即把紧密联系的交易种类和账户余额归入统一循环中,按业务循环组织实施审计,此法称为循环法。一般而言,账户法与多数被审计单位账户设置体系及财务报表格式相吻合,具有操作方便的优点,但它将紧密联系的相关账户(如存货和营业成本)人为地予以分割,容易造成整个审计工作的脱节和重复,不利于审计效果的提高;而循环法则更符合被审计单位的业务流程和内部控制设计的实际情况,不仅可加深审计人员对被审计单位经济业务的理解,而且由于将特定业务循环所涉及的财务报表项目分配给一个或数个审计人员，增强了审计人员分工的合理性，有助于提高审计工作的效率和效果。

控制测试通常与被审计单位业务流程关系密切，因此通常采用循环法实施。对交易和账户余额的实质性程序，既可采用账户法实施，也可采用循环法实施。但由于控制测试通常按循环法实施，为有利于实质性程序和控制测试的衔接，提倡采用循环法。

一般而言，财务报表审计可将被审计单位的所有交易和账户余额划分为 4 个、5 个、6 个甚至更多个业务循环。本书将制造型企业主要交易和账户余额划分为销售与收款循环、采购与付款循环、生产与存货循环、人力资源与工薪循环、筹资与投资循环，并以销售与收款循环、采购与付款循环、生产与存货循环为例，在第七章到第九章阐述各业务循环的审计。由于货币资金项目与多个业务循环有关，又具有鲜明特征，因此独立构成一章，即第十章。

按各财务报表项目与业务循环的相关程度，可以建立起各业务循环与其所涉及的主要财务报表项目之间的对应关系，如表 7-1 所示。

表 7-1　业务循环与主要财务报表项目对照表

业务循环	资产负债表项目	利润表项目
销售与收款循环	应收票据、应收账款、应收款项融资、合同资产、长期应收款、预收款项、应交税费、合同负债	营业收入、营业税金及附加
采购与付款循环	预付款项、持有待售资产、固定资产、在建工程、生产性生物资产、油气资产、无形资产、开发支出、长期待摊费用、应付票据、应付账款、持有待售负债、租赁负债、长期应付款	销售费用、管理费用、研发费用、其他收益
生产与存货循环	存货(包括材料采购或在途物资、原材料、材料成本差异、库存商品、发出商品、商品进销差价、委托加工物资、委托代销商品、受托代销商品、周转材料、生产成本、制造费用、劳务成本、存货跌价准备、受托代销商品款等)	营业成本
人力资源与工薪循环	应付职工薪酬	营业成本、销售费用、管理费用
筹资与投资循环	交易性金融资产、衍生金融资产、其他应收款、其他流动资产、债权投资、其他债权投资、长期股权投资、其他权益工具投资、其他非流动金融资产、投资性房地产、商誉、递延所得税资产、短期借款、交易性金融负债、衍生金融负债、其他应付款、长期借款、应付债券、预计负债、递延收益、递延所得税负债、实收资本(或股本)、其他权益工具、资本公积、其他综合收益、专项储备、盈余公积、未分配利润	财务费用、资产减值损失、信用减值损失、投资收益、净敞口套期收益、公允价值变动收益、资产处置收益、营业外收入、营业外支出、所得税费用

在财务报表审计中，将被审计单位所有交易和账户余额分为多个业务循环，各业务循环之间存在一定联系。比如说，投资与筹资循环同采购与付款循环紧密联系，生产与存货循环则同其他所有业务循环均紧密联系。各业务循环之间的流转关系如图 7-1 所示。

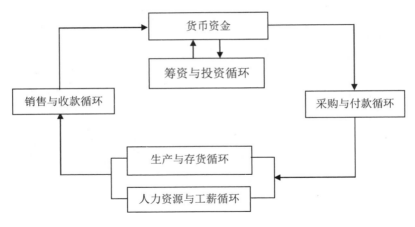

图 7-1　各业务循环之间的关系

第一节　销售与收款循环及其内部控制

一、不同行业类型的收入来源

　　企业的收入主要来自出售商品、对外提供服务等。由于所处行业不同，企业具体的收入来源也有所不同。表 7-2 列示了一些常见行业的主要收入来源。

表 7-2　不同行业类型的主要收入来源

行业类型	收入来源
贸易业	作为零售商向普通大众(最终消费者)零售商品；作为批发商向零售商供应商品
一般制造业	通过采购原材料并将其用于生产流程，制造产成品卖给客户取得收入
专业服务业	律师、会计师、商业咨询师等主要通过提供专业服务取得服务费收入；医疗服务机构通过提供医疗服务取得收入，包括给住院病人提供病房和医护设备，为病人提供精细护理、手术和药品等取得收入
金融服务业	向客户提供金融服务取得手续费；向客户发放贷款取得利息收入；通过协助客户对其资金进行投资取得相关理财费用
建筑业	通过提供建筑服务完成建筑合同取得收入

　　可见，一个企业所处的行业和经营性质决定了该企业的收入来源以及为获取收入而相应产生的各种费用支出。注册会计师需要对被审计单位的相关行业活动和经营性质有比较全面的了解，才能因地制宜地执行被审计单位的收入、支出的审计工作。

二、涉及的主要业务活动

　　了解企业在销售与收款循环中的典型业务活动，对该循环的审计非常必要。如上所述，企业类型不同，业务内容也有所差别。本章主要以制造型企业为例，说明典型的销售与收款循环中包括的主要业务活动。

(一)接受客户订购单

客户提出订货要求是整个销售与收款循环的起点，是购买某种货物或接受某种劳务的一项申请。客户的订单只有在符合企业管理层的授权标准时，才能被接受。管理层一般设有批准销售的客户名单，销售管理部门在决定是否接受客户订货单时，需要检查该客户是否在名单内。如果该客户未列入名单，则通常由销售管理部门的主管来决定是否同意销售。在批准了客户订购单之后，要编制一式多联的销售单。销售单是证明销售交易"发生"认定的凭证之一，也是该笔销售交易轨迹的起点之一。由于客户订购单是来自外部引发销售交易的文件之一，有时也能为销售交易的"发生"认定提供补充证据。

(二)批准赊销信用

对于赊销业务的批准是由信用管理部门根据管理层的赊销政策在每个客户的已授权的信用额度内进行的。企业的信用管理部门在收到销售管理部门的销售单之后，应将销售单与该客户已被授权的赊销信用额度以及至今尚欠的账款余额加以比较。执行人工赊销信用检查时，还应合理划分工作职责，以避免因销售人员为扩大销售而使企业承受不适当的信用风险。

企业信用管理部门通常应对每个新客户进行信用调查，包括获取信用评审机构对客户信用等级的评定报告。无论是否批准赊销，都要求被授权的信用管理部门人员在销售单上签署意见，然后再将已签署意见的销售单送回销售部门。

设计信用批准控制的目的是降低信用损失风险。因此，这些控制与应收票据、应收款项融资、应收账款、合同资产账面余额的"准确性、计价和分摊"认定有关。

在使用信息系统实现自动控制的企业，订购单涉及的客户是否被列入经批准的客户名单，以及赊销金额是否仍在信用额度内，这类控制往往通过系统设置得以实现。对于不满足条件的情形，则要求管理层特别批准。

(三)按销售单供货

企业管理层通常要求仓库管理人员只有在收到经批准的销售单时才能编制发运凭证并发货。设立这项控制程序的目的是防止仓库在未经授权的情况下擅自发货。因此，已批准销售单的一联通常应送交仓库，作为仓库按销售单供货和发货给装运部门的授权依据。

信息系统可协助企业在销售单得到发货批准后才能生成连续编号的发运凭证，并能按设定的要求核对发运凭证和销售单之间相关内容的一致性。

(四)按销售单装运

将按经批准的销售单供货与按经批准的销售单装运货物职责相分离，有助于避免装运职员在未经授权的情况下装运产品。此外，装运部门职员在装运之前，通常会进行独立验证，以确定从仓库提取的商品都有经批准的销售单，并且所提取商品的内容与销售单及发运凭证一致。

(五)向客户开具发票

开具发票是指开具并向客户寄送事先连续编号的销售发票。这项功能所针对的主要问题是：①是否所有装运的货物都开具了发票("完整性"认定)；②是否只对实际装运的货物才开具账单，有无重复开具账单或虚构交易("发生"认定)；③是否按已授权批准的商品价目表所列计价开具账单("准确性"认定)。

为降低开具账单过程中出现遗漏、重复、错误计价或其他差错的风险，应设立以下控制：①开具账单部门职员在开具每张销售发票之前，独立检查是否存在装运凭证和相应的经批准的销售单；②依据已授权批准的商品价目表开具销售发票；③将装运凭证上商品总数与相应的销售发票上的商品总数进行比较。

信息系统也可以协助实现上述内部控制，在单证核对一致的情况下生成连续编号的销售发票，并对例外事项进行汇总，以供企业相关人员进行进一步的处理。

(六)记录销售

在手工会计系统中，记录销售的过程包括区分赊销、现销，按照销售发票编制转账凭证或现金、银行存款收款凭证，再据以登记营业收入明细账和应收票据、应收款项融资、应收账款、合同资产明细账或库存现金、银行存款日记账和总账，并定期与客户核对。

记录销售控制与"发生""完整性""准确性"以及"计价和分摊"认定有关。

(七)办理和记录库存现金、银行存款收入

这项业务涉及的是货款收回，导致现金、银行存款的增加或者是应收票据、应收款项融资、应收账款、合同资产等项目减少的活动。在办理和记录库存现金、银行存款收入时，最应考虑的是避免货币资金失窃的各自可能状况。处理货币资金收入时要保证全部货币资金都必须如数、及时地将现金存入银行，并记入库存现金、银行存款日记账或应收票据、应收款项融资、应收账款、合同资产明细账。企业通过出纳与现金记账的职责分离、现金盘点、编制银行存款余额调节表、定期向客户发送对账单等控制来实现上述目的。

(八)办理和记录销售退回、销售折扣与折让

客户如果对商品不满意，销货企业一般都同意接受退货，或给予一定的销售折让；客户如果提前支付货款，销货企业则可能会给予一定的现金折扣。发生此类事项时，必须经授权批准，并应确保与办理此事有关的部门和职员各司其职，分别控制实物流和会计处理。

(九)提取坏账准备

企业一般定期对应收票据、应收款项融资、应收账款的预期信用损失进行估计，根据估计结果确认信用减值损失并计提坏账准备，管理层对相应估计进行复核和批准。

(十)核销坏账

客户因经营不善、宣告破产、死亡等原因而不支付货款时，如有证据表明某项货款再已无法收回，企业即通过适当的审批程序注销该笔应收账款、应收款项融资。

三、涉及的主要单据和会计记录

在内部控制比较健全的企业，处理销售与收款业务通常需要使用很多凭证与会计记录。常见的销售和收款循环所涉及的主要单据与会计记录有以下十六项。

(1) 客户订购单是客户提出的书面购货要求。企业可以通过销售人员或其他途径，如采用电话、信函和向现有的及潜在的客户发送订购单等方式接受订货，取得客户订购单。

(2) 销售单是列示客户所订商品的名称、规格、数量以及其他与客户订货单有关资料的表格，作为销售方内部处理客户订购单的凭据。

(3) 发运凭证是在发运货物时编制的，用以反映发出商品的名称、规格、数量和其他有关内容的凭据。发运凭证的一联寄送给客户，其余联(一联或数联)由企业保留。通常其中一联由客户在收到商品时签署并返还给销售方，用作企业确认收入及向客户收取货款的依据。

(4) 销售发票通常包含已销售商品的名称、规格、数量、价格、销售金额等内容。以增值税专用发票为例，销售发票的两联(抵扣联和记账联)寄送给客户，一联由企业保留。销售发票通常也是在会计账簿中登记销售业务的基本凭据之一。

(5) 商品价目表是列示已经授权批准的、可供销售的各种商品的价格清单。

(6) 贷项通知单是一种用来表示由于销货退回或已批准的折让而引起的应收货款减少的单据。这种单据的格式通常与销售发票的格式类似，只不过它不是用来证明应收账款的增加，而是用来证明应收账款的减少。

(7) 应收票据、应收款项融资、应收账款的预期信用损失计算表。通常，企业按月编制应收票据、应收款项融资、应收账款的预期信用损失计算表，用来反映月末应收票据、应收款项融资、应收账款的预期信用损失。

(8) 应收票据、应收款项融资、应收账款、合同资产的明细账是指用来记录已向每个客户转让商品而有权取得对价的权利的明细账。

(9) 主营业务收入明细账是一种用来记录销售交易的明细账，它通常记载和反映不同类别的商品或服务的营业收入的明细发生情况和总额。

(10) 可变对价会计记录。企业与客户的合同中约定的对价金额可能因折扣、价格折让、返利等因素而变化。企业通常定期编制可变对价的相关会计记录，反映对计入交易价格的可变对价的估计和结算情况。

(11) 汇款通知书是一种与销售发票一起寄给客户，由客户在付款时再寄回企业的凭证。这种凭证注明客户的姓名、销货发票号码、销货单位开户银行账号以及金额等内容。

(12) 库存现金日记账和银行存款日记账是用来记录应收账款的收回或现销收入以及其他各种现金、银行存款收入和支出的日记账。

(13) 坏账核销审批表是一种用来批准将无法收回的应收款项融资、应收账款作为坏账给予注销的单据。

(14) 客户对账单是一种定期寄送给客户的用于购销双方定期核对账目的凭证。客户对账单上应注明应收票据、应收款项融资、应收账款的期初余额、本期销售交易的金额、本期已收到的货款、贷项通知单的数额以及期末余额等内容。对账单可能是月度、季度或年度的，取决于企业的经营管理需要。

(15) 转账凭证是指记录转账业务的记账凭证，它是根据有关转账业务的原始凭证编制的。企业记录赊销交易的会计凭证即为一种转账凭证。

(16) 收款凭证是指分别用来记录库存现金和银行存款收入业务和支付业务的记账凭证。

四、销售与收款循环的内部控制

(一)适当的职责分离

适当的职责分离不仅是预防舞弊的重要手段，也有助于防止各种有意或无意的错误。例如，主营业务收入账如果是由记录应收账款之外的职员独立登记，并由另一位不负责账簿记录的职员定期调节总账和明细账，就构成了一项交互牵制；规定负责主营业务收入和应收账款记账的职员不得经手货币资金，也是防止舞弊的一项重要控制。另外，销售人员通常有一种追求更大销售数量的固有倾向，而不考虑是否将以巨额坏账损失为代价。赊销的审批则在一定程度上可以抑制这种倾向，因此赊销批准职能与销售职能的分离，也是一种理想的控制。

一个企业有关销售与收款业务相关的职责适当分离的基本要求通常包括：企业应当将办理销售、发货、收款三项业务的部门(或岗位)分别设立；企业在销售合同订立前，应当指定专门人员就销售价格、信用政策、发货及收款方式等具体事项与客户进行谈判，谈判人员至少应有两人，并与订立合同的人员相分离；编制销售发票通知单的人员与开具销售发票的人员应相互分离；销售人员应当避免接触销货现款；企业应收票据的取得和贴现必须经由保管票据以外的主管人员的书面批准。

(二)恰当的授权审批

对于授权审批问题，注册会计师应当关注以下四个关键点上的审批程序：其一，在销售发生之前，赊销已经正确审批；其二，非经正当审批，不得发出货物；其三，销售价格、销售条件、运费、折扣等必须经过审批；其四，审批人应当根据销售与收款授权批准制度的规定，在授权范围内进行审批，不得超越审批权限。对于超过企业既定销售政策和信用政策规定范围的特殊销售交易，需要经过适当的授权。前两项控制的目的在于防止企业因向虚构的或者无力支付货款的客户发货而蒙受损失，价格审批控制的目的在于保证销售交易按照企业定价政策规定的价格开票收款，对于授权审批范围设定权限的目的在于防止因审批人决策失误而造成严重损失。

(三)充分的凭证和记录

充分的凭证和记录有助于企业执行各项控制以实现控制目标。例如，企业在收到客户订购单后，编制一份预先编号的一式多联的销售单，分别用于批准赊销、审批发货、记录发货数量以及向客户开具发票等。在这种制度下，通过定期清点销售单和销售发票，可以避开漏开发票或者漏记销售的情况。又如，财务人员在记录销售交易之前，对相关的销售单、发运凭证和销售发票上的信息进行核对，以确保入账的营业收入是真实发生的、准确的。相反的情况是，有的企业只在发货以后才开具账单，如果没有其他控制措施，这种制度下漏开账单的情况很可能会发生。

(四)凭证的预先编号

对凭证预先进行编号，旨在防止销售以后遗漏向客户开具账单或登记入账，也可以防止重复开具账单或重复记账。当然，如果对凭证的编号不作清点，预先编号就会失去其控制意义。定期检查全部凭证的编号，并调查凭证缺号或重号的原因，是实施这项控制的关键点。目前信息技术得以广泛应用的环境下，凭证预先编号这一控制在很多情况下由系统执行，同时辅以人工的监控，如对系统生成的例外报告进行复核。

(五)定期寄发对账单

由不负责现金出纳和销售及应收票据、应收款项融资、应收账款、合同资产记账的人定期向客户寄发对账单，能促使客户在发现应付账款余额不正确后及时反馈有关信息。为使这项控制更加有效，最好将账户余额中出现的所有核对不符的账项，指定一位不掌管货币资金也不记录主营业务收入和应收票据、应收款项融资、应收账款、合同资产的主管人员处理，然后由独立人员定期编制对账情况汇总报告并交管理层审阅。

(六)内部核查程序

由内部审计人员或其他独立人员核查销售与收款交易的处理和记录，是实现内部控制目标不可缺少的一项控制措施。

第二节　销售与收款循环的重大错报风险

一、评估销售与收款循环的重大错报风险

以一般制造业的赊销业务为例，相关交易和余额存在的重大错报风险通常包括以下几方面。

(1) 收入确认的舞弊风险。收入是利润的来源，直接关系到企业的财务状况和经营成果。有的企业为了达到粉饰报表的目的而采取虚增("发生"认定)或隐瞒("完整性"认定)收入等方式实施舞弊。在财务报表舞弊案中，涉及收入确认的舞弊占有很大比例，收入确认已成为注册会计师审计的高风险领域。审计准则要求注册会计师基于收入确认存在舞弊风险的假定，评价哪些类型的收入、收入交易或认定导致舞弊风险。

(2) 收入的复杂性可能导致的错误。例如，被审计单位可能针对一些特定的产品或者服务提供一些特殊交易安排(如可变对价安排、特殊的退货约定、特殊的服务期限安排等)，但管理层可能对这些不同安排下所涉及的交易风险的判断缺乏经验，收入确认上就容易发生错误。

(3) 发生的收入交易未能得到准确记录。

(4) 期末收入交易和收款交易可能未计入正确的期间，包括销售退回交易的截止

错误。

(5) 收款未及时入账或记入不正确的账户，因此导致应收账款、合同资产(或应收票据、银行存款)的错误。

(6) 应收账款、坏账准备的计提不准确。

某些重大错报风险可能与财务报表整体广泛性相关，进而影响多项认定，如舞弊风险。某些重大错报风险可能与特定的某类交易、账户余额的认定相关，如会计期末收入交易与收款交易的截止错误("截止"认定)，或应收账款坏账准备的计提("准确性、计价与分摊"认定)。在评估重大错报风险时，注册会计师应当落实到该风险所涉及的相关认定，从而更有针对性地设计进一步审计程序。

二、根据重大错报风险评估结果设计进一步审计程序

注册会计师基于销售与收款循环的重大错报风险评估结果，制定实施进一步审计程序的总体方案(包括综合性方案和实质性方案)，继而实施控制测试和实质性程序，以应对识别出的认定层次的重大错报风险，具体见表 7-3。

表 7-3　销售与收款循环的重大错报风险和进一步审计程序总体方案

重大错报风险描述	相关财务报表项目及认定	风险程度	是否信赖控制	进一步审计程序的总体方案	拟从控制测试中获取的保证程度	拟从实质性程序中获取的保证程度
销售收入可能未真实发生	①营业收入：发生②应收账款、合同资产：完整性	特别	是	综合性方案	高	中
销售收入记录可能不完整	营业收入、应收账款、合同资产：完整性	一般	否	实质性方案	无	低
期末收入交易可能未计入正确的期间	①营业收入：截止②应收账款、合同资产：存在、完整性	特别	否	实质性方案	无	高
发生的收入交易未能得到准确记录	①营业收入：准确性②应收账款、合同资产：准确性、计价和分摊	一般	是	综合性方案	部分	低
应收账款、坏账准备的计提不准确	应收账款、合同资产：准确性、计价和分摊	一般	否	实质性方案	无	中

第三节　销售与收款循环的控制测试

一、销售与收款循环的控制测试目标与程序

(一)销售与收款循环的控制测试目标

销售与收款循环的控制测试是在评价该循环的内部控制设计合理并被执行的基础上进行的，考虑成本效益原则和风险水平，可从下面四个方面获取销售与收款循环的控制是否有效运行的审计证据。

(1) 销售与收款循环的控制在所审计期间的不同时点是如何运行的。

(2) 控制是否得到一贯执行。

(3) 控制是由谁来执行。

(4) 控制是以何种方式运行的，如人工控制或者自动控制。

(二)销售与收款循环的控制测试程序

销售与收款循环的控制测试程序一般包括以下几个步骤。

(1) 询问被审计人员，了解被审计单位销售与收款的主要控制程序是否被执行。

(2) 观察销售与收款的关键控制点及特定控制点的控制实践。

(3) 检查关键控制点生成的有关文件和记录。

(4) 必要时通过重新执行来证实控制执行的有效性。

(5) 通过追踪交易在财务报告信息系统中的处理过程(穿行测试)，以提取对关键控制点控制有效支持的审计证据。

(6) 根据上述程序的实施，评估控制是否可信赖，得出控制是否有效的结论。

二、以风险为起点的销售与收款循环控制测试

风险评估和风险应对是整个审计过程的核心，注册会计师通常以识别的重大错报风险为起点，选取拟测试的控制并实施控制测试。表 7-4 列示了通常情况下，注册会计师对销售与收款循环实施的控制测试。

表 7-4　销售与收款交易的常用控制测试

存在的内部控制	相关的控制测试程序
职责分离	通常通过观察被审计单位人员的活动，以及与这些人员进行讨论
授权审批	通过检查凭证在四个关键点是否经过审批，包括：在销售发生之前是否经过赊销审批；货物发出是否经过审批；销售价格、条件、运费、折扣等是否经过审批；审批人是否在其权限范围内进行审批
充分的凭证和记录以及预先连续编号	清查各类凭证，比如从主营业务收入明细账中选取样本，追查至相应的销售单、发运单、销售发票存根，看其编号是否连续，有无不正常的缺号发票和重号发票，作废发票的处理是否正确
按月寄送对账单	观察指定人员寄送对账单，并检查客户复函档案
内部核查程序	检查内部审计人员的报告，或检查其他独立人员在他们核查内容上的签字

【案例 7-1】

注册会计师在对达观公司 2020 年度财务报表进行审计，在对报表相关内部控制进行测试时，了解到达观公司在销售与收款循环的控制活动包括以下内容。

① 销售部门收取客户的订购单后，由销售经理 A 对品种、规格、数量、价格、付款条件、结算方式等详细审核后签章；由销售部门为每张客户订购单打印一式两联的销售单，一联送信用部门审批，一联与客户订购单一起存档，销售单未连续编号。

② 信用审核部门检查经授权的相关客户剩余赊销信用额度，并在销售部门编制的销售单上签字。在额度内的由信用审核部门职员 B 审批，超过剩余信用额度的在职员 B 审批后，还需活动经授权的信用审核部门经理 C 的批准。

③ 为提高办事效率，达观公司的博物分公司允许销售人员直接收款。销售人员收款后，部分人员先存入个人账户，延迟交款到公司财务部门。

④ 达观公司 3 年以上的应收账款金额较大。经询问，许多是以前很早时遗留的应收账款，当事人都已离职，债务方也无法联系，因无人负责所以一直挂账。

要求：

请指出达观公司销售与收款循环内部控制各项活动是否存在缺陷？如果存在，请提出改进建议。

分析提示：

(1) 活动①有缺陷，销售单未连续编号，且一式两联不能满足凭证传递需求，容易出现遗漏和无法核对。

建议：销售单应当连续编号，且至少一式五联。

(2) 活动②有缺陷，没有对信用审核部门经理 C 的审批设置额度上限，会增加信用风险。

建议：对信用审核部门经理 C 设置审批额度上限，超过上限的要提交董事会集体决策。

(3) 活动③有缺陷，销售业务执行与货款收取由一人完成，不相容职责未分离；收款存入个人账户，业务处理不及时。

建议：加强对销售与收款业务的控制，禁止销售人员直接收取货款并存入个人账户；加强原始凭证的收集、传递和记账的控制，提高会计记录及时性。

(4) 活动④有缺陷，3 年以上的金额大且债务人找不到的应收账款多，坏账准备及其损失处理不及时。

建议：应建立完善的应收账款对账制度、账龄分析制度、逾期应收账款追溯赔偿制度和坏账损失及时处理制度。

第四节　营业收入的审计

一、营业收入的审计目标和实质性程序

营业收入项目反映企业在销售商品、提供劳务等营业活动中所产生的收入，以及企业确认的除主营业务活动以外的其他经营活动实现的收入，包括出租固定资产、出租无形资产、出租包装物和商品、销售材料等实现的收入。营业收入包括主营业务收入和其他业务收入。本书仅探讨主营业务收入的审计。

营业收入的审计目标与认定、审计目标与审计程序对应关系如表 7-5 所示。

表 7-5　营业收入的审计目标与认定及审计程序的关系

(一)审计目标与认定对应关系表

审计目标	财务报表认定					
	发生	完整性	准确性	截止	分类	列报
A. 确定利润表中记录的营业收入已发生,且与被审计单位有关	√					
B. 确定所有应当记录的营业收入均已记录		√				
C. 确定与营业收入有关的金额及其他数据已恰当记录			√			
D. 确定营业收入已记录于正确的会计期间				√		
E. 确定营业收入已记录于恰当的账户					√	
F. 确定营业收入已被恰当地汇总或分解且表述清楚,按照企业会计准则的规定在财务报表中作出的披露是相关的、可理解的						√

(二)审计目标与审计程序对应关系表

审计目标	可供选择的审计程序	索引号
C	1. 获取或编制营业收入明细表 (1) 复核加计是否正确,并与总账数和明细账合计数核对相符。 (2) 检查以非记账本位币结算的主营业务收入的折算汇率及折算是否正确	
ABC	2. 实质性分析程序(必要时) (1) 针对已识别需要运用分析程序的有关项目,并基于对被审计单位及其环境的了解,通过进行以下比较,同时考虑有关数据间关系的影响,建立有关数据的期望值: ① 将账面销售收入、销售清单和销售增值税销项清单进行核对; ② 将本期的销售收入与以前可比期间的对应数据或预算数进行比较; ③ 分析月度或季度销售量、销售单价、销售收入金额、毛利率变动趋势; ④ 将销售收入变动幅度与销售商品及提供劳务收到的现金、应收账款、合同资产、存货、税金等项目的变动幅度进行比较; ⑤ 将销售毛利率、应收账款、合同资产周转率、存货周转率等关键财务指标与可比期间数据、预算数或同行业其他企业数据进行比较; ⑥ 分析销售收入等财务信息与投入产出率、劳动生产率、产能、水电能耗、运输数量等非财务信息之间的关系; ⑦ 分析销售收入与销售费用之间的关系。 (2) 确定可接受的差异额。 (3) 将实际的情况与期望值相比较,识别需要进一步调查的差异。 (4) 如果其差额超过可接受的差异额,调查并获取充分的解释和恰当的、佐证审计证据(如通过检查相关的凭证等)。注意是对差异额全额进行调查证实,而非仅对超出可接受差异额的部分进行调查。 (5) 评估分析程序的测试结果	

审计目标	可供选择的审计程序	索引号
ABCD	3. 检查营业收入的确认条件、方法是否符合企业会计准则，前后各期是否一致；关注周期性、偶然性的收入是否符合既定的收入确认原则、方法	
C	4. 检查交易价格。询问管理层对交易价格的确定方法，选取和阅读部分合同，确定合同条款是否表明需要将交易价格分摊至各单项履约义务，以及合同中是否包含可变对价、非现金对价、应付客户对价以及重大融资成分等。检查管理层的处理是否恰当	
ABCD	5. 以主营业务收入明细账的会计分录为起点，检查相关原始凭证，如订购单、销售单、发运凭证、发票等，评价已入账营业收入是否真实发生("发生"认定)	
ACD	6. 从发运凭证(客户签收联)中选取样本，追查至主营业务收入明细账，以确定是否存在遗漏事项("完整性"认定)	
AC	7. 结合对应收账款的审计，选择主要客户函证本期销售额	
D	8. 销售的截止测试 (1) 选取资产负债表日前后若干天的发运凭证，与应收账款和收入明细账进行核对；同时，从应收账款和收入明细账选取在资产负债表日前后若干天凭证，与发货凭证核对，以确定销售是否存在跨期现象。 (2) 复核资产负债表日前后的销售与发货水平，确定业务活动水平是否异常，并考虑是否有必要追加截止程序。 (3) 取得资产负债表日后所有的销售退回记录，检查是否存在提前确认收入的情况。 (4) 结合资产负债表日应收账款/合同资产的函证程序，检查有无未取得客户认可的销售	
A	9. 存在销售退回的，检查手续是否符合规定，结合原始销售凭证检查其会计处理是否正确。结合存货项目审计关注其真实性	
C	10. 检查可变对价的会计处理 (1) 获取可变对价明细表，选取项目与相关合同进行核对，检查合同中是否确定存在可变对价。 (2) 检查被审计单位对可变对价的估计是否恰当。 (3) 检查计入交易价格的可变对价金额是否满足限制条件。 (4) 检查资产负债表日被审计单位是否重新估计了应计入交易价格的可变对价金额，如果发生变动是否进行了恰当的会计处理	
F	11. 检查营业收入在财务报表中的列报和披露是否符合会计准则的规定	

二、对收入确认的审计

注册会计师要检查主营业务收入的确认条件、方法是否符合会计准则，前后期是否一致；关注周期性、偶然性的收入是否符合既定的收入确认条件、方法。按照《企业会计准则第 14 号——收入》的要求，企业应当在履行了合同中的履约义务，即在客户取得相关商品控制权时确认收入。

当企业与客户之间的合同同时满足以下条件时，企业应当在客户取得商品控制权时确认收入。

(1) 合同各方已批准该合同并承诺将履行各自义务。

(2) 该合同明确了合同各方与所转让商品或提供劳务相关的权利和义务。

(3) 该合同有明确的与所转让商品或提供劳务相关的权利和义务。

(4) 该合同具有商业实质，及履行该合同将改变企业未来现金流量的风险、时间分布或金额。

(5) 企业因向客户转让商品而有权取得的对价很可能收回。

《企业会计准则第 14 号——收入》分别对"在某一时段内履行了履约义务"和"在某一时点履行了履约义务"的收入作出了规定。对于在某一时段内履行的履约义务，企业应当在该段时间内按照履约进度确认收入。当履约进度能够合理确定时，采用产出法或投入法确定恰当的履约进度。当履约进度不能合理确定时，企业已经发生的成本预计能够得到补偿的，应当按照已发生的成本金额确认收入，直到履约进度能够合理确定为止。

对于在某一时点履行的履约义务，企业应当在客户取得相关商品的控制权时确认收入。在判断客户是否已取得商品控制权时，企业应当考虑下列几项内容。

(1) 企业就该商品享有现时收款权利，即客户就该商品负有现时付款义务。

(2) 企业已将该商品的法定所有权转移给客户，即客户已拥有该商品的法定所有权。

(3) 企业已将该商品实物转移给客户，即客户已实物占有该商品。

(4) 企业已将该商品所有权上的主要风险和报酬转移给客户，即客户已取得该商品所有权上的主要风险和报酬。

(5) 客户已接收该商品。

(6) 其他表明客户已取得商品控制权的事项。

因此，注册会计师需要基于对被审计单位商业模式和日常经营活动的了解，判断被审计单位的合同履约义务是在某一时段内履行还是在某一时点履行，据以评估被审计单位确认收入的会计政策是否符合企业会计准则的规定，并测试被审计单位是否按照其既定的会计政策确认收入。

注册会计师通常对所选取的交易，检查销售合同及与履行合同相关的单据和文件记录，而对于某些特定的收入交易，注册会计师可能还需要根据被审计单位的具体情况和重大错报风险评估的结果，评价收入确认方法是否符合会计准则的要求。例如：①对于附有销售退回条款的销售，评价对退回部分的估计是否合理，确定其是否按照因向客户转让商品而预期有权收入的对价金额(即不包含预期因销售退回将退还的金额)确认收入。②对于负有质量保证条款的销售，评价该质量保证是否在向客户保证所销售商品符合既定标准之外提供了一项单独的服务，如果是额外服务，是否作为单项履约义务进行会计处理。③对于售后回购交易，评价回购安排是否属于远期安排，企业拥有回购选择权还是客户拥有回售选择权等因素，确定企业是否根据不同的安排进行了恰当的会计处理。

了解被审计单位通常采用的收入确认舞弊手段，有助于注册会计师更有针对性地实施审计程序。常用的收入确认舞弊手段如表 7-6 所示。

表 7-6　常用的收入舞弊动机及手段

动　机	舞弊手段
1. 为达到粉饰财务报表的目的而虚增收入或提前确认收入	(1) 虚构销售交易、进行显失公允的交易。 (2) 在客户取得相关商品控制权前确认收入或隐瞒退货条款，在发货时全额确认收入。 (3) 通过隐瞒不符合收入确认条件的售后回购或售后回租协议，将以售后回购或售后回租方式发出的商品作为销售商品确认收入。 (4) 在被审计单位属于代理人的情况下，被审计单位按照主要责任人确认收入，对于属于在某一时段内履约的销售交易，通过高估履约进度的方法实现当期多确认收入入。 (5) 随意变更所选择的会计政策或会计估计方法。 (6) 通过调整与单独售价或可变对价等相关的会计估计，达到多计或提前确认收入的目的。 (7)对于存在多项履约义务的销售交易，未对各项履约义务单独进行核算，而整体作为单项履约义务一次性确认收入。 (8)对于应整体作为单项履约义务的销售交易，通过将其拆分为多项履约义务，达到提前确认收入的目的
2. 为达到报告期内降低税负或转移利润的目的而少计或推迟确认收入	(1) 不确认收入，而将收到的货款作为负债入账，或转入本单位以外的其他账户。 (2) 采用以旧换新方式销售商品时，以新旧商品的差价确认收入。 (3) 对于应采用总额法确认收入的销售交易，采用净额法确认收入。 (4) 对于属于在某一时段内履约的销售交易，被审计单位未按实际履约进度确认收入，或采用时点法确认收入。 (5) 对于属于在某一时点履约的销售交易，被审计单位未在客户取得相关商品或服务控制权时确认收入，推迟收入确认时点。 (6) 调整与单独售价或可变对价等相关的会计估计，达到少计或推迟确认收入的目的

三、对收入执行分析程序

在收入确认领域实施审计程序时，分析程序是一种较为有效的方法。注册会计师需要重视并充分利用分析程序。

注册会计师通过实施分析程序，可能识别出未注意到的异常关系或难以发现的变动趋势，从而有目的、有针对性地关注可能发生重大错报风险的领域，有助于评估重大错报风险，为设计和实施应对措施奠定基础。例如，如果注册会计师发现被审计单位不断地为完成销售目标而增加销售量，或者大量的销售因不能收现而导致应收账款、合同资产大量增加，需要对销售收入的真实性予以额外关注；如果注册会计师发现被审计单位临近期末销售量大幅增加，需要警惕将下期收入提前确认的可能性；如果注册会计师发现单笔大额收入能够减轻被审计单位盈利方面的压力，或使被审计单位完成销售目标，需要警惕被审计单位虚构收入的可能性。

如果注册会计师通过执行分析程序，发现异常或偏离预期的趋势或关系，需要认真调查其原因，评价是否表明存在由于舞弊导致的重大错报风险，涉及期末收入和利润的异常关系尤其值得关注。这些趋势和关系可能包括：在报告期的最后几周内记录了不寻常的大额收入或异常交易，或收入与经营活动产生的现金流量趋势不一致。

【案例7-2】

华兴公司主要从事A产品的生产和销售，无明显产销淡旺季。产品销售采用赊销方式，正常信用期为20天。在A产品生产成本中，a原材料成本占极大比重。a原材料在2020年的年初、年末库存均为零。A产品的发出计价采用移动加权平均法。2020年度，华兴公司所处行业的统计资料显示，生产A产品所需a原材料主要依赖进口，汇率因素导致a原材料采购成本大幅上涨；替代产品面市使A产品的市场需求减少，市场竞争激烈，导致销售价格明显下跌。

2020年度未经审计财务报表及相关账户记录反映。

(1) A产品2019年度和2020年度的销售记录如表7-7所示。

表7-7　销售记录

产品名称	2020年度(未审数)			2019年度(已审数)		
	数量/吨	营业收入/万元	营业成本/万元	数量/吨	营业收入/万元	营业成本/万元
A产品	900	50 000	40 000	800	40 000	34 000

(2) A产品2020年度收发存记录如表7-8所示。

表7-8　收发存记录

日期及摘要	入　库			出　库			结　存		
	数量/吨	单价/万元	金额/万元	数量/吨	单价/万元	金额/万元	数量/吨	单价/万元	金额/万元
年初余额							0	0	0
1月3日入库	80	60	4 800				80	60	4 800
1月4日出库				70	60	4 200	10	60	600
2月9日入库	80	55	4 400				90	55.56	5 000
略									
11月30日出库				75	52	3 900	75	52	3 900
12月2日入库	75	48	3 600				150	50	7 500
12月9日出库				150	50	7 500	0	0	0
年末余额							0	0	0

(3) 与销售A产品相关的应收账款变动记录如表7-9所示。

表7-9　应收账款变动记录　　　　　　　　　　　　　　万元

日期及摘要	借　方	贷　方	余　额
			3 000
2020年1月2日收款		2 700	300
2020年1月4日赊销	5 000		5 300
略			
2020年11月30日收款		2 500	600
2020年12月9日赊销	9 000		9 600
2020年年末余额			9 600
2021年年初余额			9 600
2021年1月25日赊销	3 000		12 600

分析提示：

(1) 由于 2019 年度已审数中 A 产品的毛利率=(40 000-34 000)÷40 000=15%，而 2020 年度未审数 A 产品的毛利率=(50 000-40 000)÷50 000=20%，但是行业资料显示"替代产品面市使 A 产品的市场需求减少，市场竞争激烈导致销售价格明显下跌"，所以很可能存在虚增收入的情况。

(2) 因为市场竞争激烈，A 产品的市场需求减少，但是 A 产品 2020 年度收发存记录显示该产品年末余额为 0，很可能该存货被低估。

(3) 从"与销售 A 产品相关的应收账款变动记录"中可以看出，2020 年 12 月 9 日赊销产生的应收账款在 2021 年 1 月 31 日都没有收回，但是"产品销售采用赊销方式，正常信用期为 20 天"，所以应收账款很可能存在坏账准备计提不足或虚构收入等重大错报风险。

由于可能存在虚构收入的重大错报风险，注册会计师应当以账簿记录为起点从资产负债表日前后若干天的账簿记录查至记账凭证，检查发票存根与发运凭证，目的是证实已入账收入是否在同一期间已开具发票并发货，有无多记收入。

四、实施销售的截止测试

在财务报表审计中，注册会计师通常要对货币资金、往来款项、存货、长期股权投资、营业收入、期间费用等项目执行截止测试，以确认所有交易都记录在正确的会计期间。对销售截止性测试的主要目的在于确定被审计单位营业收入的会计记录归属期是否正确；应计入本期或下期的营业收入有无被推迟至下期或提前到本期的情况。

实施截止测试的前提是注册会计师充分了解被审计单位收入确认会计实务，并识别能够证明该笔销售符合收入确认条件的关键单据。例如，货物出库时，与货物所有权相关的主要风险和报酬可能尚未转移，即客户尚未取得对该商品的控制权，不符合收入确认条件。因此，仓储部门留存的发运凭证可能不是实现收入的充分证据，注册会计师还需要检查经客户签署的发运凭证联。销售发票与收入相关，但是发票开具日期不一定与收入实现的日期一致，实务中由于增值税发票涉及企业的纳税和抵扣问题，开票日期滞后于收入可确认日期的情况较为常见，因此不能将开票日期作为收入确认的日期。

假定制造型企业在货物送达客户并由客户签发时确认收入，注册会计师可以考虑选择两条审计路径实施主营业务收入的截止测试。

第一，以账簿记录为起点。从资产负债表日前后若干天的账簿记录查至记账凭证和客户签收的发运凭证，目的是证实已入账收入是否在同一期间已发货并由客户签收，有无多记收入。这种方法的优点是比较直观，容易追查至相关凭证记录，以确定其是否在本期确认收入；缺点是缺乏全面性和连贯性，只能查多记，无法查漏记。因此，这种方法主要是为了防止多记收入。

第二，以发运凭证为起点。从资产负债表日前后若干天的已经由客户签发的发运凭证查至账簿记录，确定主营业务收入是否已记入恰当的会计期间。这种方法的优点是比较全面、连贯，容易发现漏记的收入；缺点是费时费力，难以查找相关的账簿记录，不易发现多记的收入。因此，这种方法主要是为了防止少记收入。

上述两条路线在审计实务中均被广泛采用，它们并不是孤立的，注册会计师可以考虑在同一主营业务收入科目审计中并用这两条路线。注册会计师需要凭借经验和所掌握的信息进行风险评估,选择恰当的审计路径实施有效的收入截止测试。

【案例7-3】

注册会计师王丽华正在对华夏股份有限公司(以下简称华夏公司)2020年度会计报表进行审计。华夏公司为增值税一般纳税人,增值税税率为13%。为了确定华夏公司的销售业务是否记录在恰当的会计期间,决定对销售进行截止测试。截止测试的简化审计工作底稿如下。

万元

销售发票号	金 额	记入销售明细账日期	发运日期	发票日期	销售成本
7891	10	2020年12月30日	2020年12月27日	2020年12月27日	6
7892	15	2020年12月30日	2021年1月2日	2021年1月3日	9
7893	8	2020年12月31日	2021年1月5日	2021年1月6日	4.8
7894	20	2021年1月2日	2020年12月30日	2020年12月30日	12
7895	10	2021年1月3日	2021年1月2日	2021年1月3日	6
7896	5	2021年1月8日	2021年1月7日	2021年1月8日	3

要求:

(1) 根据上述资料指出注册会计师王丽华所执行的截止测试的具体方法及其目的。

(2) 根据上述资料分析华夏公司是否存在提前入账问题。如果有,请编制调整分录。

(3) 根据上述资料分析华夏公司是否存在拖后入账的问题,并简要说明理由。

分析提示:

(1) 注册会计师王丽华执行的截止测试的具体方法是,从资产负债表日前后若干天的销售明细账记录追查至记账凭证和由客户签发的发运凭证,其目的是证实已经入账的收入是否在同一期间已发货并由客户签收,有无多记收入的情况。

(2) 华夏公司销售明细账中2020年12月30日(发票号7892)和2020年12月31日(发票号7893)均属于提前入账的销售业务。调整分录如下:

借: 营业收入　　　　　　　　　　　230 000
　　应交税费　　　　　　　　　　　 29 900
　　　贷: 应收账款　　　　　　　　　　　259 900
借: 存货　　　　　　　　　　　　　138 000
　　　贷: 营业成本　　　　　　　　　　　138 000

(3) 华夏公司不一定存在拖后入账的问题。尽管通过截止测试发现2021年1月2日入账的销售业务其发票和发运凭证均是2020年12月31日的,但这并不能完全表明该销售已经符合确认销售商品收入的条件。在审计时,对此情况注册会计师还应结合具体的情况确定在2020年12月31日是否能确认为收入。如果在2020年能够确认收入,则华夏公司存在拖后入账的问题;否则,就不存在。

五、营业收入的"延伸检查"程序

如果识别出被审计单位收入真实性存在重大异常情况，且通过常规审计程序无法获取充分、适当的审计证据，注册会计师需要考虑实施"延伸检查"程序，即对检查范围进行合理延伸，以应对识别出的舞弊风险。例如，对所销售产品或服务及所涉及的资金来源和去向进行追踪，对交易参与方(含代为收付款方)的最终控制人或其真实身份进行查询。

实务中，注册会计师可以实施的"延伸检查"程序如下。

(1) 在获取被审计单位配合的前提下，对相关供应商、客户进行实地走访，针对相关采购、销售交易的真实性获取进一步的审计证据。

注册会计师应当充分考虑被审计单位和被访谈对象串通舞弊的可能性，根据实际情况仔细设计访谈计划和访谈提纲，并注意提纲保密，必要的时候选择两名或不同级别的访谈对象访谈相同或类似问题，相互印证。

(2) 利用企业信息查询工具，查询主要供应商和客户的股东至其最终控制人，以识别相关供应商和客户与被审计单位是否存在关联方关系。

(3) 在采用经销模式情况下，检查经销商的最终销售实现情况。

(4) 当注意到存在关联方配合被审计单位虚构收入的迹象时，获取并检查相关关联方的银行账户资金流水，关注是否存在与被审计单位相关供应商或客户的异常资金往来。

审计程序的性质、时间安排和范围应当能够应对评估的由于舞弊导致的认定层次重大错报风险，如果注册会计师认为"延伸检查"程序是必要的，但受条件限制无法实施，或者实施"延伸检查"程序后仍不足以获取充分、适当的审计证据，注册会计师应当考虑审计范围是否受限，并考虑对审计报告意见类型的影响或解除业务约定。

第五节　应收账款的审计

应收账款是企业无条件收取合同对价的权利。合同资产是指企业已向客户转让商品而有权收取对价的权利，且该权利取决于时间流逝之外的因素。两者的主要区别在于相关的风险不同，应收款项仅承担信用风险，而合同资产除信用风险外，还可能承担其他风险。本书重点阐述应收账款的审计。

应收账款是指企业因销售商品、提供劳务而形成的现时收款权利，即由于企业销售商品、提供劳务等原因，应向客户收取的款项。应收账款余额一般包括应收账款账面余额和相应的预期信用损失两部分。企业应当以预期信用损失为基础，合理预计各项应收款项可能发生的坏账，对应收账款进行减值会计处理并确认损失准备。

一、应收账款的审计目标和审计程序

尽管不同企业应收账款的具体审计程序不同，但一般包括如下基本程序，如表 7-10 所示。

表 7-10　应收账款的实质性程序

(一)审计目标与认定对应关系表

审计目标	财务报表认定					
	存在	完整性	权利和义务	准确性、计价和分摊	分类	列报
A. 确定资产负债表中记录的应收账款是存在的	√					
B. 确定所有应当记录的应收账款均已记录		√				
C. 确定记录的应收账款由被审计单位拥有或控制			√			
D. 确定应收账款是否可以收回，预期信用损失的计提方法和金额是否恰当，计提是否充分				√		
E. 确定应收账款及其预期信用损失是否已记录于恰当账户					√	
F. 确认应收账款已被恰当汇总或分解且表述清楚，按照企业会计准则的规定在财务报表中做出的相关披露是相关的、可理解的						√

(二)审计目标与审计程序对应关系

审计目标	可供选择的审计程序	索引号
D	1. 获取或编制应收账款明细表 (1) 复核加计正确，并与总账数和明细账合计数核对相符；结合损失准备科目与报表数核对相符。 (2) 检查非记账本位币应收账款的折算汇率及折算是否正确。 (3) 分析有贷方余额的项目，查明原因，必要时，做重分类调整。 (4) 结合其他应收款、预收账款等往来项目的明细余额，调查有无同一客户多处挂账、异常余额或与销售无关的其他款项(如代销账户、关联方账户或员工账户)。如有，应做出记录，必要时提出调整建议	
ABD	2. 分析与应收账款相关的财务指标 (1) 复核应收账款借方累计发生额与主营业务收入关系是否合理，并将当期应收账款借方发生额占销售收入净额的百分比与管理层考核指标和被审计单位相关赊销政策相比较，如存在异常应查明原因。 (2) 计算应收账款周转率、应收账款周转天数等指标，并与被审计单位相关赊销政策、被审计单位以前年度指标、同行业同期相关指标对比分析，检查是否存在重大异常并查明原因	
D	3. 获取或编制应收账款的账龄分析表 (1) 将应收账款的账龄分析表中的合计数与应收账款总分类账余额相比较，测试计算的准确性并调查重大调节项目。 (2) 检查原始凭证，如销售发票、运输记录等，测试账龄划分的准确性	
ACD	4. 对应收账款进行函证 (1) 函证决策。除非有充分证据表明应收账款对被审计单位财务报表而言是不重要的，或者函证很可能是无效的，否则，注册会计师应当对应收账款进行函证。如果注册会计师不对应收账款进行函证，应当在工作底稿中说明理由。如果认为函证很可能是无效的，注册会计师应当实施替代审计程序，获取充分、适当的审计证据。	

审计目标	可供选择的审计程序	索引号
ACD	(2) 函证项目。对函证实施过程进行控制：核对询证函是否由注册会计师直接收发；被询证者以传真、电子邮件等方式回函的，应要求被函证者寄回询证函原件；如果未能收到积极式函证回函，应当考虑与被函证者联系，要求对方作出回应或者再次寄发询证函。 (3) 编制"应收账款函证结果汇总表"，对函证结果进行评价。 (4) 对最终未回函的账户实施替代审计程序，如实施期后收款测试、检查运输记录、销售合同等相关原始资料及询问被审计单位有关部门等。 (5) 如果管理层不允许寄发询证函，询问管理层不允许寄发询证函的原因，并就其原因的正当性及合理性收集审计证据；评价管理层不允许寄发询证函对其他审计程序的影响；实施替代审计程序以获取相关可靠审计证据；如果认为管理层不允许寄发询证函的原因不合理，或实施替代程序无法获取相关可靠审计证据，与治理层沟通，并确定其对审计工作和审计意见的影响	
A	5. 对未函证应收账款实施替代程序。抽查有关原始凭证，如销售合同、销售订单、销售发票副本、发运凭证及回款单据等，以验证与其相关的应收账款的真实性	
ABCD	6. 对应收账款余额实施函证以外的细节测试。在未实施应收账款函证的情况下，注册会计师需要实施其他审计程序获取有关应收账款的审计证据，这种程序与未收到回函情况下实施的替代程序相似	
D	7. 检查坏账的冲销与转回。一方面注册会计师应确定有无债务人破产或死亡，以其破产或以遗产清偿后仍无法收回的，或者债务人长期未履行清偿义务的应收账款；另一方面应检查被审计单位坏账的处理是否经授权批准，有关会计处理是否正确	
F	8. 确定应收账款的列报是否恰当。除企业会计准则要求的披露外，如果被审计单位为上市公司，注册会计师还要评价其披露是否符合证券监管部门的特别规定	
DEF	9. 评价坏账准备计提的恰当性 (1) 取得坏账准备明细表，复核加计正确，与坏账准备总账数、明细账合计数核对相符。将应收账款坏账准备本期计提金额与信用减值损失相应明细项目的发生金额核对相符。 (2) 检查应收账款坏账准备的计提和核销的批准程序，取得书面报告等证明文件，结合应收账款函证回函结果，评价计提坏账准备所依据的资料、假设及计提方法。复核应收账款坏账准备是否按照股东大会或董事会批准的既定方法和比例提取，其计算和会计处理是否正确。 (3) 在账龄分析表中，选取金额大于__的账户，逾期超过__天的账户，以及认为必要的其他账户，如有收款问题记录的账户，收款问题行业集中的账户。复核并测试所选取的账户期后收款问题，并复核往来函件及其他相关信息，以支持被审计单位就此作出的声明，针对坏账准备计提不足情况进行调整。 (4) 实际发生坏账损失的，检查转销依据是否符合有关规定，会计处理是否正确。 (5) 已经确认并转销的坏账重新收回的，检查其会计处理是否正确。 (6) 确定应收账款坏账准备的披露是否恰当，是否在报表附注中清晰地说明坏账的确认标准，坏账准备的计提方法等	

二、应收账款的账龄分析

应收账款的账龄，通常是指资产负债表中的应收账款从销售实现，产生应收账款之日起至资产负债表日止所经历的时间。在编制该表时，可以选择重要的客户及其余额列示，不重要的或余额较小的，可以汇总列示。应收账款账龄分析表的合计数减去已计提的相应坏账准备后的净额，应等于资产负债表中的应收账款项目余额。

注册会计师可以通过编制或索取应收账款的账龄分析表来分析应收账款的账龄，以便了解应收账款的可收回性，评估坏账准备计提是否恰当。应收账款的账龄分析表参考格式如表 7-11 所示。

表 7-11 应收账款的账龄分析表

项 目	期末余额	1 年以内	1~2 年	2~3 年	3 年以上
一、关联方					
A1					
……					
二、非关联方					
B1					
……					

测试时，除将应收账款分析表中的合计数与应收账款总分类账余额相比较，调查重大调节项目，以确定应收账款账龄分析表计算的准确性外，注册会计师还需要从账龄分析表中抽取一定数量的项目，追查至相关销售原始凭证，测试账龄划分的准确性。

【案例 7-4】

注册会计师张浩和王芳对宏发股份有限公司 2020 年度会计报表进行审计。该公司 2020 年度未发生购并、分立和债务重组行为，供产销形势与上年相当。该公司提供的未经审计的 2020 年度合并会计报表附注的部分内容如下。

(1) 坏账核算的会计政策：坏账核算采用备抵法。坏账准备按期末应收账款余额的 5%计提。

应收账款和坏账准备项目附注。

应收账款 2020 年年末余额 16 553 万元，坏账准备 2020 年年末余额 52.77 万元。

应收账款账龄分析如下表。

万元

账 龄	年 初 数	年 末 数
1 年以内	8 392	10 915
1~2 年	1 186	1 399
2~3 年	1 161	1 365
3 年以上	1 421	2 874
合计	12 160	6 553

(2) 主营业务收入和主营业务成本项目附注。

主营业务收入 2020 年度发生额为 61 020 万元，主营业务成本 2020 年度发生额为

52 819 万元，具体内容如下表。

万元

品　名	主营业务收入		主营业务成本	
	2019 年发生额	2020 年发生额	2019 年发生额	2020 年发生额
甲产品	40 000	41 000	38 000	33 800
乙产品	20 000	20 020	19 000	19 019
合计	60 000	61 020	57 000	52 819

要求：

假定上述附注内容中的年初数和上年比较数均已审定无误，作为注册会计师，运用实质性分析程序，对案例中存在或可能存在的不合理之处进行分析。

分析提示：

内容(1)中可能存在两个不合理之处：一是坏账准备年末余额 52.77 万元÷应收账款年末余额 16 553 万元＝3.2‰，这与会计政策规定的 5% 的坏账准备计提比例不符；二是应收账款账龄分析中，"2～3 年"和"3 年以上"这两部分的年初数之和仅为 2 582 万元，而"3 年以上的"年末数却为 2 874 万元，通常，在公司 2020 年度未发生购并、分立和债务重组行为等的前提下是不可能的。

内容(2)中可能存在一个不合理之处：甲产品 2020 年销售毛利率为 17.56%，大大高于 2019 年的 5%，既然公司 2020 年的供产销形势与上年相当，通常应维持大致相当的销售毛利率水平。

三、应收账款的函证

函证是指注册会计师直接从第三方(被询证者)获取书面答复以作为审计证据的过程。书面答复可以采取纸质、电子或者其他介质等形式。函证应收账款的目的在于证实应收账款账户余额的真实、准确，通过函证应收账款，可以比较有效地证明被询证人(即债务人)的存在和被审计单位记录的可靠性。

注册会计师应当考虑被审计单位的经营环境、内部控制的有效性、应收账款账户的性质、被询证人处理询证函的习惯做法及回函的可能性等，以确定应收账款函证的范围、对象、方式和时间等。

(一)函证的范围和对象

函证数量的多少、范围是由诸多因素决定的，主要包括以下几点。

(1) 应收账款在全部资产中的重要性。如果应收账款在全部资产中所占的比重较大，函证范围应相应大一些。

(2) 被审计单位内部控制的有效性。如果相关内部控制有效，可相应缩小函证范围；反之，则应扩大函证范围。

(3) 以前年度的函证结果。若以前年度函证中发现重大差异或欠款纠纷较多，则函证范围相应地扩大一些。

在一般情况下，注册会计师应选择以下项目作为函证对象：大额或账龄较长的项目，与债务人发生纠纷的项目，重大关联方项目，主要客户(包括关系密切的客户)项目，新增客户项目，交易频繁但期末余额较小甚至余额为零的项目，可能产生重大错报或舞弊的非正常项目。这种基于一定标准选取样本的方法具有针对性，比较适用于应收账款余额和性质差异较大的情况。如果应收账款余额由大量金额较小且性质类似的项目构成，则注册会计师通常采用抽样技术选取函证样本。

(二)函证的方式

函证方式有两种，即积极的函证方式和消极的函证方式。积极式函证，是指要求被询证者直接向注册会计师回复，表明是否同意询证函所列示的信息，或填列所要求的信息的一种询证方式；消极式函证，是指要求被询证者只有在不同意询证函所列示的信息时才直接向注册会计师回复的一种询证方式。注册会计师可采用积极的或消极的函证方式实施函证，也可将两种方式结合使用。由于应收账款通常存在高估风险，且与之相关的收入确认存在舞弊风险假定，因此实务中通常对应收账款采用积极的函证方式。

当同时存在下列情况时，注册会计师可考虑采用消极的函证方式：重大错报风险评估为低水平，涉及大量余额较小的账户，预期不存在大量的错误，没有理由相信被询证者不认真对待函证。

根据《〈中国注册会计师审计准则第 1312 号——函证〉指南》规定，积极式询证函的格式如下。

积极式询证函(格式一)

企业询证函

编号：

××(公司)

本公司聘请的××会计师事务所正在对本公司××年度财务报表进行审计，按照中国注册会计师审计准则的要求，应当询证本公司与贵公司的往来款项等事项。下列数额出自本公司账簿记录，如与贵公司记录相符，请在本函下端"信息证明无误"处签章证明；如有不符，请在"信息不符……"处列明不符金额。回函请直接寄至××会计师事务所。

回函地址：

邮编： 电话： 传真： 联系人：

1. 本公司与贵公司的往来款项列示如下。

元

截止日期	贵公司欠	欠贵公司	备　　注

2. 其他事项。

本函仅为复核账目之用，并非催款结算。若款项在上述日期之后已经付清，仍请及时函复为盼。

(公司盖章)
年　　月　　日

结论：

1. 信息证明无误。

(公司盖章)

年　月　日

经办人：

2. 信息不符，请列明不符的详细情况。

(公司盖章)

年　月　日

经办人：

积极式询证函(格式二)

企业询证函

编号：

××(公司)

　　本公司聘请的××会计师事务所正在对本公司××年度财务报表进行审计，按照中国注册会计师审计准则的要求，应当询证本公司与贵公司的往来款项等事项。请列示截止××年×月×日贵公司与本公司往来款项余额。回函请直接寄至××会计师事务所。

回函地址：

邮编：　　　　　电话：　　　　　传真：　　　　　联系人：

本函仅为复核账目之用，并非催款结算。若款项在上述日期之后已经付清，仍请及时函复为盼。

(公司盖章)

年　月　日

1. 贵公司与本公司的往来款项列示如下。

元

截止日期	贵公司欠	欠贵公司	备　　注

2. 其他事项。

(公司盖章)

年　月　日

经办人：

　　根据《〈中国注册会计师审计准则第 1312 号——函证〉指南》规定，消极式询证函的格式如下。

企业询证函

编号：

×× (公司)

本公司聘请的××会计师事务所正在对本公司××年度财务报表进行审计，按照中国注册会计师审计准则的要求，应当询证本公司与贵公司的往来款项等事项。下列数额出自本公司账簿记录，如与贵公司记录相符，则无须回复；如有不符，请直接通知会计师事务所，并请在空白处列明贵公司认为是正确的信息。回函请直接寄至××会计师事务所。

回函地址：

邮编： 电话： 传真： 联系人：

1. 本公司与贵公司的往来款项列示如下。

元

截止日期	贵公司欠	欠贵公司	备 注

2. 其他事项。

本函仅为复核账目之用，并非催款结算。若款项在上述日期之后已经付清，仍请及时函复为盼。

(公司盖章)
年 月 日

××会计师事务所：

上面的信息不正确，差异如下：

(公司盖章)
年 月 日
经办人：

(三)函证时间的选择

注册会计师通常以资产负债表日为截止日，在资产负债表日后适当时间内实施函证。如果重大错报风险评估为低水平，注册会计师可以选择资产负债表日前适当日期为截止日实施函证，并对所函证项目自该截止日起至资产负债表日止发生的变动实施其他实质性程序。

(四)函证的控制

注册会计师通常利用被审计单位提供的应收账款明细账户名称及客户地址等资料据以

编制询证函，但注册会计师应当对函证全过程保持控制，并对确定需要确认或填列的信息、选择被询证者、设计询证函以及发出和跟进(包括收回)询证函保持控制。

注册会计师可通过函证结果汇总表的方式对询证函的收回情况加以控制。函证结果汇总表的格式如表 7-12 所示。

表 7-12　应收账款函证结果汇总表

被审计单位名称：　　　　　　　　　制表：　　　　　　　　日期：
结账日：　　年　　月　　日　　　　　复核：　　　　　　　　日期：

询证函编号	客户名称	客户地址及联系方式	账面金额	函证方式	函证日期		回函日期	替代程序	确认金额	差异金额及说明	备注
					第一次	第二次					
合　计											

(五)对不符事项的处理

不符事项是指被询证者提供的信息与询证函要求确认的信息不一致，或与被审计单位记录的信息不一致。不符事项产生的原因可能有：双方登记入账的时间不同，一方或双方记账错误，或者来自被审计单位的舞弊，因此不符事项可能显示财务报表存在错报或潜在错报，对回函中出现的不符事项，注册会计师需要调查核实原因，确定其是否构成错报。需要注意的是不能仅通过询问被审计单位相关人员对不符事项的性质和原因得出结论，而是在询问的基础上，检查相关原始凭证和文件资料予以证实，必要时与被询证方联系，获取相关信息和解释。

由于登记入账的时间不同而产生的不符事项主要表现为：①询证函发出时，客户已经付款，而被审计单位尚未收到；②询证函发出时，被审计单位的货物已经发出并已做销售记录，但货物仍在途中，客户尚未收到货物或未经验收入库；③客户由于某种原因将货物退回，而被审计单位尚未收到；④客户对收到货物的数量、质量及价格等有争议，而全部或部分拒付货款。

如果不符事项构成错报，注册会计师应当评价该错报是否表明存在舞弊，并重新考虑所实施审计程序的性质、时间安排和范围。

(六)对未回函项目实施替代程序

如未收到被询证方的回函，或无法进行函证的项目，注册会计师应当实施替代审计程序。例如，在考虑收入截止测试等审计程序所获取审计证据的基础上，实施下列程序。

(1) 检查资产负债表日后收回的货款，不仅要查看应收账款的贷方发生额，还要查看相关的收款单据，以证实付款方为客户且与资产负债表日的应收账款有关。

(2) 检查相关的销售合同、销售单、发运文件等。注册会计师需要根据被审计单位收入确认条件和时点，确定能够证明收入发生的凭证。

(3) 检查被审计单位与客户之间的往来邮件，如发货、对账、催款等事宜的邮件。

(七)对函证结果的总结和评价

在评价某项函证程序的结果时,注册会计师可以将结果分为以下几类。

(1) 询证函由适当的被询证者回复,回函同意询证函中包含的信息或提供了不存在不符事项的信息。

(2) 回函被认为不可靠。

(3) 未回函。

(4) 回函显示存在不符事项。

注册会计师对函证结果进行如下评价。

(1) 重新考虑过去对内部控制的原有评价是否适当,控制测试的结果是否适当,分析性程序的结果是否适当,相关的风险评价等是否适当。

(2) 如果函证结果表明没有审计差异,则注册会计师可以合理推论全部应收账款总额是正确的。

(3) 如果函证结果表明存在审计差异,注册会计师应当估算应收账款总额中可能出现的累计差错是多少,还应估算未被选中进行函证的应收账款的累计差错是多少。为了取得对应收账款累计更加准确的估计,可以进一步扩大函证范围。

需要指出的是,注册会计师应将询证函回函作为审计证据纳入审计工作底稿管理,其所有权归属于所在会计师事务所,除法院、检察院及其他有关部门依法查阅审计工作底稿、注册会计师协会对执业情况进行检查以及前后任注册会计师沟通等情形外,会计师事务所不得将询证函回函提供给被审计单位作为法律诉讼证据。

【案例 7-5】

光大会计师事务所接受委托,审计博雅公司 2020 年度的会计报表。注册会计师李大友了解和测试了与应收账款相关的内部控制,并将重大错报风险评估为高水平。注册会计师李大友取得 2020 年 12 月 31 日的应收账款明细表,并于 2021 年 1 月 15 日采用积极的函证方式对所有重要客户寄发了询证函。

注册会计师李大友将与函证结果相关的重要异常情况汇总于下表。

应收账款函证结果汇总表

函证编号	客户名称	询证金额/元	回函日期	差异金额及说明
22	甲	300 000	2021 年 1 月 22 日	购买 Y 公司 300 000 元货物属实,但款项已于 2020 年 12 月 25 日用支票支付
56	乙	500 000	2021 年 1 月 19 日	因产品质量不符合要求,根据购货合同,于 2020 年 12 月 28 日将货物退回
64	丙	640 000	2021 年 1 月 19 日	2020 年 12 月 10 日收到 Y 公司委托本公司代销的货物 640 000 元,尚未销售
82	丁	900 000	2021 年 1 月 18 日	采用分期付款方式购货 900 000 元,根据购货合同,已于 2020 年 12 月 25 日首付 300 000 元
134	戊	600 000		因地址错误,被邮局退回

要求：

针对上述各种异常情况，分析注册会计师应分别实施哪些相应的审计程序。

分析提示：

(1) 注册会计师应检查 2020 年 12 月 25 日及以后的银行存款对账单和银行存款日记账，确定该货款收妥入账的日期。最终确定资产负债表日该应收账款是否存在。

(2) 注册会计师应首先检查销售退回的有关文件资料，其次检查退回货物的验收入库，此外检查有关会计处理是否正确。

(3) 注册会计师应审查与丙公司的代销合同和代销清单，确认是否为应收账款。若属于尚未售出，则提请被审计单位调整。

(4) 注册会计师应首先检查与丁公司的销售合同；其次检查 2020 年 12 月 25 日及以后的银行存款对账单和银行存款日记账，确定收到 300 000 元的时间，若 12 月 31 日以后收到，则确认 300 000 元应收账款的存在；最后，提请被审计单位将多计的 600 000 元的应收账款进行调整。

(5) 注册会计师应首先查明退函的原因，其次执行替代程序(检查与销售有关的凭证)或执行追查程序(再次函证)，以确认应收账款是否存在。

本 章 小 结

销售与收款业务循环是指随着商品销售和劳务的提供而发生的商品所有权转让以及已收或应收账款的业务过程。它包括接受客户订单、收款、计提坏账准备等多项业务活动，该循环中重要的内部控制包括适当的职责分离、恰当的授权审批、充分的凭证和记录、凭证的预先编号、按月寄出对账单、内部核查程序等内容，销售交易的实质性程序主要针对主营业务收入、应收账款等相关项目展开。

主营业务收入的实质性程序中，收入的确认、实质性分析程序、截止测试都是比较重要的审计程序。

应收账款审计中，函证是一种必要而有效的审计程序，注册会计师要关注函证的范围和对象、函证的方式、函证时间的选择、函证的控制、对不符事项的处理以及对函证结果的总结和评价。

复习思考题

1. 销售与收款循环的主要业务活动有哪些？
2. 销售与收款循环的主要内部控制措施有哪些内容？
3. 主营业务收入的截止测试如何实施？
4. 对应收账款进行函证时有哪几种方式，简述两者的不同？
5. 应收账款的函证的替代程序包括哪些内容？
6. 常见的收入确认舞弊动机有哪些？常用的舞弊手段有哪些？

第八章

采购与付款循环审计

案例导读

吉林紫鑫药业股份有限公司是一家成立于 1998 年 5 月，集科研、开发、生产、销售、药用动植物种养殖为一体的高科技股份制企业，于 2007 年 3 月在深交所主板上市。

从 2010 年到 2011 年，短短 1 年间，股价从 11.93 元涨至 40.6 元，涨幅高达 240.32%，成为当时资本市场的明星，一时风光无限。直到 2011 年《自导自演上下游客户紫鑫药业炮制惊天骗局》文章一出，瞬间让股市炸开了锅，也掀起了紫鑫药业不为人知的另一面。文章表示：“紫鑫药业借助吉林人参产业规划的政策东风，大肆注册空壳公司，隐瞒关联交易，进行体内自买自卖。”

在这之后，紫鑫药业连续多年收到证监会的问询函，始终是证监会的重点关注对象。

2021 年 5 月 28 日，深交所再次对紫鑫药业 2020 年年报发出问询函(〔2021〕第 213 号)。问询函中要求紫鑫药业就采购金额、销售情况、坏账计提等方面补充披露相关信息。其中就供应商方面，深交所提出如下问题。

(1) 报告期内，你公司前五名供应商合计采购金额 6.84 亿元，占年度采购总额比例为 91.99%。上一年度前五名供应商采购金额占比为 83.29%，集中度进一步上升。请结合销售政策、信用政策、经营特点等，说明你公司近三年前五大客户、前五大供应商变动情况、供应商集中度高的原因和合理性、相关业务的真实性、客户与供应商之间是否存在重合及原因。

(2) 你公司 2019 年营业成本为 2.20 亿元，请列示采购的具体内容、金额，说明年度供应商采购金额超过营业成本的原因、相关会计处理是否合规。

(3) 请对照《股票上市规则(2018 年 11 月修订)》第十章的规定，说明前五名供应商是否属于公司的关联人，其与公司及公司实际控制人在业务合作、债权债务、产权、人员等方面是否存在可能或已经造成上市公司对其利益倾斜的其他关系；说明公司是否存在对供应商的重大依赖，如是，说明公司防范供应商过度依赖风险的措施。

学习目标

通过对本章内容的学习，了解采购与付款循环审计的主要业务活动及所涉及的主要凭证和记录，掌握采购与付款循环内部控制的要点及其控制测试，了解采购与付款循环的重大错报风险，熟悉应付账款、固定资产和累计折旧的审计目标和审计程序、方法。

第一节　采购与付款循环及其内部控制

一、不同行业类型的采购和费用支出

企业的采购与付款循环包括购买商品、劳务和固定资产，以及企业在经营活动中为获取收入而发生的直接或间接的支出。采购业务是企业生产经营活动的起点，企业的支出从数量、性质和发生频率上看是多种多样的。本章主要关注与购买货物和劳务以及应付账款的支付有关的控制活动以及重大交易。

不同的企业性质决定了企业除了有一些共性的费用支出外，还会发生一些不同类型的支出。表 8-1 列示了不同企业通常会发生的一些支出情况。

表 8-1　不同行业类型的采购和费用

行业类型	典型的采购和费用支出
贸易业	商品的选择和购买、产品的存储和运输、广告促销费用、售后服务费用
一般制造业	生产过程所需的设备支出，原材料、包装物、配件的购买与存储支出，市场经营费用，把产成品运达客户或零售商发生的运输费用，管理费用
专业服务业	律师、会计师、财务顾问的费用支出，包括印刷、通信、差旅费、书籍资料和研究设施的费用
金融服务业	给付储户的存款利息，支付其他银行的资金拆借利息、手续费，现金存放、现金运送和网络银行设施的安全维护费用，客户关系维护费用
建筑业	建材支出，建筑设备和器材的租金或购置费用，支付给分包商的费用，保险支出和安保成本，建筑保证金和通行许可审批方面的支出，交通费、通信费等。当在外地施工时还会发生建筑工人的食宿费用

二、涉及的主要业务活动

本节以一般制造业的商品采购为例，简单介绍采购与付款循环中主要的业务活动及其适当的控制程序。

(一)制定采购计划

基于企业的生产经营计划，生产、仓库等部门定期编制采购计划，经部门负责人等适当的管理人员审批后提交采购部门，具体安排商品及服务采购。

(二)供应商认证及信息维护

企业通常对于合作的供应商事先进行资质等审核，将通过审核的供应商信息录入系统，形成完整的供应商清单，并及时对其信息变更进行更新。采购部门只能向通过审核的供应商采购。

(三)请购商品和劳务

生产部门根据采购计划，对需要购买的已列入存货清单的原材料等项目填写请购单，其他部门也可对需要购买的商品或服务编制请购单。大多数企业对正常经营所需物资的购买均作一般授权，例如，生产部门在现有库存达到再订购点时就可提出采购申请，其他部门可以为正常的维修工作和类似工作直接申请采购有关物品。但对资本支出和租赁合同等重大支出项目则要求做特别授权，只允许指定人员提出请购。请购单可以由手工编制或系统创建。由于请购单可以由不同的部门填写，可以按照部门分别设置请购单的连续编号，每张请购单必须经对这类支出负预算责任的主管人员签字批准。

请购单是证明有关采购交易的"发生"认定的凭据之一，也是采购交易轨迹的起点。

(四)编制订购单

采购部门在收到请购单后，只对经过恰当批准的请购单发出订购单。对每张订购单，采购部门应确定最佳的供应来源。对一些大额的、重要的采购项目，应采取招标方式来确定供应商，以保证供货的质量、及时性和成本的低廉。

订购单应正确填写所需要商品的品名、数量、价格、供应商名称和地址等，预先予以顺序编号并经过被授权的采购人员签名。其正联送交供应商，副联则送至企业的验收部门、财务部门和编制请购单的部门。随后，内部审计部门独立检查订购单的处理，以确定是否确实收到商品并正确入账。这项检查与采购交易的"完整性"和"发生"认定有关。

(五)验收商品

有效的订购单代表企业已授权验收部门接受供应商发运来的商品。验收部门应首先比较所收商品与订购单上的要求是否相符，如商品的品名、规格型号、数量和质量等，然后再盘点商品并检查有无损坏。

验收后，验收部门应对已收货的每张订购单编制一式多联、预先按顺序编号的验收单，作为验收和检验商品的依据。验收人员将商品移交仓库或其他请购部门后，应取得经过签字的收据，或要求其在验收单的副联上签收，以确立他们对所采购资产应负的保管责任。验收人员还应将其中的一联验收单送交财务部门。

验收单是支持资产或费用以及与采购有关的负债的"存在"或"发生"认定的重要凭证。定期独立检查验收单的顺序以确定每笔采购交易都已编制凭证，则与采购交易的"完整性"认定有关。

(六)储存商品

将已验收商品的保管与采购职责相分离，可减少未经授权的采购和盗用商品的风险。存放商品的仓储区应相对独立，限制无关人员接近。这些控制与商品的"存在"认定有关。

(七)编制付款凭单

货物验收后，应付凭单部门应编制付款凭单，确定供应商发票内容与相关的验收单、订货单的一致性；确定供应商发票计算的正确性；编制预先顺序编号的付款凭单，并附上支持性凭证(如订货单、验收单和供应商发票等)；独立检查付款凭单计算的正确性；在付款凭单上填入应借记的资产或费用账户名称；由被授权人员签字后，以示批准照此凭单要求付款。所有未付凭单的副联应保存在未付凭单档案中，以待日后付款。这些控制与"存在""发生""完整性""权利和义务"和"计价和分摊"等认定有关。

(八)确认与记录采购交易与负债

正确确认已验收商品和已接收服务的债务，对企业财务报表和实际现金支出具有重大影响。记录采购交易前，财务部门需要检查订购单、验收单和供应商发票的一致性，确定供应商发票额内容是否与相关的验收单、订购单一致，以及供应商发票的计算是否正确。检查无误后，会计人员编制转账凭证、付款凭证，经会计主管审核后据以登记相关账簿。如果月末尚未收到供应商发票，财务部门需要根据验收单、订购单暂估相关负债。这些控制与"存在""发生""完整性""权利和义务"和"准确性、计价和分摊"等认定有关。

(九)办理付款

企业通常根据国家有关支付结算的相关规定和企业生产经营实际情况选择付款结算方式。以支票结算方式为例,编制和签发支票的有关控制包括如下内容。

(1) 由被授权的财务部的人员负责签发支票。

(2) 被授权签发支票的人员应确定每张支票后附有已经适当批准的未付款凭单,并确定支票收款人姓名和金额与凭单内容一致。

(3) 支票一经签发就应在其凭单和支持性凭证上用加盖印戳或打洞等方式将其注销,以免重复付款。

(4) 不得签发无记名甚至空白支票。

(5) 支票应预先顺序编号,保证支出支票存根的完整性和作废支票处理的恰当性。

(6) 应确保只有被授权的人才能接近未经使用的空白支票。

(十)记录库存现金、银行存款支出

以支票结算方式为例,在手工系统下,会计部门应根据已签发的支票编制付款记账凭证,并据以登记银行存款日记账及其他相关账簿。

三、涉及的主要单据与会计记录

采购与付款业务通常要经过请购—订购—验收—付款这样的程序,同销售与收款交易一样,在内部控制比较健全的企业,处理采购与付款交易通常需要使用多种单据与会计记录。以一般制造业为例,以下列示了常见的采购与付款循环所涉及的主要单据和会计记录。

(1) 采购计划。企业以销售和生产计划为基础,考虑供需关系及市场变化等因素,制定采购计划,并经适当的管理层审批后执行。

(2) 供应商清单。企业通过文件审核及实地考查等方式对合作的供应商进行认证,将通过认证的供应商信息进行手工或系统维护,并及时进行更新。

(3) 请购单。请购单是由生产、仓库等部门的有关人员填写,送交采购部门,申请购买商品、劳务或其他资产的书面凭证。

(4) 订购单。订购单是由采购部门填写,并经适当管理层审核后发送供应商,是向供应商购买订购单上所指定的商品和服务的书面凭据。

(5) 验收及入库单。验收单是收到商品时所编制的凭据,列示通过质量检验的、从供应商处收到的商品的种类和数量等内容;入库单是由仓库管理人员填写的验收合格品入库的凭证。

(6) 卖方发票。卖方发票(供应商发票)是由供应商开具的,交给采购方企业以载明发运的商品或提供的服务的名称、种类、数量、价格、应付款金额和付款条件等事项的凭证。

(7) 付款凭单。付款凭单是由采购方企业的应付凭单部门编制的,载明已收到商品、资产或接受的服务、应付款金额和付款日期的凭证。付款凭单是采购方企业内部记录和支付负债的授权证明文件。

(8) 转账凭证。转账凭证是指记录转账交易的记账凭证，它是根据有关转账交易(即不涉及库存现金、银行存款收付的各项交易)的原始凭证编制的。

(9) 付款凭证。付款凭证包括现金付款凭证和银行存款付款凭证，是指用来记录库存现金和银行存款支出业务的记账凭证。

(10) 其他单据和会计记录，包括应付账款明细账、库存现金日记账和银行存款日记账、供应商对账单。

实务中，对采购及应付账款的定期对账通常是由供应商发起。供应商对账单是由供应商编制的，用于核对与采购企业往来款项的凭据，通常标明期初余额、本期购买、本期支付给供应商的款项和期末余额等信息。供应商对账单是供应商对有关交易的陈述，如果不考虑买卖双方在收发商品和接受服务上可能存在的时间差等因素，其期末余额通常应与采购方相应的应付账款期末余额一致。

四、采购与付款交易的内部控制

(一)采购交易的内部控制

在内部控制的设置上，采购与付款循环与前一章所述销售与收款循环存在很多类似之处，以下仅就采购交易内部控制的特殊之处予以说明。

(1) 适当的职责分离。适当的职责分离有助于防止各种有意无意的错误。企业应当建立采购与付款交易的岗位职责制，明确相关部门和岗位的职责、权限，确保办理采购与付款的不相容岗位相互分离。采购与付款交易不相容岗位至少包括：请购与审批，询价与确定供应商，采购合同的订立与审批，采购与验收，采购、验收与相关会计记录，付款审批与付款执行。这些都是对企业提出的、有关采购与付款交易相关职责适当分离的基本要求，以确保采购与付款交易的不相容岗位相互分离、制约和监督。

(2) 恰当的授权审批。付款需要由经授权的人员审批，审批人员在审批前需检查相关支持文件，并对其发现的例外事项进行跟进处理。

(3) 凭证的预先编号及对例外报告的跟进处理。通过对入库单的预先编号以及对例外情况的汇总处理，被审计单位可以应对存货和负债记录方面的完整性风险。如果该控制是人工执行的，被审计单位可以安排入库单编制人员以外的独立复核人员定期检查已经进行会计处理的入库单记录，确认是否存在遗漏或重复记录的入库单，并对例外情况予以跟进。如果在 IT 环境下，则系统可以定期生成列明跳号或重号的入库单统计例外报告，由经授权的人员对例外报告进行复核和跟进，可以确认所有的入库单都进行了处理，且没有重复处理。

【案例 8-1】

注册会计师李伟于 2020 年 12 月对宏达公司采购与付款循环的内部控制进行了解和测试，并在审计工作底稿中记录了测试和了解的情况，摘录如下。

宏达公司的材料采购需要经授权批准后方可进行。采购部根据经批准的请购单编制、发出订购单，订购单没有编号。货物运达后，由隶属于采购部门的验收人员根据订购单的要求验收货物，并编制一式多联的未连续编号的验收单。仓库根据验收单验收货物，在验收单上签字后，将货物移入仓库加以保管。验收单上有数量、品名、单价等内容。验收单一联交采购部登记采购明细账和编制付款凭单，付款凭单经批准后，月末交会计部门；一联交会计部门登记材料明细账，一联由仓库保留并登记材料明细账。会计部门根据只附有验收单的付款凭单登记有关账簿。

注册会计师李伟根据上述情况，指出了宏达公司采购与付款循环内部控制方面存在的缺陷，并提出了相应的改进建议。

(1) 订购单没有编号和验收单未连续编号，不能保证所有的采购业务都已记录或不被重复记录。建议宏达公司应对其订购单进行连续编号。

(2) 验收人员隶属于采购部门，验收人员不能独立行使职责，不能保证验收货物的数量和质量。建议宏达公司应将验收部门从采购部门独立出来。

(3) 付款凭单未附订购单及供应商的发票，会计部门无法核对采购事项是否真实，登记有关账簿时金额和数量可能会出现差错。建议宏达公司应将订购单和采购发票等与付款凭单一起送交会计部门。

评价结论：

宏达公司采购与付款循环的内部控制存在严重缺陷，不能防止或发现和纠正采购与付款循环过程中的错误与舞弊，重大错报风险为高水平，应扩大实质性程序的范围。

分析提示：

对采购与付款循环内部控制进行评价，是为了对采购与付款业务进行实质性程序前确定对采购与付款内部控制的可依赖程度。注册会计师在评价时应注意分析采购与付款业务涉及的认定可能会发生哪些潜在的错误或舞弊，通过比较必要的控制和现有控制，评价计划依赖的内部控制的有效性。

(二)付款交易的内部控制

在内部控制健全的企业，与采购相关的付款交易(即支出交易)同样有其内部控制目标和内部控制。不同企业付款交易内部控制的内容可能有所不同，但通常应当遵循以下原则。

(1) 企业应当按照《现金管理暂行条例》《支付结算办法》等有关货币资金内部控制的规定办理付款业务。

(2) 企业财会部门在办理付款交易时，应当对供应商发票、支付结算凭证、验收单等相关凭证的真实性、完整性、合法性及合规性进行严格审核。

(3) 企业应当建立预付账款和定金的授权审批制度，加强预付账款和定金的管理。

(4) 企业应当加强应付账款和应付票据的管理，由专人按照约定的付款日期、折扣条件等管理应付款项。已到期的应付款项须经有关授权人员审批后，方可办理结算和支付。

(5) 企业应当建立退货管理制度，对退货条件、退货手续、货物出库、退货货款收回等作出明确规定，及时收回退货货款。

(6) 企业应当定期与供应商核对应付账款、应付票据、预付款项等往来款项。如有不符，应查明原因，及时处理。

(三)固定资产的内部控制

对于许多制造类企业来说，固定资产在资产总额中占有很大的比重。固定资产管理一旦失控，所造成的损失将远远超过一般的商品材料等流动资产。所以，为了确保固定资产的真实、安全、完整和有效利用，企业应当建立健全固定资产的内部控制。固定资产的内部控制与一般商品相比，还存在其特殊性，有必要单独说明。

(1) 固定资产的预算制度。预算制度是固定资产内部控制中最重要的部分。通常，大企业应编制旨在预测与控制固定资产增减和合理运用资金的年度预算；小企业即使没有正规的预算，对固定资产的购建也应事先加以计划。

(2) 授权批准制度。完善的授权批准制度包括：企业的资本性预算，只有经过董事会等高层管理机构批准方可生效；所有固定资产的取得和处置，均需经企业管理层的书面认可。

(3) 账簿记录制度。除固定资产总账外，被审计单位还需设置固定资产明细分类账和固定资产登记卡。固定资产的增减变化均应有充分的原始凭证。

(4) 职责分工制度。对固定资产的取得、记录、保管、使用、维修、处置等，由专门部门和专人负责。

(5) 资本性支出和收益性支出的区分制度。企业应制定区分资本性支出和收益性支出的书面标准。通常需明确资本性支出的范围和最低金额，凡不属于资本性支出的范围、金额低于下限的任何支出，均应列作费用并抵减当期收益。

(6) 固定资产的处置制度。固定资产的处置，包括投资转出、报废、出售等，均要有一定的申请报批程序。

(7) 固定资产的定期盘点制度。对固定资产的定期盘点，是验证账面各项固定资产是否真实存在、了解固定资产放置地点和使用状况，以及发现是否存在未入账固定资产的必要手段。

(8) 固定资产的维护保养制度。固定资产应有严密的维护保养制度，以防止其因各种自然的和人为的因素而遭受损失，并应建立日常维护和定期检修制度，以延长其使用寿命。

第二节　采购与付款循环的重大错报风险

一、评估采购与付款循环的重大错报风险

影响采购与付款交易和余额的重大错报风险可能包括以下几项。

1. 低估负债

在承受反映较高盈利水平和营运资本的压力下，被审计单位管理层可能试图低估应付账款等负债。重大错报风险通常体现在以下三个方面。

(1) 遗漏交易，例如，未记录已收取货物但尚未收到发票的采购相关的负债，或未记录已付款的已购买的服务支出等。

(2) 采用不正确的费用支出截止期，例如，将本期的支出延迟到下期确认。

(3) 将应当及时确认损益的费用性支出资本化，然后通过资产的逐步摊销予以消化等。这些将对"完整性""截止""发生""准确性、计价和分摊""分类"认定产生影响。

2. 管理层错报负债、费用支出的偏好和动因

被审计单位管理层可能为了完成预算、满足业绩考核要求、保证从银行获得资金、吸引潜在投资者、误导股东、影响公司股价，通过操纵负债和费用确认控制损益。

(1) 平滑利润。通过多计准备或少计负债和准备，把损益控制在被审计单位管理层希望的程度。

(2) 利用特别目的的实体把负债从资产负债表中剥离，或利用关联方间的费用定价优势制造虚假的收益增长趋势。

(3) 被审计单位管理层把私人费用计入企业费用，把企业资金当作私人资金运作。

3. 费用支出的复杂性

被审计单位以复杂的交易安排购买了一定期间的多种服务，管理层对于涉及的服务受益与付款安排所涉及的复杂性缺乏足够的了解。这可能导致费用支出的分配或计提的错误。

4. 不正确地记录外币交易

当被审计单位进口材料用于制造商品时，可能由于采用不当的外币汇率而导致该项采购的记录出现差错。此外，还存在未能将诸如运费、保险费和关税等与存货相关的进口费用进行正确分摊的风险。

5. 舞弊和盗窃的固有风险

如果被审计单位经营大型零售业务，由于所采购商品和固定资产的数量及支付的款项庞大，交易复杂，容易造成商品发运错误。员工和供应商发生舞弊和盗窃的风险较高。如果那些负责付款的会计人员有机会接触应付账款主文档，并能够通过在应付账款主文档中擅自添加新的账户来虚构采购交易，风险也会增加。

6. 存在未记录的权利和义务

这可能导致资产负债表分类错误以及财务报表附注不正确或披露不充分。

注册会计师可以通过审阅以前年度工作底稿，观察内部控制执行情况，询问管理层和员工，检查相关文件和资料等方法加以了解采购与付款相关的内部控制，以评估重大错报风险，从而使计划实施的审计程序更加有效。

二、根据重大错报风险评估结果设计进一步审计程序

针对评估的财务报表层次重大错报风险，注册会计师应当计划进一步审计程序的总体方案，包括确定针对认定计划采用综合性方案还是实质性方案，以及考虑审计程序的性质、时间安排和范围。表 8-2 所示为假定评估应付账款为重要账户，且相关认定包括存在、发生、完整性、准确性及截止的前提下，注册会计师计划的进一步审计程序总体方案示例。

表 8-2　采购与付款循环重大错报风险及进一步审计程序总体审计方案

重大错报风险描述	相关财务报表项目及认定	风险程度	是否信赖控制	进一步审计程序的总体方案	拟从控制测试中获取的保证程度	拟从实质性程序中获取的保证程度
确认的负债及费用并未实际发生	①应付账款、其他应付款：存在 ②销售费用、管理费用：发生	一般	是	综合性方案	高	低
不确认与采购相关的负债，或尚未付款但已经购买的服务支出相关的负债	①应付账款、其他应付款：完整性 ②销售费用、管理费用：完整性	特别	是	综合性方案	高	中
采用不正确的费用支出截止期，例如将本期支出延迟到下期确认	①应付账款、其他应付款：存在、完整性 ②销售费用、管理费用：截止	一般	否	实质性方案	无	高
发生的采购交易未能得到准确记录	①应付账款、其他应付款：准确性、计价和分摊 ②销售费用、管理费用：准确性	一般	是	综合性方案	高	低

　　需要说明的是，上面的示例是根据对重大错报风险的初步评估安排的。如果在审计过程中了解的情况或获取的证据导致其更新相关风险的评估，注册会计师需要执行的进一步审计程序也需要相应更新。

第三节　采购与付款循环的控制测试

一、采购与付款循环的控制测试程序

　　采购与付款循环的控制测试程序一般包括以下几个方面。
　　(1)　询问被审计人员，了解被审计单位采购与付款的主要控制程序是否被执行。
　　(2)　采购与付款的关键控制点及特定控制点的控制实践。
　　(3)　检查关键控制点生成的有关文件和记录。
　　(4)　必要时通过重新执行来证实控制执行的有效性。
　　(5)　通过追踪交易在财务报告信息系统中的处理过程(穿行测试)，以提取对关键控制点控制有效支持的审计证据。
　　(6)　根据上述程序的实施，评估控制是否可信赖，得出控制是否有效的结论。

二、以风险为起点的采购与付款循环控制测试

针对商品存货的采购交易的控制测试与销售交易具有许多共性的地方，可参见上一章。固定资产的内部控制和内部控制测试还存在很多特殊性，有必要单独加以说明。针对固定资产的内部控制的控制测试如表 8-3 所示。

表 8-3 固定资产的关键内部控制和常用控制测试

序 号	关键内部控制	常用控制测试
1	预算制度	选取固定资产投资预算和投资可行性项目论证报告，检查是否编制预算并进行论证，以及是否经适当层次审批。对实际支出与预算之间的差异以及未列入预算的特殊事项，应检查其是否履行特别的审批手续
2	授权审批制度	不仅要检查被审计单位固定资产授权批准制度本身是否完善，还应选取固定资产请购单及相关采购合同，检查是否得到适当审批和签署，关注授权批准制度是否切实得到执行
3	账簿登记制度	检查是否设置完善的固定资产明细分类账和登记卡
4	职责分工制度	检查是否建立明确的职责分工制度，并对关键环节有无明确职责划分进行测试，了解分工情况
5	资本性支出与收益性支出的区分制度	检查该制度是否遵循企业会计准则的要求，是否适应被审计单位的行业特点和经营规模，并抽查实际发生与固定资产相关的支出时是否按照该制度进行恰当的会计处理
6	处置制度	是否建立了有关固定资产处置的分级申请报批程序；抽取固定资产盘点明细表，检查账实之间的差异是否经审批后及时处理；抽取固定资产报废单，检查报废是否经适当批准和处理；抽取固定资产内部调拨单，检查调入、调出是否已进行适当处理；抽取固定资产增减变动情况分析报告，检查是否经复核
7	定期盘点制度	了解和评价企业固定资产的盘点制度，并应查询盘盈、盘亏固定资产的处理情况
8	维护保养制度	了解和评价被审计单位固定资产的维护保养制度，并抽查相关的维修保养单，了解固定资产是否已办理商业保险，固定资产报废是否经过适当审批，固定资产报废是否进行恰当会计处理和列报，内部调整固定资产是否已编制内部调拨单并进行恰当会计处理，商业保险单、固定资产报废单是否连续编号

第四节 应付账款的审计

应付账款是企业在正常经营过程中，因购买货物或接受服务等而应付给供应商的款项。可以看出，应付账款业务是随着企业赊购交易的发生而发生的，因此，对应付账款的审计应结合赊购交易来进行。

一、应付账款的审计目标和实质性程序

应付账款的审计目标和实质性程序如表 8-4 所示。

表 8-4　应付账款的审计目标和实质性程序

(一)审计目标与认定对应关系

审计目标	财务报表认定					
	存在	完整性	权利和义务	准确性、计价和分摊	分类	列报
A. 确定资产负债表中记录的应付账款是存在的	√					
B. 确定所有应当记录的应付账款均已记录		√				
C. 确定资产负债表中记录的应付账款是被审计单位应当履行的偿还义务			√			
D. 确定应付账款以恰当的金额包括在财务报表中				√		
E. 确定应付账款已记录于恰当的账户					√	
F. 确定应付账款是否已被恰当地汇总或分解且表述清楚，按照企业会计准则的规定在财务报表中作出的披露是相关的、可理解的						√

(二)审计目标与审计程序对应关系

审计目标	可供选择的审计程序	索引号
D	1. 获取或编制应付账款明细表 (1) 复核加计正确，并与报表数、总账数和明细账合计数核对是否相符。 (2) 检查以非记账本位币结算的应付账款的折算汇率及折算是否正确。 (3) 分析出现借方余额的项目，查明原因，必要时，建议作重分类调整。 (4) 结合预付账款、其他应付款等往来项目的明细余额，检查有无同挂的项目、异常余额或与购货无关的其他款项(如关联方或雇员账户)，如有，应作出记录，必要时建议作调整	
BD	2. 获取并检查被审计单位与其供应商之间的对账单以及被审计单位编制的差异调节表，确定应付账款金额的准确性	
AC	3. 检查本期发生的应付账款增减变动，检查至相关支持性文件(如供应商发票、验收单或入库单)，确定会计处理是否正确	
AEF	4. 检查应付账款长期挂账的原因并作出记录，对确实无须支付的应付账款的会计处理是否正确	
B	5. 检查资产负债表日后付款项目，检查银行对账单及有关付款凭证(如银行划款通知、供应商收据等)，询问被审计单位内部或外部人员，查找有无未及时入账的应付账款	

审计目标	可供选择的审计程序	索引号
B	6. 复核截止审计现场工作日未处理的供应商发票，并询问是否存在其他未处理的供应商发票，确认负债记录在正确的会计期间内	
AC	7. 实施函证程序 (1) 向债权人发送询证函。 (2) 编制应付账款函证结果汇总表，检查回函。调查不符事项，确定是否表明存在错报，检查支持性文件，评价已记录金额是否恰当。 (3) 对未回函项目实施替代程序。 (4) 如果认为回函不可靠，评价对评估的重大错报风险以及其他审计程序的性质、时间安排和范围的影响。 (5) 如果管理层不允许寄发询证函： ① 询问管理层不允许寄发询证函的原因，并就其原因的正当性及合理性收集审计证据； ② 评价管理层不允许寄发询证函对评估的相关重大错报风险(包括舞弊风险)，以及其他审计程序的性质、时间安排和范围的影响； ③ 实施替代程序，以获取相关、可靠的审计证据； ④ 如果认为管理层不允许寄发询证函的原因不合理，或实施替代程序无法获取相关、可靠的审计证据，与治理层沟通，并确定其对审计工作和审计意见的影响	
AB	8. 检查资产负债表日后应付账款明细账贷方发生的相关凭证，关注其购货发票的日期，确认其入账时间是否合理	
BA	9. 结合存货监盘程序，检查被审计单位在资产负债表日前后存货入库资料(验收报告或入库单)，检查相关负债是否计入了正确的会计期间	
ABCD	10. 如果存在应付关联方的款项 (1) 了解交易的商业理由。 (2) 检查证实交易的支持性文件(如发票、合同、协议及入库单和运输单据等相关文件)。 (3) 如果可获取与关联方交易相关的审计证据有限，考虑实施下列程序： ① 向关联方函证交易的条件和金额，包括担保和其他重要信息； ② 检查关联方拥有的信息； ③ 向与交易相关的人员和机构(如银行、律师)函证或与其讨论有关信息。 (4) 完成"关联方"审计工作底稿	
待定	11. 根据评估的舞弊风险等因素增加的审计程序	
F	12. 检查应付账款是否已按照企业会计准则的规定在财务报表中作出恰当列报和披露	

二、函证应付账款

由于采购与付款循环中较为常见的重大错报风险是低估应付账款("完整性"认定)。因此，一般情况下应付账款不需要函证，这是因为函证不能保证发现未入账的应付账款，况且注册会计师能够取得购货发票等外部证据来证明应付账款的余额，这是它与应收账款函证的重要区别。但如果重大错报风险较高、某应付账款明细账户金额较大或被审计单位处于财务困难阶段，则应进行应付账款的函证。

进行函证时，注册会计师应选择较大金额的债权人，以及那些在资产负债表日金额不大甚至为零，但为企业重要供货商的债权人，作为函证的对象。函证最好采用积极方式，并具体说明应付金额。同应收账款的函证一样，注册会计师应根据审计准则的规定对询证函保持控制，包括确定需要确认或填列的信息、选择适当的被询证者、设计询证函(包括正确填列被询证者的姓名和地址，以及被询证者直接向注册会计师回函的地址等信息)，必要时还需要再次向询证者寄发询证函等。

如果存在未回函的重大项目，注册会计师应采取替代审计程序。比如，检查付款单据(如支票存根)、相关采购单据(如订购单、验收单、发票和合同)或其他适当文件。

三、查找未入账的应付账款

(1) 检查本期发生的应付账款增减变动，检查至相关支持性文件，确认会计处理是否正确。

(2) 检查资产负债表日后应付账款明细账贷方发生额的相应凭证，关注其验收单、供应商发票的日期，确认其入账时间是否合理。

(3) 获取被审计单位与其供应商之间的对账单，以及被审计单位编制的差异调节表，确定应付账款金额的准确性。

(4) 针对资产负债表日后付款项目，检查银行对账单及有关付款凭证(如银行汇款通知、供应商收据等)，询问被审计单位内部或外部的知情人员，查找有无未及时入账的应付账款。

(5) 结合存货监盘程序，检查被审计单位在资产负债表日前后存货入库资料(验收报告或入库单)，检查相关负债是否计入了正确的会计期间。

如果注册会计师通过这些审计程序发现某些未入账的应付账款，应将有关情况详细记入审计工作底稿，然后根据其重要性确定是否需要建议被审计单位进行相应的调整。

【案例8-2】

注册会计师在审计宏达公司 2020 年度财务报表时，注意到与采购和付款循环相关的内部控制存在缺陷，为了防止宏达公司低估负债，实施了以下审计程序来查找未入账的应付账款。

(1) 注册会计师首先进行存货监盘，检查宏达公司在资产负债表日是否存在有材料入库凭证但未收到购货发票的经济业务。

(2) 检查资产负债表日后收到的购货发票，关注购货发票的日期，确认其入账时间是否正确。

(3) 检查资产负债表日后应付账款明细账贷方发生额的相应凭证，确认其入账时间是否正确。

(4) 询问宏达公司有关的会计和采购人员。

(5) 查阅宏达公司的资本预算、工作通知单和基建合同。

结果发现2020 年12 月31 日购入的 A 商品30 万元，已包括在12 月31 日的存货盘点范围内，而购货发票于 2021 年 1 月 5 日才收到，记入了 2021 年 1 月份"应付账款明细账"，2020 年 12 月无进货和对应的负债记录。

于是注册会计师提请宏达公司进行调整，宏达公司接受了注册会计师的建议，调整了有关报表项目。

分析提示：

注册会计师在审计资产类项目时一般都侧重于防止企业高估资产来调节利润，而在审计负债类项目时，则侧重于防止低估负债，因为低估负债经常伴随着低估成本费用，从而达到高估利润的目的。因此，对于审计负债类项目时，注册会计师应设计一些特殊的程序来查找未入账的负债。此案例中，注册会计师专门为查找未入账的应付账款而设计和实施的审计程序是非常科学、合理的，它使财务报表中存在的问题得以被发现并解决，达到了预期的目的。

第五节 固定资产的审计

固定资产是指为生产产品、提供劳务、出租或经营管理而持有的，使用寿命超过一个会计年度的有形资产。固定资产及其变化既能体现企业既有的生产经营能力，也预示着未来的生产经营能力。由于固定资产在企业资产总额中一般都占有较大的比例，固定资产的安全、完整对企业的生产经营影响极大，注册会计师应高度重视对固定资产项目的审计。

固定资产审计的范围很广。固定资产科目反映企业所拥有固定资产的原价；其中，累计折旧科目反映企业固定资产的累计折旧数额；固定资产减值准备科目余额反映对固定资产计提的减值准备数额。固定资产项目余额由固定资产科目余额扣除累计折旧科目余额和固定资产减值准备科目余额构成，这三项无疑属于固定资产的审计范围。除此之外，由于固定资产的增加包括购置、自行建造、投资者投入、租入、更新改造、以非现金资产抵偿债务方式取得或以应收债权换入、以非货币性交易换入、经批准无偿调入、接受捐赠和盘盈等多种途径，相应涉及货币资金、应付账款、预付款项、在建工程、股本、资本公积、使用权资产、租赁负债、递延所得税负债等项目；企业的固定资产又因出售、报废、投资转出、捐赠转出、以非货币性资产交换方式换出、无偿调出、盘亏、毁损等原因而减少，与固定资产清理、其他应收款、营业外收入和营业外支出等项目有关；另外，企业按月计提固定资产折旧，这又与制造费用、管理费用、销售费用等项目联系在一起。因此，在进行固定资产审计时，应当关注这些相关项目。广义的固定资产审计自然也应包括这些相关项目在内。

一、固定资产的审计目标和实质性程序

固定资产的审计目标和实质性程序如表 8-5 所示。

表 8-5　固定资产的审计目标和实质性程序

(一)审计目标与认定对应关系表

审计目标	财务报表认定				
	存在	完整性	权利和义务	计价和分摊	列报和披露
A. 确定资产负债表中记录的固定资产是存在的	√				
B. 确定所有应当记录的固定资产均已记录		√			
C. 确定资产负债表中记录的固定资产是由被审计单位拥有或控制			√		
D. 确定固定资产以恰当的金额包括在财务报表中，与之相关的计价调整已经恰当记录				√	
E. 确定固定资产已按照企业会计准则的规定在财务报表中作出恰当的列报和披露					√

(二)审计目标与审计程序对应关系表

审计目标	可供选择的审计程序	索引号
D	1. 获取或编制固定资产明细表，复核加计正确，并与总账数和明细账合计数核对是否相符，结合累计折旧和固定资产减值准备与报表数核对是否相符	
ABD	2. 实施实质性分析程序 根据被审计单位的业务性质，选择以下方法对固定资产实施分析程序。 (1) 基于对被审计单位及其环境的了解，通过进行以下比较，并考虑有关数据间关系的影响，建立有关数据的期望值。 ① 计算固定资产原值与本期产品产量的比率，并与以前期间比较，以发现可能存在的闲置固定资产或已减少固定资产未注销的问题； ② 分类计算本期计提折旧额与固定资产原值的比率，计算累计折旧与固定资产原值的比率，并与上期比较，以发现本期折旧额和累计折旧额计算上的错误； ③ 比较本期各月之间、本期与以前各期之间的修理与维护费用，计算固定资产修理及维护费用占固定资产原值的比例，以发现资本性支出与收益性支出区分上的错误； ④ 比较本期与以前各期固定资产的增加和减少，分析固定资产的构成与增减变动情况，并与在建工程、现金流量表、生产能力等相关信息交叉复核，根据被审计单位以往和今后生产经营趋势，分析差异产生的原因，判断合理性和准确性。 (2) 确定可接受的差异额。 (3) 将实际情况与期望值相比较，识别需要进一步调查的差异。 (4) 如果其差额超过可接受的差异额，应调查并获取充分的解释和恰当的佐证审计证据，如检查相关凭证。 (5) 评估实质性分析程序的测试结果	

审计目标	可供选择的审计程序	索引号
A	3. 实地检查重要固定资产，确定其是否存在，并关注是否存在已报废但仍挂账的固定资产	
C	4. 检查固定资产的所有权或控制权 对各类固定资产，注册会计师应获取、汇集不同的证据以确定该资产是否归被审计单位所有。 (1) 对外购的机器设备等固定资产，通常应审核采购发票、购销合同等予以确定。 (2) 对于房地产类固定资产，尚需查阅有关的合同、产权证明、财产税单、抵押借款的还款凭据、保险单等书面文件予以确定。 (3) 对融资租入的固定资产，检查有关融资租赁合同。 (4) 对汽车等运输设备，应验证有关营运证件等，确定其归被审计单位所有。 (5) 对受留置权限制的固定资产，结合有关负债项目进行检查	
ABCD	5. 检查本期固定资产的增加 (1) 询问管理层当年固定资产的增加情况，并与获取或编制的固定资产明细表进行对照核实。 (2) 检查本年度增加固定资产的计价是否正确，手续是否齐备，会计处理是否正确。 ① 对于外购的固定资产，通过核对购货合同、发票、保险单、发运凭证等文件，抽查测试其入账价值是否正确，授权批准手续是否齐备，会计处理是否正确。如果购买的是房屋，还应检查契税的会计处理是否正确，检查分期付款购买固定资产入账价值及会计处理是否正确； ② 对于在建工程转入的固定资产，应检查在建工程转入固定资产的时点是否符合会计准则的规定，入账价值与在建工程的相关记录是否核对相符，是否与竣工决算、验收和移交报告等一致。对已经在用或已经达到预定可使用状态，但尚未办理竣工决算的固定资产，检查其是否已经暂估入账，并按规定计提折旧； ③ 对于投资者投入的固定资产，应检查投资者投入的固定资产是否按投资各方确认的价值入账，并检查确认价值是否公允，交接手续是否齐全；涉及国有资产的，应检查是否有评估报告并经国有资产管理部门评审备案或核准确认； ④ 对于更新改造增加的固定资产，应检查增加的固定资产原值是否真实，是否符合资本化条件，会计处理是否正确；重新确定的剩余折旧年限是否恰当。 对于企业合并、债务重组和非货币性资产交换增加的固定资产，检查产权过户手续是否齐备，检查固定资产入账价值和确认的损益和负债是否符合企业会计准则的规定； ⑤ 通过其他途径增加的固定资产，应检查增加固定资产的原始凭证，核对其计价及会计处理是否正确，法律手续是否齐全。 (3) 检查被审计单位的固定资产是否存在弃置费用，如果存在弃置费用，检查弃置费用的估计方法和弃置费用现值的计算是否合理，会计处理是否正确	

审计目标	可供选择的审计程序	索引号
ABD	6. 检查本期固定资产的减少 (1) 结合"固定资产清理"科目,抽查固定资产账面转销额是否正确。 (2) 检查出售、盘亏、转让、报废或毁损的固定资产是否经过授权批准,会计处理是否正确。 (3) 检查因修理、更新改造而停用的固定资产的会计处理是否正确。 (4) 检查投资转出的固定资产的会计处理是否正确。 (5) 检查债务重组或非货币性资产交换转出固定资产的会计处理是否正确。 (6) 检查其他原因减少的固定资产的会计处理是否正确	
AB	7. 检查固定资产的后续支出,检查固定资产有关的后续支出是否满足资产确认条件;如不满足,检查该支出是否在后续支出发生时计入当期损益	
ABCDE	8. 检查固定资产的租赁 (1) 固定资产的租赁是否签订了合同、租约,手续是否完备,合同内容是否符合国家规定,是否经相关管理部门的审批。 (2) 租入固定资产是否已登记备查簿。 (3) 复核新增加的租赁协议,检查会计处理是否正确(资产的入账价值、折旧、相关负债)。 (4) 向出租人函证租赁合同及执行情况。 (5) 租入固定资产改良支出的核算是否符合规定	
D	9. 获取暂时闲置固定资产的相关证明文件,并观察其实际状况,检查是否已按规定提取折旧,相关的会计处理是否正确	
D	10. 获取已提足折旧仍继续使用的固定资产的相关证明文件,并作相应记录	
A	11. 获取持有待售固定资产的相关证明文件,并作相应记录,检查对其预计净残值调整是否正确、会计处理是否正确	
B	12. 检查固定资产的保险,复核保险金额是否足够	
ABD	13. 检查有无关联方的固定资产购售活动,是否经适当授权,交易价格是否公允。对于合并范围内的购售活动,记录应合并抵销的金额	
D	14. 对应计入固定资产的借款费用,应根据企业会计准则的规定,结合长短期借款、应付债券或长期应付款的审计,检查借款费用(借款利息、溢折价摊销、汇兑差额、辅助费用)资本化的计算方法和资本化金额,以及会计处理是否正确	
DE	15. 检查购置固定资产时是否存在与资本性支出有关的财务承诺	
CE	16. 检查固定资产的抵押、担保情况。结合对银行借款等科目的检查,了解固定资产是否存在重大的抵押、担保情况,如有,则应取证并作相关的记录,同时提请被审计单位作恰当的披露	
D	17. 检查累计折旧 (1) 获取或编制累计折旧分类汇总表,复核加计正确,并与总账数和明细账合计数核对相符。 (2) 检查被审计单位制定的折旧政策和方法是否符合企业会计准则的规定,确定其所采用的折旧方法能否在固定资产预计使用寿命内合理分摊其成本,前后期是否一致,预计使用寿命和预计净残值是否合理。	

审计目标	可供选择的审计程序	索引号
D	(3) 复核本期折旧费用的计提与分配。 ① 复核本期累计折旧费用的计提是否正确，关注已计提减值准备的固定资产的折旧； ② 检查折旧费用的分配方法是否合理，是否与上期一致；分配计入各项目的金额占本期全部折旧计提额的比例与上期比较是否存在重大差异。 (4) 将"累计折旧"账户贷方本期计提折旧额与相应的成本费用中折旧费用明细账户的借方相比较，检查本期所计提的折旧金额是否已全部摊入本期产品成本或费用。 (5) 检查累计折旧的减少是否合理、会计处理是否正确	
D	18. 检查固定资产的减值准备 (1) 获取或编制固定资产减值准备明细表，复核加计正确，并与总账数和明细账合计数核对相符。 (2) 检查被审计单位计提固定资产减值准备的依据是否充分及会计处理是否正确。 (3) 检查资产组的认定是否恰当，计提固定资产减值准备的依据是否充分，会计处理是否正确。 (4) 计算本期固定资产减值准备占期末固定资产原值的比率，并与期初该比率比较，分析固定资产的质量状况。 (5) 检查被审计单位处置固定资产时原计提的减值准备是否同时结转，会计处理是否正确。 (6) 检查是否存在转回固定资产减值准备的情况，按照企业会计准则的规定，固定资产减值损失一经确定，在以后会计期间不得转回	
待定	19. 根据评估的舞弊风险等因素增加的审计程序	
E	20. 检查固定资产是否已按照企业会计准则的规定在财务报表中作出恰当列报和披露	

二、对固定资产期初余额的审计

固定资产及其累计折旧分类汇总表又称一览表或综合分析表，是审计固定资产和累计折旧的重要工作底稿，包括固定资产和累计折旧两部分，应按照固定资产类别分别填列。其参考格式如表 8-6 所示。

表 8-6　固定资产及累计折旧分类汇总表

年　　月　　日

编制人：　　　　　　　　　　日期：

被审计单位：　　　　　　　复核人：　　　　　　　日期：　　　　　　　单位：元

固定资产类别	固定资产				累计折旧					
	期初余额	本期增加	本期减少	期末余额	折旧方法	折旧率	期初余额	本期增加	本期减少	期末余额
合计										

注册会计师对固定资产与累计折旧期初余额的审计可以分三种情况进行：一是在连续常年审计情况下，应注意与上期审计工作底稿中的固定资产和累计折旧的期末余额审定数核对相符；二是在变更会计师事务所时，后任注册会计师应查阅前任注册会计师的有关工作底稿；三是在被审计单位初次接受审计情况下，注册会计师应对固定资产期初余额进行较全面的审计。尤其是当被审计单位固定资产数量多、价值大、占资产总额比重高时，最理想的方法是彻底审查被审计单位自设立起的"固定资产"和"累计折旧"账户中所有重要的借贷记录。这样，既可核实期初余额的真实性，又可从中加深对被审计单位固定资产管理和会计核算工作的了解。

【案例8-3】

某企业未经审计的固定资产原价和累计折旧内容见表8-7。

表8-7　固定资产原价和累计折旧年末余额

万元

固定资产类别	年初数	本年增加	本年减少	年末数
房屋及建筑物	20 930	2 655	21	23 564
通用设备	8 612	1 158	62	9 708
专用设备	10 008	3 854	121	13 741
运输工具	1 681	460	574	1 567
土地	472			472
其他设备	389	150	11	528
合计	42 092	8 277	789	49 580
累计折旧类别	年初数	本年增加	本年减少	年末数
房屋及建筑物	3 490	898	31	4 357
通用设备	863	865	34	1 694
专用设备	3 080	1 041	20	4 101
运输工具	992	232	290	934
土地		15		15
其他设备	115	83	3	195
合计	8 540	3 134	378	11 296

假定表8-7中的年初数已审定无误，注册会计师运用专业判断和分析程序，发现表8-7中可能存在的不合理之处：一是"累计折旧——土地"的本年增加数为15万元，这与国家规定土地不提折旧的要求相悖；二是"固定资产原价——房屋及建筑物"的本年减少数为21万元，小于"累计折旧——房屋及建筑物"的本年减少数31万元。而根据会计核算的基本原理，考虑固定资产净残值这一因素，即使这些减少的房屋及建筑物已提足折旧，其累计折旧数也应小于相应的固定资产原价。

分析提示：

在审计实务中，注册会计师应正确运用实质性分析程序，调查重要项目的比率或趋势的异常变动及其与预期数额和相关信息的差异，以发现重大错报项目。

三、实地检查固定资产

实施实地检查审计程序时，注册会计师可以固定资产明细分类账为起点，进行实地追查，证明会计记录中所列固定资产确实存在，并了解其目前的使用状况；也应考虑以实物为起点，追查至固定资产明细分类账，以获取实际存在的固定资产均已入账的证据。

需要说明的是，注册会计师实地检查的重点是本期增加的重要固定资产，有时观察的范围也会扩展到以前期间增加的重要固定资产。观察范围的确定需要依据被审计单位内部控制的强弱、固定资产的重要性和注册会计师的经验来判断，如为首次接受审计，则应适当扩大检查的范围。

【案例 8-4】

2021 年 1 月 20 日，大同会计师事务所注册会计师李立在审计华安公司 2020 年度"固定资产"和"累计折旧"项目时，发现下列情况。

(1) 2019 年 12 月购入空调 10 台，价款 6.2 万元，预计使用年限 10 年，预计净残值 2 000 元。2020 年按其实际使用的时间 4 个月(5～9 月)，每月计提折旧 500 元，全年共计提折旧 2 000 元。

(2) 2020 年 1 月租入设备一台，租赁期为 5 年，尚可使用时间为 6 年，无法合理确定租赁届满时能否取得租赁资产的所有权，公司确定的折旧期为 6 年。

(3) 2020 年 9 月 10 日购入生产用机器设备一台，当月即投入使用并同时开始计提折旧。

分析提示：

华安公司 2020 年固定资产折旧计提中存在的问题及相应处理意见如下。

(1) 空调属于季节性使用的固定资产，按照企业会计准则的规定，停用期间应照常计提折旧。而该公司按实际使用时间计提折旧，季节性停用期间未计提折旧，造成 2020 年少提折旧 4 000 元，这不符合《企业会计准则》的规定。注册会计师李立应提请华安公司补提空调少计提的折旧 4 000 元，并调整会计处理。

(2) 租入固定资产的折旧年限，如无法合理确定租赁届满时能否取得租赁资产的所有权，则应在租赁期与租赁资产尚可使用年限二者中较短的期间内计提折旧。华安公司应按 5 年计提租入固定资产的折旧，而不是按尚可使用时间 6 年计提折旧。注册会计师李立应提请华安公司补提少计提折旧，并调整会计处理。

(3) 根据《企业会计准则》的规定，当月增加的固定资产当月不计提折旧，而从下个月开始计提折旧。该公司 2020 年 9 月 10 日购入的生产用机器设备，应从 10 月份开始计提折旧，而不是从 9 月份开始。注册会计师李立应提请华安公司冲销 2020 年该机器设备多计提折旧，并调整会计处理。

本 章 小 结

本章主要介绍了采购与付款循环的基本内容、审计目标和审计程序。本章的重点是采购与付款循环的内部控制及控制测试，评估重大错报风险，应付账款、固定资产的审计目标、实质性程序。

采购与付款循环中涉及的主要账户有应付账款、固定资产、累计折旧、固定资产减值准备、工程物资、在建工程、固定资产清理、应付票据和预付账款等，所涉及的利润表项目通常为管理费用，涉及的主要业务活动有请购商品和劳务、编制订购单、验收商品、储存已验收商品、编制付款凭单、确认和记录负债、付款、记录现金和银行存款支出。

采购与付款循环内部控制的特殊之处在于适当的职责分离控制和内部核查程序。固定资产的内部控制包括预算制度、授权批准制度、账簿记录制度、职责分工制度、资本性支出和收益性支出的区分制度、处置制度、定期盘点制度、维护保养制度。

采购与付款循环的控制测试包括了解并描述采购与付款业务的内部控制、关于请购商品或劳务内部控制的测试、关于订购商品或劳务内部控制的测试、关于货物验收内部控制的测试、关于实物内部控制的测试、关于应付账款内部控制的测试。

应付账款的主要实质性程序包括获取或编制应付账款明细表，执行分析程序，函证应付账款、检查应付账款是否计入正确的会计期间，是否存在未入账的应付账款，检查应付账款是否已按照企业会计准则的规定在财务报表中作出恰当列报。

固定资产的主要实质性程序包括获取或编制固定资产及累计折旧分类汇总表，执行分析程序，实地检查重要固定资产，检查固定资产所有权或控制权，检查固定资产的增加，检查固定资产的减少，检查固定资产的后续支出，检查固定资产的担保、抵押情况，检查固定资产的保险，检查累计折旧，检查固定资产减值准备，检查固定资产在资产负债表上的列报和披露是否恰当。

复习思考题

1. 采购与付款循环涉及的主要业务活动有哪些？
2. 采购与付款循环关键内控和常用控制测试有哪些？
3. 固定资产内部控制制度包括哪些内容？
4. 采购与付款交易的重大错报风险可能有哪些？
5. 函证应付账款的前提是什么，如何选择函证对象？应付账款的函证与应收账款函证的不同是什么？
6. 检查未入账应付账款的程序包括哪些？
7. 什么情况下注册会计师需要关注固定资产期初余额？

第九章

生产与存货循环审计

案例导读

2020 年 5 月，中国证监会对康美药业出具行政处罚决定书〔2020〕24 号，处罚的理由是：康美药业在《2016 年年度报告》《2017 年年度报告》《2018 年半年度报告》《2018 年年度报告》中存在虚假记载，虚增营业收入、利息收入、营业利润及虚增货币资金；《2018 年年度报告》中存在虚假记载，虚增固定资产、在建工程、投资性房地产等。

2021 年 4 月 27 日晚，卷入舞弊丑闻、深陷诉讼漩涡的康美药业披露了 2020 年年报，高达 277.47 亿元巨额亏损再次引发资本市场的关注。与年报一起披露的还有《关于计提资产减值准备的公告》，康美药业 2020 年度合计计提的资产减值准备 230.06 亿元，其中按账面成本高于可变现净值的存货计提的存货跌价准备高达 204.83 亿元，占全年计提的资产减值准备的 89.03%，占 2020 年净亏损的 86.79%。

就在 ST 康美发布公告后，2021 年 5 月 21 日上交所火速下发关注函，要求公司说明减值迹象出现的具体时点，公司迟至本期才计提相关减值的合理性、审慎性，是否存在前期计提不足的情形，是否存在前期业绩虚假或调节利润的情形。

2021 年 6 月 24 日，康美药业做出回复，公司在开展中药材存货专项清查过程中，揭阳公安机关也开展相关调查取证工作，目前揭阳公安机关有关侦办工作仍在进行中，待相关侦办结论出具后进行最终判断。公司将初步评估值作为盘存价值，账面值和评估值的差额，暂作存货减值准备处理。目前根据所掌握的存货信息暂无法判断减值迹象出现的具体时点、是否存在前期计提不足的情形，是否存在前期资产虚假和追溯调整不当的情形。待揭阳公安机关有关侦办结论出具后，再做相应的处理。

学习目标

通过本章的学习，了解生产与存货循环的主要业务活动、该循环所涉及的主要凭证及会计记录，熟悉该循环的内部控制及控制测试，掌握对于存货的实质性程序，重点掌握存货监盘的相关内容。

第一节　生产与存货循环及其内部控制

一、不同行业类型的存货性质

不同行业类型的存货性质具有很大的差别，如表 9-1 所示。

表 9-1　不同行业类型的存货性质

行业类型	存货性质
一般制造商	采购的原材料、易耗品和配件等、生产的半成品和产成品
贸易业	从厂商、批发商或其他零售商处采购商品
餐饮业	用于加工食品的食材、饮料等
建筑业	建筑材料、周转材料、在建项目成本(一般包括建造活动发生的直接材料、直接人工和间接费用，以及支付给分包商的建造成本等)

存货是企业的重要资产，存货的采购、使用和销售与企业的经营活动密切相关，对企业的财务状况和经营成果具有重大而广泛的影响。注册会计师应当确认在财务报表中列示

的存货是否正确(存在、完整性、准确性、计价和分摊认定)，是否归被审计单位所有(权利和义务认定)，期末计价是否准确(准确性、计价和分摊认定)，存货的购入和发出交易是否计入正确的会计期间(截止认定)。

二、涉及的主要业务活动

以一般制造业为例，生产与存货循环所涉及的主要业务活动包括计划和安排生产、发出原材料、生产产品、核算产品成本、产成品入库及储存、发出产成品、存货盘点、计提存货跌价准备等。上述业务活动通常涉及以下部门：生产计划部门、仓储部门、生产部门、人事部门、销售部门、会计部门等。

(一)计划和安排生产

生产计划部门的职责是根据顾客订单或者对销售预测和产品需求的分析来决定生产授权。如决定授权生产，即签发预先编号的生产通知单。该部门通常应将发出的所有生产通知单编号并加以记录控制。此外，还需要编制一份材料需求报告，列示所需要的材料和零件及其库存。

(二)发出原材料

仓储部门的责任是根据从生产部门收到的领料单发出原材料。领料单上必须列示所需的材料数量和种类，以及领料部门的名称。领料单可以一料一单，也可以多料一单，通常需要一式三联。仓库管理人员发料并签署后，将其中一联连同材料交给领料部门(生产部门存根联)，一联留在仓库登记材料明细账(仓库联)后，一联交会计部门进行材料收发核算和成本核算(财务联)。

(三)生产产品

生产部门在收到生产通知单及领取原材料后，便将生产任务分解到每一个生产工人，并将所领取原材料交给生产工人，据以执行生产任务。生产工人在完成生产任务后，将完成的产品交生产部门查点，然后转交检验员验收并办理入库手续；或是将所完成的半产品移交下一个部门，作进一步加工。

(四)核算产品成本

为了正确核算并有效控制产品成本，必须建立健全成本会计制度，将生产控制和成本核算有机结合在一起。一方面，生产过程中的各种记录(生产通知单、领料单、计工单、产量统计登记表、生产统计报告、入库单等文件资料)都要汇集到会计部门，由会计部门对其进行检查和核对，了解和控制生产过程中存货的实物流转；另一方面，会计部门要设置相应的会计账户，会同有关部门对生产过程中的成本进行核算和控制。由于核算精细程度的不同，成本会计制度可以非常简单，只是在期末记录存货余额，也可以是完善的标准成本制度，持续地记录所有材料处理、在产品和产成品，并形成对成本差异的分析报告。完善的成本会计制度应该提供原材料转为在产品，在产品转为产成品，以及按成本中心、分批次生产任务通知单或生产周期所消耗的材料、人工和间接费用的分配与归集的详细资料。

(五)产成品入库及储存

产成品入库须由仓储部门先行点验和检查，然后签收。签收后，将实际入库数量通知会计部门。据此，仓储部门确立了本身应承担的责任，并对验收部门的工作进行验证。除此之外，仓储部门还应根据产成品的品质特征分类存放，并填制标签。

(六)发出产成品

产成品的发出须由独立的发运部门进行。装运产成品时必须持有经有关部门核准的发运通知单，并据此编制出库单。出库单一般为一式四联，一联交仓库部门，一联发运部门留存，一联送交顾客，一联作为给顾客开具发票的依据。

(七)存货盘点

管理人员编制盘点指令，安排适当人员对存货实物(包括原材料、在产品和产成品等所有存货类别)进行定期盘点，将盘点结果与存货账面数量进行核对，调查差异并进行适当调整。

(八)计提存货跌价准备

财务部门根据存货账龄分析表信息或相关部门提供的有关存货状况的其他信息，结合存货盘点过程中对存货状况的检查结果，对出现毁损、滞销、跌价等降低存货价值的情况进行分析计算，计提存货跌价准备。

三、涉及的主要单据与会计记录

在内部控制比较健全的企业，处理生产和存货业务通常需要使用很多单据与会计记录，典型的生产与存货循环所涉及的主要单据与会计记录如下。

(1) 生产指令。生产指令又称"生产任务通知单"，是企业下达制造产品等生产任务的书面文件，用以通知供应部门组织材料发放，生产车间组织产品制造，会计部门组织成本计算。广义的生产指令也包括用于指导产品加工的工艺规程，如机械加工企业的"路线图"等。

(2) 领发料凭证。领发料凭证是企业为控制材料发出所采用的各种凭证，如材料发出汇总表、领料单、限额领料单、领料登记簿、退料单等。

(3) 产量和工时记录。产量和工时记录是登记工人或生产班组在出勤内完成产品数量、质量和生产这些产品所耗费工时数量的原始记录。产量和工时记录的内容和格式是多种多样的。常见的产量和工时记录主要有工作通知单、工序进程单、工作班产量报告、产量通知单、产量明细表、废品通知单等。

(4) 工薪汇总表及工薪费用分配表。工薪汇总表是为了反映企业全部工薪的结算情况，并据以进行工薪总分类核算和汇总整个企业工薪费用而编制的，它是企业进行工薪费用分配的依据。工薪费用分配表反映了各生产车间各产品应负担的生产工人工薪及福利费。

(5) 材料费用分配表。材料费用分配表是用来汇总反映各生产车间各产品所耗费的材料费用的原始记录。

(6) 制造费用分配汇总表。制造费用分配汇总表是用来汇总反映各个生产车间各种产品所应负担的制造费用的原始记录。

(7) 成本计算单。成本计算单是用来归集某一成本计算对象所应承担的生产费用，计算该成本计算对象的总成本和单位成本的记录。

(8) 产成品入库单和出库单。产成品入库单是产品生产完成并经检验合格后从生产部门转入仓库的凭证。产成品出库单是根据经批准的销售单发出产成品的凭证。

(9) 存货明细账。存货明细账是用来反映各种存货增减变动情况和期末库存数量及相关成本信息的会计记录。

(10) 存货盘点指令表、盘点表和盘点标签。一般制造型企业通常会定期对存货实物进行盘点，将实物盘点数量与账面数量进行核对，对差异进行分析调查，必要时作出账务调整，以确保账实相符。在实施存货盘点前，管理人员通常编制存货盘点指令，对存货盘点时间、人员、流程及后续处理等方面作出安排。在盘点过程中，通常会使用盘点表记录盘点结果，使用盘点标签对已盘点存货及数量做出标识。

(11) 存货货龄分析表。很多制造型企业通过编制存货货龄分析表，识别流动较慢或滞销的存货，并根据市场情况和经营预测，确定是否需要计提存货跌价准备，这对于管理具有保质期的存货(如食物、药品、化妆品等)尤其重要。

四、生产与存货循环的内部控制

针对以上生产与存货循环的主要业务活动，可能存在的内部控制如表 9-2 所示。

表 9-2　生产与存货循环的主要业务活动及其内部控制

业务活动	可能存在的内部控制
计划和安排生产	根据经审批的月度生产计划书，由生产计划经理签发预先连续编号的生产通知单
发出原材料	(1) 领料单应当经生产主管批准，仓库管理员凭经批准的领料单发料，领料单一式三联，分别作为生产部门存根联、仓库联和财务联。 (2) 仓库管理员应当把领料单编号、领料数量、规格等信息录入计算机系统，经仓储经理复核并以电子签名方式确认后，系统自动更新材料明细台账
生产产品和核算产品成本	(1) 生产成本记账员应当根据原材料领料单财务联，编制原材料领用日报表，与计算机系统自动生成的生产记录日报表核对材料耗用和流转信息，由会计主管审核无误后，生成记账凭证并过账至生产成本及原材料明细账和总分类账。 (2) 生产部门记录生产各环节所耗用工时数，包括人工工时数和机器工时数，并将工时信息输入生产记录日报表。 (3) 每月末，由生产车间与仓库核对原材料和产成品的转出和转入记录，如有差异，仓库管理员应编制差异分析报告，经仓储经理和生产经理签字确认后交会计部门进行调整。 (4) 每月末由计算机系统对生产成本中各项组成部门进行归集，按照预设的分摊公式和方法，自动将当月发生的生产成本在完工产品和在产品之间按比例分配。同时，将完工产品成本在不同类别之间进行分配，由此生成产成品成本计算表和生产成本分配表，由生产成本记账员编制生产成本结转凭证，经会计主管审核批准后进行账务处理

业务活动	可能存在的内部控制
产成品入库和储存	(1) 产成品入库时，质量检验员应检查并签发预先连续编号的产成品验收单，由生产小组将产成品送交仓库，仓库管理员应检查产成品验收单，并清点产成品数量，填写预先连续编号的产成品入库单经质检经理、生产经理和仓储经理签字确认后，由仓库管理员将产成品入库单信息输入计算机系统，计算机系统自动更新产成品台账。 (2) 存货存放在安全的环境(如上锁、使用监控设备)中，只有经授权的工作人员可以接触及处理存货
发出产成品	(1) 产成品出库时，由仓库管理员填写预先连续编号的出库单，并将产成品出库单信息输入计算机系统，经仓储经理复核并以电子签名方式确认后，计算机系统自动更新产成品明细台账并与发运通知单编号核对。 (2) 产成品装运发出前，由运输经理独立检查出库单、客户订购单和发运通知单，确定从仓库提取的商品附有经批准的客户订购单，且所提取的商品内容与客户订购单一致。 (3) 每月末，生产成本记账员根据计算机系统内状态为"已处理"订购单数量，编制销售成本结转凭证，结转相应的销售成本，经会计主管审核批准后进行账务处理
盘点存货	(1) 生产部门和仓储部门在盘点日前对所有存货进行清理和归整，便于盘点顺利进行。 (2) 每一组盘点人员中应包括仓储部门以外的其他部门人员，及不能由负责保管存货的人员单独负责盘点存货，安排不同的人员分别负责初盘和复盘。 (3) 盘点表和盘点标签事先连续编号，发放给盘点人员时登记领用人员，盘点结束后收回并清点所有已使用和未使用的盘点表和盘点标签。 (4) 为防止存货被遗漏或重复盘点，所有盘点过的存货贴盘点标签，注明存货品名、数量和盘点人员，完成盘点前现场检查确认所有存货均已贴上盘点标签。 (5) 将不属于本单位的代其他方保管的存货单独堆放并作标识，将盘点期间需要领用的原材料或出库产成品分开堆放并做标识。 (6) 汇总盘点结果，与存货账面数量进行比较，调查分析差异原因，并对认定的盘盈和盘亏提出账务调整建议，经仓储经理、生产经理、财务经理和总经理复核审批后入账
计提存货跌价准备	(1) 定期编制存货货龄分析表，管理人员复核该分析表，确定是否有必要对滞销存货计提存货跌价准备，并计算存货可变现净值，据此计提存货跌价准备。 (2) 生产部门和仓储部门每月上报残次报废存货明细，采购部门和销售部门每月上报原材料和产成品最新价格信息，财务部门据此分析存货跌价风险并计提跌价准备，由财务经理和总经理复核批准并入账

第二节　生产与存货循环的重大错报风险

一、评估生产与存货循环的重大错报风险

以一般制造类企业为例，生产与存货交易和余额的风险因素可能包括以下几个方面。

1. 交易的数量和复杂性

制造类企业交易的数量庞大、业务复杂，这就增加了错误和舞弊的风险。

2. 成本基础的复杂性

制造类企业的成本基础是复杂的。虽然原材料和直接人工等直接费用的分配比较简单，但间接费用的分配就可能较为复杂，并且同一行业中的不同企业也可能采用不同的认定和计量基础。

3. 产品的多元化

这可能要求聘请专家来验证其质量、状况或价值。另外，计算库存存货数量的方法也可能是不同的。例如，计量煤堆、简仓里的谷物或糖、钻石或者其他贵重的宝石、化工产品和药剂产品的存储量的方法都可能不一样。

4. 某些存货项目的可变现净值难以确认

价格受全球经济供求关系影响的存货，由于其可变现净值难以确定，会影响存货采购价格和销售价格的确定，并影响注册会计师对与存货准确性、计价和分摊认定有关的风险进行评估。

5. 将存货放在很多地点

大型企业可能将存货存放在很多地点，并且可以在不同地点之间配送存货，这将增加商品途中毁损或遗失的风险，或者导致存货在两个地点被重复列示，也可能产生转移定价的错误或舞弊。

6. 寄存的存货

有时候存货虽然还存放在企业，但可能已经不归企业所有。反之，企业的存货也可能被寄存在其他企业。

由于存货与企业各项经营活动紧密相关，存货的重大错报风险往往与其他报表项目紧密相关，如收入确认的错报风险、采购交易的错报风险均与存货的错报风险共存，存货成本核算的错报风险与营业成本的错报风险共存等。

二、根据重大错报风险评估结果设计进一步审计程序

注册会计师基于生产与存货循环的重大错报风险评估结果，制定和实施进一步审计程序的总体方案(包括综合性方案和实质性方案)(见表 9-3)，继而实施控制测试和实质性程序，以应对识别出的认定层次的重大错报风险。

表 9-3 生产与存货循环的重大错报风险和进一步审计程序总体方案

重大错报风险描述	相关财务报表项目及认定	风险程度	是否信赖控制	进一步审计程序的总体方案	拟从控制测试中获取的保证程度	拟从实质性程序中获取的保证程度
存货实物可能不存在	存货：存在	特别	是	综合性方案	中	高

续表

重大错报风险描述	相关财务报表项目及认定	风险程度	是否信赖控制	进一步审计程序的总体方案	拟从控制测试中获取的保证程度	拟从实质性程序中获取的保证程度
存货的单位成本可能存在计算错误	① 存货：准确性、计价和分摊 ② 营业成本：准确性	一般	是	综合性方案	中	低
已销售产品的成本可能没有准确结转至营业成本	① 存货：准确性、计价和分摊 ② 营业成本：准确性	一般	是	综合性方案	中	低
存货的账面价值可能无法实现	存货：准确性、计价和分摊	特别	是	实质性方案	无	高

第三节　生产与存货循环的控制测试

一、生产与存货循环的控制测试程序

生产与存货循环的控制测试程序一般包括以下几个方面。

(1) 询问被审计单位的人员，了解被审计单位生产与存货循环的主要控制制度是否被执行。

(2) 观察生产与存货循环的关键控制点及特定控制点的控制实践。

(3) 检查关键控制点生成的有关文件和记录。

(4) 必要时通过重新执行来证实控制执行的有效性。

(5) 根据上述程序的实施，评估控制是否可信赖。

二、以风险为起点的生产与存货循环控制测试

总体上看，生产与存货循环的内部控制主要包括存货数量和存货单价两个方面的内部控制。由于生产与存货循环与其他业务循环的紧密联系，生产循环中的某些测试与其他业务循环的测试同时进行将更为有效。比如说，原材料的采购与记录是作为采购与付款循环的一部分进行测试的，产成品的储存与发运也与销售与收款循环相关，因此在对生产与存货循环的内部控制进行测试时，要考虑其他业务循环的控制测试是否与本循环相关，避免重复测试。

第四节　存货的审计

按照《企业会计准则第 1 号——存货》的规定，存货是指企业在日常活动中持有以备出售的产成品或商品、处在生产过程中的在产品、在生产过程或提供劳务过程中耗用的材料和物料等。

无论对于生产制造业、批发业和零售行业，还是对于服务行业，存货都具有极其重要的意义。存货的重大错报对流动资产、营运资本、总资产、销售成本、毛利及净利润都会产生直接的影响，对其他某些项目(如利润分配和所得税)也会产生间接的影响。审计中许多复杂和重大的问题都与存货有关，因此注册会计师对存货项目的审计应当予以特别的关注。

存货审计尤其是对年末存货余额的测试，通常是审计中最复杂也是最费时的部分。对存货存在和存货价值的评估常常十分困难。导致存货审计复杂的主要原因在于以下几个方面。

(1) 存货通常是资产负债表中的一个主要项目，通常也是构成营运资本的最大项目。

(2) 存货存放于不同的地点，这使得对它的实物控制和盘点都很困难。企业必须将存货置放于产品生产和销售的地方，但是这种分散也带来了审计的困难。

(3) 存货项目的多样性也会给审计带来困难。例如，化学制品、宝石、电子元件以及其他高科技产品。

(4) 存货本身的状况以及存货成本的分配也使得存货的估价存在困难。

(5) 不同企业采用的存货计价方法存在多样性。

正是由于这些原因，要求注册会计师在审计存货项目时应具有较高的专业素质和相关的业务知识，分配较多的审计工时，运用多种有针对性的审计方法。

一、存货的审计目标和实质性程序

存货的审计目标和实质性程序如表 9-4 所示。

表 9-4 存货的审计目标和实质性程序

(一)审计目标与认定对应关系表

审计目标	财务报表认定				
	存在	完整性	权利和义务	准确性、计价和分摊	列报
A. 确定账面存货余额对应的实物是真实存在的	√				
B. 确定属于被审计单位的存货均已入账		√			
C. 确定记录的存货是由被审计单位拥有或控制			√		
D. 确定存货以恰当的金额包括在财务报表中，与之相关的计价调整已经恰当记录				√	
E. 确定存货已被恰当地汇总或分解且表述清楚，按照企业会计准则的规定在财务报表中作出的披露是相关的、可理解的					√

(二)审计目标与审计程序对应关系表

审计目标	可供选择的审计程序	索引号
ABD	1. 获取或编制存货明细表。复核加计正确，与总账数和明细账合计数核对是否相符。检查存货明细表中是否有异常或负余额(包括数量为负或金额为负)的项目	

审计目标	可供选择的审计程序	索引号
ABD	2. 实施实质性分析程序 (1) 根据被审计单位的经营活动、供应商的发展历程、贸易条件、行业惯例和行业现状的了解，确定营业收入、营业成本、毛利以及存货周转和费用支出项目的期望值。 (2) 根据本期存货余额组成、存货采购、生产水平与以前期间和预算的比较，定义营业收入、营业成本和存货可接受的重大差异额。 (3) 比较存货余额和预期周转率。 (4) 计算实际数和预计数之间的差异，并同管理层使用的关键业绩指标进行比较。 (5) 通过询问管理层和员工，调查实质性分析程序得出的重大差异额是否表明存在重大错报风险，是否需要设计恰当的细节测试程序以识别和应对重大错报风险。 (6) 形成结论，即实质性分析程序是否能够提供充分、恰当的审计证据，或需要对交易和余额实施细节测试以获取进一步审计证据	
ABD	3. 实施存货监盘程序，编制存货监盘报告	
ABD	4. 如果由于不可预见的情况，无法在存货盘点现场实施监盘，存货盘点在财务报表日以外的其他日期进行，除实施存货监盘程序外，实施其他审计程序，以获取审计证据，确定存货盘点日与财务报表日之间的存货变动是否已得到恰当的记录	
ABD	5. 如果在存货盘点现场实施存货监盘不可行，实施替代审计程序，以获取有关存货的存在和状况的充分、适当的审计证据。如果不能实施替代审计程序，考虑对审计意见的影响 (1) 检查进货交易凭证或生产记录以及其他相关资料。 (2) 检查资产负债表日后发生的销货交易凭证。 (3) 向顾客或供应商函证	
ABD	6. 如果由第三方保管或控制的存货对财务报表是重要的，实施下列一项或两项审计程序，以获取有关该存货存在和状况的充分、适当的审计证据 (1) 向持有被审计单位存货的第三方函证存货的数量和状况。 (2) 实施检查或其他适合具体情况的审计程序	
AB	7. 对存货明细表实施审计程序，确定其是否准确反映实际的存货盘点结果 (1) 从存货明细表中选取具有代表性的样本，与盘点记录的数量核对。 (2) 从盘点记录中抽取有代表性的样本，与存货明细表的数量核对。 (3) 若在上述(1)、(2)项中发现不符，检查相关的支持性文件，复核调账分录的正确性，并考虑扩大样本量	

审计目标	可供选择的审计程序	索引号
D	8. 测试期末存货计价(以被审计单位采用先进先出法并以实际成本计价为例) (1) 检查存货的计价方法前后各期是否一致。 (2) 检查存货的入账基础和计价方法是否正确，自存货明细表中选取样本。 ① 对原材料等外购存货，检查与期末存货数量相同的最近期的采购发票，核实实际成本，重新计算存货成本。 ② 对产成品和在产品，获取资产负债表日前最近的成本计算单，检查成本计算单的正确性，将直接材料与材料耗用汇总表、直接工资总额与工资分配表、制造费用总额与制造费用明细表及相关账项核对一致，做交叉索引，执行下列测试程序： a. 对原材料和其他直接费用，检查至支持性文件和相关账项，确定是否与生产成本计算表中的数量、金额一致； b. 对人工和间接费用，获取被审计单位人工和间接费用的分配方法，评估分配方法和假设的合理性； c. 检查成本计算表中各项间接费用的总额与相关的支持性文件和账项记录是否一致； d. 重新计算人工和间接费用分配，确认生产成本计算表中人工与间接费用的正确性。 (3) 检查生产成本的分配。 ① 获取完工产品与在产品的生产成本分配标准和计算方法，检查生产成本在完工产品与在产品之间，以及完工产品之间的分配是否正确，分配标准和方法是否恰当。 ② 重新计算生产成本在产成品与在产品之间的分配，确认成本计算表的正确性	
D	9. 测试期末存货计价(以被审计单位采用标准成本计价为例) (1) 评价标准成本的合理性，检查标准成本在本期有无重大变动。 (2) 自存货明细表中选取样本，检查其单位成本是否与标准成本相符。 (3) 对原材料等外购存货，结合采购测试，检查采购价格与标准成本的差异是否已经得到正确的归集。 (4) 对产成品和在产品，检查成本差异计算表，确定实际成本与标准成本的差异是否已正确归集到成本差异账户。 (5) 测试成本差异的分摊是否正确。 ① 对原材料和其他直接费用，检查至支持性文件和相关账项，确定是否与生产成本计算表中的数量、金额一致。 ② 对人工和间接费用，获取被审计单位人工和间接费用的分配方法，评估分配方法和假设的合理性。 ③ 检查成本计算表中各项间接费用的总额与相关的支持性文件和账项记录是否一致。 ④ 重新计算人工和间接费用分配，确认生产成本计算表中人工与间接费用的正确性。 (6) 检查生产成本的分配。 ① 获取完工产品与在产品的生产成本分配标准和计算方法，检查生产成本在完工产品与在产品之间，以及完工产品之间的分配是否正确，分配标准和方法是否恰当。 ② 重新计算生产成本在产成品与在产品之间的分配，确认成本计算表的正确性	

审计目标	可供选择的审计程序	索引号
D	10. 对应计入生产成本的借款费用，结合长短期借款、应付债券或长期应付款的审计，检查借款费用资本化的计算方法和资本化金额以及会计处理是否正确	
AB	11. 截止测试 (1) 存货的入库截止测试。根据采购合同中与存货所有权转移有关的条款，确定存货确认的关键条件，据此进一步执行以下程序。 ① 在存货明细账的借方发生额中选取资产负债表日前后__张、金额_____以上的凭证，并与入库记录(如入库单、或购货发票、或运输单据)或其他表明所有权转移的单据核对，以确定存货入库被记录在正确的会计期间； ② 在入库记录(如入库单或购货发票或运输单据)或其他表明所有权转移的单据中选取资产负债表日前后__张、金额_____以上的凭证，与存货明细账的借方发生额进行核对，以确定存货入库被记录在正确的会计期间； ③ 检查入库记录编号是否与执行存货监盘程序中获取的截止性资料编号存在序列冲突。 (2) 存货出库截止测试。 ① 在存货明细账的贷方发生额中选取资产负债表日前后__张、金额_____以上的凭证，并与出库记录(如原材料领料单)核对，以确定存货出库被记录在正确的会计期间； ② 在出库记录(如原材料领料单)中选取资产负债表日前后__张、金额_____以上的凭证，与存货明细账的贷方发生额进行核对，以确定存货出库被记录在正确的会计期间； ③ 检查出库记录编号是否与执行存货监盘程序中获取的截止性资料编号存在序列冲突	
ABCD	12. 对本期发生的存货增减变动，检查至支持性文件，确定会计处理是否正确	
ABCD	13. 如果本期发生关联方交易，按以下程序处理 (1) 了解交易的商业理由。 (2) 检查证实交易的支持性文件(如发票、合同、协议及入库单和运输单据等相关文件)。 (3) 如果可获取与关联方交易相关的审计证据有限，考虑实施下列程序。 ① 向关联方函证交易的条件和金额，包括担保和其他重要信息； ② 检查关联方拥有的信息； ③ 向与交易相关的人员和机构(如银行、律师)函证或与其讨论有关信息。 (4) 完成"关联方"审计工作底稿	
AD	14. 审核有无长期挂账的存货。如有，应查明原因，必要时作调整	
CE	15. 结合银行借款等科目，了解是否有用于债务担保的存货。如有，则应取证并做相应的记录，同时核查被审计单位财务报表是否已做恰当披露	
D	16. 评价计提的存货跌价准备。如果识别出与存货跌价准备相关的重大错报风险，执行"审计会计估计(包括公允价值会计估计)和相关披露"中应对评估的重大错报风险所述的程序，并在本账项工作底稿中记录测试过程	
待定	17. 根据评估的舞弊风险等因素增加的审计程序	
E	18. 检查存货是否已按照企业会计准则的规定在财务报表中作出恰当列报和披露	

二、存货监盘

注册会计师对存货监盘是存货审计必不可少的一项审计程序。根据《中国注册会计师审计准则第 1311 号——对存货、诉讼和索赔、分部信息等特定项目获取审计证据的具体考虑》的规定，如果存货对财务报表是重要的，注册会计师应当实施下列审计程序，对存货的存在和状况获取充分、适当的审计证据。

(1) 在存货盘点现场实施监盘(除非不可行)。

(2) 对期末存货记录实施审计程序，以确定其是否准确反映实际的存货盘点结果。

在存货盘点现场实施监盘时，注册会计师应当实施下列审计程序。

(1) 评价管理层用以记录和控制存货盘点结果的指令和程序。

(2) 观察管理层制订的盘点程序的执行情况。

(3) 检查存货。

(4) 执行抽盘。

存货监盘针对的主要是存货的存在认定、完整性认定以及权利和义务的认定。注册会计师监盘存货的目的在于获取有关存货数量和状况的审计证据，以确认被审计单位记录的所有存货确实存在，并属于被审计单位的合法财产，已经反映了被审计单位拥有的全部存货。存货监盘作为存货审计的一项核心审计程序，通常可同时实现上述多项审计目标。

需要指出两点：一是注册会计师在测试存货的所有权认定和完整性认定时，可能还需要实施其他审计程序；二是尽管实施存货监盘并获取有关期末存货数量和状况的充分、适当的审计证据是注册会计师的责任，但这并不能取代被审计单位管理层定期盘点存货，合理确定存货的数量和状况的责任。事实上，管理层通常制定程序，要求对存货每年至少进行一次实物盘点，以作为编制财务报表的基础，并用以确定被审计单位永续盘存制的可靠性。

(一)制订存货监盘计划

注册会计师应当根据被审计单位存货的特点、盘存制度和存货内部控制的有效性等情况，在评价被审计单位存货盘点计划的基础上，编制存货监盘计划，对存货监盘作出合理安排。

1. 制订存货监盘计划应考虑的因素

注册会计师在制订存货监盘计划时，应考虑以下因素。

(1) 与存货相关的重大错报风险。存货通常具有较高水平的重大错报风险，影响重大错报风险的具体因素包括：存货的数量和种类、成本归集的难易程度、陈旧过时的速度或易损坏程度、遭受失窃的难易程度。

以存货类别为例，以下类别的存货就可能增加审计的复杂性与风险。

① 具有漫长制造过程的存货：审计中要额外重视递延成本、预期发生成本以及未来市场波动可能对当期损益的影响等。

② 具有固定价格合约的存货：预期发生成本的不确定性是其重大审计问题。

③ 与时装相关的服装行业。由于消费者对服装风格或颜色的偏好容易发生变化，存货的过时与否是重要的审计事项。

④ 鲜活、易腐烂的存货。由于物质特质和保质期短暂，此类存货的变质风险很高。

⑤ 具有高科技含量的存货。由于技术进步，此类存货容易过时。

⑥ 单位价值高昂，容易被盗窃的存货。例如，珠宝存货的错报风险通常高于铁质纽扣类的存货的错报风险。

(2) 存货的内部控制。与存货相关的内部控制涉及被审计单位供、产、销各个环节，包括采购、验收、仓储、领用、生产、装运出库、存货盘存制度等多个方面。

① 采购。与采购相关的内部控制的总体目标是所有交易都已获得适当的授权与批准。使用购货订购单是一项基本的控制措施。购货订购单应当预先连续编号，事先确定采购价格并获得批准。另外，还应当定期清点购货订单。

② 验收。与存货验收相关的内部控制的总体目标是所有收到的货物都已得到记录。使用验收报告单是一项基本的控制措施。被审计单位应当设置独立的部门负责验收货物，该部门具有验收存货实物、确定存货数量、编制验收报告、将验收报告传送至会计核算部门以及运送货物至仓库等一系列职能。

③ 仓储。与仓储有关的内部控制的总体目标是确保与存货实物的接触必须得到管理层的指示和批准。被审计单位应当采取实物控制措施，使用适当的存储设施，以使存货免受意外毁损、盗窃或破坏。

④ 领用。与领用相关的内部控制的总体目标是所有存货的领用均应得到批准和记录。使用存货领用单是一项基本的控制措施。对存货领用单应当定期进行清点。

⑤ 生产。与生产相关的内部控制的总体目标是对所有的生产过程作出适当的记录。使用生产报告是一项基本的控制措施。在生产报告中，应当对产品质量缺陷和零部件的使用及报废情况及时作出说明。

⑥ 装运出库。与装运出库相关的内部控制的总体目标是所有的装运都得到了记录。使用发运凭证是一项基本的控制措施。发运凭证应当预先编号，定期进行清点，并作为日后开具收款账单的依据。

⑦ 存货实地盘点。被审计单位都应当至少每年对存货进行一次全面盘点以核对存货账面记录，加强对存货的管理。被审计单位与存货实地盘点相关的内部控制通常包括：制订存货盘点计划，确定存货盘点程序，配备相应的监督人员，对存货进行独立的内部验证，将盘点结果与永续存货记录进行独立的调节，对盘点表和盘点标签进行充分控制等。

(3) 对存货盘点是否制定了适当的程序，并下达了正确的指令。注册会计师一般需要复核或与管理层讨论其存货盘点程序。在复核或与管理层讨论其存货盘点程序时，注册会计师应当考虑下列因素，以评价其能否合理地确定存货的数量和状况：盘点的时间安排；存货盘点范围和场所的确定；盘点人员的分工及胜任能力；盘点前的会议和任务布置；存货的整理和排列；对毁损、陈旧、过时、残次及所有权不属于被审计单位的存货的区分，存货的计量工具和计量方法；在产品完工程度的确定方法；存放在外单位的存货的盘点安排；存货收发截止的控制；盘点期间存货移动的控制；盘点表单的设计、使用与控制；盘点结果的汇总以及盘盈或盘亏的分析、调查与处理。

(4) 存货盘点的时间安排。如果存货盘点在财务报表日以外的其他日期进行，注册会计师除实施存货监盘相关程序外，还应当实施其他审计程序，以获取审计证据，确定存货盘点日与财务报表日之间的存货变动是否已得到恰当的记录。

(5)　被审计单位是否一贯采用永续盘存制。存货数量的盘存制度一般分为实地盘存制和永续盘存制。如果被审计单位通过实地盘存制度确定存货的数量，则注册会计师要参加这种盘点。如果被审计单位采用永续盘存制，则注册会计师应在年度中一次或多次参加盘点。

(6)　存货的存放地点，用以确定适当的监盘地点。注册会计师应当了解所有的存货存放地点，既可以防止被审计单位或自己发生任何遗漏，也有助于恰当地分配审计资源。注册会计师应当重点考虑被审计单位的重要存货存放地点，特别是金额较大或可能存在重大错报风险(如存货性质特殊)的存货地点，将这些存货地点列入监盘地点。对其他无法在存货盘点现场实施存货监盘的存货存放点，注册会计师应当实施替代程序，以获取有关存货的存在和状况的充分、适当的审计证据。

(7)　利用专家的工作。在确定资产数量和实物状况(如矿石堆)，或收集特殊类别存货(如艺术品、稀有玉石、房地产、电子器件、工程设计等)的审计证据时，由于超出了注册会计师的专业领域或注册会计师不具备相应的技能，可以考虑利用专家的工作。在产品金额较大时，对于如何评估在产品完工程度的问题，注册会计师可根据存货生产过程的复杂程度考虑利用专家的工作。

2. 存货监盘计划的主要内容

存货监盘计划应当包括以下主要内容。

(1)　存货监盘的目标、范围及时间安排。存货监盘的目标是获取被审计单位资产负债表日有关存货数量和状况以及有关管理层存货盘点程序可靠性的审计证据，检查存货的数量是否真实完整，是否归属被审计单位，存货有无毁损、陈旧、过时、残次和短缺等状况。

存货监盘的范围的大小取决于存货的内容、性质以及与存货相关的内部控制的完善程度和重大错报风险的评估结果。

存货监盘的时间包括实地察看盘点现场的时间、观察存货盘点的时间和对已盘点存货实施检查的时间等，应当与被审计单位实施存货盘点的时间相协调。

(2)　存货监盘的要点及关注的事项。存货监盘的要点主要包括注册会计师实施存货监盘程序的方法、步骤，各个环节应注意的问题以及所要解决的问题。注册会计师需要重点关注的事项包括盘点期间的存货移动、存货的状况、存货的截止确认、存货的各个存放地点及金额等。

(3)　存货监盘的人员组成。注册会计师应当根据被审计单位参加存货盘点人员分工、分组情况，存货监盘工作量的大小和人员素质情况，确定参加存货监盘人员的组成、各组成人员的职责和具体的分工情况，并加强督导。

(4)　抽盘存货的范围。注册会计师应当根据对被审计单位存货盘点和对被审计单位内部控制的评价结果确定存货的检查范围。在实施观察程序后，如果认为被审计单位内部控制设计良好且得到有效实施，存货盘点组织良好，可相应缩小实施检查程序的范围。

【案例9-1】
ABC公司为一家食品加工企业。A注册会计师负责审计ABC公司2020年度财务报表，确定存货为重要账户，并拟对存货实施监盘。存货监盘计划的部分内容摘录如下。
(1)　ABC公司共有5个存货仓库，各仓库的存货盘点及监盘时间安排如下。

仓库编号	存货名称	盘点及监盘时间
仓库1	存货a	2020年12月31日
仓库2	存货b	2020年12月31日
仓库3	存货a	2020年12月30日
仓库4	存货c	2020年12月30日
仓库5	存货d	2020年12月31日

(2) 对盘点结果进行测试时，采用从存货实物选取项目追查至存货盘点记录表的方法。

(3) 观察盘点现场，确定应纳入盘点范围的存货是否已经适当整理和排列，并附有盘点标识，并关注存货盘点是否存在遗漏或重复。

(4) 存货b为饮料，按箱存放，包装方式为每箱有10个纸盒，每个纸盒中有20瓶饮料。开箱检查，确认每箱中有10个纸盒。

(5) 存货c为燃料煤，按堆存放。监盘时应当先测量其体积，并根据体积和比重估算存货数量。

(6) 存货d为原材料，ABC公司对存货d的入库单连续编号。存货d盘点结束时，检查截至盘点日最后一张入库单并取得复印件，以用于对该存货入库实施的截止性测试。

要求：

针对上述第(1)至(6)项，逐项指出存货监盘计划是否恰当？如不恰当，简要说明理由。

分析提示：

(1) 不恰当。存货a可能会在不同仓库流动。应要求对存放在仓库1和3的存货a安排同一天盘点。

(2) 不恰当。仅从存货实物中选样追查至存货盘点记录，只能获取存货记录完整性的证据。还应从盘点记录中选取项目追查至实物，以获取有关存货存在的证据。

(3) 恰当。

(4) 不恰当。开箱检查时，还应当抽查每个纸盒中是否有20瓶饮料。

(5) 恰当。

(6) 恰当。

(二)存货监盘的程序

1. 评价管理层用以记录和控制存货盘点结果的指令和程序

在评价管理层记录和控制存货盘点指令和程序时，注册会计师需要考虑是否包括以下几个方面。

(1) 适当的控制活动的运用，如收集已使用的存货盘点记录，清点未使用的存货盘点表，实施盘点和复盘程序。

(2) 准确认定在产品的完工程度，流动缓慢(呆滞)、过时或毁损的存货项目，以及第三方拥有的存货(如寄存货物)。

(3) 在适用的情况下用于估计存货数量的方法，如可能需要准确估计煤堆的重量。

(4) 对存货在不同存放地点之间的移动以及截止日前后期间出入库的控制。

2. 观察管理层制定的盘点程序的执行情况

观察管理层制定的盘点程序(如对盘点时及其前后的存货移动的控制程序)的执行情况，有助于注册会计师获取有关管理层指令和程序是否得到适当设计和执行的审计证据。

注册会计师在实施监盘时，实地观察的内容包括以下几个方面。

(1) 在被审计单位实施盘点前，观察盘点现场，确定应纳入盘点范围的存货是否已经适当整理和排列，并附有盘点标签，防止遗漏或重复盘点。对未纳入盘点范围的存货，查明未纳入的原因。对所有权不属于被审计单位的存货，取得其规格、数量等有关资料，并确定这些存货是否已分别存放、标明，且未被纳入盘点范围。

(2) 在存货盘点过程中，注册会计师应当跟随被审计单位安排的存货盘点人员，注意观察被审计单位事先制订的盘点计划是否得到贯彻执行，盘点人员是否准确无误地记录了被盘点存货的数量和状况，是否已经恰当地区分了所有毁损、陈旧、过时及残次的存货。根据取得的所有权不属于被审计单位的存货的有关资料，观察这些存货的实际存放情况，确保其未被纳入盘点范围。即使在被审计单位声明不存在受托代存存货的情形下，注册会计师在存货监盘时也应当关注是否存在某些存货不属于被审计单位的迹象，以避免盘点范围不当。

(3) 在被审计单位盘点结束前，注册会计师还应当再次观察盘点现场，以确定所有应纳入盘点范围的存货是否均已盘点，取得并检查已填用、作废及未使用盘点表单的号码记录，确定其是否连续编号，查明已发放的表单是否均已收回，并与存货盘点的汇总记录进行核对。注册会计师应当根据自己在存货监盘过程中获取的信息对被审计单位最终的存货盘点汇总记录进行复核，并评估其是否正确反映了实际盘点结果。

如果发现问题，注册会计师应及时指出，并督促企业纠正。如果注册会计师认为盘点程序和过程有问题，导致盘点结果严重失实，应当要求被审计单位重新组织人员进行盘点。

此外，注册会计师还可以获取截止性信息(如存货移动的具体情况)的复印件，它有助于日后对存货移动的会计处理实施审计程序。具体来说，注册会计师一般应当获取盘点日后存货收发及移动的凭证，检查库存记录与会计记录期末截止是否正确。在对存货进行截止测试时，应当关注以下几个方面。

(1) 所有在截止日以前入库的存货项目是否均已包括在盘点范围内，并已反映在截止日以前的会计记录中。任何在截止日期以后入库的存货项目是否均未包括在盘点范围内，也未反映在截止日前的会计记录中。

(2) 所有在截止日以前装运出库的存货项目是否均未包括在盘点范围内，且未包括在截止日的存货账面余额中，任何在截止日期以后装运出库的存货项目是否均已包括在盘点范围内，并已包括在截止日的存货账面余额中。

(3) 所有已确认为销售但尚未装运出库的商品是否均未包括在盘点范围内，且未包括在截止日的账面余额中；所有已记录为购货但尚未入库的存货是否均已包括在盘点范围内，并已反映在会计记录中。

在存货监盘过程中，注册会计师应当获取存货验收入库、装运出库以及内部转移截止等信息，以便将来追查至被审计单位的会计记录。在存货入库和装运过程中采用连续编号的凭证时，注册会计师应当关注截止日期前的最后编号。如果被审计单位没有使用连续编号的凭证，注册会计师应当列出截止日期以前的最后几笔装运和入库记录。

【案例 9-2】

注册会计师在对 ABC 公司进行 2020 年的财务报表审计时，发现临近结账日前后有关存货发生的业务事项如下：

(1) 2021 年 1 月 2 日收到价值为 20 000 元的货物，入账日期为 1 月 4 日，发票上注明由供应商负责运送，目的地交货，开票日期为 2020 年 12 月 26 日。

(2) 当实际盘点时，B 工厂 1 包价值 80 000 元的产品已放在装运处，因包装纸上注明"有待发运"字样而未计入存货内。经调查发现，顾客的订货单日期为 2020 年 12 月 20 日，顾客于 2021 年 1 月 4 日收到后付款。

(3) 2021 年 1 月 6 日收到价值 700 元的物品，并于当天登记入账。该物品于 2020 年 12 月 28 日按供货商离厂交货条件运送。因 2020 年 12 月 31 日尚未收到，故未计入结账日存货。

(4) 按顾客特殊订单制作的某产品，于 2020 年 12 月 31 日完工并送装运部门，顾客已于该日付款。该产品于 2021 年 1 月 5 日送出，但未包括在 2020 年 12 月 31 日存货内。

要求：

请分析上述四种情况是否应包括在 2020 年 12 月 31 日的存货监盘范围内，并说明理由。

分析提示：

(1) 不应包括在 2020 年存货内，因目的地交货期为 2021 年，应以收到货物为准。

(2) 应包括在 2020 年存货内，因 2021 年 1 月 4 日收到货物才付款，2020 年既未开票亦未发出货物，物权并未转移，销售不能成立。

(3) 应计入 2020 年存货内，因属离厂交货，交货后就已属本企业存货。

(4) 不应包括在 2020 年存货内，因已收款并将货物送装运，销售已成立。

---

3. 检查存货

在存货监盘过程中检查存货，虽然不一定能确定存货的所有权，但是有助于确定存货的存在，以及识别过时、毁损和陈旧的存货。注册会计师应当记录这些存货的详细情况，便于进一步追查这些存货的处置情况，也能为被审计单位存货跌价准备计提的准确性提供证据。

4. 执行抽盘

对存货盘点结果进行测试时，注册会计师可从存货盘点记录中选取项目追查至存货实物，以及从存货实物中选取项目追查至盘点记录，以获取有关盘点记录准确性和完整性的审计证据。注册会计师应尽可能避免让被审计单位事先了解将抽盘的存货项目。

如果注册会计师在执行抽盘程序中发现差异，很可能表明被审计单位存货盘点在准确性和完整性方面存在错误。由于检查的只是已盘点存货中的一部分，错误的出现往往意味着还可能存在其他错误，一方面注册会计师应当提请被审计单位更正；另一方面，注册会计师应当考虑潜在的错误和其重大程度，可能的情况下扩大检查范围以减少错误的发生，注册会计师还可能要求被审计单位重新盘点。重新盘点的范围可限于某一特殊领域的存货或特定盘点小组。

如果盘点日不是资产负债表日，注册会计师应当实施适当的审计程序，确定盘点日与资产负债表日之间存货的变动是否已得到恰当的记录，并将盘点数倒挤到资产负债表日，检查记录的准确性。

(三)实施存货监盘程序应特别关注的问题

实施存货监盘程序应特别关注以下几个问题。

(1) 多个地点存货的监盘。如果被审计单位的存货存放于多个地点，注册会计师可以要求被审计单位提供一份完整的存货存放地点清单(包括期末库存量为零的仓库、租赁的仓库，以及第三方代被审计单位保管存货的仓库等)，并考虑其完整性。在获取完整清单的基础上，注册会计师可根据不同地点所存放的存货的重要性以及对各个地点与存货相关的重大错报风险的评估结果，选择适当的地点进行监盘，并记录选择这些地点的原因。如果识别出由于舞弊导致的影响存货数量的重大错报风险，注册会计师在检查被审计单位存货记录的基础上，可能决定在不预先通知的情况下对特定存放地点的存货实施监盘，或在同一天对所有存放地点的存货实施监盘。

(2) 对无法停止移动的存货的监盘。一般而言，被审计单位在盘点过程中停止生产并关闭存货存放地点以确保停止存货的移动，有利于保证盘点的准确性。但是在特定情况下，被审计单位可能由于实际原因无法停止生产或收发货物，注册会计师可根据被审计单位的具体情况考虑其无法停止存货移动的原因及其合理性。同时通过询问被审计单位管理层以及阅读被审计单位盘点计划等方式了解被审计单位对存货移动所采取的控制程序和对存货收发截止影响的考虑。比如考虑在仓库内划分出独立的过渡区域，将盘点期间领用存货移至过渡区域，对盘点期间办理入库手续的存货暂时存放在过渡区域，以确保相关存货只被盘点一次。

(3) 特殊类型的存货的监盘。有些存货可能存在无法用标签予以标识、数量难以估计或质量难以确定等情况，对于这些特殊类型的存货，注册会计师需要运用职业判断，根据存货的实际情况，设计恰当的审计程序，对存货的数量和状况获取审计证据。表 9-5 列举了被审计单位特殊存货的类型、通常采用的盘点方法与存在的潜在问题，以及可供注册会计师实施的监盘程序。

表 9-5　特殊类型存货的监盘程序

存货类型	盘点方法与潜在问题	可供实施的审计程序
木材、钢筋盘条、管子	通常无标签但在盘点时会做上标记或用粉笔标识；难以确定存货的数量或等级	检查标记或标识；利用专家或被审计单位内部有经验人员的工作
堆积型存货(如糖、煤、钢废料)	通常既无标签也不作标记，估计存货数量时存在困难	运用工程估测、几何计算、高空勘测，并依赖详细的存货记录
使用磅秤测量的存货	在估计存货数量时存在困难	在监盘前和监盘过程中均应检验磅秤的精准度，并留意磅秤的位置移动与重新调校程序；将检查和重新称量程序相结合；检查称量尺度的换算问题

续表

存货类型	盘点方法与潜在问题	可供实施的审计程序
散装物品(如窖藏存货，使用桶、箱、罐、槽等容器储存的液体、气体、谷类粮食、流体存货等)	在盘点时通常难以识别和确定； 在估计存货数量时存在困难； 在确定存货质量时存在困难	使用容器进行监盘或通过预先编号的清单列表加以确定； 使用浸蘸、测量棒、工程报告以及依赖永续存货记录； 选择样品进行化验与分析或利用专家的工作
重金属、石器、艺术品与收藏品	在存货辨认与质量确定方面存在困难	选择样品进行化验与分析或利用专家的工作
生产纸浆用木材、牲畜	在存货辨认与数量确定方面存在困难； 可能无法对此类存货的移动实施控制	通过高空摄影以确定其存在性，对不同时点的数量进行比较，并依赖永续存货记录

(四)特殊情况的处理

1. 无法在存货盘点现场实施存货监盘

在某些情况下，由于存货性质和存放地点等因素造成实施存货监盘可能是不可行的，注册会计师应当实施替代程序(检查盘点日后出售盘点日之前取得或购买的特定存货的文件)，以获取有关存货的存在和状况的充分、适当的审计证据。

审计中的困难、时间或成本等事项本身不能作为注册会计师省略不可替代审计程序或满足与说服力不足的审计证据的正当理由，但在其他一些情况下，如不能实施替代程序，或实施替代程序可能无法获取有关存货存在和状况的充分、适当的审计证据，注册会计师发表非无保留意见。

2. 因不可预见的情况导致无法在存货盘点现场实施监盘

如由于不可抗力导致其无法到达存放存货地点实施监盘，或由于天气原因，注册会计师应当另择日期实施监盘，并对间隔期内发生的交易实施审计程序。

3. 由第三方保管或控制的存货

如果由第三方保管或控制的存货是重要的，注册会计师应当向持有被审计单位存货的第三方函证存货的数量和状况，或者选择实施检查或其他适合具体情况的审计程序。

其他审计程序包括以下几种。

(1) 实施或安排其他注册会计师实施对第三方的存货监盘(如可行)。

(2) 获取其他注册会计师或服务机构注册会计师针对用以保证存货得到恰当盘点和保管的内部控制适当性而出具的报告。

(3) 检查与第三方持有的存货相关文件记录，如仓储单。

(4) 当存货作为抵押品时，要求其他机构或人员进行确认。

【案例9-3】

ABC 公司主要从事家电产品的生产和销售。光大会计师事务所负责审计该公司 2020年度财务报表。审计项目组在审计工作底稿中记录了与存货监盘相关的情况，部分内容摘录如下。

(1) 审计项目组拟不信赖与存货相关的内部控制运行的有效性，故在监盘时不再观察管理层制定的盘点程序的执行情况。

(2) 审计项目组获取了盘点日前后存货收发及移动的凭证，以确定 ABC 公司是否将盘点日前入库的存货、盘点日后出库的存货以及已确认为销售但尚未出库的存货包括在盘点范围内。

(3) 由于 ABC 公司人手不足，审计项目组受管理层委托，于 2015 年 12 月 31 日代为盘点 ABC 公司异地专卖店的存货，并将盘点记录作为 ABC 公司的盘点记录和审计项目组的监盘工作底稿。

(4) 审计项目组按存货项目定义抽样单元，选取 a 产品为抽盘样本项目之一。a 产品分布在 5 个仓库中，考虑到监盘人员安排困难，审计项目组对其中 3 个仓库的 a 产品执行抽盘，未发现差异，对该样本项目的抽盘结果满意。

(5) 在 ABC 公司存货盘点结束前，审计项目组取得并检查了已填用、作废及未使用盘点表单的号码记录，确定其是否连续编号以及已发放的表单是否均已收回，并与存货盘点汇总表中记录的盘点表单使用情况核对一致。

(6) ABC 公司部分产成品存放在第三方仓库，其年末余额占资产总额的 10%。

要求：

(1) 针对上述第(1)至(5)项，逐项指出审计项目组的做法是否恰当。如不恰当，简要说明理由。

(2) 针对上述第(6)项，列举三项审计项目组可以实施的审计程序。

分析提示：

(1) 对审计项目组的做法分析如下。

第(1)项不恰当。无论是否信赖内部控制，注册会计师在监盘中均应当观察管理层制定的盘点程序的执行情况。

第(2)项不恰当。已确认为销售但尚未出库的存货不应包括在盘点范围内。

第(3)项不恰当。审计项目组代管理层执行盘点工作，将会影响其独立性。盘点存货是 ABC 公司管理层的责任。

第(4)项不恰当。当 a 产品被选为样本项目时，应当对所有 a 产品执行抽盘。

第(5)项恰当。

(2) 审计项目组可以实施的审计程序有：

① 向保管存货的第三方函证存货的数量和状况；

② 实施检查程序，检查与第三方保管的存货相关的文件记录；

③ 对第三方保管的存货实施监盘；

④ 安排其他注册会计师对第三方保管的存货实施监盘；

⑤ 获取其他注册会计师或提供仓储服务的第三方的注册会计师针对第三方用以保证存货得到恰当盘点和保管的内部控制的适当性而出具的报告。

三、存货计价测试

对存货实施监盘主要是对存货的结存数量予以确认，而为了验证财务报表上列示的存货余额的真实性和正确性，还必须对存货的计价进行审计。存货的计价测试包括两个方面：一是被审计单位所使用的存货单位成本是否正确；二是是否恰当计提了存货跌价准备。

对存货的计价实施细节测试之前，注册会计师通常要先了解被审计单位本年度的存货计价方法与以前年度是否保持一致。如发生变化，变化的理由是否合理？是否经过适当的审批。

1. 存货单位成本测试

针对原材料的单位成本，注册会计师通常基于企业的原材料计价方法(如先进先出法、加权平均法等)，结合原材料的历史购买成本，测试其账面成本是否正确。测试程序包括核对原材料采购的相关凭证(主要是与价格相关的凭证，如合同、采购订单、发票等)，以及验证原材料计价方法的运用是否正确。

针对产成品和在产品的单位成本，注册会计师需要对成本核算过程实施测试，包括直接材料成本测试、直接人工成本测试、制造费用测试和生产成本在当期完工产品与在产品之间分配的测试四项，具体如下。

(1) 直接材料成本测试。对采用定额单耗的企业，可选择某一成本报告期若干具有代表性的产品成本计算单，获取样本的生产指令或产量统计记录及其直接材料单位消耗定额，根据材料明细账或采购业务测试工作底稿中各该直接材料的单位实际成本，计算直接材料的总消耗量和总成本，与该样本成本计算单中的直接材料成本核对。

对未采用定额单耗的企业，可获取材料费用分配汇总表、发出材料汇总表(或领料单)、材料明细账(或采购业务测试工作底稿)中各该直接材料的单位成本，作如下检查：成本计算单中直接材料成本与材料费用汇总分配表中该产品负担的直接材料费用是否相符，分配标准是否合理；将抽取的材料发出汇总表或领料单中若干种直接材料的发出总量和各该种材料的实际成本之积，与材料费用分配汇总表中各该种材料费用进行比较。

对采用标准成本法的企业，获取样本的生产指令或产量统计记录、直接材料单位标准用量、直接材料标准单价及发出材料汇总表或领料单，检查下列事项：根据生产量、直接材料单位标准用量和标准单价计算的标准成本与成本计算单中的直接材料成本核对是否相符；直接材料成本差异的计算与账务处理是否正确。

(2) 直接人工成本测试。对采用计时工资制的企业，获取样本的计时工资统计记录、员工分类表和员工工薪手册(工资率)及人工费用分配汇总表，作如下检查：成本计算单中直接人工成本与人工费用分配汇总表中该样本的直接人工费用核对是否相符；样本的实际工时统计记录与人工费用分配汇总表中该样本的实际工时核对是否相符；抽取生产部门若干天的工时台账与实际工时统计记录核对是否相符；当没有实际工时统计记录时，则可根据员工分类表及员工工薪手册中的工资率，计算复核人工费用分配汇总表中该样本的直接人工费用是否合理。

采用计件工资制的企业，获取样本的产量统计报告、个人(小组)产量记录和经批准的单位工薪标准或计件工资制度，检查下列事项：根据样本的统计产量和单位工薪标准计算的人工费用与成本计算表中直接人工成本核对是否相符；抽取若干个直接人工(小组)的产量记录，检查是否被汇总计入产量统计报告。

对采用标准成本法的企业，获取样本的生产指令或产量统计报告、工时统计报告和经批准的单位标准工时、标准工时工资率、直接人工的工薪汇总表等资料，检查下列事项：

根据产量和单位标准工时计算的标准工时总量与标准工时工资率之积同成本计算单中直接人工成本核对是否相符；直接人工成本差异的计算与账务处理是否正确，并注意直接人工的标准成本在当年有无重大变更。

(3) 制造费用测试。获取样本制造费用分配汇总表、按项目分列的制造费用明细账、与制造费用分配标准有关的统计报告及其相关原始凭证，作如下检查：制造费用分配汇总表中，样本分担的制造费用与成本计算单中的制造费用核对是否相符；制造费用分配汇总表中的合计数与样本所属成本报告期的制造费用明细账总计数核对是否相符；制造费用分配汇总表选择的分配标准(机器工时数、直接人工工资、直接人工工时数、产量等)与相关的统计报告或原始记录核对是否相符，并对费用分配标准的合理性作出评估；如果企业采用预计费用分配率分配制造费用，则应针对制造费用分配过多或过少的差额，检查其是否做了适当的账务处理；如果企业采用标准成本法，则应检查样本中的制造费用的确定是否合理，计入成本计算单的数额是否正确，制造费用差异的计算与账务处理是否正确，并注意标准制造费用在当年有无重大变更。

(4) 生产成本在当期完工产品与在产品之间的分配测试。检查成本计算单中在产品数量与生产统计报告或在产品盘存表中的数量是否一致，检查在产品约当产量计算或其他分配标准是否合理，检查复核样本的总成本和单位成本。

2. 存货跌价准备的测试

注册会计师在测试存货跌价准备时，需要从以下两个方面进行测试。

(1) 识别需要计提存货跌价准备的存货项目。注册会计师可以通过询问管理层和相关部门(生产、仓储、财务、销售等)员工，了解被审计单位如何收集有关滞销、过时、陈旧、毁损、残次存货的信息并为之计提必要的存货跌价准备。如果被审计单位编制存货货龄分析表，则可以通过审阅分析表识别滞销或陈旧的存货。此外，注册会计师还要结合存货监盘中检查存货状况而获取的信息，以判断被审计单位的存货跌价准备计算表是否有遗漏。

(2) 检查可变现净值的计量是否合理。在存货计价审计中，由于被审计单位对期末存货采用成本与可变现净值孰低的方法计价，所以注册会计师应充分关注其对存货可变现净值的确定及存货跌价准备的计提。

可变现净值是指日常活动中，存货的估计售价减去至完工时估计将要发生的成本、估计的销售费用以及相关税费后的金额。企业确定存货的可变现净值，应当以取得确凿证据为基础，并且考虑持有存货的目的以及资产负债表日后事项的影响等因素。注册会计师应抽样检查可变现净值的确定的依据，相关计算是否正确。

【案例9-4】

注册会计师在审查 A 企业领用材料业务时，发现 11 月份该企业领用材料的计划成本如下：生产领用 600 000 元，车间领用 80 000 元，管理部门领用 50 000 元。11 月份材料成本差异率为-2%。

A 企业的账务处理如下：

(1) 发出材料时，会计分录为

借：生产成本　　　　　　　　　　600 000

　　制造费用　　　　　　　　　　 80 000

```
        管理费用                    50 000
    贷：原材料                  730 000
```

(2) 结转材料成本差异时，会计分录为

```
借：生产成本                 14 600
    贷：材料成本差异         14 600
```

要求：

指出 A 企业账务处理中存在的问题，并进行相应的账项调整。

分析提示：

11 月份材料成本差异率为-2%，表明是节约差异，而 A 企业按超支差异结转；另外，材料成本差异的结转未按材料的用途结转。应建议被审计单位作如下调整。

```
借：材料成本差异            14 600
    贷：生产成本            12 000
        制造费用             1 600
        管理费用             1 000
```

本 章 小 结

本章主要讲述了对于生产与存货循环进行的审计。

生产与存货循环所涉及的业务活动主要包括：计划和安排生产，发出原材料，生产产品，核算产品成本，储存产成品，发出产成品等。其涉及的主要凭证与会计记录有：生产指令、领发料凭证、产量和工时记录、材料费用分配表、制造费用分配汇总表、成本计算单、存货明细账等。

生产与存货循环的内部控制包括两大控制系统：一是存货的控制，二是成本会计控制。对于生产与存货循环的内部控制，注册会计师应通过询问、审阅、观察等方法进行了解。在此基础上，对其在实际业务中的执行与实施情况和过程进行检查和观察，以确定制定的内部控制与实际执行的是否相符或一致，即进行控制测试。

鉴于存货在企业中的重要地位和作用，本章主要讲述对于存货进行的审计。对存货进行的实质性程序主要包括存货监盘和存货的计价测试。

复习思考题

1. 生产与存货循环的业务活动包括哪些方面？

2. 生产与存货循环主要涉及哪些凭证和会计记录？

3. 生产与存货循环的内部控制包括哪些内容？如何对其内部控制进行测试？

4. 简述存货审计的目标。

5. 如何制订存货监盘计划？

6. 存货的监盘内容包括哪些方面？

7. 对存货进行计价测试主要包括哪些方面的内容？

第十章

货币资金与特殊项目审计

案例导读

新绿股份成立于 2005 年，是一家从事集肉牛养殖育肥、肉牛屠宰分割、牛肉类产品深加工和销售的垂直一体化现代化肉类加工企业。该公司于 2015 年 11 月在全国中小企业股份转让系统成功挂牌。公司挂牌后，2015 年及 2016 年年报均延期披露，并两次变更会计师事务所。由于未聘请到审计机构，新绿股份未披露 2017 年年报，因此于 2019 年 5 月被终止挂牌。由于涉嫌违反证券法律法规，该公司被中国证券监督管理委员会立案调查。经查，新绿股份在实际控制人陈思的安排下，长期有计划、有组织地实施财务造假。其采用的主要财务造假手段包括：通过伪造银行收款虚增主营业务收入，同时隐瞒关联方占用资金和对赌协议等关键信息。2019 年 6 月，中国证监会对新绿股份发布了处罚决定书〔2019〕55 号文。新绿股份申请股份公开挂牌转让期间对其审计的北京兴华会计师事务所及其签字会计师于 2019 年 11 月收到中国证监会行政处罚决定书〔2019〕135 号文；2015 年年度报告的中兴财光华会计师事务所及其签字会计师于 2020 年 5 月收到中国证监会行政处罚决定书〔2020〕20 号文。两家事务所在审计货币资金时分别存在以下事实，造成审计失败。

一、北京兴华会计师事务所货币资金审计失败

1. 被审计单位货币资金造假行为

新绿股份伪造与收入相关的银行收款 1 190 笔，虚构资金流入 77 952.28 万元，用于支持虚增收入；虚增 2015 年 4 月 30 日银行存款 5 380.91 万元；通过伪造、篡改银行收付款凭证隐瞒 2013 年至 2015 年 4 月关联交易 59 120.21 万元；伪造银行付款凭证，虚列"车间二期工程"项目生产成本 2 728 万元，虚增 2015 年 4 月 30 日固定资产 2 728 万元。

2. 货币资金审计失败事实

(1) 银行存款审计程序执行不到位，主要系指造假账户对账单未加盖银行印章，会计师对此未保持应有的职业怀疑，识别上述造假行为并实施进一步的审计程序，以获取充分的审计证据证明银行存款及相关账户金额的真实性和准确性。

(2) 银行存款函证审计程序执行不到位，主要系对造假账户银行存款余额两次实施函证均不是直接当场从银行获取回函，均系银行后续邮寄给北京兴华。同时两次造假账户银行回函印章和经办人签字存在明显差异，注册会计师未对上述银行函证保持合理控制，且未对影响回函可靠性的因素予以考虑。

二、中兴财光华会计师事务所 2015 年年度报告的货币资金审计失败

1. 被审计单位货币资金造假行为

新绿股份伪造银行收款 1 054 笔，虚构银行收款 54 664.38 万元。其中，归属 2015 年度的银行收款为 41 705.24 万元，导致虚增 2015 年主营业务收入 36 907.29 万元；未记录个人账户向公司账户转入 2 800 万元，隐瞒负债；通过伪造、篡改银行收付款凭证隐瞒 2015 年度关联交易 28 494.37 万元。

2. 货币资金审计失败事实

(1) 未按审计准则规定对银行存款实施充分函证程序。新绿股份银行账户 44 个(2015年以前销户 5 个)，中兴财光华仅对 34 个银行账户实施函证程序，未对应当实施函证程序的其余 5 个银行账户进行函证，未函证的账户包含造假账户。

(2) 未对银行存款账户存在的不符事项执行恰当的审计程序。中兴财光华向上海市浦

东发展银行济宁分行发函询证，在回函中显示某账户已注销，且该账户未包含在 34 个银行账户中，中兴财光华未对其保持应有关注，也未实施进一步的审计程序核实。

学习目标

本章是审计实务的重要内容之一。通过本章的学习，应了解货币资金审计的程序和方法；掌握货币资金的内部控制和控制测试；熟练掌握库存现金、银行存款的审计目标和实质性程序；掌握期初余额、期后事项、关联方及其交易、持续经营各自的审计目标和审计程序；熟练掌握期后事项的类别；掌握持续经营对审计结论的影响。

第一节　货币资金审计

货币资金是企业资产的重要组成部分，是企业资产中流动性最强的一种资产。任何企业进行生产经营活动都必须拥有一定数额的货币资金，持有货币资金是企业生产经营的基本条件，可能关乎企业的命脉。货币资金主要来源于资本的投入、债权人借款和企业经营积累，主要用于资产的取得和费用的结付。只有保持健康的、正的现金流，企业才能继续生存；如果出现现金流逆转的迹象，产生不健康的、负的现金流，长此以往，企业将会陷入财务困境，并导致外界对企业持续经营能力产生疑虑。

一、货币资金涉及的主要业务活动

(一)货币资金与交易循环

企业营运过程中，从资金流入企业形成货币资金开始，到通过销售收回货币资金、成本补偿确定利润，部分资金流出企业为止，企业资金的不断循环，构成企业的资金周转。货币资金与企业各个业务循环直接相关，如图 10-1 所示。此图仅选取各业务循环中具有代表性的会计科目或财务报表项目予以列示，未包括各业务循环中与货币资金有关的全部会计科目或财务报表项目。

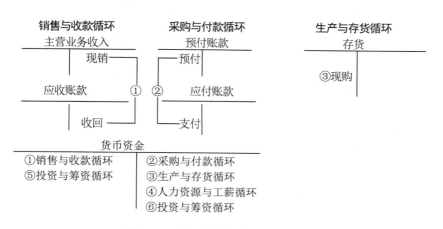

图 10-1　货币资金与交易循环的关系

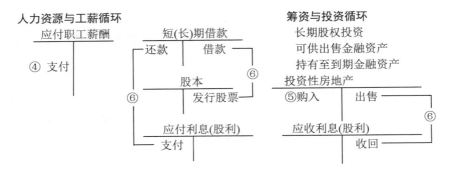

图 10-1　货币资金与交易循环的关系(续)

(二)涉及的主要业务活动

根据货币资金的存放地点及用途不同，货币资金可分为库存现金、银行存款以及其他货币资金。下面主要介绍现金管理和银行存款管理。

1. 现金管理

出纳每日对库存现金进行盘点，编制现金报表，计算当日现金收入、支出及结余额，并将结余额与实际库存额进行核对，如有差异及时查明原因。会计主管不定期检查现金日报表。

2. 银行存款管理

银行存款管理包含如下几项。

(1) 银行账户管理：企业银行账户的开立、变更或注销须经财务经理审核，报总经理审批。

(2) 编制银行存款余额调节表：每月末，会计主管指定出纳员以外的人员核对银行存款日记账和银行对账单，编制银行存款余额调节表，会计主管复核银行存款余额调节表，对需要进行调整的调节项目及时进行处理。

(3) 票据管理：财务部门设置银行票据登记簿，防止票据遗失或盗用。出纳员登记银行票据的购买、领用、背书转让及注销等事项。空白票据存放在保险柜中。

(4) 印章管理：企业的财务专用章由财务经理保管，办理相关业务中使用的个人名章由出纳员保管。

(三)涉及的主要单据和会计记录

货币资金审计涉及的单据和会计记录有：库存现金盘点表，银行对账单，银行存款余额调节表，有关科目的记账凭证(如库存现金收付款凭证、银行收付款凭证)，有关科目的会计账簿(库存现金日记账、银行存款日记账)。

二、货币资金的内部控制

货币资金是企业流动性最强的资产，企业为了保证货币资金的安全、完整，必须加强对货币资金的管理，建立良好的内部控制。良好的货币资金内部控制一般应包括以下内容。

1. 岗位分工及授权批准

(1) 企业应当建立货币资金业务的岗位责任制，明确相关部门和岗位的职责权限，确保办理货币资金业务的不相容岗位相互分离、制约和监督。出纳人员不得兼任稽核、会计档案保管，以及收入、支出、费用、债务债权账目的登记工作。企业不得由一人办理货币资金业务的全过程。

(2) 企业应当对货币资金业务建立严格的授权批准制度，明确审批人对货币资金业务的授权批准方式、权限、程序、责任和相关控制措施，规定经办人办理货币资金业务的职责范围和工作要求。

(3) 企业应当按照规定的程序办理货币资金支付业务。

① 支付申请。企业有关部门或个人用款时，应当提前向审批人提交货币资金支付申请，注明款项的用途、金额、预算、支付方式等内容，并附有效经济合同或相关证明。

② 支付审批。审批人根据其职责、权限和相应程序对支付申请进行审批。

③ 支付复核。财务部门收到经审批人审批签字后的相关凭证或证明后，应再次复核业务的真实性、付款金额的准确性，以及相关票据的齐备性、相关手续的合法性和完整性，并签字认可。复核无误后，交由出纳人员办理支付手续。

④ 办理支付。出纳人员应当根据复核无误的支付申请，按规定办理货币资金支付手续，及时登记库存现金和银行存款日记账。

(4) 企业对于重要货币资金支付业务应当实行集体决策和审批，并建立责任追究制度，防范贪污、侵占、挪用货币资金等行为。

(5) 严禁未经授权的机构或人员办理货币资金业务或直接接触货币资金。

2. 现金和银行存款的管理

(1) 企业应当加强现金库存限额的管理，超过库存限额的现金应及时存入银行。

(2) 企业必须根据《现金管理暂行条例》的规定，结合本企业的实际情况，确定本企业现金的开支范围。不属于现金开支范围的业务应当通过银行办理转账结算。

(3) 企业现金收入应当及时存入银行，不得用于直接支付企业自身的支出。因特殊情况需坐支现金的，应事先报经开户银行审查批准，由开户银行核定坐支范围和限额。企业借出款项必须执行严格的授权批准程序，严禁擅自挪用、借出货币资金。

(4) 企业取得的货币资金收入必须及时入账，不得私设"小金库"，不得账外设账，严禁收款不入账。

(5) 企业应当严格按照《支付结算办法》等有关国家规定，加强银行账户管理，严格按照规定开立账户，办理存款、取款和结算。银行账户的开立应当符合企业经营管理的实际需要，不得随意开立多个账户，禁止企业内设管理部门自行开立银行账户。

(6) 企业应当严格遵守银行结算纪律，不得签发没有资金保证的票据或远期支票来套用银行信用；不准签发、取得和转让没有真实交易和债权债务的票据，套取银行和他人资金；不得违反规定开立和使用银行账户。

(7) 企业应当指定专人定期核对银行账户(每月至少核对一次)，编制银行存款余额调节表，使银行存款账面余额与银行对账单的调节相符。如果调节不符，应查明原因，并及时处理。

(8) 企业应当定期和不定期地进行现金盘点，确保现金账面余额与实际库存相符。发现不符，应及时查明原因，并做出处理。

3．票据及有关印章的管理

(1) 企业应当加强与货币资金相关的票据的管理，明确各种票据的购买、保管、领用、背书转让、注销等环节的职责权限和程序，并专设登记簿进行记录，防止空白票据的遗失和被盗用。

(2) 企业应当加强银行预留印鉴的管理。财务专用章应由专人保管，个人名章必须由本人或其授权人员保管。严禁由一人保管支付款项所需的全部印章。按规定需要有关负责人签字或盖章的经济业务，必须严格履行签字或盖章手续。

4．监督检查

企业应当建立对货币资金业务的监督检查制度，明确监督检查机构或人员的职责权限，定期和不定期地进行检查。

对监督检查过程中发现的货币资金内部控制中的薄弱环节，应当及时采取措施，加以纠正和完善。

三、货币资金的重大错报风险

货币资金业务交易、账户余额和列报的认定层次的重大错报风险可能包括以下几个方面。

(1) 被审计单位存在虚假的货币资金余额或交易，因而导致银行存款余额的存在性或交易发生存在重大错报风险。

(2) 被审计单位存在大额的外币交易和余额，可能存在外币交易或余额未被准确记录的风险。例如，对有外币现金或外币银行存款的被审计单位，企业有关外币交易的增减变动或年底余额可能因未采用正确的折算汇率而导致计价错误(准确性、计价和分摊)。

(3) 银行存款的期末收支存在大额的截止性错误(截止)。例如，被审计单位期末存在金额重大且异常的银付企未付、企收银未收事项。

(4) 被审计单位可能存在未能按照企业会计准则的规定对货币资金做出恰当披露的风险。例如，被审计单位期末持有使用受限制的大额银行存款，但在编制财务报表时未在报表附注中对其进行披露。

注册会计师基于以上识别的重大错报风险评估结果，制定实施进一步审计程序的总体方案(包括综合性方案和实质性方案)，继而实施控制测试和实质性程序，以应对识别出的重大错报风险。注册会计师通过综合性方案或实质性方案获取的审计证据应足以应对识别出的认定层次的重大错报风险。

四、货币资金的内部控制测试

对企业货币资金的内部控制测试程序如表 10-1 所示。

表 10-1　货币资金控制测试程序

项　目		实施的主要控制测试
库存现金的控制测试	1. 现金付款的审批和复核	(1) 询问相关业务部门的部门经理和财务经理在日常现金付款业务中执行的内部控制。 (2) 观察财务经理复核付款申请的过程，是否核对了付款申请的用途、金额及后附相关凭据，以及在核对无误后是否进行了签字确认。 (3) 重新核对经审批及复核的付款申请及其相关凭据，并检查是否经签字确认
	2. 现金盘点	(1) 检查现金以确定其是否存在，并检查现金盘点结果。 (2) 观察执行现金盘点的人员对盘点计划的遵循情况，以及用于记录和控制现金盘点结果的程序的实施情况。 (3) 获取有关被审计单位现金盘点程序可靠性的审计证据
银行存款的控制测试	1. 银行账户的开立、变更和注销	(1) 询问会计主管被审计单位本年开户、变更、撤销的整体情况。 (2) 取得本年账户开立、变更、撤销申请项目清单，检查清单的完整性，并在选取适当样本的基础上检查账户的开立、变更、撤销项目是否已经由财务经理和总经理审批
	2. 银行付款的审批和复核	(1) 询问相关业务部门的部门经理和财务经理在日常银行付款业务中执行的内部控制，以确定其是否与被审计单位内部控制政策要求保持一致。 (2) 观察财务经理复核付款的过程，是否核对了付款申请的用途、金额及后附相关凭据，以及在核对无误后是否签字确认。 (3) 重新核对经审批及复核的付款申请及其相关凭据，并检查是否经签字确认
	3. 编制银行存款余额调节表	(1) 询问应收账款会计和会计主管，以确定其执行的内部控制是否与被审计单位内部控制政策要求保持一致，特别是针对未达账项的编制及审批流程。 (2) 针对选取的样本，检查银行存款余额调节表，查看调节表中记录的银行存款日记账余额是否与银行存款日记账余额保持一致，调节表中记录的银行对账单余额是否与被审计单位提供的银行对账单中的余额保持一致。 (3) 针对调节项目，检查是否经会计主管签字复核。 (4) 针对大额未达账项进行期后收付款的检查

五、货币资金的审计目标和实质性程序

货币资金流动性大、牵扯性强，注册会计师在年报审计中会精心设计相关审计程序对货币资金进行细节测试，涉及的审计目标与主要实质性程序如表 10-2 所示。

表 10-2　货币资金的审计目标与实质性程序

(一)审计目标与认定对应关系表

审计目标	财务报表认定				
	存在	完整性	权利和义务	准确性、计价和分摊	列报
A. 确定资产负债表中记录的货币资金是存在的	√				
B. 确定应当记录的货币资金均已记录		√			
C. 确定记录的货币资金由被审计单位拥有或控制			√		
D. 确定货币资金以恰当的金额包括在财务报表中，与之相关的计价调整已恰当记录				√	
E. 确定货币资金已按照企业会计准则的规定在财务报表中作出恰当列报					√

(二)审计目标与审计程序对应关系表

审计目标	可供选择的审计程序	索引号
1. 库存现金		
D	核对库存现金日记账与总账的余额是否相符、检查非记账本位币库存现金的折算汇率及折算金额是否正确	
ABCD	监盘现金。 (1) 制订监盘计划，确定监盘时间。 (2) 将盘点金额与现金日记账余额进行核对，如有差异，应要求被审计单位查明原因并作出适当调整。 (3) 在非资产负债表日进行盘点时，应调整至资产负债表日的金额。 (4) 若有充抵库存现金的借条、未提现支票、未做报销的原始凭证，在盘点表中注明，如有必要应作出调整	
AD	抽查大额现金收支。检查大额现金收支原始凭证是否齐全，原始凭证内容是否完整，有无授权批准，记账凭证与原始凭证是否相符，账务处理是否正确，是否记录于恰当的会计期间等项内容	
E	检查库存现金是否在财务报表中做出恰当列报	
2. 银行存款		
D	获取或编制银行存款余额明细表。 (1) 复核加计是否正确，并与总账数和日记账合计数核对是否相符。 (2) 检查非记账本位币银行存款的折算汇率及折算金额是否正确	
ABD	实施实质性分析程序。计算银行存款累计余额应收利息收入，分析比较被审计单位银行存款应收利息收入与实际利息收入的差异是否恰当，评估利息收入的合理性，检查是否存在高息资金拆借，确认银行存款余额是否存在，利息收入是否已经完整记录	

审计目标	可供选择的审计程序	索引号
AC	检查银行存单。编制银行存单检查表，检查是否与账面记录金额一致，是否被质押或限制使用，存单是否为被审计单位所拥有。 (1) 对已质押的定期存款，应检查定期存单，并与相应的质押合同核对，同时关注定期存单对应的质押借款有无入账。 (2) 对未质押的定期存款，应检查开户证实书原件。 (3) 对审计外勤工作日结束前已提取的定期存款，应核对相应的兑付凭证、银行对账单和定期存款复印件	
ABD	获取并检查银行存款余额调节表。 (1) 取得被审计单位银行存款余额对账单，并与银行存款询证函回函核对，确认是否一致。 (2) 获取资产负债表日的银行存款余额调节表，检查调节表中加计数是否正确，调节后的银行存款日记账余额与银行对账单余额是否一致。 (3) 检查调节事项的性质和范围是否合理。 ① 检查是否存在跨期收支和跨行转账调节事项； ② 检查大额在途存款和未付票据。 a. 检查在途存款的日期，查明发生在途存款的具体原因，追查期后银行对账单存款记录日期，确定被审计单位与银行记账时间差异是否合理，确定在资产负债表日是否需提请被审计单位进行适当调整。 b. 检查被审计单位的未付票据明细清单，查明被审计单位未及时入账的原因，确定账簿记录时间晚于银行对账单的日期是否合理。 c. 检查被审计单位未付票据明细清单中有记录，但截至资产负债表日银行对账单无记录且金额较大的未付票据，获取票据领取人的书面说明，确认资产负债表日是否需要进行调整。 d. 查明资产负债表日后银行对账单是否完整记录了调解事项中银行未付票据的金额。 ③ 对异常的调节项目，确认是否表明存在舞弊。 (4) 检查是否存在其他跨期收支事项	
AC	函证银行存款余额，编制银行存款函证结果汇总表，检查银行回函。 (1) 向被审计单位在本期存过款的所有银行发函，包括零账户和账户已经结清的银行。 (2) 确定被审计单位账面余额与银行函证结果的差异，对不符事项做出适当处理	
C	检查银行存款账户存款人是否为被审计单位，若存款人为非被审计单位，应获取该账户户主和被审计单位的书面声明，提请被审计单位确认资产负债表日是否需要进行调整	
CE	关注是否存在质押、冻结等对变现有限制或存在境外的款项，如果存在，是否已提请被审计单位作必要的调整和披露	
E	对不符合现金及现金等价物条件的银行存款在审计工作底稿中予以列明，以考虑对现金流量表的影响	

续表

审计目标	可供选择的审计程序	索引号
AD	抽查大额银行存款收支的原始凭证，检查原始凭证是否齐全、记账凭证与原始凭证是否相符、账务处理是否正确、是否记录于恰当的会计期间等内容。 检查是否存在非营业目的的大额货币资金转移，并核对相关账户的进账情况；如有与被审计单位生产经营无关的收支事项，应查明原因并作相应的记录	
BA	检查银行存款收支的截止是否正确。选取资产负债表日前后__张、金额_____以上的凭证实施截止测试，关注业务内容及对应项目，如有跨期收支事项，应考虑是否提请被审计单位调整	
E	检查银行存款是否在财务报表中作出恰当列报	

六、监盘库存现金

监盘现金是证实企业资产负债表中货币资金项目下所列库存现金是否存在的一项重要程序。

被审计单位盘点现金通常包括对已收到但未存入银行的现金、零用金、找换金等的盘点。盘点库存现金的时间和人员应视被审计单位的具体情况而定，但应有现金出纳员和被审计单位会计主管人员参加，并有注册会计师进行监盘。盘点和监盘库存现金的步骤和方法如下。

(1) 查看被审计单位制订的盘点计划，以确定监盘时间。对库存现金的监盘最好实施突击性检查，时间最好选择在上午上班前或下午下班时进行，盘点的范围一般包括被审计单位各部门经管的现金。在进行现金盘点前，应由出纳员将全部现金集中起来存入保险柜。必要时可加以封存，然后由出纳员把已办妥现金收付手续的收付款凭证登入库存现金日记账。如果被审计单位现金存放部门有两处或两处以上的，应同时进行盘点。

(2) 查阅库存现金日记账并同时与库存现金收付凭证相核对。一方面检查库存现金日记账的记录与凭证的内容和金额是否相符；另一方面了解凭证日期与库存现金日记账日期是否相符或接近。

(3) 检查被审计单位现金实存数，并将该监盘金额与库存现金日记账余额进行核对。如有差异，应要求被审计单位查明原因，必要时应提请被审计单位做出调整。如无法查明原因，应要求被审计单位按照管理权限批准后做出调整。如有冲抵库存现金的借条、未提现支票、未做报销凭证的原始凭证，应在"库存现金监盘表"中注明，必要时应提请被审计单位做出调整。

(4) 在非资产负债表日进行盘点和监盘时，应调整至资产负债表日的金额。

【案例 10-1】

2021 年 1 月 18 日，光大会计师事务所的注册会计师刘丽华和韩硕对鸿发医药股份有限公司 2020 年 12 月 31 日的资产负债表进行审计。在审查资产负债表"货币资金"项目时，发现该公司库存现金为 1 280.80 元。1 月 19 日上午 8 时，刘丽华和韩硕对该公司出纳员王晓峰所管理的现金进行清点。同时该公司会计主管李俊在场。该企业 1 月 18 日库存现金日记账余额是 2 037.80 元，清点结果如下。

(1) 现金实有数为 897.80 元。

（2）在保险柜中有如下凭证或单据没有进行账务处理。

① 已收款未入账的凭证 3 张，金额合计 260 元。

② 借条两张，其中一张是职员张强 2020 年 11 月 28 日预借差旅费 1 200 元，领导已批准；另一张是职员李丽的借据，金额 200 元，没有说明用途，也没有领导批准。

（3）银行核定该公司现金限额为 1 000 元。

（4）经核对该公司 2021 年 1 月 1 日至 1 月 18 日库存现金收付款凭证和库存现金日记账，1 月 1 日至 1 月 18 日收入现金 2 472 元，支出现金 2 655 元，核对无误。

要求：

根据上述资料，编制库存现金盘点表，核实库存现金实有数，核实资产负债表上所列数据的正确性并提出审计意见。

分析提示：

该公司库存现金盘点表如表 10-3 所示。

表 10-3　库存现金盘点表

客户：鸿发医药股份有限公司　　编制：刘丽华　　日期：2021 年 1 月 19 日
会计期间：2020 年 12 月 31 日　　复核：韩硕　　日期：2021 年 1 月 20 日
盘点日期：2021 年 1 月 19 日

检查盘点记录			实有现金盘点记录		
项　目	项　次	金额/元	面额/元	张	金额/元
上一日账面库存余额	1	2 037.8	100	7	700
盘点日未记账传票收入金额	2	260	50	3	150
盘点日未记账传票付出金额	3	1 200	20	2	40
盘点日账面应有金额	4=1+2-3	1 097.8	10		
盘点实有现金数额	5	897.8	5	1	5
盘点日应有与实有差异	6=4-5	200	2	1	2
差异原因分析	白条抵库(张)	200	1		
			0.5	1	0.5
			0.2		
追溯调整	报表日至查账日现金付出总额	2 655	0.1	3	0.3
	报表日至查账日现金收入总额	2 472	其他		
	报表日库存现金应有余额	1 280.8	合计		897.8
合计					

情况说明及审计结论：

(1) 该企业库存现金没有发生短缺，账面余额应为 1 097.80 元(即 2 037.8+260-1 200)，盘点日现金实有数为 897.8 元，加上白条抵库数(应由出纳员退回)200 元，与账面余额相符。

(2) 2020 年 12 月 31 日库存现金应有数额为 1 280.80 元(即 1 097.80+2 655-2 472)，与该年度资产负债表中"货币资金"项目的库存现金 1 280.80 元核对相符。

(3) 该企业库存现金收支、留存中存在不合法现象：一是白条抵库，有未经批准的白条 200 元，违反现金管理制度；二是超现金限额留存现金，2020 年 12 月 31 日超限额 280.80 元，违反库存现金限额管理的有关规定。

盘点人：王晓峰　　　会计主管：李俊　　　　监盘人：刘丽华　　　　复核人：韩硕

七、银行存款函证

银行存款是企业存入银行和其他非金融机构的各种存款。按照国家有关规定，凡独立核算的企业都必须在当地银行开设账户。企业在银行开设账户以后，除按核定的限额保留库存现金外，超过限额的现金必须存入银行；除了在规定的范围内可以用现金直接支付款项外，在经营过程中所发生的一切货币收支业务都必须通过银行存款账户进行结算。

函证银行存款余额是证实资产负债表所列银行存款是否存在的重要程序。通过向往来银行函证，注册会计师不仅可以了解企业资产的存在，还可以了解企业账面反映所欠银行债务的情况，并有助于发现企业未入账的银行借款和未披露的或有负债。

注册会计师应当对银行存款(包括零余额账户和在本期内注销的账户)、借款及与金融机构往来的其他重要信息进行函证。即注册会计师应向被审计单位在本年度内存过款(含外埠存款、银行汇票存款、银行本票存款、信用证存款)的所有银行发函，包括企业存款账户已结清的银行，因为可能存款账户已结清，但仍有银行借款或其他负债存在。除非有充分证据表明某一银行及金融机构往来的其他重要信息对财务报表不重要且与之相关的重大错报风险很低。如不对这些项目实施函证程序，注册会计师应当在审计工作底稿中说明理由。

实施银行存款函证时，注册会计师需要以被审计单位的名义向有关单位发询证函，以验证被审计单位的银行存款是否真实、合法、完整。根据财政部、中国银保监会联合发布的《关于进一步规范银行函证及回函工作的通知》(财会〔2020〕12 号)(以下简称《通知》)的规定，银行业金融机构应当自收到符合规定的询证函之日起 10 个工作日内，按照要求将回函直接回复会计师事务所或交付跟函注册会计师。

以下列示了《通知》中给出的银行询证函的格式。

银行询证函

××(银行) ××(分支机构，如适用)(以下简称"贵行"，即"函证收件人")：

本公司聘请的××会计师事务所正在对本公司××年度(或期间)财务报表进行审计，按照《中国注册会计师审计准则》的列明其他相关审计准则名称的要求，应当询证本公司与贵行相关的信息。下列 1~14 项及附表(如适用)信息出自本公司记录：

(1) 如与贵行记录相符，请在本函"结论"部分签字和盖章或签发电子签名；

(2) 如有不符，请在本函"结论"部分列明不符项目及具体内容，并签字和盖章或签发电子签名。

本公司谨授权贵行将回函直接寄至××会计师事务所或直接转交××会计师事务所函证经办人，地址及联系方式如下：

回函地址：

联系人：　　　　　电话：　　　　　传真：　　　　　邮编：

电子邮箱：

本公司谨授权贵行可从本公司××账户支取办理本询证函回函服务的费用(如适用)。

截至××年×月×日(即"函证基准日")，本公司与贵行相关的信息列示如下。

1. 银行存款

账户名称	银行账号	币种	利率	账户类型	账户余额	是否属于资金归集(资金池或其他资金管理)账户	起始日期	终止日期	是否存在冻结、担保或其他使用限制(如是，请注明)	备注

除以上列示的银行存款(包括余额为零的存款账户)外，本公司并无在贵行的其他存款。

2. 银行借款

借款人名称	借款账号	币种	余额	借款日期	到期日期	利率	抵(质)押品/担保人	备注

除以上列示的银行借款外，本公司并无其他在贵行的借款。

3. 自　年　月　日起至　年　月　日期间内注销的银行存款账户

账户名称	银行账号	币　种	注销账户日

除以上列示的注销账户外，本公司在此期间内并未在贵行注销其他账户。

4. 本公司作为委托人的委托贷款

账户名称	银行结算账号	资金借入方	币种	利率	余额	贷款起止日期	备注

除上述列示的委托贷款外，本公司并无通过贵行办理的其他以本公司作为委托人的委托贷款。

5. 本公司作为借款人的委托贷款

账户名称	银行结算账号	资金借出方	币种	利率	余额	贷款起止日期	备注

除上述列示的委托贷款外，本公司并无通过贵行办理的其他以本公司作为借款人的委托贷款。

6. 担保

(1) 本公司为其他单位提供的、以贵行为担保受益人的担保

被担保人	担保方式	币种	担保余额	担保到期日	担保合同编号	备注

除上述列示的担保外，本公司并无其他以贵行为担保受益人的担保。

(2) 贵行向本公司提供的担保(如保函业务、备用信用证业务等)

被担保人	担保方式	币种	担保余额	担保到期日	担保合同编号	备注

除上述列示的担保外，本公司并无贵行提供的其他担保。

7. 本公司为出票人且由贵行承兑而未支付的银行承兑汇票

银行承兑汇票号码	结算账户账号	币种	票面金额	出票日	到期日	抵(质)押品

除上述列示的银行承兑汇票外，本公司并无由贵行承兑而尚未支付的其他银行承兑汇票。

8. 本公司向贵行已贴现而尚未到期的商业汇票

商业汇票号码	承兑人名称	币种	票面金额	出票日	到期日	贴现日	贴现率	贴现净额

9. 本公司作为持票人且由贵行托收的商业汇票

商业汇票号码	受益人	币种	信用证金额	到期日	未使用金额

10. 本公司为申请人，由贵行开具的、未履行完毕的不可撤销信用证

信用证号码	受益人	币种	信用证金额	担保到期日	到期日	未使用金额

除上述列示的不可撤销信用证外，本公司并无由贵行开具的、未履行完毕的其他不可撤销信用证。

11. 本公司与贵行之间未履行完毕的外汇买卖合约

类别	合约号码	贵行卖出币种	贵行买入币种	未履行的合约买卖金额	汇率	交收日期

除上述列示的外汇买卖合约外，本公司并无与贵行之间未履行完毕的其他外汇买卖合约。

12. 本公司存放于贵行托管的证券或其他产权文件

证券或其他产权文件名称	证券代码或产权文件编号	数量	币种	金额

除上述列示的证券或其他产权文件外，本公司并无存放于贵行托管的其他证券或其他产权文件。

13. 本公司购买的贵行发行的未到期银行理财产品

产品名称	产品类型(封闭式/开放式)	币种	持有份额	产品净值	购买日	到期日	是否被用于担保或存在其他使用限制

除上述列示的银行理财产品外，本公司并未购买其他由贵行发行的理财产品。

14. 其他

_____

_____

附表：资金归集(资金池或其他资金管理)账户具体信息

序号	资金提供机构名称(即拨入资金的具体机构)	资金提供机构账号	资金使用机构名称(即向该具体机构拨出资金)	资金使用机构账号	币种	截至函证基准日拨入或拨出的资金余额(拨入填列正数，拨出填列负数)	备注
1	举例：A 公司						
2			举例：B 公司				

(预留印鉴)

年　月　日

经办人：

职务：

电话：

以下由被询证银行填列

结论：

经本行核对，所函证项目与本行记载信息相符，特此函复。
年　月　日　　经办人：　　职务：　　电话：
复核人：　　职务：　　电话：
(银行盖章)
经本行核对，存在以下不符之处：
年　月　日　　经办人：　　职务：　　电话：
复核人：　　职务：　　电话：
(银行盖章)

【案例 10-2】

光大会计师事务所的注册会计师刘丽华和韩硕对鸿发医药股份有限公司 2020 年 12 月 31 日的资产负债表进行审计。在审查资产负债表"货币资金"项目时，了解到该公司开立有基本存款账户 A、一般存款账户 B 和 C。2020 年 12 月 31 日，A 账户银行存款余额为 4 163 823.12 元，B 账户余额为 23 111.23 元，C 账户存款余额为 0。注册会计师决定对 A 账户采取积极式函证方式，对 B 账户采取消极式函证方式，对 C 账户采取检查相关记录和原始凭证验证其余额。

在对 A 账户进行函证时，注册会计师将询证函交给鸿发医药公司的出纳员填写银行存款账号、存款余额、联系方式后，由注册会计师审核后交给出纳送到银行，具体函证内容如下。

银行询证函

A 银行：

本事务所接受委托对鸿发医药股份有限公司(以下简称《鸿发公司》)的 2020 年度财务报表进行审计，按照中国注册会计师审计准则的要求，应当询证鸿发公司与贵行相关信息。下列信息出自鸿发公司记录：

(1) 如与贵行记录相符，请在本函"结论"部分签字和盖章；

(2) 如有不符，请在本函"结论"部分列明不符项目及具体内容，并签字和盖章。有关询证费用可直接从该账户中收取。回函请寄至鸿发公司财务部(通信地址：略)

截至 2020 年 12 月 31 日，鸿发公司与贵行银行存款信息列示如下：

账户名称	银行账号	币种	利率	余额	是否被抵押或质押或其他限制	备注
鸿发公司	030245672	人民币		4 163 823.12		

除上述列示的银行存款外，鸿发公司并无在贵行的其他存款。

光大会计师事务所(盖章)
2021 年 2 月 4 日

结论：1. 经本行核对，所函证项目与本行记载信息相符。特此函复。

2. 经本行核对，存在以下不符之处。

      年   月   日   年   月   日

经办人： 职务： 电话：   经办人： 职务： 电话：

    (银行盖章)   (银行盖章)

2021 年 2 月 8 日，出纳将 A 银行的回函交给注册会计师，银行确认 2020 年 12 月 31 日的鸿发公司银行存款余额为 5 162 781.69 元。注册会计师检查了鸿发公司编制的银行存款余额调节表，调节表显示 A 账户银行对账单余额为 5 162 781.69 元，银行存款日记账余额为 4 163 823.12 元。注册会计师复核了调节表中加计数的准确性，经过调节，银行存款日记账余额与银行对账单余额是一致的，调节表显示调节后的银行存款余额为 4 163 823.12 元。注册会计师得出了银行存款日记账余额为 4 163 823.12 元的记录是正确的结论。

注册会计师审计认为，2020 年 12 月 31 日库存现金的余额为 200 000 元，如果注册会计师认为银行存款余额调节表中所有未达账项均不重要，且 B 和 C 账户未发现重大错报，注册会计师最终确认资产负债表中货币资金项目的余额为 4 386 934.35 元。

要求：

根据资料指出询证函中的不当之处和注册会计师在确定函证对象、询证函的发送、收回以及在确定银行存款余额的审计程序中的不当之处。

分析提示：

(1) 询证函的不当之处有以下几点。

① 询证函没有编号。

② 询证函不应以事务所的名义发出，而应以公司的名义发出。

③ 积极式询证函应表明相符也应回函的要求。

④ 回函应当要求寄至会计师事务所而不是鸿发公司。

⑤ 询证函中对账的余额应当是以对账单上显示的余额 5 162 781.69 元列示。

⑥ 函证事项还应当包括银行借款及担保等其他事项。

⑦ 询证函应当由被审计单位盖章。

(2) 注册会计师在确定函证对象，询证函的发送、收回以及在确定银行存款余额的审计程序中的不当之处有以下几点。

① 函证对象不正确，应当对所有的账户函证，包括本年度余额为 0 的账号，公司本年度存过款的银行账户。

② 函证方式：所有的银行函证都应当采取积极式函证方式。

③ 函证的内容：不仅仅包括存款，还要包括借款担保等事项。

④ 发送和收回：注册会计师应当控制询证函的发送和收回，不能由被审计单位出纳代劳。

⑤ 银行存款余额调节表的审计不应只通过复核调节表中的加计数就确定银行存款日记账的余额，还应当通过期后相关凭证和对账单验证未达账项的真实性。

第二节 完成审计工作前的特殊项目审计

对期初余额、期后事项等特殊项目的审计往往在完成审计工作阶段进行。完成审计工作是注册会计师在执行了对各项交易及账户余额的测试后，在编制与签发审计报告前进行的一项综合性测试工作，是财务报表审计的最后阶段。由于这些项目通常具有内容特殊、性质敏感、金额较大、情况比较复杂等特点，审计实务通常由审计项目的负责人或高级经理来执行。

一、期初余额审计

从广义上讲，期初余额审计包括注册会计师首次接受委托对被审计单位的财务报表接受审计时所涉及的如何审计财务报表期初余额问题，也包括注册会计师执行连续审计业务时所涉及的如何审计财务报表期初余额的问题。本节主要分析注册会计师首次接受委托审计时所涉及的期初余额审计问题。注册会计师首次接受被审计单位委托主要有两种情况：一是会计师事务所在被审计单位财务报表首次接受审计的情况下接受的审计委托；二是会计师事务所在被审计单位上期财务报表由其他会计师事务所审计的情况下接受的审计委托，即由于种种原因，被审计单位更换会计师事务所对本期财务报表进行审计。

(一)期初余额的含义

期初余额是指期初存在的账户余额。期初余额以上期期末余额为基础，反映了以前期间的交易和事项以及上期采用的会计政策的结果。要理解这个概念，需要把握以下三点。

(1) 期初余额是期初已存在的账户余额。期初已存在的账户余额是由上期结转至本期的金额，或是上期期末余额调整后的金额。期初余额与上期期末余额是一个事物的两个方面。通常，期初余额是上期账户结转至本期账户的余额，在数额上与相应账户的上期期末余额相等。但是，由于受上期期后事项、会计政策变更、前期会计差错更正等诸多因素的影响，上期期末余额结转至本期时，有时需经过调整或重新表述。

(2) 期初余额反映了以前期间的交易和上期采用的会计政策的结果。期初余额应以客观存在的经济业务为根据，是被审计单位按照上期采用的会计政策对以前会计期间发生的交易和事项进行处理的结果。

(3) 期初余额与注册会计师首次审计业务相联系。所谓首次审计业务是指在上期财务报表未经审计，或上期财务报表由前任注册会计师审计的情况下接受的审计业务。

注册会计师对财务报表进行审计，是对被审计单位所审期间财务报表发表审计意见，一般无须专门对期初余额发表审计意见，但因为期初余额是本期财务报表的基础，所以要对期初余额实施适当的审计程序。注册会计师应当根据期初余额对本期财务报表的影响程度，合理地运用职业判断，以确定期初余额的审计范围。判断期初余额对本期财务报表的影响程度应当着眼于以下三个方面：一是上期结转至本期的金额；二是上期所采用的会计政策；三是上期期末已存在的或有事项及承诺。注册会计师应当以这三方面内容为重点，确定期初余额对本期财务报表的影响。

(二)期初余额的审计目标

对于首次接受委托业务，注册会计师应当获取充分、适当的审计证据以确定以下两个方面。

(1) 确定期初余额是否含有对本期财务报表产生重大影响的错报。要确定期初余额是否存在对本期财务报表产生重大影响的错报，主要是判断期初余额的错报对本期财务报表使用者进行决策的影响程度，是否足以改变或影响其判断。如果期初余额存在对本期财务报表产生重大影响的错报，则注册会计师在审计中必须对此提出恰当的审计调整或披露建议；反之，注册会计师无须对此予以特别关注和处理。

(2) 期初余额反映的恰当的会计政策是否在本期财务报表中得到一贯运用，或会计政策的变更是否已按照适用的财务报告编制基础作出恰当的会计处理和充分的列报与披露。

会计政策是指企业在会计确认、计量和报告中所采用的原则、基础和会计处理方法。按照《企业会计准则第 28 号——会计政策、会计估计变更和差错更正》的规定，企业采用的会计政策在每一会计期间和前后各期应当保持一致，不得随意变更。但是在有些情况下可以变更会计政策。因此在审计期初余额时，注册会计师应当按照《企业会计准则第 28 号——会计政策、会计估计变更和差错更正》的有关要求，评价被审计单位是否一贯运用恰当的会计政策，或是否对会计政策的变更作出了正确的会计处理和恰当的列报。

(三)期初余额的审计程序

为达到上述期初余额审计目标，注册会计师应当阅读最近期间的财务报表和相关披露，以及前任注册会计师出具的审计报告(如有)，获取与期初余额相关的信息。注册会计师对期初余额需要实施的审计程序的性质和范围取决于下列事项：①被审计单位运用的会计政策；②账户余额、各类交易和披露的性质以及本期财务报表存在的重大错报风险；③期初余额对于本期财务报表的重要程度；④上期财务报表是否经过审计，如果经过审计，前任注册会计师的意见是否为非无保留意见。

具体而言，注册会计师对期初余额的审计程序通常从以下几个方面进行。

1. 确定上期期末余额是否已正确结转至本期，或在适当的情况下已作出重新表述

上期期末余额已正确结转至本期，主要是指：①上期账户余额计算正确；②上期总账余额与各明细账余额合计数或日记账余额合计数相等；③上期各总账余额和相应明细账余额或日记账余额已经分别恰当地过入本期的总账和相应的明细账或日记账。

通常上期余额直接结转至本期，但有些情况下，如企业会计准则和相关会计制度的要求发生变化等，上期期末余额不应直接结转至本期，而应当重新作出表述。

2. 确定期初余额是否反映对恰当会计政策的运用

注册会计师首先应了解、分析被审计单位所选用的会计政策是否恰当，是否符合适用的财务报告编制基础和要求，按照所选用的会计政策对被审计单位发生的交易或事项进行处理，是否能够提供可靠、相关的会计信息；其次，如果认定被审计单位所选用的会计政策恰当，应确认该会计政策是否在每一会计期间和前后各期得到一贯执行，有无变更；最后，如果发生会计政策变更，应审核其变更的理由是否充分，是否按照规定予以变更，或者由于具体情况发生变化，会计政策变更能够提供更可靠、更相关的会计信息，并关注被审计单位是否已按照适用的财务报告编制基础的要求，对会计政策变更作出适当的会计处理和充分披露。

如果被审计单位上期适用的会计政策不恰当或与本期不一致，注册会计师在实施期初余额审计时应提请被审计单位进行调整或披露。

3. 实施一项或多项审计程序

实施一项或多项审计程序时，注册会计师应注意以下几个方面的问题。

(1) 如果上期财务报表由前任注册会计师审计，注册会计师应当：①查阅前任注册会计师的工作底稿；②考虑前任注册会计师的独立性和专业胜任能力；③与前任注册会计师沟通，从而获取有关期初余额的充分、适当的审计证据。

(2) 评价本期实施的审计程序是否提供了有关期初余额的审计证据。

(3) 实施其他专门的审计程序，以获取有关期初余额的审计证据。①对流动资产和流动负债，注册会计师通常可以通过本期实施的审计程序获取部分审计证据；②对非流动资

产和非流动负债，注册会计师通常检查形成期初余额的会计记录和其他信息。在某些情况下，注册会计师可向第三方函证获取有关期初余额的部分审计证据，或实施追加的审计程序。

(四)期初余额的审计结果对审计结论和报告的影响

对期初余额实施审计程序后，注册会计师应当分析已获取的审计证据，区分不同情况形成的对被审计单位期初余额的审计结论，在此基础上确定其对本期财务报表出具审计意见的影响。

1．审计后无法获取有关期初余额的充分、适当的审计证据

如果不能获取有关期初余额的充分、适当的审计证据，注册会计师需要在审计报告中发表下列类型之一的非无保留意见。

(1) 发表适合具体情况的保留意见或无法表示意见。

(2) 除非法律法规禁止，对经营成果和现金流量(如相关)发表保留意见或无法表示意见，而对财务状况发表无保留意见。

2．期初余额存在对本期财务报表产生重大影响的错报

如果认为期初余额存在对本期财务报表产生重大影响的错报，注册会计师应当告知管理层。如果上期财务报表由前任注册会计师审计，注册会计师还应当考虑提请管理层告知前任注册会计师。如果错报的影响未能得到恰当的会计处理或适当的列报，注册会计师应当对财务报表发表保留意见或否定意见。

3．会计政策变更对审计报告的影响

如果认为按照适用的财务报告编制基础与期初余额有关的会计政策未能在本期得到一贯运用，或者会计政策的变更未能得到恰当的会计处理或适当的列报与披露，注册会计师应当对财务报表发表保留意见或否定意见。

4．前任注册会计师对上期财务报表出具了非无保留审计报告

如果前任注册会计师对上期财务报表出具了非无保留审计报告，注册会计师应当考虑该审计报告对本期财务报表的影响。如果导致出具非无保留审计报告的事项对本期财务报表仍然相关和重大，注册会计师应当对本期财务报表出具非无保留审计报告。

【案例 10-3】天福股份有限公司期初余额审计

中兴会计师事务所自 2015 年 2 月 6 日首次接受天福股份有限公司董事会委托，于2015 年 2 月 7 日至 3 月 6 日派以刘名为项目组长及以何杰、张仪芳、赵多为组员的项目组对该公司 2014 年度的会计报表进行审计。天福股份有限公司的审计基本已接近尾声，对相关业务的交易实质性程序和余额的实质性程序已经完成。因对天福股份有限公司是首次接受委托，需要对期初余额进行确认。

天福股份有限公司在 1996 年经原国有企业改制后上市，主营批发和零售业，下属有批发公司和两个大型百货商场。上市之初该股票市场表现非常活跃，曾被追捧为市场热

点，股价几度翻番，公司业绩也跻身绩优股行列。从 2012 年起，随着市场形势的变化，商业经营模式发生了较大的变化，新兴的连锁经营得到了长足发展，商业的利润点开始转移，毛利率水平大幅度下滑。面对新的形势，天福股份有限公司未能及时调整经营策略，开始进入亏损行列，且亏损额巨大。2012 年年末该公司股票被特别处理，进入 ST 行列。2013 年度报告显示再次亏损，且已资不抵债，原承接年报审计的信诚会计师事务所对其年报出具了保留意见的审计报告。经 2014 年股东大会讨论通过更换会计师事务所，2015 年 2 月中兴事务所接任天福股份有限公司的年报审计。

在审计人员首先对信诚会计师事务所的独立性和专业胜任能力进行分析未发现任何异常的情况下，调阅了负责上年该公司审计的信诚会计师事务所出具的审计报告，并根据信诚会计师事务所提供的发表保留意见的相关资料、审计人员就底稿所反映的内容和被审计单位上年的会计资料，运用审阅法、核对法、抽查法对往来款项、存货、投资额、固定资产和在建工程等方面进行了核对和抽查，发现了以下问题。

(1) 2013 年已经逾期三年的应收账款 320 万元仍未收回，对该项债权天福股份有限公司仅按 5% 提取了 160 000 元的坏账准备。在对 2014 年的年报审核后发现对该项逾期债权也未再增提坏账准备。

(2) 2013 年年末其他应收款中应收集团母公司的数额为 3 450 万元，未提坏账准备。从信诚会计师事务所提供的底稿来看，去年该所负责审核的注册会计师对此就提出了调整意见，但被审计单位未接受调整意见。

(3) 2013 年年末应收票据(商业承兑汇票)已经逾期的金额为 120 万元，但未将其转入应收账款，也未计提坏账准备。2014 年的审计底稿中也未对其进行调整。

(4) 从上年审计报告可知，天福股份有限公司对北京天鸿公司 2013 年所发生的投资损益 3 000 万元未入账。故导致 2014 年的期初余额不正确。

(5) 天福股份有限公司在 2013 年 11 月有一商用机器设备(价值 200 万元)安装完毕后投入使用，但在 12 月份未提折旧，上年的审计底稿中也提到了此问题，但被审计单位未进行调整。

对 2014 年报表已经审计完毕，对本期业务审核中未发现需要调整但被审计单位调整的事项，但对期初余额的调整因数额巨大(合计调增亏损额 3 270.5 万元)，使 2014 年的累积亏损额增加，所有者权益出现负值，资产负债率超过 100%，使其持续经营能力受到质疑，被审计单位拒绝调整，理由是上年已经审计的数额不能变动。审计人员经与公司管理层沟通后，对方仍然拒绝调整，因为未调整数额巨大，它将直接影响 2014 年度的报表数，对此审计人员出具了保留意见的审计报告。

分析提示：

(1) 对新客户或首次接受审计的客户，在审计时要对期初余额予以充分关注。

(2) 对期初余额的重要错报必须要求被审计单位调整或披露。

如本案例所述，该公司期初余额存在严重影响本期会计报表的错报，注册会计师应当提请被审计单位进行调整或披露。如被审计单位不接受建议，注册会计师应当对本期会计报表发表保留意见或否定意见。上期会计报表如经其他会计师事务所审计，注册会计师应当提请被审计单位或经其授权，将上述情况告知前任注册会计师。

(3) 充分重视和利用前任注册会计师的工作底稿和审计报告的结论。

从本案例的审核过程来看，前任会计师事务所出具的审计报告结论对期初余额的确认具有非常大的影响。

(4) 在审计过程中应注重分析原报告中所提及事项的影响在本期是否已消除。

在期初余额的审核过程中，应分析原报告中提到的相关事项的影响是否已经消除。通过对当年已经发生的业务记录进行查找，若已消除可不再考虑；若在当年并未得到证实，影响也还存在，本年业务中也未得到处理，发现后应对该类业务进行调整。如本案例中对其他应收款计提坏账准备业务、对外投资亏损额调整入账。

(5) 当期初余额对本期会计报表有重大影响时，但无法对其获取充分、适当的审计证据，或期初余额中存在严重影响本期会计报表的错报，被审计单位拒绝进行调整，注册会计师应当对本期会计报表出具非无保留意见的审计报告。

二、期后事项审计

企业的经营活动是连续不断的、持续进行的，而财务报表的编制是建立在"会计分期"的假设基础上的。也就是说，作为主要审计对象的财务报表，其编制基础不过是对连续不断的经营活动的一种人为的划分。因此注册会计师在审计被审计单位某一会计年度的财务报表时，除了对所审会计年度内发生的交易和事项实施必要的审计程序外，还必须考虑所审会计年度之后发生和发现的事项对财务报表和审计报告的影响，以保证一个会计期间的财务报表的真实性和完整性。

(一)期后事项的类别

期后事项是指财务报表日至审计报告日之间发生的事项，以及注册会计师在审计报告日后知悉的事实。审计报告的日期向财务报表使用者表明，注册会计师已经考虑其知悉的、截至审计报告日发生的事项和交易的影响。

财务报表可能受到财务报表日后发生的事项的影响。适用的财务报告编制基础通常专门提及期后事项，将其区分为下列两类：一是对财务报表日已经存在的情况提供证据的事项，即对财务报表日已经存在的情况提供了新的或进一步的证据的事项。这类事项影响财务报表金额，需提请被审计单位管理层调整财务报表及与之相关的披露信息，称为"财务报表日后调整事项"。二是对财务报表日后发生的情况提供证据的事项，即表明财务报表日后发生情况的事项。这类事项虽不影响财务报表金额，但可能影响对财务报表的正确理解，需提请被审计单位管理层在财务报表附注中作适当披露，称为"财务报表日后非调整事项"。

因为期后事项很可能导致注册会计师改变对被审计单位财务报表的恰当、公允性的意见，所以注册会计师必须对期后事项予以充分关注。

1．财务报表日后调整事项

这类事项既为被审计单位管理层确定财务报表日账户余额提供信息，也为注册会计师核实这些余额提供补充证据。如果这类期后事项的金额重大，应提请被审计单位对本期财务报表及相关的账户金额进行调整。

财务报表日后调整事项包括以下几个方面。

(1) 财务报表日后诉讼案件结案，法院证实了被审计单位在财务报表日已经存在的现实义务，需要调整原先确认的与该诉讼案件相关的预计负债，或确认一项新负债。

(2) 财务报表日后取得确凿证据，表明某项资产在财务报表日发生了减值或需要调整该项资产原先确认的减值金额。

(3) 财务报表日后进一步确定了财务报表日前购入资产的成本或售出资产的收入。

(4) 财务报表日后发现的财务报表舞弊或差错。

2. 财务报表日后非调整事项

这类事项由于不影响财务报表日财务状况，因此不需要调整被审计单位的本期财务报表。但如果被审计单位的财务报表因此可能受到误解，就应在财务报表中以附注的形式予以适当披露。

财务报表日后非调整事项包括以下几个方面。

(1) 财务报表日后发生的重大诉讼、仲裁、承诺。

(2) 财务报表日后资产价格、税收政策、外汇汇率发生重大变化。

(3) 财务报表日后因自然灾害导致资产发生重大损失。

(4) 财务报表日后发行股票和债券以及其他巨额举债。

(5) 财务报表日后资本公积转增资本。

(6) 财务报表日后发生巨额亏损。

(7) 财务报表日后发生企业合并或处置子公司。

(8) 财务报表日后企业利润分配方案中拟分配的以及经审议后批准宣告发放的股利或利润。

根据期后事项的定义，期后事项可以按时段划分为三段，这三段具体是指：第一个时段是财务报表日后至审计报告日，这一期间发生的事项可称为"第一时段期后事项"；第二个时段是审计报告日后至财务报表报出日，这一期间发生的事项可称为"第二时段期后事项"；第三个时段是财务报表报出日后，这一期间发生的事项可称为"第三时段期后事项"。这三个时段如图 10-2 所示。三段涉及四个日期：财务报表日(是指财务报表涵盖的最近期间的截止日期)、审计报告日(是指注册会计师按照审计准则的规定在对财务报表出具的审计报告上签署的日期)、财务报表报出日(是指审计报告和已审计财务报表提供给第三方的日期)和财务报表批准日(是指构成整套财务报表的所有报表，包括相关附注，已编制完成，并且被审计单位的董事会、管理层或类似机构已经认可其对财务报表负责的日期)。按照《中国注册会计师审计准则第 1501 号——对财务报表形成审计意见和出具审计报告》的规定，审计报告日不应早于注册会计师获取充分、适当的审计证据(包括管理层认可对财务报表的责任且已批准财务报表的证据)，并在此基础上对财务报表形成审计意见的日期。因此在审计实务中，审计报告日和财务报表批准日通常是相同日期。

对于不同时段的期后事项，注册会计师了解或识别的责任不同。对于第一时段期后事项，注册会计师需要实施必要的审计程序去主动识别；对于第二时段期后事项，注册会计师无须实施审计程序或进行专门查询，但管理层有责任告知注册会计师可能影响财务报表的事实，属于被动识别；对于第三时段期后事项，注册会计师没有义务识别，但有可能通过其他途径知悉。

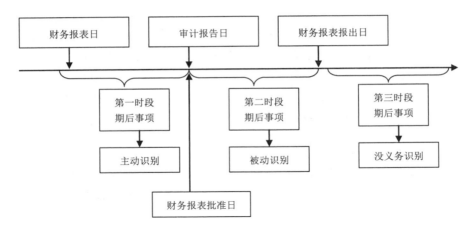

图 10-2　期后事项分段示意图

(二)第一时段期后事项的审计责任和相应考虑

1．第一时段期后事项的审计责任

注册会计师应当设计专门的审计程序来识别这些期后事项，通过实施审计程序，获取充分、适当的审计证据，以确定截至审计报告日发生的、需要在财务报表中调整或披露的事项是否均已得到识别。

2．识别第一时段期后事项的审计程序

注册会计师应当尽量在接近审计报告日时，实施旨在识别需要在财务报表中调整或披露事项的审计程序，包括以下几个方面。

(1)　了解管理层为确保识别期后事项而建立的程序。

(2)　询问管理层和治理层(如适用)，确定是否已发生可能影响财务报表的期后事项。

(3)　查阅被审计单位的所有者、管理层和治理层在财务报表日后举行会议的纪要，在不能获取会议纪要的情况下，询问此类会议讨论的事项。

(4)　查阅被审计单位最近的中期财务报表(如有)。

3．知悉对财务报表有重大影响的期后事项时的考虑

通过实施以上程序，如果识别出对财务报表有重大影响的期后事项，注册会计师应当确定这些事项是否按照适用的财务报表编制基础的规定在财务报表中得到了恰当反映。如果所知悉的期后事项属于调整事项，注册会计师应当考虑被审计单位是否已对财务报表作出适当调整。如果所知悉的期后事项属于非调整事项，注册会计师应当考虑被审计单位是否在财务报表附注中予以充分披露。

(三)第二时段期后事项的审计责任和相应考虑

1．第二时段期后事项的审计责任

在审计报告日后，注册会计师没有义务针对财务报表实施任何审计程序。在审计报告日至财务报表报出日期间，这一阶段财务报表尚未报出，管理层有责任将发生的有可能影响财务报表的事实告知注册会计师，注册会计师还可能从媒体报道、举报信或者证券监督管理部门等途径获悉影响财务报表的期后事项。

2. 知悉第二时段期后事项时的考虑

在审计报告日后至财务报表报出日前，如果知悉了某事实，且若在审计报告日知悉可能导致修改审计报告，注册会计师应当与管理层和治理层(如适用)讨论该事项，确定财务报表是否需要修改，如果需要修改，询问管理层将如何在财务报表中处理该事项。

(1) 管理层修改财务报表时的处理。

如果管理层修改财务报表，注册会计师应当根据具体情况对有关修改实施必要的审计程序。同时，除非特殊情况适用，注册会计师应当将用以识别期后事项的上述审计程序延伸至新的审计报告日，并针对修改后的财务报表出具新的审计报告。新的审计报告日不应早于修改后的财务报表被批准的日期。

(2) 管理层不修改财务报表且审计报告未提交时的处理。

如果认为管理层应当修改财务报表而没有修改，并且审计报告尚未提交给被审计单位，注册会计师应当出具非无保留意见，然后再提交审计报告。

(3) 管理层不修改财务报表且审计报告已提交时的处理。

如果管理层没有修改，并且审计报告已提交给被审计单位，注册会计师应当通知管理层和治理层(除非治理层全部成员参与管理被审计单位)在财务报表作出必要修改前不要向第三方报出。如果财务报表在未经必要修改的情况下仍被报出，注册会计师应当采取适当措施，以设法防止财务报表使用者信赖该审计报告。

(四)第三时段期后事项的审计责任和相应考虑

1. 第三时段期后事项的审计责任

在财务报表报出后知悉的事实属于第三时段期后事项，注册会计师没有义务针对财务报表实施任何审计程序。

2. 知悉第三时段期后事项时的考虑

在财务报表报出后，如果知悉了某事实，且若在审计报告日知悉该事实可能导致修改审计报告，注册会计师应当与管理层和治理层(如适用)讨论该事项；确定财务报表是否需要修改；如果需要修改，询问管理层将如何在财务报表中处理该事项。

应当指出的是，需要注册会计师在知悉后采取行动的第三时段期后事项是有严格限制的，主要表现为：①这类期后事项应当是在审计报告日已经存在的事实；②该事实如果被注册会计师在审计报告日前获知，可能影响审计报告。只有同时满足这两个条件，注册会计师才需要采取行动。

(1) 管理层修改财务报表时的处理。

如果管理层修改了财务报表，注册会计师需要做到以下几点。

① 根据具体情况对有关修改实施必要的审计程序。

② 复核管理层采取的措施能否确保所有收到原财务报表和审计报告的人士了解这一情况。

③ 延伸审计程序至新的审计报告日，并针对修改后的财务报表出具新的审计报告。新的审计报告日不应早于修改后的财务报表被批准的日期。

④ 在特殊情况下，修改审计报告或提供新的审计报告。

注册会计师应当在新的或经修改的审计报告中增加强调事项段或其他事项段，提醒财务报表使用者关注财务报表附注中有关修改原财务报表的详细原因和注册会计师提供的原审计报告。

(2) 管理层未采取任何行动时的处理。

如果管理层没有采取必要措施确保所有收到原财务报表的人士了解这一情况，也没有在注册会计师认为需要修改的情况下修改财务报表，注册会计师应当通知管理层和治理层(除非治理层全部成员参与管理被审计单位)其将设法防止财务报表使用者信赖该审计报告。

如果注册会计师已经通知管理层或治理层，而管理层或治理层仍没有采取必要措施，注册会计师应当采取适当措施，以设法防止财务报表使用者信赖该审计报告。

三、关联方的审计

《企业会计准则第 36 号——关联方披露》规定，一方控制、共同控制另一方或对另一方施加重大影响，以及两方或两方以上受同一方控制、共同控制或重大影响的，构成关联方。关联方交易是指关联方之间发生转移资源、劳务或义务的行为，而不论是否收取价款。许多关联方交易是在正常经营过程中发生的，与类似的非关联方交易相比，这些关联方交易可能并不具有更高的财务报表重大错报风险。但是，在某些情况下，关联方关系及其交易的性质可能导致关联方交易比非关联方交易具有更高的财务报表重大错报风险，主要表现为：关联方可能通过广泛而复杂的关系和组织结构进行运作，相应增加关联方交易的复杂程度；信息系统可能无法有效识别或汇总被审计单位与关联方之间的交易和未结算项目的金额；关联方交易可能未按照正常的市场交易条款和条件进行，例如，某些关联方交易可能没有相应的对价。

(一)关联方审计的目标

由于审计的固有限制，即使注册会计师按照审计准则的规定恰当地计划和实施了审计工作，也不可避免地存在财务报表中的某些重大错报未被发现的风险。就关联方面言，由于下列原因，审计的固有限制对注册会计师发现重大错报能力的潜在影响会加大：①管理层可能未能识别出所有关联方关系及其交易，特别是在适用的财务报告编制基础没有对关联方作出规定时；②关联方关系可能为管理层的串通舞弊、隐瞒或操纵行为提供更多机会。因此，注册会计师审计关联方的目标在于以下两点。

(1) 无论适用的财务报告编制基础是否对关联方作出规定，充分了解关联方关系及其交易，以便能够确认由此产生的、与识别和评估由于舞弊导致的重大错报风险相关的舞弊风险因素(如有)；根据获取的审计证据，就财务报表受到关联方关系及其交易的影响而言，确定财务报表是否实现公允反映。

(2) 如果适用的财务报告编制基础对关联方作出规定，获取充分、适当的审计证据，确定关联方关系及其交易是否已按照适用的财务报告编制基础得到恰当的识别、会计处理和披露。

(二)关联方及其交易的审计程序

在审计实务中，注册会计师应当向被审计单位索要关联方及其交易的明细清单，同时在实施各个项目审计过程中也可能会找到一些隐藏的关联方及其交易，另外还需要设计专门的审计程序，识别、评价并确认对财务报表产生重大影响的关联方及其交易。这一过程中涉及的工作底稿如表 10-4 所示。

表 10-4　关联方及其交易审计工作底稿

序　号	内　　容	索引号
1	风险评估程序和相关工作	
2	了解与关联方关系及其交易相关的内部控制(如果在对被审计单位内部控制进行了解时，已经包括了对关联方及其交易相关的控制内容，可不再单独编制本底稿)	
3	针对与关联方关系及其交易相关的重大错报风险的应对措施	
4	测试和评价关联方及其交易的会计处理和披露	

(三)风险评估程序和相关工作

关联方及其交易的相关风险评估程序如表 10-5 所示。

表 10-5　关联方及其交易相关风险评估程序

可供选择的审计程序	索引号	执行人
1．项目组内部讨论 项目组进行内部讨论时，应当特别考虑由于关联方关系及其交易导致的舞弊或错误使得财务报表存在重大错报的可能性		
2．询问管理层 注册会计师应当向管理层询问下列事项 (1) 关联方的名称和特征，包括关联方自上期以来发生的变化。 (2) 被审计单位和关联方之间关系的性质。 (3) 被审计单位在本期是否与关联方发生交易，如发生，应询问交易的类型、定价政策和目的。 通过在业务接受或保持过程中对管理层的询问，注册会计师也可以获取有关关联方名称和特征的某些信息		
3．了解与关联方关系及其交易相关的控制 如果管理层建立了以下与关联方关系及其交易相关的控制，注册会计师应当询问管理层和被审计单位内部其他人员，实施其他适当的风险评估程序，以获取对相关控制的了解： (1) 按照适用的财务报告编制基础，对关联方关系及其交易进行识别、会计处理和披露。 (2) 授权和批准重大关联方交易和安排。 (3) 授权和批准超出正常经营过程的重大交易和安排		

可供选择的审计程序	索引号	执行人
4. 检查记录或文件 为确定是否存在管理层以前未识别或未向注册会计师披露的关联方关系或关联方交易，注册会计师应当检查以下记录或文件： (1) 注册会计师实施审计程序时获取的银行和律师的询证函回函(如有)； (2) 股东会和治理层会议的纪要(如有)； (3) 注册会计师认为必要的其他记录和文件		
5. 询问管理层 在实施上述审计程序时，如果识别出被审计单位超出正常经营过程的重大交易，注册会计师应当向管理层询问这些交易的性质以及是否涉及关联方		

注册会计师在审计过程中应当实施风险评估程序和相关工作，以获取与识别关联方关系及其交易相关的重大错报风险的信息。

(四)识别和评估重大错报风险

根据《中国注册会计师审计准则第 1211 号——了解被审计单位及其环境识别和评估重大错报风险》的规定，注册会计师应当识别和评估关联方关系及其交易导致的重大错报风险，并确定这些风险是否为特别风险。在确定时，注册会计师应当将识别出的、超出被审计单位正常经营过程的重大关联方交易导致的风险确定为特别风险。关联方关系及其交易可能导致下列重大错报风险。

(1) 超出被审计单位正常经营过程的重大关联方交易导致的重大错报风险。

(2) 存在具有支配性影响的关联方导致的重大错报风险。

(3) 管理层未能识别出或未向注册会计师披露的关联方关系或重大关联方交易导致的重大错报风险。

(4) 管理层披露关联方交易是公平交易时可能存在的重大错报风险。

(5) 管理层未能按照适用的财务报告编制基础对特定关联方关系及其交易进行恰当会计处理和披露导致的重大错报风险

(五)针对重大错报风险的应对措施

针对评估的与关联方关系及其交易相关的重大错报风险，注册会计师应当设计和实施进一步的审计程序，以获取充分、适当的审计证据。可供选择的关联方交易审计程序如表 10-6 所示。

表 10-6　可供选择的关联方交易审计程序

可供选择的审计程序	索引号	执行人
1. 应对超出被审计单位正常经营过程的重大关联方交易导致的重大错报风险 (1) 检查相关合同或协议(如有)，对以下事项作出评价： ① 交易的商业理由(或缺乏商业理由)是否表明被审计单位从事交易的目的可能是为了对财务信息作出虚假报告或为了隐瞒侵占资产的行为； ② 交易条款是否与管理层的解释一致； ③ 关联方交易是否已按照适用的财务报告编制基础得到恰当会计处理和披露。 (2) 获取交易已经恰当授权和批准的审计证据。		

可供选择的审计程序	索引号	执行人
2. 应对存在具有支配性影响的关联方导致的重大错报风险 (1) 询问管理层和治理层并与之讨论。 (2) 询问关联方。 (3) 检查与关联方之间的重要合同。 (4) 通过互联网或某些外部商业信息数据库，进行适当的背景调查。 (5) 如果被审计单位保留了员工的举报报告，查阅该报告		
3. 应对管理层以前未识别出或未向注册会计师披露的关联方关系或重大关联方交易而导致的重大错报风险 (1) 访谈被审计单位的控股股东、实际控制人、治理层以及关键管理人员等，必要时就访谈内容获取上述人员的书面确认或执行函证程序。 (2) 以被审计单位控股股东、实际控制人、治理层以及关键管理人员为起点，通过互联网查询或第三方商业信息服务机构实施背景调查，用以识别与这些个人或机构有关联方关系或受其控制的实体，评估这些实体与被审计单位的关系。 (3) 运用数据分析工具，设置特定分析条件对被审计单位交易信息进行分析，识别是否存在管理层未向注册会计师披露的关联方关系和交易。 (4) 亲自获取被审计单位的企业信用报告，关注企业信用报告内容的完整性，检查企业信用报告中显示的内容，包括对外担保等，是否已经完整包含在被审计单位管理层披露的信息中。 (5) 检查被审计单位银行对账单中与疑似关联方的大额资金往来交易，关注对账单中是否存在异常的资金流动，关注资金或银行汇票往来是否以真实、合理的交易为基础。 (6) 识别被审计单位银行对账单中与实际控制人、控股股东或高级管理人员的大额资金往来交易，关注是否存在异常资金流动，关注资金往来是否以真实、合理的交易为基础。 (7) 在获得被审计单位授权后，向为被审计单位提供税务和咨询服务的有关人员询问其对关联方的了解。 (8) 在获得被审计单位授权后，通过律师或其他调查机构获取被审计单位的诉讼信息，关注其中是否存在涉及由于被审计单位对外提供担保而引起的诉讼以及诉讼的内容、性质，评价相关对外担保是否涉及关联方，如果涉及关联方，关联方关系和交易是否在财务报表中恰当披露		
4. 应对管理层披露关联方交易是公平交易时可能存在的重大错报风险 (1) 获取并考虑管理层用于支持其认定的程序是否恰当。 (2) 验证支持管理层认定的内部或外部数据来源，对这些数据进行测试，以判断其准确性、完整性和相关性。 (3) 评价管理层认定所依据的重大假设的合理性		
5. 应对管理层未能按照适用的财务报告编制基础对特定关联关系及其交易进行恰当会计处理和披露导致的重大错报风险 需要考虑被审计单位是否已对关联方关系及其交易进行了恰当汇总和列报，以便披露具有可理解性。 注册会计师需要在整个审计过程中保持足够的职业怀疑，审慎评价管理层及关联方提供的解释以及获取的审计证据，并特别关注审计过程中取得的或注意到的任何存在不一致或互相矛盾的信息或证据		
6. 其他相关审计程序 (1) 获取书面声明。 (2) 与治理层进行沟通		

四、持续经营审计

持续经营假设是指被审计单位在编制财务报表时，假定其经营活动在可预见的将来会继续下去，不拟也不必终止经营或破产清算，可以在正常的经营活动过程中变现资产、清偿债务。可预见的将来通常是指资产负债表日后 12 个月。持续经营假设是会计确认和计量的基本前提之一，对财务报表的编制和审计关系重大。通用目的的财务报表是在持续经营基础上编制的，除非管理层计划将被审计单位予以清算或终止经营，或者除此之外没有其他现实可行的选择。

(一)管理层的责任和注册会计师的责任

1. 管理层的责任

某些适用的财务报告编制基础明确要求管理层对持续经营能力作出评估，并规定了与此相关的需要考虑的事项和作出的披露。相关法律法规还可能对管理层评估持续经营能力的责任和相关财务报表披露作出具体规定。

其他财务报告编制基础可能没有明确要求管理层对持续经营能力作出评估。但由于持续经营假设是编制财务报表的基本原则，即使其他财务报告编制基础没有对此作出明确规定，管理层也需要在编制财务报表时评估持续经营能力。

管理层对持续经营能力的评估涉及在特定时点对事项或情况的未来结果作出判断，这些事项或情况的未来结果具有固有不确定性。

2. 注册会计师的责任

注册会计师的责任是，就管理层在编制和列报财务报表时运用持续经营假设的适当性获取充分、适当的审计证据，并就持续经营能力是否存在重大不确定性得出结论。即使编制财务报表时采用的财务报告编制基础没有明确要求管理层对持续经营能力作出专门评估，注册会计师的这种责任仍然存在。

(二)风险评估程序和相关活动

在计划审计工作和实施风险评估程序时，注册会计师应当考虑是否存在可能导致对持续经营能力产生重大疑虑的事项或情况及相关的经营风险，评价管理层对持续经营能力作出的评估，并考虑已识别的事项或情况对重大错报风险评估的影响。

被审计单位在财务、经营以及其他方面存在的某些事项或情况可能导致经营风险，这些事项或情况单独或连同其他事项或情况可能导致对持续经营假设产生重大疑虑。

1. 财务方面

被审计单位在财务方面存在的可能导致对持续经营假设产生重大疑虑的事项或情况主要包括：净资产或营运资金出现负数；定期借款即将到期，但预期不能展期或偿还，或过度依赖短期借款为长期资产筹资；存在债权人撤销财务支持的迹象；历史财务报表或预测性财务报表表明经营活动产生的现金流量净额为负数；关键财务比率不佳，发生重大经营亏损或用以产生现金流量的资产的价值出现大幅下跌；拖欠或停止发放股利；到期日无法偿还债务；无法履行借款合同的条款；与供应商由赊购变为货到付款；无法获得开发必要新产品或进行必要投资所需的资金。

2．经营方面

被审计单位在经营方面存在的可能导致对持续经营假设产生重大疑虑的事项或情况主要包括：管理层计划清算被审计单位或终止经营；关键管理人员离职且无人替代；失去主要市场、特许权、执照或主要供应商；出现用工困难问题；重要供应短缺；出现非常成功的竞争者。

3．其他方面

被审计单位在其他方面存在的可能导致对持续经营假设产生重大疑虑的事项或情况主要包括：违反有关资本或其他法定要求；未决诉讼或监管程序可能导致其无法支付索赔金额；法律法规或政策的变化预期会产生不利影响；对发生的灾害未购买保险或保额不足。

需要说明的是，以上是单独或汇总起来可能导致对持续经营假设产生重大疑虑的事项或情况的示例。这些示例并不涵盖所有事项或情况，也不意味着存在其中一个或多个项目就一定表明存在重大不确定性，就必然导致被审计单位无法持续经营。

(三)评价管理层对持续经营能力作出的评估

在评价管理层对被审计单位持续经营能力作出的评估时，注册会计师的评价期间应当与管理层按照适用的财务报告编制基础或法律法规(如果法律法规要求的期间更长)的规定作出评估的涵盖期间相同。持续经营假设是指被审计单位在编制财务报表时，假定其经营活动在可预见的未来会持续下去，而可预见的未来通常是指财务报表日后 12 个月，所以管理层对持续经营能力的合理评估期间应该是自财务报表日起的下一个会计期间。如果管理层评估持续经营能力涵盖的期间短于自财务报表日起的 12 个月，注册会计师应当提请管理层将其至少延长至自财务报表日起的 12 个月。

在评价管理层作出的评估时，注册会计师应当考虑管理层作出评估的过程、依据的假设以及应对计划。注册会计师应当考虑该评估是否已包括注册会计师在审计过程中注意到的所有相关信息。

(四)识别出事项或情况时实施追加的审计程序

如果识别出可能导致对持续经营能力产生重大疑虑的事项或情况，注册会计师应当通过实施追加的审计程序(包括考虑缓解因素)，获取充分、适当的审计证据，以确定是否存在重大不确定性。

这些程序应当包括以下几个方面。

(1) 如果管理层尚未对被审计单位持续经营能力作出评估，提请其进行评估。

(2) 评价管理层与持续经营评估相关的未来应对计划，这些计划的结果是否可能改善目前的状况，以及管理层的计划对于具体情况是否可行。

(3) 如果被审计单位已编制现金流量预测，且对预测的分析是评价管理层未来应对计划时所考虑的事项或情况的未来结果的重要因素，评价用于编制预测的基础数据的可靠性，并确定预测所基于的假设是否具有充分的支持。

(4) 考虑自管理层作出评估后是否存在其他可获得的事实或信息。

(5) 要求管理层和治理层(如适用)提供有关未来应对计划及其可行性的书面声明。

(五)审计结论和报告

注册会计师应当根据获取的审计证据，运用职业判断，确定是否存在与事项或情况相关的重大不确定性(且这些事项或情况单独或汇总起来可能导致对被审计单位持续经营能力产生重大疑虑)并考虑其对审计意见的影响。

如果注册会计师根据职业判断认为，鉴于不确定性潜在影响的重要程度和发生的可能性，为了使财务报表实现公允反映，有必要适当披露该不确定性的性质和影响，则表明存在重大不确定性。

1. 被审计单位运用持续经营假设适当但存在重大不确定性

如果认为运用持续经营假设适合具体情况，但存在重大不确定性，注册会计师应当确定以下两个方面。

(1) 财务报表是否已充分描述可能导致对持续经营能力产生重大疑虑的主要事项或情况，以及管理层针对这些事项或情况的应对计划。

(2) 财务报表是否已清楚披露可能将会导致对持续经营能力产生重大疑虑的事项或情况存在重大不确定性，并由此导致被审计单位可能无法在正常的经营过程中变现资产和清偿债务。

如果财务报表已作出充分披露，注册会计师应当发表无保留意见，并在审计报告中增加以"与持续经营相关的重大不确定性"为标题的单独部分，以提醒财务报表使用者关注财务报表附注中对有关事项的披露，说明这些事项或情况存在可能导致对持续经营能力产生重大疑虑的重大不确定性，并说明该事项并不影响发表的审计意见。

如果财务报表未作出充分披露，注册会计师应当恰当发表保留意见或否定意见。注册会计师应当在审计报告中说明存在可能导致对被审计单位持续经营能力产生重大疑虑的重大不确定性。

2. 被审计单位运用持续经营假设不适当

如果财务报表已在持续经营基础上编制，但根据判断认为管理层在财务报表中运用持续经营假设是不适当的，则无论财务报表中对管理层运用持续经营假设的不适当性是否作出披露，注册会计师均应发表否定意见。

如果在具体情况下运用持续经营假设是不适当的，但管理层被要求或自愿选择编制财务报表，则可以采用替代基础(如清算基础)编制财务报表。注册会计师可以对财务报表进行审计，前提是注册会计师确定替代基础在具体情况下是可以接受的编制基础。如果财务报表对此作出了充分披露，注册会计师可以发表无保留意见，但也可在审计报告中增加强调事项段，以提醒财务报表使用者注意替代基础及其使用理由。

3. 有关方面严重拖延对财务报表的批准，注册会计师的处理

如果管理层或治理层在财务报表日后严重拖延对财务报表的批准，注册会计师应当询问拖延的原因。如果认为拖延可能涉及与持续经营评估相关的事项或情况，注册会计师有

必要实施前述识别出可能导致对持续经营能力产生重大疑虑的事项或情况时追加的审计程序，并就存在的重大不确定性考虑对审计结论的影响。

本 章 小 结

本章阐述了两大方面的内容。

第一个方面是货币资金的审计，其中包括货币资金与交易循环、货币资金的内部控制、重大错报风险及控制测试，阐述了库存现金的审计和银行存款的审计。库存现金的审计中最主要的实质性程序是盘点库存现金，银行存款审计中最主要的实质性程序包括函证银行存款余额、取得并检查银行存款余额对账单和银行存款余额调节表。

第二个方面是阐述了特殊项目的审计，包括对期初余额、期后事项、关联方及其交易和持续经营的审计。其中，对期初余额的审计主要涉及期初余额的审计目标、审计程序和对审计结论的影响，对期后事项的审计主要涉及对期后事项类别的界定和各自的审计责任，对关联方及其交易审计的审计程序和所涉及的文件，对持续经营的审计主要涉及可能导致对持续经营能力产生重大疑虑的事项或情况、管理层作出的评估和注册会计师的进一步审计程序及对审计结论的影响等。

复习思考题

1. 货币资金的主要内部控制包括哪些内容？如何进行控制测试？
2. 货币资金的审计目标是什么？
3. 盘点库存现金的实质性程序如何进行？
4. 银行存款函证的内容和对象是什么？
5. 什么是期后事项？它分为哪几类？三个时段的责任各是什么？
6. 开展期初余额审计的两种情形是什么？

第十一章

审计项目终结与审计报告

案例导读

1921 年英国的"南海公司"以虚假的会计信息诱骗投资人，使其股票价格一时间扶摇直上，但公司最终还是破产倒闭了，使股东和债权人损失惨重。英国议会聘请会计师查尔斯·斯耐尔对"南海公司"进行审计，斯耐尔以"会计师"的名义提出了"查账报告书"，从此宣告注册会计师的诞生。

20 世纪初，英国会计师将审计实务传入美国，由于缺乏统一的标准和实务，审计报告没有标准用语，内容、格式、审计意见的表达方式均全部掌握在会计师自己手中，而且由于崇尚实务、轻视理论研究，会计师对财务报表的鉴证多依赖会计师个人权威进行，会计师也普遍高估自己，经常出具描述性的长式报告，且在报告中出现"我们证明""我们保证""全面而正确"等过于绝对化的用词。随着金融资本对产业资本更广泛的渗透、企业规模扩展、经济活动日益复杂，注册会计师审计的对象由会计账目扩大到资产负债表，注册会计师基于股东和债权人的需要，需要从判断企业信用状况的角度提出审计意见。这时，注册会计师逐步认识到，过于自信的审计报告可能会误导报告使用者，夸大审计的作用，不必要地增加审计人员的责任。于是在 1929—1933 年经济危机后，基于对正确而可靠的财务报表的需求，纽约证券交易所与美国注册会计师协会合作推荐了一份首次被称为"标准报告"的报告，力求使不同会计师事务所出具的报告具有可比性，以减少因报告措辞的多样性产生误解的可能性。自此，标准审计报告开始在许多国家被广泛采用。

学习目标

通过本章的学习，学生应了解审计报告的作用、种类和常见的审计报告样本，熟悉审计意见的类型，掌握审计项目终结前的主要工作和审计报告的主要内容。本章的重点和难点是各种审计意见类型的审计报告。

第一节　出具审计报告前的工作

注册会计师按业务循环完成各财务报表项目的测试和一些特殊项目的审计工作后，在审计完成阶段汇总审计测试结果，进行更具综合性的工作，包括但不限于以下内容：评价审计中的重大发现，评价审计过程中发现的错报，关注期后事项对财务报表的影响，复核审计工作底稿和财务报表等。在此基础上，评价审计结果，在与客户沟通后，获取管理层声明，出具审计报告，终结审计工作。

一、评价审计中的重大发现

在审计完成阶段，项目合伙人和审计项目组考虑的重大发现和事项的例子包括以下内容：

(1) 期中复核中的重大发现及其对审计方法的影响；

(2) 涉及会计政策的选择、运用和一贯性的重大事项，包括相关的信息披露；

(3) 就识别出的重大风险，对审计策略和计划的审计程序所作的重大修正；

（4）在与管理层和其他人员讨论重大发现和事项时得到的信息；

（5）与注册会计师的最终审计结论相矛盾或不一致的信息。

对实施的审计程序的结果进行评价，可能全部或部分地揭示出以下事项：

（1）为了实现计划的审计目标，是否有必要对重要性进行修订；

（2）对审计策略和计划的审计程序的重大修正，包括对审计目标的重大错报风险评估水平的重要变动；

（3）对审计方法有重要影响的、值得关注的内部控制缺陷和其他缺陷；

（4）财务报表中存在的重大错报；

（5）项目组成员内部，或项目组与项目质量控制复核人员或提供咨询的其他人员之间，就重大会计和审计事项达成最终结论所存在的意见分歧；

（6）在实施审计程序时遇到的重大困难；

（7）向事务所内部有经验的专业人士或外部专业顾问咨询的事项；

（8）与管理层或其他人员就重大发现以及注册会计师的最终审计结论相矛盾或不一致的信息进行的讨论。

注册会计师在审计计划阶段对重要性的判断，与其在评估审计差异时对重要性的判断是不同的。如果在审计完成阶段修订后的重要性水平远远低于在计划阶段确定的重要性水平，注册会计师应重新评估已经获得的审计证据的充分性和适当性。

如果审计项目组内部、项目组与被咨询者之间以及项目合伙人与项目质量复核人员之间存在意见分歧，审计项目组应当遵循事务所的政策和程序予以妥善处理。

二、评价审计过程中发现的错报

（一）错报的沟通和更正

除非法律法规禁止，注册会计师应当及时就审计过程中累积的所有错报(即超过明显微小错报临界值的所有错报)与适当层级的管理层进行沟通。注册会计师还应当要求管理层更正这些错报。及时与适当层级的管理层沟通错报事项是重要的，因为这能使管理层评价这些事项是否为错报，并采取必要行动，如有异议则告知注册会计师。适当层级的管理层通常是指有责任和权限对错报进行评价并采取必要行动的人员。

管理层更正所有错报(包括注册会计师通报的错报)，能够保持会计账簿和记录的准确性，降低由于与本期相关的、非重大的且尚未更正的错报的累积影响导致未来期间财务报表出现重大错报的风险。

如果管理层拒绝更正沟通的部分或全部错报，注册会计师应当了解管理层不更正错报的理由，并在评价财务报表整体是否不存在重大错报时考虑该理由。《中国注册会计师审计准则第 1501 号——对财务报表形成审计意见和出具审计报告》要求注册会计师评价财务报表是否在所有重大方面按照适用的财务报告编制基础编制，这项评价包括考虑被审计单位会计实务的质量(包括表明管理层的判断可能出现偏向的迹象)。注册会计师对管理层不更正错报的理由的理解，可能影响其对被审计单位会计实务质量的考虑。

（二）评价未更正错报的影响

未更正错报，是指注册会计师在审计过程中累积的且被审计单位未予更正的错报。注册会计师在确定重要性时，通常依据对被审计单位财务结果的估计，因为此时可能尚不知道实际的财务结果。因此，在评价未更正错报的影响之前，注册会计师可能有必要依据实际的财务结果对重要性作出修改。如果在审计过程中获知了某项信息，而该信息可能导致注册会计师确定与原来不同的财务报表整体重要性或者特定类别交易、账户余额或披露的一个或多个重要性水平(如适用)，注册会计师应当予以修改。因此，在注册会计师评价未更正错报的影响之前，可能已经对重要性或重要性水平(如适用)作出重大修改。但是，如果注册会计师对重要性或重要性水平(如适用)进行的重新评价导致需要确定较低的金额，则应重新考虑实际执行的重要性和进一步审计程序的性质、时间安排和范围的适当性，以获取充分、适当的审计证据，作为发表审计意见的基础。

注册会计师需要考虑每一单项错报，以评价其对相关类别和交易、账户余额或披露的影响，包括评价该项错报是否超过特定类别的交易、账户余额或披露的重要性水平(如适用)。如果注册会计师认为某一单项错报是重大的，则该项错报不太可能被其他错报抵销。

确定一项分类错报是否重大，需要进行定性评估。例如，分类错报对负债或其他合同条款、单个财务报表项目或小计数以及关键比率的影响。即使分类错报超过了在评价其他错报时运用的重要性水平，注册会计师可能仍然认为该分类错报对财务报表整体不产生重大影响。

在某些情况下，即使某些错报低于财务报表整体的重要性，但因与这些错报相关的某些情况，在将其单独或连同在审计过程中累积的其他错报一并考虑时，注册会计师也可能将这些错报评价为重大错报。例如，某项错报的金额虽然低于财务报表整体的重要性，但对被审计单位的盈亏状况有决定性的影响，注册会计师应认为该项错报是重大错报。

(三)书面声明

注册会计师应当要求管理层和治理层(如适用)提供书面声明，说明其是否认为未更正错报单独或汇总起来对财务报表整体的影响不重大。这些错报项目的概要应当包含在书面声明中或附在其后。由于编制财务报表要求管理层和治理层(如适用)调整财务报表以更正重大错报，注册会计师应当要求其提供有关未更正错报的书面声明。在某些情况下，管理层和治理层(如适用)可能并不认为注册会计师提出的某些未更正的错报是错报。即使获取了这一声明，注册会计师仍需要对未更正错报的影响形成结论。

三、对财务报表合理性进行总体复核

在审计结束或临近结束时，注册会计师需要运用分析程序的目的是确定经审计调整后的财务报表整体是否与对被审计单位的了解一致，是否具有合理性。

在运用分析程序进行总体复核时，如果识别出以前未识别的重大错报风险，注册会计师应当重新考虑对全部或部分各类别的交易、账户余额、披露评估的风险是否恰当，并在此基础上重新评价之前计划的审计程序是否充分，是否有必要追加审计程序。

四、复核审计工作

对审计工作的复核包括项目组内部复核和作为会计师事务所业务质量管理措施而执行的项目质量复核(如适用)。

(一)项目组内部复核

1. 复核人员

《会计师事务所质量管理准则第 5101 号——业务质量管理》规定，会计师事务所针对业务执行的质量目标应当包括由经验较为丰富的项目组成员对经验较为缺乏的项目组成员的工作进行指导、监督和复核。对一些较为复杂、审计风险较高的领域(例如，舞弊风险的评估与应对、重大会计估计及其他复杂的会计问题、审核会议记录和重大合同、关联方关系和交易、持续经营存在的问题等)，必要时可以由项目合伙人执行复核。

2. 复核范围

执行复核时，复核人员需要考虑的事项包括以下内容：
(1) 审计人员是否已按照职业准则和适用的法律法规的规定执行；
(2) 重大事项是否已提请进一步考虑；
(3) 相关事项是否已进行适当咨询，由此形成的结论是否已得到记录和执行；
(4) 是否需要修改已执行审计工作的性质、时间安排和范围；
(5) 已执行的审计工作是否支持形成的结论，并已得到适当的记录；
(6) 已获取的审计证据是否充分、适当；
(7) 审计程序的目标是否已实现。

3. 复核时间

审计项目复核贯穿审计全过程，随着审计工作的开展，复核人员在审计计划阶段、执行阶段和完成阶段及时复核相应的工作底稿。例如，在审计计划阶段复核记录审计策略和审计计划的工作底稿，在审计执行阶段复核记录控制测试和实质性程序的工作底稿，在审计完成阶段复核记录重大事项的工作底稿等。

4. 项目合伙人复核

根据审计准则的规定：项目合伙人应当对管理和实现审计项目的高质量承担总体责任。项目合伙人应当在审计过程中的适当时点复核审计工作底稿，包括与下列方面相关的工作底稿。
(1) 重大事项。
(2) 重大判断，包括与在审计中遇到的困难或有争议事项相关的判断，以及得出的结论。
(3) 根据项目合伙人的职业判断，与项目合伙人的职责有关的其他事项。在审计报告日或审计报告日之前，项目合伙人应当通过复核审计工作底稿与项目组讨论，确信已获取充分、适当的审计证据，支持提出的结论和拟出具的审计报告。此外，财务报表、审计报告以及相关的审计工作底稿，包括对关键审计事项的描述(如适用)，项目合伙人应当在与管理层、治理层或相关监管机构签署审计报告或正式书面沟通文件之前对进行复核，并记录复核的范围和时间。

(二)项目质量复核

根据《会计师事务所质量管理准则第 5101 号——业务质量管理》的规定，会计师事务所应当就项目质量复核制定政策和程序，并对上市实体财务报表审计业务、法律法规要求实施项目质量复核的审计业务或其他业务，以及会计师事务所认为，为应对一项或多项质量风险，有必要实施项目质量复核的审计业务或其他业务实施项目质量复核。

1. 项目质量复核人员的委派和资质要求

会计师事务所应当在全所范围内统一委派项目质量复核人员，并确保负责实施委派工作的人员具有必要的胜任能力和权威性。

项目质量复核人员应当独立于执行业务的项目组，因此，项目合伙人和项目组其他成员不得成为本项目的项目质量复核人员。除此之外，项目质量复核人员还应当同时符合下列要求。

(1) 具备适当的胜任能力，包括充足的时间和适当的权威性，以实施项目质量复核。项目质量复核人员的胜任能力应当至少与项目合伙人相当。

(2) 遵守相关职业道德要求，并在实施项目质量复核时保持独立、客观、公正。

(3) 遵守与项目质量复核人员任职资质要求相关的法律法规(如有)。

2. 为项目质量复核提供协助的人员的资质要求

在实施项目质量复核的过程中，项目质量复核人员通常需要相关人员提供协助。同样，为了确保协助人员的客观性，项目合伙人和项目组其他成员也不得为本项目的项目质量复核提供协助。除此之外，为项目质量复核提供协助的人员还应当同时满足下列条件。

(1) 具备适当的胜任能力，包括充足的时间，以履行对其分配的职责。

(2) 遵守相关法律法规的规定(如有)和相关职业道德要求。

尽管在实施项目质量复核的过程中可以利用相关人员提供协助，项目质量复核人员仍然应当对项目质量复核的实施承担总体责任，并负责确定对协助人员进行指导、监督和复核的性质、时间安排和范围。

3. 项目质量复核的程序

在实施项目质量复核时，项目质量复核人员应当实施下列程序。

(1) 阅读并了解相关信息，主要包括与项目组就项目和客户的性质和具体情况进行沟通获取的信息、与会计师事务所就监控和整改程序进行沟通获取的信息，特别是针对可能与项目组的重大判断相关或影响该重大判断的领域识别出的缺陷进行的沟通。

(2) 与项目合伙人及项目组其他成员讨论重大事项，以及在项目计划、实施和报告时作出的重大判断。

(3) 基于实施上述第 1 项和第 2 项程序获取的信息，选取部分与项目组作出的重大判断相关的业务工作底稿提出复核，并评价作出这些重大判断的依据、业务工作底稿能否支持提出的结论、得出的结论是否恰当。

(4) 对于财务报表审计业务，评价项目合伙人确定独立性要求已得到遵守的依据。

(5) 评价是否已就疑难问题或争议事项、涉及意见分歧的事项进行适当咨询，并评价咨询得出的结论。

(6) 对于财务报表审计业务，评价项目合伙人对整个审计过程的参与程度是充分且适当的、项目合伙人能够确定作出的重大判断和得出的结论适合项目的性质和具体情况。

(7) 针对财务报表审计业务，复核被审计财务报表和审计报告，以及审计报告中对关键审计事项的描述(如适用)；针对财务报表审计和审阅以外的其他鉴证业务或相关服务业务，复核业务报告和鉴证对象信息(如适用)。

4. 项目质量复核的完成

如果项目质量复核人员怀疑项目组作出的重大判断或因此得出的结论不恰当，应当告知项目合伙人。如果这一怀疑不能得到满意的解决，项目质量复核人员应当通知会计师事务所适当人员此项目质量复核无法完成。

如果项目质量复核人员确定项目质量复核已经完成，应当签字确认并通知项目合伙人。

五、获取管理层的书面声明

书面声明是注册会计师在财务报表审计中需要获取的必要信息，是审计证据的重要来源。如果管理层修改书面声明的内容或不提供注册会计师要求的书面声明，注册会计师应警觉存在重大问题的可能性。而且，在很多情况下，要求管理层提供书面声明而非口头声明，可以促使管理层更加认真地考虑声明所涉及的事项，从而提高声明的质量。

(一)针对管理层责任的书面声明

针对财务报表的编制，注册会计师应当要求管理层提供书面声明，确认其根据审计业务约定条款，履行了按照适用的财务报告编制基础编制财务报表并其实现公允反映(如适用)的责任。

针对提供的信息和交易的完整性，注册会计师应当要求管理层就下列事项提供书面声明：

(1) 按照审计业务约定条款，已向注册会计师提供所有相关信息，并允许注册会计师不受限制地接触所有相关信息以及被审计单位内部人员和其他相关人员；

(2) 所有交易均已记录并反映在财务报表中。

如果未从管理层获取其确认已履行责任的书面声明，注册会计师在审计过程中获取的有关管理层已履行这些责任的其他审计证据是不充分的。

(二)其他书面声明

除《中国注册会计师审计准则第 1341 号——书面声明》和其他审计准则要求的书面声明外，如果注册会计师认为有必要获取一项或多项其他书面声明，以支持与财务报表或者一项或多项具体认定相关的其他审计证据，注册会计师应当要求管理层提供这些书面声明。

(三)书面声明的日期和涵盖的期间

书面声明应当涵盖审计报告针对的所有财务报表和期间。由于书面声明是必要的审计证据，在管理层签署书面声明前，注册会计师不能发表审计意见，也不能签署审计报告。而且，由于注册会计师关注截至审计报告日发生的、可能需要在财务报表中做出相应调整或披露的事项，书面声明的日期应当尽量接近对财务报表出具审计报告的日期，但不得在其之后。

(四)书面声明的形式

与书面声明相关的背景信息包括以下几方面。

(1) 被审计单位采用企业会计准则编制财务报表；

(2) 《中国注册会计师审计准则第 1324 号——持续经营》中有关获取书面声明的要求不相关；

(3) 所要求的书面声明不存在例外情况。如果存在例外情况，则需要对本参考格式列示的书面声明的内容予以调整，以反映这些例外情况。

书面声明的范例如下：

致注册会计师：

本声明书是针对你们审计 ABC 公司截至 20×1 年 12 月 31 日的年度财务报表而提供的。审计的目的是对财务报表发表意见，以确定财务报表是否在所有重大方面已按照企业会计准则的规定编制，并实现公允反映。

尽我们所知，并在作出了必要的查询和了解后，我们确认：

一、财务报表

1. 我们已履行(插入日期)签署的审计业务约定书中提及的责任，即根据企业会计准则的规定编制财务报表，并对财务报表进行公允反映。

2. 在作出会计估计时使用的重大假设(包括与公允价值计量相关的假设)是合理的。

3. 已按照企业会计准则的规定对关联方关系及其交易作出了恰当的会计处理和披露。

4. 根据企业会计准则的规定，所有需要调整或披露的资产负债表日后事项都已得到调整或披露。

5. 未更正错报，无论是单独还是汇总起来，对财务报表整体的影响均不重大。未更正错报汇总表附在本声明书后。

6. (插入注册会计师可能认为适当的其他任何事项)。

二、提供的信息

我们已向你们提供下列工作条件。

(1) 允许接触我们注意到的、与财务报表编制相关的所有信息(如记录、文件和其他事项)。

(2) 提供你们基于审计目的要求我们提供的其他信息。

(3) 允许在获取审计证据时不受限制地接触你们认为必要的本公司内部人员和其他相

关人员。

所有交易均已记录并反映在财务报表中。

我们已向你们披露了由于舞弊可能导致的财务报表重大错报风险的评估结果。

我们已向你们披露了我们注意到的、可能影响本公司的与舞弊或舞弊嫌疑相关的所有信息，这些信息涉及本公司的。

(1) 管理层。

(2) 在内部控制中承担重要职责的员工。

(3) 其他人员(在舞弊行为导致财务报表重大错报的情况下)。

我们已向你们披露了从现任和前任员工、分析师、监管机构等方面获知的、影响财务报表的舞弊指控或舞弊嫌疑的所有信息；

我们已向你们披露了所有已知的、在编制财务报表时应当考虑其影响的违反或涉嫌违反法律法规的行为；

我们已向你们披露了我们注意到的关联方的名称和特征、所有关联方关系及其交易；

(插入注册会计师可能认为必要的其他任何事项)。

附：未更正错报汇总表

ABC 公司	ABC 公司管理层
(盖章)	(签名并盖章)
中国××市	20×2 年×月×日

(五)对审计报告类型的影响

如果存在下列情形之一，注册会计师应当对财务报表发表无法表示意见。

(1) 注册会计师对管理层的诚信产生重大疑虑，以至于认为其作出的书面声明不可靠。

(2) 管理层不提供下列书面声明：①针对财务报表的编制，管理层确认其根据审计业务约定条款，履行了按照适用的财务报告编制基础编制财务报表并使其实现公允反映(如适用)的责任。②针对提供的信息的交易的完整性，管理层就下列事项提供书面声明：(a)按照审计业务约定条款，已向注册会计师提供所有相关信息，并允许注册会计师不受限制地接触所有相关信息以及被审计单位内部人员和其他相关人员；(b)所有交易均已记录并反映在财务报表中。

这是因为，仅凭其他审计证据，注册会计师不能判断管理层是否履行了上述两方面的责任。因此，如果注册会计师认为有关这些事项的书面声明不可靠，或者管理层不提供有关这些事项的书面声明，则注册会计师无法获取充分、适当的审计证据，这对财务报表的影响可能是广泛的，并不局限于财务报表的特定要素、账户或项目。在这种情况下，注册会计师需要按照《中国注册会计师审计准则第 1502 号——在审计报告中发表非无保留意见》的规定，对财务报表发表无法表示意见。

第二节 审计报告概述

一、审计报告的含义

审计报告是指注册会计师根据审计准则的规定，在实施审计工作的基础上对被审计单位财务报表发表审计意见的书面文件。

审计报告是注册会计师在完成审计工作后向委托人提交的最终产品，具有以下几个方面的特征。

(1) 注册会计师应当按照审计准则的规定执行审计工作。

(2) 注册会计师在实施审计工作的基础上才能出具审计报告。

(3) 注册会计师通过对财务报表发表意见履行业务约定书约定的责任。

(4) 注册会计师应当以书面形式出具审计报告。

注册会计师应当根据由审计证据得出的结论，清楚地表达对财务报表的意见。注册会计师一旦在审计报告上签名并盖章，就表明对其出具的审计报告负责。

审计报告是注册会计师对财务报表是否在所有重大方面按照财务报告编制基础编制并实现公允反映发表审计意见的书面文件，因此，注册会计师应当将已经审计的财务报表附于审计报告之后，以便于财务报表使用者正确理解和使用审计报告，并防止被审计单位替换、更改已审计的财务报表。

二、审计报告的作用

委托人将注册会计师签发的审计报告分送给各个不同的使用单位，可以起到鉴证、保护和证明三个方面的作用。

1. 鉴证作用

注册会计师签发审计报告，是以超然独立的第三者身份，对被审计单位财务报表所反映的财务状况、经营成果等是否合法、公允发表意见。这种意见具有鉴证作用，已经得到政府各部门和社会各界的普遍认可。

2. 保护作用

注册会计师通过审计，可以对被审计单位出具不同类型审计意见的审计报告，以提高或降低财务报表信息使用者对财务报表的信赖程度，能够在一定程度上对被审计单位的财产、债权人和股东的权益及企业利害关系人的利益起到保护作用。

3. 证明作用

审计报告是注册会计师对审计任务完成情况及其结果所作的总结，它可以表明审计工作的质量并明确注册会计师的审计责任。因此，审计报告可以对审计工作质量和注册会计师的审计责任起证明作用。通过审计报告，可以证明注册会计师在审计过程中是否实施了必要的审计程序、是否以审计工作底稿为依据发表审计意见、发表的审计意见是否与被审计单位的实际情况相一致、审计工作的质量是否符合要求。通过审计报告，可以证明注册会计师审计责任的履行情况。

三、审计意见的类型

注册会计师的目标是在评价根据审计证据得出的结论的基础上，对财务报表形成审计意见，并通过书面报告的形式清楚地表达审计意见。

如果认为财务报表在所有重大方面按照适用的财务报告编制基础编制并实现公允反映，注册会计师应当发表无保留意见。

当存在下列情形之一时，注册会计师应当按照《中国注册会计师审计准则第 1502 号——在审计报告中发表非无保留意见》的规定，在审计报告中发表非无保留意见：①根据获取的审计证据，得出财务报表整体存在重大错报的结论；②无法获取充分、适当的审计证据，不能得出财务报表整体不存在重大错报的结论。非无保留意见，是指对财务报表发表的保留意见、否定意见或无法表示意见。

四、审计报告的基本内容

审计报告应当包括下列要素：①标题；②收件人；③审计意见；④形成审计意见的基础；⑤管理层对财务报表的责任；⑥注册会计师对财务报表审计的责任；⑦按照相关法律法规的要求报告的事项(如适用)；⑧注册会计师的签名和盖章；⑨会计师事务所的名称、地址和盖章；⑩报告日期。

1. 标题

审计报告应当具有标题，统一规范为"审计报告"。

2. 收件人

审计报告应当按照审计业务的约定载明收件人。注册会计师通常将审计报告致送财务报表使用者，一般是被审计单位的股东或治理层。

3. 审计意见

审计意见由两部分构成，第一部分指出已审计财务报表，应当包括下列几个方面。
(1) 指出被审计单位的名称。
(2) 说明财务报表已经审计。
(3) 指出构成整套财务报表的每一个财务报表的名称。
(4) 提及财务报表附注。
(5) 指明构成整套财务报表的每一个财务报表的日期或涵盖的期间。

第二部分应当说明注册会计师发表的审计意见。如果对财务报表发表无保留意见，除非法律法规另有规定，审计意见应当使用"我们认为，财务报表在所有重大方面按照[适用的财务报告编制基础(如企业会计准则等)]编制，公允反映了……"的措辞。

4. 形成审计意见的基础

审计报告应当包含标题为"形成审计意见的基础"的部分。该部分提供关于审计意见的重要背景，应当紧接在审计意见部分之后，并包括下列几个方面。

(1) 说明注册会计师按照审计准则的规定执行了审计工作。

(2) 提及审计报告中用于描述审计准则规定的注册会计师责任的部分。

(3) 声明注册会计师按照与审计相关的职业道德要求对被审计单位保持了独立性，并履行了职业道德方面的其他责任。

(4) 说明注册会计师是否相信获取的审计证据是充分、适当的，为发表审计意见提供了基础。

5. 管理层对财务报表的责任

审计报告应当包含标题为"管理层对财务报表的责任"的部分，其中应当说明管理层负责下列几个方面：

(1) 按照适用的财务报告编制基础编制财务报表，并使其实现公允反映，并设计、执行和维护必要的内部控制，以使财务报表不存在由于舞弊或错误导致的重大错报。

(2) 评估被审计单位的持续经营能力和使用持续经营假设是否适当，并披露与持续经营相关的事项(如适用)。对管理层评估责任的说明应当包括描述在何种情况下使用持续经营假设是适当的。

6. 注册会计师对财务报表审计的责任

审计报告应当包含标题为"注册会计师对财务报表审计的责任"的部分，其中应当包括下列内容。

(1) 说明注册会计师的目标是对财务报表整体是否不存在由于舞弊或错误导致的重大错报获取合理保证，并出具包含审计意见的审计报告。

(2) 说明合理保证是高水平的保证，但按照审计准则执行的审计并不能保证一定会发现存在的重大错报。

(3) 说明错报可能由于舞弊或错误导致。在说明错报可能由于舞弊或错误导致时，注册会计师应当从下列两种做法中选取一种：①描述如果合理预期错报单独或汇总起来可能影响财务报表使用者依据财务报表作出的经济决策，则通常认为错报是重大的。②根据适用的财务报告编制基础，提供关于重要性的定义或描述。

注册会计师对财务报表审计的责任部分还应当包括下列内容：

(1) 说明在按照审计准则执行审计工作的过程中，注册会计师运用职业判断，并保持职业怀疑。

(2) 通过说明注册会计师的责任，对审计工作进行描述。这些责任包括以下内容。

① 识别和评估由于舞弊或错误导致的财务报表重大错报风险，设计和实施审计程序以应对这些风险，并获取充分、适当的审计证据，作为发表审计意见的基础。由于舞弊可能涉及串通、伪造、故意遗漏、虚假陈述或凌驾于内部控制之上，未能发现由于舞弊导致的重大错报的风险高于未能发现由于错误导致的重大错报的风险。

② 了解与审计相关的内部控制，以设计恰当的审计程序，但目的并非对内部控制的

有效性发表意见。当注册会计师有责任在财务报表审计的同时对内部控制的有效性发表意见时，应当略去上述"目的并非对内部控制的有效性发表意见"的表述。

③ 评价管理层选用会计政策的恰当性和作出会计估计及相关披露的合理性。

④ 对管理层使用持续经营假设的恰当性得出结论。同时，根据获取的审计证据，就可能导致对被审计单位持续经营能力产生重大疑虑的事项或情况是否存在重大不确定性得出结论。

⑤ 评价财务报表的总体列报、结构和内容(包括披露)，并评价财务报表是否公允反映相关交易和事项。

⑥ 说明注册会计师与治理层就计划的审计范围、时间安排和重大审计发现等事项进行沟通，包括沟通注册会计师在审计中识别的值得关注的内部控制缺陷。

⑦ 对于上市实体财务报表审计，指出注册会计师就已遵守与独立性相关的职业道德要求向治理层提供声明，并与治理层沟通可能被合理认为影响注册会计师独立性的所有关系和其他事项，以及相关的防范措施(如适用)。

⑧ 对于上市实体财务报表审计，以及决定按照《中国注册会计师审计准则第 1504 号——在审计报告中沟通关键审计事项》的规定沟通关键审计事项的其他情况，说明注册会计师从已与治理层沟通的事项中确定哪些事项对本期财务报表审计最为重要，因而构成关键审计事项。

7. 按照法律法规的要求报告的事项(如适用)

除审计准则规定的注册会计师对财务报表出具审计报告的责任外，相关法律法规可能对注册会计师设定了其他报告责任。例如，如果注册会计师在财务报表审计中注意到某些事项，可能被要求对这些事项予以报告。此外，注册会计师可能被要求实施额外的规定的程序并予以报告，或对特定事项(如会计账簿和记录的适当性)发表意见。

在某些情况下，相关法律法规可能要求或允许注册会计师将对这些其他责任的报告作为对财务报表出具的审计报告的一部分。在另外一些情况下，相关法律法规可能要求或允许注册会计师在单独出具的报告中进行报告。这些责任是注册会计师按照审计准则对财务报表出具审计报告的责任的补充。

8. 注册会计师的签名和盖章

审计报告应当由项目合伙人和另一名负责该项目的注册会计师签名和盖章。为进一步增强对审计报告使用者的透明度，在对上市实体整套通用目的财务报表出具的审计报告中应当注明项目合伙人。

9. 会计师事务所的名称、地址及盖章

审计报告应载明会计师事务所的名称和地址，并加盖会计师事务所公章。

根据《中华人民共和国注册会计师法》的规定，注册会计师承办业务，由其所在的会计师事务所统一受理并与委托人签订委托合同。因此，审计报告中除了应由注册会计师签名和盖章外，还应载明会计师事务所的名称和地址，并加盖会计师事务所公章。

注册会计师在审计报告中载明会计师事务所地址时，标明会计师事务所所在的城市即可。在实务中，审计报告通常载于会计师事务所统一印刷的、标有该所详细通信地址的信

笺上，因此，无须在审计报告中注明会计师事务所的详细地址。

10. 报告日期

审计报告应当注明报告日期。审计报告日不应早于注册会计师获取充分、适当的审计证据，并在此基础上对财务报表形成审计意见的日期。

在确定审计报告日期时，注册会计师应当确信已获取下列两方面的审计证据：①构成整套财务报表的所有报表(含披露)已编制完成；②被审计单位的董事会、管理层或类似机构已经认可其对财务报表负责。

审计报告的日期非常重要，注册会计师对不同时段的财务报表日后事项有着不同的责任，而审计报告的日期是划分时段的关键时点。注册会计师签署审计报告的日期可能与管理层签署已审计财务报表的日期为同一天，也可能晚于管理层签署已审计财务报表的日期。

【案例 11-1】 对上市实体财务报表出具的审计报告

背景信息

1. 对上市实体整套财务报表进行审计。该审计不属于集团审计，即不适用《中国注册会计师审计准则第 1401 号——对集团财务报表审计的特殊考虑》。

2. 管理层按照企业会计准则编制财务报表。

3. 审计业务约定条款体现了《中国注册会计师审计准则第 1111 号——就审计业务约定条款达成一致意见》中关于管理层对财务报表责任的描述。

4. 基于获取的审计证据，注册会计师认为发表无保留意见是恰当的。

5. 适用的相关职业道德要求为中国注册会计师职业道德守则。

6. 基于获取的审计证据，根据《中国注册会计师审计准则第 1324 号——持续经营》规定，注册会计师认为可能导致对被审计单位持续经营能力产生重大疑虑的事项或情况不存在重大不确定性。

7. 已按照《中国注册会计师审计准则第 1504 号——在审计报告中沟通关键审计事项》的规定，沟通了关键审计事项。

8. 注册会计师在审计报告日前已获取所有其他信息，且未识别出信息存在重大错报。

9. 负责监督财务报表的人员与负责编制财务报表的人员不同。

10. 除财务报表审计外，注册会计师还承担法律法规要求的其他报告责任，且注册会计师决定在审计报告中履行其他报告责任。

审 计 报 告

ABC 股份有限公司全体股东：

一、对财务报表出具的审计报告

(一)审计意见

我们审计了 ABC 股份有限公司(以下简称 ABC 公司)财务报表，包括 20×1 年 12 月 31 日的资产负债表，20×1 年度的利润表、现金流量表、股东权益变动表以及相关财务报表附注。

我们认为，后附的财务报表在所有重大方面按照企业会计准则的规定编制，公允反映了 ABC 公司 20×1 年 12 月 31 日的财务状况以及 20×1 年度的经营成果和现金流量。

(二)形成审计意见的基础

我们按照中国注册会计师审计准则的规定执行了审计工作。审计报告的"注册会计师对财务报表审计的责任"部分进一步阐述了我们在这些准则下的责任。按照中国注册会计师职业道德守则，我们独立于 ABC 公司，并履行了职业道德方面的其他责任。我们相信，我们获取的审计证据是充分、适当的，为发表审计意见提供了基础。

(三)关键审计事项

关键审计事项是我们根据职业判断，认为对本期财务报表审计最为重要的事项。这些事项的应对以对财务报表整体进行审计并形成审计意见为背景，我们不对这些事项单独发表意见。

作者注：此项按照《中国注册会计师审计准则第 1504 号——在审计报告中沟通关键审计事项》的规定，描述每一个关键审计事项。

(四)其他信息

作者注：此项按照《中国注册会计师审计准则第 1521 号——注册会计师对其他信息的责任》的规定报告。

(五)管理层和治理层对财务报表的责任

ABC 公司管理层(以下简称管理层)负责按照企业会计准则的规定编制财务报表，使其实现公允反映，并设计、执行和维护必要的内部控制，以使财务报表不存在由于舞弊或错误导致的重大错报。

在编制财务报表时，管理层负责评估 ABC 公司的持续经营能力，披露与持续经营相关的事项(如适用)，并运用持续经营假设，除非管理层计划清算 ABC 公司、终止运营或别无其他现实的选择。

治理层负责监督 ABC 公司的财务报告过程。

(六)注册会计师对财务报表审计的责任

我们的目标是对财务报表整体是否不存在由于舞弊或错误导致的重大错报获取合理保证，并出具包含审计意见的审计报告。合理保证是高水平的保证，但并不能保证按照审计准则执行的审计在某一重大错报存在时总能发现。错报可能由于舞弊或错误导致，如果合理预期错报单独或汇总起来可能影响财务报表使用者依据财务报表作出的经济决策，则通常认为错报是重大的。

在按照审计准则执行审计工作的过程中，我们运用职业判断，并保持职业怀疑。同时，我们也执行以下工作。

(1) 识别和评估由于舞弊或错误导致的财务报表重大错报风险，设计和实施审计程序以应对这些风险，并获取充分、适当的审计证据，作为发表审计意见的基础。由于舞弊可能涉及串通、伪造、故意遗漏、虚假陈述或凌驾于内部控制之上，未能发现由于舞弊导致的重大错报的风险高于未能发现由于错误导致的重大错报的风险。

(2) 了解与审计相关的内部控制，以设计恰当的审计程序，但目的并非对内部控制的有效性发表意见。

(3) 评价管理层选用会计政策的恰当性和作出会计估计及相关披露的合理性。

(4) 对管理层使用持续经营假设的恰当性得出结论。同时，根据获取的审计证据，就可能导致对 ABC 公司持续经营能力产生重大疑虑的事项或情况是否存在重大不确定性得出结论。如果我们得出结论认为存在重大不确定性，审计准则要求我们在审计报告中提请报表使用者注意财务报表中的相关披露；如果披露不充分，我们应当发表非无保留意见。我们的结论基于截至审计报告日可获得的信息。然而，未来的事项或情况可能导致 ABC 公司不能持续经营。

(5) 评价财务报表的总体列报、结构和内容，并评价财务报表是否公允反映相关交易和事项。

我们与治理层就计划的审计范围、时间安排和重大审计发现等事项进行沟通，包括沟通我们在审计中识别出的值得关注的内部控制缺陷。

我们还就已遵守与独立性相关的职业道德要求向治理层提供声明，并与治理层沟通可能被合理认为影响我们独立性的所有关系和其他事项，以及相关的防范措施(如适用)。

从与治理层沟通过的事项中，我们确定哪些事项对本期财务报表审计最为重要，因而构成关键审计事项。我们在审计报告中描述这些事项，除非法律法规禁止公开披露这些事项，或在极少数情形下，如果合理预期在审计报告中沟通某事项造成的负面后果超过在公众利益方面产生的益处，我们确定不应在审计报告中沟通该事项。

二、按照相关法律法规的要求报告的事项

作者注：本部分的格式和内容，取决于法律法规对其他报告责任性质的规定。本部分应当说明相关法律法规规定的事项(其他报告责任)，除非其他报告责任涉及的事项与审计准则规定的报告责任涉及的事项相同。如果涉及相同的事项，其他报告责任可以在审计准则规定的同一报告要素部分列示。当其他报告责任和审计准则规定的报告责任涉及同一事项，并且审计报告中的措辞能够将其他报告责任与审计准则规定的责任(如存在差异)予以清楚地区分时，可以将两者合并列示(即包含在"对财务报表出具的审计报告"部分中，并使用适当的副标题)。

××会计师事务所	中国注册会计师：×××(项目合伙人)
(盖章)	(签名并盖章)
	中国注册会计师：×××
	(签名并盖章)
中国××市	20×2 年×月××日

五、在审计报告中沟通关键审计事项

关键审计事项是指注册会计师根据职业判断认为对本期财务报表审计最为重要的事项。关键审计事项从注册会计师与治理层沟通过的事项中选取。当对财务报表发表无法表示意见时，注册会计师不得在审计报告中包含关键审计事项部分。

在审计报告中沟通关键审计事项，旨在通过提高已执行审计工作的透明度，增加审计报告的沟通价值。沟通关键审计事项还能够帮助财务报表预期使用者了解被审计单位，以及已审计财务报表中涉及重大管理层判断的领域，并能够为财务报表预期使用者就与被审计单位、已审计财务报表或已执行审计工作相关的事项进一步与管理层和治理层沟通提供基础。

(一)确定关键审计事项

注册会计师应当从与治理层沟通过的事项中确定在执行审计工作时重点关注过的事项。在确定时，注册会计师应当考虑：评估的重大错报风险较高的领域或识别出的特别风险；与财务报表中涉及重大管理层判断(包括被认为具有高度估计不确定性的会计估计)的领域相关的重大审计判断；本期重大交易或事项对审计的影响。

注册会计师应当从确定的事项中，确定哪些事项对本期财务报表审计最为重要，从而构成关键审计事项。

(二)沟通关键审计事项

注册会计师应当在审计报告中单设一部分，以"关键审计事项"为标题，并在该部分使用恰当的子标题逐项描述关键审计事项。关键审计事项部分的引言应当同时说明下列事项：

(1) 关键审计事项是注册会计师根据职业判断，认为对本期财务报表审计最为重要的事项；

(2) 关键审计事项的应对以对财务报表整体进行审计并形成审计意见为背景，注册会计师不对关键审计事项单独发表意见。

在审计报告的关键审计事项部分逐项描述关键审计事项时，注册会计师应当分别索引至财务报表的相关披露(如有)，并同时说明下列事项：

(1) 该事项被认定为审计中最为重要的事项之一，因而被确定为关键审计事项的原因；

(2) 该事项在审计中是如何应对的，具体描述内容有：①审计应对措施或审计方法中，与该事项最为相关或对评估的重大错报风险最有针对性的方面；②对已实施审计程序的简要概述；③实施审计程序的结果；④对该事项的主要看法。

除非存在下列情形之一，注册会计师应当在审计报告中描述每项关键审计事项：

(1) 法律法规禁止公开披露某事项；

(2) 在极少数情形下，如果合理预期在审计报告中沟通某事项造成的负面后果超过在公众利益方面产生的益处，注册会计师确定不应在审计报告中沟通该事项。

需要强调的是，如果注册会计师根据被审计单位和审计业务的具体事项和情况，确定不存在需要沟通的关键审计事项，注册会计师应当在审计报告中单设的关键审计事项部分对此进行说明。如果仅有的需要沟通的关键审计事项是导致非无保留意见的事项或可能导致对被审计单位持续经营能力产生重大疑虑的事项或情况存在重大不确定性，注册会计师应当在审计报告中单设的关键审计事项部分对此进行说明，而不在审计报告的关键审计事项部分进行描述。这些事项虽然都属于关键审计事项，但这些事项是在审计报告中专门的部分披露。进一步说，在关键审计事项部分披露的关键审计事项是已经得到满意解决的事项，既不存在审计范围受到限制，也不存在注册会计师与被审计单位管理层意见分歧的情况。

第三节　非无保留意见审计报告

一、非无保留意见的含义

非无保留意见是指对财务报表发表保留意见、否定意见或无法表示意见。

当存在下列情形之一时，注册会计师应当在审计报告中发表非无保留意见。

(一)根据获取的审计证据，得出财务报表整体存在重大错报的结论

错报是指某一财务报表项目所报告的金额、分类或列报，与按照适用的财务报告编制基础应当列示的金额、分类或列报之间存在的差异。财务报表的重大错报可能源于以下几方面。

1. 选择的会计政策的恰当性

在选择的会计政策的恰当性方面，当出现下列情形时，财务报表可能存在重大错报。

(1) 选择的会计政策与适用的财务报告编制基础不一致。

(2) 财务报表没有正确描述与资产负债表、利润表、所有者权益变动表或现金流量表中的重大项目相关的会计政策。

(3) 财务报表没有按照公允列报的方式反映交易和事项。

财务报告编制基础通常包括对会计处理、披露和会计政策变更的要求。如果被审计单位变更了重大会计政策，且没有遵守这些要求，财务报表可能存在重大错报。

2. 对所选择的会计政策的运用

对所选择的会计政策的运用方面，当出现下列情形时，财务报表可能存在重大错报。

(1) 管理层没有按照适用的财务报告编制基础的要求一贯运用所选择的会计政策，包括管理层未在不同会计期间或对相似的交易和事项一贯运用所选择的会计政策(运用的一致性)。

(2) 不当运用所选择的会计政策(如运用中的无意错误)。

3. 财务报表披露的恰当性或充分性

当出现下列情形之一时，财务报表可能存在重大错报。

(1) 财务报表没有包括适用的财务报告编制基础要求的所有披露。

(2) 财务报表的披露没有按照适用的财务报告编制基础列报。

(3) 财务报表没有作出必要的披露以实现公允反映。

(二)无法获取充分、适当的审计证据，不能得出财务报表整体不存在重大错报的结论

如果注册会计师能够通过实施替代程序获取充分、适当的审计证据，则无法实施特定的程序并不构成对审计范围的限制。下列情形可能导致注册会计师无法获取充分、适当的审计证据(也称为审计范围受到限制)。

(1) 超出被审计单位控制的情形，例如被审计单位的会计记录已被毁坏。

(2) 与注册会计师工作的性质或时间安排相关的情形。例如，注册会计师接受委托的时间安排，使注册会计师无法实施存货监盘。

(3) 管理层对审计范围施加限制的情形，例如管理层阻止注册会计师对特定账户余额实施函证。

二、确定非无保留意见的类型

注册会计师确定恰当的非无保留意见类型，取决于下列事项。

(1) 导致发表非无保留意见的事项，是财务报表存在重大错报，还是在无法获取充分、适当的审计证据的情况下，财务报表可能存在重大错报。

(2) 注册会计师根据导致发表非无保留意见的事项对财务报表产生或可能产生影响的广泛性作出的判断。

表 11-1 列示了注册会计师对导致发表非无保留意见的事项和这些事项对财务报表产生或可能产生影响的广泛性作出的判断，以及注册会计师的判断对审计意见类型的影响。

表 11-1　导致发表非无保留意见的事项及影响

导致发表非无保留意见的事项	这些事项对财务报表产生或可能产生的影响	
	重大但不具有广泛性	重大且具有广泛性
财务报表存在重大错报	保留意见	否定意见
无法获取充分、适当的审计证据的情况下，财务报表可能存在重大错报	保留意见	无法表示意见

1. 发表保留意见

当存在下列情形之一时，注册会计师应当发表保留意见。

(1) 在获取充分、适当的审计证据后，注册会计师认为错报单独或汇总起来对财务报表影响重大，但不具有广泛性。

(2) 注册会计师无法获取充分、适当的审计证据以作为形成审计意见的基础，但认为未发现的错报(如存在)对财务报表可能产生的影响重大，但不具有广泛性。

2. 发表否定意见

在获取充分、适当的审计证据后，如果认为错报单独或汇总起来对财务报表的影响重大且具有广泛性，注册会计师应当发表否定意见。

3. 发表无法表示意见

如果无法获取充分、适当的审计证据以作为形成审计意见的基础，但认为未发现的错报(如存在)对财务报表可能产生的影响重大且具有广泛性，注册会计师应当发表无法表示意见。

在少数情况下，可能存在多个不确定事项。尽管注册会计师对每个单独的不确定事项获取了充分、适当的审计证据，但由于不确定事项之间可能存在相互影响，以及可能对财务报表产生累积影响，注册会计师不可能对财务报表形成审计意见。在这种情况下，注册会计师应当发表无法表示意见。

三、非无保留意见的审计报告的格式和内容

(一)形成审计意见的基础

1. 审计报告格式和内容的一致性

审计报告格式和内容的一致性有助于提高使用者的理解和识别存在的异常情况。因此，尽管不可能统一非无保留意见的措辞和对导致非无保留意见的事项的说明，但仍有必要保持审计报告格式和内容的一致性。

如果对财务报表发表非无保留意见，注册会计师应当将审计报告中"形成审计意见的基础"部分的标题修改为恰当的标题，如"形成保留意见的基础""形成否定意见的基础""形成无法表示意见的基础"，说明导致发表非无保留意见的事项。

当发表保留或否定意见时，注册会计师应当修改"形成保留(否定)审计意见的基础"部分的描述，以说明：注册会计师相信，注册会计师获取的审计证据是充分、适当的，为发表保留(否定)意见提供了基础。

当发表无法表示意见时，注册会计师应当修改"形成无法表示意见的基础"部分的表述，不应提及审计报告中用于描述注册会计师责任的部分，也不应说明注册会计师是否已获取充分、适当的审计证据以作为形成审计意见的基础。

2. 量化财务影响

如果财务报表中存在与具体金额(包括定量披露)相关的重大错报，注册会计师应当在导致非无保留意见的事项段中说明并量化该错报的财务影响。如果无法量化财务影响，注册会计师应当在导致非无保留意见的事项段中说明这一情况。

3. 存在与叙述性披露相关的重大错报

如果财务报表中存在与定性披露相关的重大错报，注册会计师应当在形成审计意见的基础部分解释该错报错在何处。

4. 存在与应披露而未披露信息相关的重大错报

如果财务报表中存在与应披露而未披露信息相关的重大错报，注册会计师应当。
(1) 与治理层讨论未披露信息的情况。
(2) 在形成审计意见的基础部分描述未披露信息的性质。
(3) 如果可行并且已针对未披露信息获取了充分、适当的审计证据，在形成审计意见的基础部分包含对未披露信息的披露，除非法律法规禁止。

5. 无法获取充分、适当的审计证据

如果因无法获取充分、适当的审计证据而导致发表非无保留意见，注册会计师应当在形成审计意见的基础部分说明无法获取审计证据的原因。

6. 披露其他事项

即使发表了否定意见或无法表示意见，注册会计师也应当在形成审计意见的基础部分说明注意到的、将导致发表非无保留意见的所有其他事项及其影响。

(二)审计意见部分

1. 标题

在发表非无保留意见时，注册会计师应当对审计意见部分使用恰当的标题，如"保留意见""否定意见"或"无法表示意见"。

2. 发表保留意见

当由于财务报表存在重大错报而发表保留意见时，注册会计师应当在审计意见部分说明："注册会计师认为，除形成保留意见的基础部分所述事项产生的影响外，后附的财务报表在所有重大方面按照适用的财务报告编制基础编制，公允反映了……"

当无法获取充分、适当的审计证据而导致发表保留意见时，注册会计师应当在审计意见部分使用"除……可能产生的影响外"等措辞。

当注册会计师发表保留意见时，在审计意见部分使用"由于上述解释"或"受……影响"等措辞是不恰当的，因为这些措辞不够清晰或没有足够的说服力。

3. 发表否定意见

当发表否定意见时，注册会计师应当在审计意见部分说明："注册会计师认为，由于形成否定意见的基础部分所述事项的重要性，后附的财务报表没有在所有重大方面按照适用的财务报告编制基础编制，未能公允反映……"

4. 发表无法表示意见

当由于无法获取充分、适当的审计证据而发表无法表示意见时，注册会计师应当在审计意见部分说明其不对后附的财务报表发表审计意见，并说明："由于形成无法表示意见的基础部分所述事项的重要性，注册会计师无法获取充分、适当的审计证据作为发表审计意见提供基础。"同时，注册会计师应当将有关财务报表已经审计的说明，修改为注册会计师接受委托审计财务报表。

(三)注册会计师对财务报表审计的责任部分

当由于无法获取充分、适当的审计证据而发表无法表示意见时，注册会计师应当对无保留意见审计报告中注册会计师对财务报表审计的责任部分的表述进行修改，使之包含下列内容。

(1) 注册会计师的责任是按照中国注册会计师审计准则的规定，对被审计单位财务报表执行审计工作，以出具审计报告。

(2) 但由于形成无法表示意见的基础部分所述的事项，注册会计师无法获取充分、适当的审计证据作为发表审计意见的基础。

(3) 声明注册会计师在独立性和职业道德方面的其他责任。

四、非无保留意见的审计报告的参考格式

【案例11-2】由于财务报表存在重大错报而出具保留意见的审计报告

审 计 报 告

ABC股份有限公司全体股东：

一、对财务报表出具的审计报告

(一)保留意见

我们审计了ABC股份有限公司(以下简称ABC公司)的财务报表，包括20×1年12月31日的资产负债表，20×1年度的利润表、现金流量表、股东权益变动表以及相关财务报表附注。

我们认为，除"形成审计意见的基础"部分所述事项产生的影响外，后附的财务报表在所有重大方面按照企业会计准则的规定编制，公允反映了ABC公司20×1年12月31日的财务状况以及20×1年度的经营成果和现金流量。

(二)形成保留意见的基础

ABC公司20×1年12月31日资产负债表中存货的列示金额为××元。ABC公司管理层(以下简称"管理层")根据成本对存货进行计量，而没有根据成本与可变现净值孰低的原则进行计量，这不符合企业会计准则的规定。ABC公司的会计记录显示，如果管理层以成本与可变现净值孰低来计量存货，存货列示金额将减少××元。相应地，资产减值损失将增加×元，所得税、净利润和股东权益将分别减少××元、××元和××元。

我们按照中国注册会计师审计准则的规定执行了审计工作。审计报告中的"注册会计师对财务报表审计的责任"部分进一步阐述了我们在这些准则下的责任。按照中国注册会计师职业道德守则，我们独立于ABC公司，并履行了职业道德方面的其他责任。我们相信，我们获取的审计证据是充分、适当的，为发表审计意见提供了基础。

(三)其他信息

作者注： 此项按照《中国注册会计师审计准则第1521号——注册会计师对其他信息的责任》的规定报告。其他信息部分的最后一段需要进行改写，以描述导致注册会计对财务报表发表保留意见并且影响其他信息的事项。

(四)关键审计事项

关键审计事项是我们根据职业判断，认为对本期财务报表审计最为重要的事项。这些事项的应对以对财务报表整体进行审计并形成审计意见为背景，我们不对这些事项单独发表意见。除"形成保留意见的基础"部分所述事项外，我们确定下列事项是需要在审计报告中沟通的关键审计事项。

作者注： 此项按照《中国注册会计师审计准则第1504号——在审计报告中沟通关键审计事项》的规定描述每一关键审计事项。

(五)管理层和治理层对财务报表的责任

作者注： 此项按照《中国注册会计师审计准则第1501号——对财务报表形成审计意见和出具审计报告》的规定报告，参见例11-1。

(六)注册会计师对财务报表审计的责任

作者注：此项按照《中国注册会计师审计准则第 1501 号——对财务报表形成审计意见和出具审计报告》的规定报告，参见例 11-1。

二、按照相关法律法规的要求报告的事项

作者注：此项按照《中国注册会计师审计准则第 1501 号——对财务报表形成审计意见和出具审计报告》的规定报告，参见例 11-1。

××会计师事务所	中国注册会计师：×××(项目合伙人)
(盖章)	(签名并盖章)
	中国注册会计师：×××
	(签名并盖章)
中国××市	20×2 年×月×日

【例 11-3】由于合并财务报表存在重大错报而出具否定意见的审计报告

审 计 报 告

ABC 股份有限公司全体股东：

一、对合并财务报表出具的审计报告

(一)否定意见

我们审计了 ABC 股份有限公司及其子公司(以下简称"ABC 集团")的合并财务报表，包括 20×1 年 12 月 31 日的合并资产负债表，20×1 年度的合并利润表、合并现金流量表、合并股东权益变动表以及相关合并财务报表附注。

我们认为，由于"形成否定意见的基础"部分所述事项的重要性，后附的合并财务报表没有在所有重大方面按照××财务报告编制基础的规定编制，未能公允反映 ABC 集团 20×1 年 12 月 31 日的合并财务状况以及 20×1 年度的合并经营成果和合并现金流量。

(二)形成否定意见的基础

如财务报表附注×所述，20×1 年 ABC 集团通过非同一控制下的企业合并获得对 XYZ 公司的控制权，因未能取得购买日 XYZ 公司某些重要资产和负债的公允价值，故未将 XYZ 公司纳入合并财务报表的范围。按照××财务报告编制基础的规定，该集团应将这一子公司纳入合并范围，并以暂估金额为基础核算该项收购。如果将 XYZ 公司纳入合并财务报表的范围，后附的 ABC 集团合并财务报表的多个报表项目将受到重大影响。但我们无法确定未将 XYZ 公司纳入合并范围对合并财务报表产生的影响。

我们按照中国注册会计师审计准则的规定执行了审计工作。审计报告的"注册会计师对财务报表审计的责任"部分进一步阐述了我们在这些准则下的责任。按照中国注册会计师职业道德守则，我们独立于 ABC 集团，并履行了职业道德方面的其他责任。我们相信，我们获取的审计证据是充分、适当的，为发表否定意见提供了基础。

(三)其他信息

作者注：此项按照《中国注册会计师审计准则第 1521 号——注册会计师对其他信息的责任》的规定报告。其他信息部分的最后一段需要进行改写，以描述导致注册会计对财务报表发表保留意见并且影响其他信息的事项。

(四)关键审计事项

关键审计事项是我们根据职业判断，认为对本期财务报表审计最为重要的事项。这些事项的应对以对财务报表整体进行审计并形成审计意见为背景，我们不对这些事项单独发表意见。除"形成保留意见的基础"部分所述事项外，我们确定下列事项是需要在审计报告中沟通的关键审计事项。

作者注：此项按照《中国注册会计师审计准则第 1504 号——在审计报告中沟通关键审计事项》的规定描述每一个关键审计事项。

(五)管理层和治理层对财务报表的责任

作者注：此项按照《中国注册会计师审计准则第 1501 号——对财务报表形成审计意见和出具审计报告》的规定报告，参见例 11-1。

(六)注册会计师对财务报表审计的责任

作者注：此项按照《中国注册会计师审计准则第 1501 号——对财务报表形成审计意见和出具审计报告》的规定报告，参见例 11-1。

二、按照相关法律法规的要求报告的事项

作者注：此项按照《中国注册会计师审计准则第 1501 号——对财务报表形成审计意见和出具审计报告》的规定报告，参见例 11-1。

××会计师事务所	中国注册会计师：×××(项目合伙人)
(盖章)	(签名并盖章)
	中国注册会计师：×××
	(签名并盖章)
中国××市	20×2 年×月×日

【案例 11-4】 由于注册会计师无法针对财务报表多个要素获取充分、适当的审计证据而出具无法表示意见的审计报告

审 计 报 告

ABC 股份有限公司全体股东：

一、对财务报表出具的审计报告

(一)无法表示意见

我们接受委托，审计 ABC 股份有限公司(以下简称"ABC 公司")的财务报表，包括 20×1 年 12 月 31 日的资产负债表，20×1 年度的利润表、现金流量表、股东权益变动表以及相关财务报表附注。

我们不对后附的 ABC 公司财务报表发表审计意见。由于"形成无法表示意见的基础"部分所述事项的重要性，我们无法获取充分、适当的审计证据作为对财务报表发表审计意见的基础。

(二)形成无法表示意见的基础

我们于 20×2 年 1 月接受 ABC 公司的审计委托，因而未能对 ABC 公司 20×1 年年初金额为××元的存货和年末金额为××元的存货实施监盘程序。此外，我们也无法实施替代审计程序获取充分、适当的审计证据。并且，ABC 公司于 20×1 年 9 月采用新的应收账款电算化系统，由于存在系统缺陷导致应收账款出现大量错误。截至报告日，ABC 公司管

理层(以下简称"管理层")仍在纠正系统缺陷并更正错误。我们无法实施替代审计程序，以对截至 20×1 年 12 月 31 日的应收账款总额××元获取充分、适当的审计证据。因此，我们无法确定是否有必要对存货、应收账款以及财务报表其他项目作出调整，也无法确定应调整的金额。

(三)管理层和治理层对财务报表的责任

作者注：此项按照《中国注册会计师审计准则第 1501 号——对财务报表形成审计意见和出具审计报告》的规定报告，参见例 11-1。

(四)注册会计师对财务报表审计的责任

我们的责任是按照中国注册会计师审计准则的规定，对 ABC 公司的财务报表执行审计工作，以出具审计报告。但由于"形成无法表示意见的基础"部分所述的事项，我们无法获取充分、适当的审计证据作为发表审计意见的基础。

按照中国注册会计师职业道德守则，我们独立于 ABC 公司，并履行了职业道德方面的其他责任。

二、对其他法律和监管要求要求的报告

作者注：此项按照《中国注册会计师审计准则第 1501 号——对财务报表形成审计意见和出具审计报告》的规定报告，参见例 11-1。

××会计师事务所	中国注册会计师：×××(项目合伙人)
(盖章)	(签名并盖章)
	中国注册会计师：×××
	(签名并盖章)
中国××市	20×2 年×月×日

五、在审计报告中增加强调事项段

1. 强调事项段的含义

审计报告的强调事项段是指审计报告中含有的一个段落，该段落提及已在财务报表中恰当列报或披露的事项，且根据注册会计师的职业判断，该事项对财务报表使用者理解财务报表至关重要。

2. 需要增加强调事项段的情形

如果认为有必要提醒财务报表使用者关注已在财务报表中列报或披露，且根据职业判断认为对财务报表使用者理解财务报表至关重要的事项，在同时满足下列条件时，注册会计师应当在审计报告中增加强调事项段。

(1) 按照《中国注册会计师审计准则第 1502 号——在审计报告中发表非无保留意见》的规定，该事项不会导致注册会计师发表非无保留意见。

(2) 当《中国注册会计师审计准则第 1504 号——在审计报告中沟通关键审计事项》适用时，该事项未被确定为在审计报告中沟通的关键审计事项。

某些审计准则要求注册会计师在特定情况下在审计报告中增加强调事项段。这些情形包括以下几个方面。

(1) 法律法规规定的财务报告编制基础不可接受，但其是基于法律或法规作出的规定。

(2) 提醒财务报表使用者注意财务报表是按照特殊目的编制基础编制。

(3) 注册会计师在审计报告日后知悉了某些事实(即期后事项)，并且出具了新的或经修改的审计报告。

除上述审计准则要求增加强调事项的情形外，注册会计师认为可能需要增加强调事项的情形有以下几个方面。

(1) 异常诉讼或监管行动的未来结果存在不确定性。

(2) 在财务报表日至审计报告日之间发生的重大期后事项。

(3) 在允许的情况下，提前应用对财务报表有重大影响的新会计准则。

(4) 存在已经或持续对被审计单位财务状况产生重大影响的特大灾难。

3. 在审计报告中增加强调事项段时，注册会计师采取的措施

如果在审计报告中增加强调事项段，注册会计师应当采取下列措施。

(1) 将强调事项段作为单独的一部分置于审计报告中，并使用包含"强调事项"这一术语的适当标题。

(2) 明确提及被强调事项以及相关披露的位置，以便能够在财务报表中找到对该事项的详细描述。

(3) 指出审计意见没有因该强调事项而改变。

在审计报告中包含强调事项段不影响审计意见、不能代替下列情形。

(1) 根据审计业务的具体情况，按照《中国注册会计师审计准则第 1502 号——在审计报告中发表非无保留意见》的规定发表非无保留意见。

(2) 适用的财务报告编制基础要求管理层在财务报表中作出的披露，或为实现公允列报所需的其他披露。

(3) 按照《中国注册会计师审计准则第 1324 号——持续经营》的规定，当可能导致对被审计单位持续经营能力产生重大疑虑的事项或情况存在重大不确定性时作出的报告。

本 章 小 结

本章内容主要包括注册会计师在编制审计报告前的工作，审计报告的作用、种类、基本要素与格式及无保留意见审计报告与非无保留意见审计报告的条件及其范例。

在出具审计报告前，注册会计师应在完成各业务循环财务报表项目的审计测试和一些特殊目的的审计工作后，评价审计中的重大发现、评价审计过程中发现的错报、复核审计工作等，在此基础上评价审计结果，获取管理层声明，确定应出具的审计报告的意见类型和措辞，终结审计工作。

审计报告具有鉴证、保护和证明作用。注册会计师的目标是在评价根据审计证据得出的结论的基础上，对财务报表形成审计意见，并通过书面报告的形式清楚地表达审计意见。无保留意见，是指当注册会计师认为财务报表在所有重大方面按照适用的财务报告编制基础编制并实现公允反映时发表的审计意见。非无保留意见是指对财务报表发表的保留意见、否定意见或无法表示意见。

复习思考题

1. 简述注册会计师应如何评价审计过程中发现的错报。
2. 简述项目质量复核的程序。
3. 与客户治理层沟通的事项有哪些？
4. 简述审计报告的要素。
5. 简述什么情况下需要在审计报告中加入强调事项段？
6. 简述注册会计师确定关键审计事项时，应该考虑什么？
7. 非无保留意见审计报告有哪几种形式？分别在什么情况下出具？

第十二章

注册会计师的其他鉴证业务
与相关服务业务

案例导读

2012 年上市公司新华制药的内部控制审计报告成为我国第一份上市公司非标准的内部控制审计意见。审计师在出具的内部控制审计报告中披露了新华制药内部控制存在的重大缺陷。新华制药下属子公司山东新华医药贸易有限公司(以下简称"医贸公司")内部控制制度对多头授信无明确规定。在实际执行中，医贸公司的鲁中分公司、工业销售部门、商业销售部门三个部门分别向同一客户授信，使得授信额度过大；新华制药下属子公司医贸公司内部控制制度规定对客户授信额度不大于客户注册资本，但医贸公司在实际执行过程中，对部分客户超出客户注册资本授信，使得授信额度过大，同时医贸公司也存在未授信的发货情况。上述重大缺陷使得新华制药对山东欣康祺医药有限公司及与其存在担保关系方形成大额应收款项 6.07 亿元。同时，因欣康祺医药经营出现异常，资金链断裂，可能使新华制药遭受重大经济损失。所以 2011 年度，新华制药对上述应收款项计提了 4.86 亿元坏账准备。

学习目标

通过本章的学习，了解财务报表审阅的目标；掌握财务报表审阅的程序和审阅报告的基本要素；了解和掌握内部控制审计的内容、程序和内部控制审计报告及其类型；了解对财务信息执行商定程序的目标和商定程序业务报告的基本内容；了解代编财务信息的目标和代编业务报告的基本内容。

第一节　财务报表审阅

财务报表审阅是注册会计师对财务报表执行的一类重要的鉴证业务。财务报表审阅是指注册会计师接受委托，主要通过实施询问和分析程序为主的审阅程序，获取充分、适当的证据，对财务报表提供有限保证。审阅提供的保证程度低于审计，适用于被审阅单位或者财务信息的其他使用者不需要审计、但又对信息质量有一定要求的情况。

一、财务报表审阅的目标

财务报表审阅的目标是注册会计师在实施审阅的基础上，说明是否注意到某些事项，使其相信财务报表没有按照适用的会计准则和相关会计制度的规定编制，未能在所有重大方面公允反映被审阅单位的财务状况、经营成果和现金流量。

在财务报表审阅中，要求注册会计师将审阅风险降低至该业务环境下可接受的水平，对审阅后的财务报表提供低于高水平的保证，在审阅报告中对财务报表采用消极方式提出结论。

审计、审阅业务属于鉴证业务。审计业务和审阅业务的对象都是历史财务信息，两者在职业道德规范、计划、业务约定书和保持职业怀疑态度等方面均应遵循《中国注册会计师鉴证业务基本准则》和其他服务准则。

二、审阅范围和保证程度

(一)审阅范围

审阅范围是指为实现财务报表审阅目标，注册会计师根据《中国注册会计师审阅准则第 2101 号——财务报表审阅》准则和职业判断实施的恰当的审阅程序的总和。必要时，还应当考虑业务约定条款的要求。

(二)保证程度

在财务报表审阅业务中，注册会计师提供的保证水平低于在财务报表审计业务中提供的保证水平。与审计相比，审阅在证据收集程序中的性质、时间、范围等方面是有意识地加以限制的。注册会计师通常无须执行在审计业务中执行的某些程序，例如对内部控制进行测试、对存货进行监盘、对应收款项实施函证等，注册会计师只是对财务报表实施以询问和分析程序为主的程序。只有在有理由相信财务报表可能存在重大错报的情况下，注册会计师才会实施追加的或更为广泛的程序。

由于审阅程序有限，注册会计师通过实施审阅程序，通常不能获取足以支持高保证程度(即合理保证)的证据，而只能获取支持有限保证的证据。但注册会计师实施的证据收集程序至少应当足以获取有意义的保证水平，作为以消极方式提出结论的基础。

三、财务报表审阅的程序

财务报表审阅一般包括以下几个步骤。

1. 签订业务约定书

注册会计师应当与被审阅单位就业务约定条款达成一致意见，并签订业务约定书。业务约定书应当包括下列内容：①审阅业务的目标；②管理层对财务报表的责任；③审阅范围，审阅范围应提及按照《中国注册会计师审阅准则第 2101 号——财务报表审阅》准则的规定执行审阅工作；④注册会计师不受限制地接触审阅业务所要求的记录、文件和其他信息；⑤预期提交的报告样本，为了便于委托人理解审阅与审计的区别，注册会计师应当在业务约定书中加入预定的报告格式，或者将预定的报告格式作为业务约定书的附件；⑥说明不能依赖财务报表审阅揭示错误、舞弊和违反法规行为；⑦说明没有实施审计，因此注册会计师不发表审计意见，不能满足法律法规或第三方对审计的要求。

2. 计划审阅工作

计划审阅工作对注册会计师顺利完成审阅工作和控制审阅风险具有重要意义。充分的审阅计划有助于注册会计师关注重点审阅领域、及时发现和解决潜在的问题及恰当地组织和管理审阅工作，以使审阅工作更加有效。同时充分的审阅计划还可以帮助注册会计师对项目组成员进行恰当的分工和监督指导，并复核其工作，还有助于协调其他注册会计师和专家的工作。

在计划审阅工作时，注册会计师应当了解被审阅单位及其环境，或更新以前了解的内容，包括考虑被审阅单位的组织结构、会计信息系统、经营管理情况以及资产、负债、收入和费用的性质等。

3．实施审阅程序

财务报表审阅程序通常包括以下几个步骤。

(1) 了解被审阅单位及其环境。

(2) 询问被审阅单位采用的会计准则和相关会计制度。

(3) 询问被审阅单位对交易和事项的确认、计量、记录和报告的程序。

(4) 询问财务报表中所有重要的认定。

(5) 实施分析程序，以识别异常关系和异常项目。

(6) 询问股东会、董事会以及其他类似机构决定采取的可能对财务报表产生重大影响的措施。

(7) 阅读财务报表以考虑是否遵循指明的编制基础。

(8) 获取其他注册会计师业已对被审阅单位部分财务报表出具的审计报告或审阅报告。

四、审阅结论

在实施审阅程序后，注册会计师应当运用职业判断分析和评价所获取的审阅证据，并在此基础上形成审阅结论，按业务约定书约定的时间出具审阅报告。

(一)审阅报告的要素

审阅报告一般包括以下八个要素。

1．标题

审阅报告的标题统一规范为"审阅报告"。

2．收件人

审阅报告的收件人应当为审阅业务的委托人。审阅报告应当载明收件人的全称。

3．引言段

审阅报告的引言段应当指明所审阅财务报表的名称，管理层的责任以及注册会计师的责任。如果无法对所审阅财务报表提供任何保证，则应当删除本段中对注册会计师责任的表述。

4．范围段

审阅报告的范围段应当说明审阅的性质，包括：①审阅业务所依据的准则；②审阅主要限于询问和实施分析程序，提供的保证程度低于审计；③没有实施审计，因而不发表审计意见。

5．结论段

结论段中应当说明：根据注册会计的审阅，是否注意到某些事项，使注册会计师相信财务报表没有按照适用的会计准则和相关会计制度的规定编制，未能在所有重大方面公允反映被审阅单位的财务状况、经营成果和现金流量。

6．注册会计师的签名和盖章(说明从略)

7．会计师事务所的名称、地址及盖章(说明从略)

8．报告日期

审阅报告的报告日期是指注册会计师完成审阅工作的日期，不应早于管理层批准财务报表的日期。

注册会计师在确定审阅工作完成日时，应当考虑：①实施的程序是否已经完成；②要求被审阅单位调整或披露的事项是否已经提出，被审阅单位是否已经作出或拒绝作出调整或披露；③被审阅单位管理层是否已经正式签署财务报表。审阅报告应当后附已审阅的财务报表。为避免审阅报告的误用，审阅报告一般应与已审阅的财务报表一并使用。

在某些情况下，如果注册会计师与委托人约定，审阅报告仅限于特定使用者或者特定方面使用，或者仅限于特定用途，则应当在审阅报告的结论段后增设一段，对审阅报告的分发和使用限制予以明确说明。

(二)审阅结论的类型及其适用条件

注册会计师应当根据实施审阅程序的具体情况，在审阅报告的结论段中提出下列之一的结论。

1．无保留结论

注册会计师对所审阅财务报表提出无保留结论，应当同时满足以下条件。

(1) 注册会计师没有注意到任何事项使其相信财务报表没有按照适用的会计准则和相关会计制度的规定编制，未能在所有重大方面公允反映被审阅单位的财务状况、经营成果和现金流量。

(2) 注册会计师已经按照审阅准则的规定计划和实施审阅工作，在审阅过程中未受到限制。

2．保留结论

注册会计师对所审阅财务报表提出的保留结论适用于以下两种情况。

(1) 注册会计师注意到某些事项使其相信财务报表没有按照适用的会计准则和相关会计制度的规定编制，未能在所有重大方面公允反映被审阅单位的财务状况、经营成果和现金流量。这些事项虽然影响重大，但其影响尚未达到"非常重大和广泛"的程度，尚不足以导致注册会计师提出否定结论。

(2) 注册会计师的审阅存在重大的范围限制。该范围限制虽然影响重大，但其影响尚未达到"非常重大和广泛"的程度，尚不足以导致注册会计师无法提供任何保证。

在上述第(2)种情况下，注册会计师还需要在审阅报告的范围段中提及审阅范围受限制的情况，典型的措辞如："除下段(即说明段)所述事项外，我们按照《中国注册会计师审阅准则第2101号——财务报表审阅》的规定执行了审阅业务。"

在提出保留结论的情况下，审阅报告的结论段中需使用"除了上述……所造成的影响外"等术语。

3．否定结论

如果注册会计师注意到某些事项使其相信财务报表没有按照适用的会计准则和相关会计制度的规定编制，未能在所有重大方面公允反映被审阅单位的财务状况、经营成果和现金流量，且这些事项对财务报表的影响非常重大和广泛，以至于注册会计师认为仅提出保留结论不足以揭示财务报表的误导性或错报的严重程度，注册会计师应当对财务报表提出否定结论，即财务报表没有按照适用的会计准则和相关会计制度的规定编制，未能在所有重大方面公允反映被审阅单位的财务状况、经营成果和现金流量。

在提出否定结论时，注册会计师应使用"由于受到前段所述事项的重大影响""财务报表未能按照企业会计准则和《××会计制度》的规定编制"等术语。

4．无法提供任何保证

如果存在重大的范围限制且该范围限制的影响非常重大和广泛，以至于注册会计师认为不能提供任何程度的保证时，不应提供任何保证。

由此可见，导致注册会计师无法提供任何保证的事项，就其类型而言与前述保留结论的第(2)种情况是类似的，但是根据注册会计师的职业判断，认为其影响的程度和范围比导致提出保留结论的事项更为重大和广泛，以至于注册会计师认为不能提供任何程度的保证。

在无法提供任何保证的审阅报告中，注册会计师应当删除引言段中对于注册会计师责任的表述，删除范围段，在说明段中说明审阅范围受限的情况，并在结论段中使用"由于受到前段所述事项的重大影响""我们无法对财务报表提供任何保证"等术语。

第二节　企业内部控制审计

健全有效的内部控制对保证企业财务报告的可靠性至关重要。2010 年 4 月 26 日，财政部等五部委发布《企业内部控制审计指引》，自 2011 年 1 月 1 日起首先在境内外同时上市的公司施行，自 2012 年 1 月 1 日起扩大到在上海证券交易所、深圳交易所主板上市的公司施行；在此基础上，择机在中小板和创业板上市公司施行；同时，鼓励非上市大中型企业提前执行。执行企业内控规范的企业，必须对本企业内部控制的有效性进行自我评价，披露年度自我评价报告，同时聘请具有证券期货业务资格的会计师事务所对其财务报告内部控制的有效性进行审计，出具审计报告。

一、企业内部控制审计的定义和范围

企业内部控制审计是指会计师事务所接受委托，对特定基准日内部控制设计与运行的有效性进行审计。

内部控制审计基准日是指注册会计师评价内部控制在某一时日是否有效所涉及的基准日，也是被审计单位评价基准日，即最近一个会计期间截止日。注册会计师基于基准日(如年末 12 月 31 日)内部控制的有效性发表意见，而不是对财务报表涵盖的整个期间(如 1 年)的内部控制的有效性发表意见。但这并不意味着注册会计师只关注企业基准日当天的内部控制。对有些内部控制，注册会计师需要考察足够长的运行时间，才能得出是否有效的结论。

注册会计师应当对财务报告内部控制的有效性发表审计意见，并对内部控制审计过程中注意到的非财务报告内部控制的重大缺陷，在内部控制审计报告中增加"非财务报告内部控制重大缺陷描述段"予以披露。

注册会计师可以单独进行内部控制审计，也可将内部控制审计与财务报表审计整合进行(以下简称整合审计)。在整合审计中，注册会计师应当对内部控制设计和运行的有效性进行测试，以同时实现下列目标：①获取充分、适当的证据，支持其在内部控制审计中对内部控制的有效性发表的意见；②获取充分、适当的证据，支持其在财务报表审计中对控制的风险评估结果。根据整合审计的要求，在内部控制审计与财务报表审计中获取的审计证据应当相互印证、相互利用。

二、计划审计工作

注册会计师应当恰当地计划内部控制审计工作，配备具有专业胜任能力的项目组，并对助理人员进行适当的督导。在计划审计工作时，注册会计师应当评价下列事项对内部控制、财务报表以及审计工作的影响：①与企业相关的风险；②相关法律法规和行业概况；③企业组织结构、经营特征和资本结构等相关重要事项；④企业内部控制最近发生变化的程度；⑤与企业沟通过的内部控制缺陷；⑥重要性、风险性等与确定内部控制重大缺陷相关的因素；⑦对内部控制有效性的初步判断；⑧可获取的、与内部控制有效性相关的证据的类型和范围。

三、实施审计工作

在内部控制审计中，注册会计师应当运用自上而下的方法选择拟测试的控制。自上而下的方法按照下列思路展开：①从财务报表层次初步了解内部控制整体风险；②识别企业层面控制；③识别重要账户、列报及其相关认定；④了解错报的可能来源；⑤选择拟测试的控制。自上而下的方法是注册会计师识别风险、选择拟测试控制的基本思路。在实施审计工作时，可以将企业层面控制和业务层面控制的测试结合进行。

(一)识别企业层面控制

注册会计师应当测试对评价内部控制有效性有重要影响的企业层面控制。对企业层面控制包括：①与内部环境相关的控制；②针对管理层和治理层凌驾于控制之上而设计的控制；③企业的风险评估过程；④集中化的处理和控制，包括共享的服务环境；⑤监控经营成果的控制；⑥监督其他控制的控制，包括内部审计职能、审计委员会的活动及内部控制自我评价；⑦对期末财务报告流程的控制；⑧针对重大经营控制及风险管理实务的政策。

(二)识别重要账户、列报及其相关认定

注册会计师应当识别重要账户、列报及其相关认定。

如果某账户或列报具有合理可能性包含了一个错报,该错报单独或连同其他错报将对财务报表产生重大影响,则该账户或列报为重要账户或列报。判断某账户或列报是否重要,应当依据其固有风险,而不应考虑相关控制的影响。

如果某财务报表认定具有合理可能性包含了一个或多个错报,这个或这些错报将导致财务报表发生重大错报,则该认定为相关认定。判断某认定是否为相关认定,应当依据其固有风险,而不应考虑相关控制的影响。

在内部控制审计中,注册会计师在识别重要账户、列报及其相关认定时应当评价的风险因素与财务报表审计中考虑的因素相同。

(三)了解错报的可能来源并选择拟测试的控制

注册会计师应当执行下列工作,了解潜在错报的可能来源,借以选择拟测试的控制:①了解与相关认定有关的交易的处理流程;②验证注册会计师已识别出业务流程中可能发生的重大错报的环节;③识别管理层用于应对这些潜在错报的控制;④识别管理层用于及时防止或发现未经授权的、导致财务报表发生重大错报的资产取得、使用或处置的控制。

注册会计师应当评价控制是否足以应对评估的每个相关认定的错报风险,并选择其中对形成评价结论具有重要影响的控制进行测试。

(四)测试控制设计与运行的有效性

内部控制有效性包括内部控制设计的有效性和内部控制运行的有效性。

注册会计师应当测试控制设计的有效性。如果某项控制由拥有必要授权和专业胜任能力的人员按照规定的程序与要求执行,能够实现控制目标,表明该项控制的设计是有效的。注册会计师在测试控制设计的有效性时,应当综合运用询问适当人员、观察企业经营活动和检查相关文件等程序。

注册会计师应当测试控制运行的有效性。如果某项控制正在按照设计运行,执行人员拥有必要的授权和专业胜任能力,能够实现控制目标,表明该项控制的运行是有效的。注册会计师在测试控制运行的有效性时,应当综合运用询问适当人员、观察企业经营活动、检查相关文件以及重新执行控制等程序。注册会计师实施控制测试的程序,按提供证据的效力,由弱到强排序为:询问、观察、检查、重新执行。询问本身并不能为得出控制是否有效的结论提供充分、适当的证据。

四、内部控制缺陷评价

(一)设计缺陷和运行缺陷

如果某项控制的设计、实施或运行不能及时防止或发现并纠正财务报表错报,则表明内部控制存在缺陷。如果企业缺少用以及时防止或发现并纠正财务报表错报的必要控制,同样表明存在内部控制缺陷。

内部控制缺陷包括设计缺陷和运行缺陷。设计缺陷是指缺少为实现控制目标所必要的控制，或者现有控制设计不适当，即使正常运行也难以实现控制目标。运行缺陷是指设计适当的控制但没有按设计意图运行，或者执行人员缺乏必要的授权或专业胜任能力，无法有效地实施控制。

(二)重大缺陷、重要缺陷和一般缺陷

内部控制存在的缺陷，按严重程度分为重大缺陷、重要缺陷和一般缺陷。

重大缺陷是指一个或多个控制缺陷的组合，可能导致企业严重偏离控制目标。具体到财务报告内部控制上，就是内部控制中存在的可能导致不能及时防止或发现并纠正财务报表重大错报的一个或多个控制缺陷的组合。

重要缺陷是指一个或多个控制缺陷的组合，其严重程度和经济后果低于重大缺陷，但仍有可能导致企业偏离控制目标。具体就是，内部控制中存在的、其严重程度不如重大缺陷、但足以引起企业财务报告监督人员关注的一个或多个控制缺陷的组合。

一般缺陷是指除重大缺陷、重要缺陷之外的其他缺陷。

注册会计师需要评价其注意到的各项控制缺陷的严重程度，以确定这些缺陷单独或组合起来是否构成重大缺陷。但是，在计划和实施审计工作时，不要求注册会计师寻找单独或组合起来不构成重大缺陷的控制缺陷。

在确定一项内部控制缺陷或多项内部控制缺陷的组合是否构成重大缺陷时，注册会计师应当评价补偿性控制(替代性控制)可能实现的影响。企业执行的补偿性控制应当具有同样的效果。

下列迹象可能表明企业的内部控制存在重大缺陷：①注册会计师发现董事、监事和高级管理人员舞弊；②企业更正已经公布的财务报表；③注册会计师发现当期财务报表存在重大错报，而内部控制在运行过程中未能发现该错报；④企业审计委员会和内部审计机构对内部控制的监督无效。

五、内部控制审计报告

注册会计师在完成内部控制审计工作后，应当出具内部控制审计报告。注册会计师需要评价根据审计证据得出的结论，以作为对内部控制的有效性形成审计意见的基础。注册会计师在审计报告中应清楚地表达对内部控制有效性的意见，并对出具的审计报告负责。

(一)标准内部控制审计报告

当注册会计师出具的无保留意见的内部控制审计报告不附加说明段、强调事项段或任何修饰性用语时，该报告称为标准内部控制审计报告。

符合下列所有条件的，注册会计师应当对财务报告内部控制出具无保留意见的内部控制审计报告：①企业按照《企业内部控制基本规范》《企业内部控制应用指引》《企业内部控制评价指引》以及企业自身内部控制制度的要求，在所有重大方面保持了有效的内部控制；②注册会计师已经按照《企业内部控制审计指引》的要求计划和实施审计工作，在审计过程中未受到限制。

标准内部控制审计报告包括以下十一个要素。

1．标题

内部控制审计报告的标题统一规范为"内部控制审计报告"。

2．收件人

内部控制审计报告的收件人是指注册会计师按照业务约定书的要求致送内部控制审计报告的对象，一般是指审计业务的委托人。内部控制审计报告需要载明收件人的全称。

3．引言段

内部控制审计报告的引言段中说明企业的名称和内部控制已经过审计。

4．企业对内部控制的责任段

企业对内部控制的责任段中说明，按照《企业内部控制基本规范》《企业内部控制应用指引》《企业内部控制评价指引》的规定，建立健全和有效实施内部控制，并评价其有效性是企业董事会的责任。

5．注册会计师的责任段

注册会计师责任段中说明，应在实施审计工作的基础上，对财务报告内部控制的有效性发表审计意见，对注意到的非财务报告内部控制的重大缺陷进行披露是注册会计师的责任。

6．内部控制固有局限性的说明段

内部控制无论如何有效，都只能为企业实现控制目标提供合理保证。内部控制实现目标的可能性受其固有限制的影响，包括：①在决策时人为判断可能出现错误和因人为失误而导致内部控制失效。例如，控制的设计和修改可能存在失误。②控制的运行也可能无效。例如，由于负责复核信息的人员不了解复核的目的或没有采取适当的措施，使内部控制生成的信息(如例外报告)没有得到有效使用。③控制可能由于两个或更多的人员进行串通舞弊或管理层凌驾于内部控制之上而被规避。例如，管理层可能与客户签订背后协议，修改标准的销售合同条款和条件，从而导致不适当的收入确认。④在设计和执行控制时，如果存在选择执行的控制以及选择承担的风险，管理层在确定控制的性质和范围时需要作出主观判断。

因此，注册会计师需要在内部控制固有局限性的说明段加以说明，内部控制具有固有局限性，存在不能防止和发现错报的可能性。此外，由于情况的变化可能导致内部控制变得不恰当，或对控制政策和程序遵循的程度降低，根据内部控制审计结果推测未来内部控制的有效性具有一定风险。

7．财务报告内部控制审计意见段

如果符合下列所有条件的，注册会计师应当对财务报告内部控制出具无保留意见的内部控制审计报告：①企业按照《企业内部控制基本规范》《企业内部控制应用指引》《企业内部控制评价指引》以及企业自身内部控制制度的要求，在所有重大方面保持了有效的内部控制；②注册会计师已经按照《企业内部控制审计指引》的要求计划和实施审计工作，在审计过程中未受到限制。

8．非财务报告内部控制重大缺陷描述段

对于审计过程中注意到的非财务报告内部控制缺陷，如果发现某项或某些控制对企业发展战略、法规遵循、经营的效率效果等控制目标的实现有重大不利影响，确定该项非财务报告内部控制缺陷为重大缺陷的，应当以书面形式与企业董事会和经理层沟通，提醒企业加以改进；同时在内部控制审计报告中增加非财务报告内部控制重大缺陷描述段，对重大缺陷的性质及其对实现相关控制目标的影响程度进行披露，提示内部控制审计报告使用者注意相关风险，但无须对其发表审计意见。

9．注册会计师的签名和盖章(说明从略)

10．会计师事务所的名称、地址及盖章(说明从略)

11．报告日期

报告日期不应早于注册会计师获取充分、适当的审计证据(包括董事会认可对内部控制及评价报告的责任且已批准评价报告的证据)，并在此基础上对内部控制的有效性形成审计意见的日期。如果内部控制审计和财务报告审计整合进行，注册会计师对内部控制审计报告和财务报表审计报告需要签署相同的日期。

(二)非标准内部控制审计报告

1．带强调事项段的非标准内部控制审计报告

注册会计师认为财务报告内部控制虽不存在重大缺陷，但仍有一项或者多项重大事项需要提请内部控制审计报告使用人注意的，需要在内部控制审计报告中增加强调事项段予以说明。注册会计师需要在强调事项段中指明，该段内容仅用于提醒内部控制审计报告使用者关注，并不影响对财务报告内部控制发表的审计意见。

2．否定意见的内部控制审计报告

注册会计师认为财务报告内部控制存在一项或多项重大缺陷的，除非审计范围受到限制，需要对财务报告内部控制发表否定意见。注册会计师出具否定意见的内部控制审计报告时，还需要包括重大缺陷的定义、重大缺陷的性质及其对财务报告内部控制的影响程度。

3．无法表示意见的内部控制审计报告

注册会计师审计范围受到限制的，需要解除业务约定或出具无法表示意见的内部控制审计报告，并就审计范围受到限制的情况以书面形式与董事会进行沟通。

注册会计师在出具无法表示意见的内部控制审计报告时，需要在内部控制审计报告中指明审计范围受到限制，无法对内部控制的有效性发表意见，并单设段落说明无法表示意见的实质性理由。注册会计师不应在内部控制审计报告中指明所执行的程序，也不应描述内部控制审计的特征，以避免对无法表示意见的误解。注册会计师在已执行的有限程序中

发现财务报告内部控制存在重大缺陷的，需要在内部控制审计报告中对重大缺陷作出详细说明。

第三节 相关服务业务

一、对财务信息执行商定程序

(一)对财务信息执行商定程序的含义

对财务信息执行商定程序是指注册会计师对特定财务数据、单一财务报表或整套财务报表等财务信息执行与特定主体商定的具有审计性质的程序，并就执行的商定程序及其结果出具报告。

上述目标可从以下几个方面加以理解。

1．商定程序业务执行的程序是与特定主体协商确定的

注册会计师执行商定程序业务的前提是与特定主体协商需要执行哪些程序，以达到某一特定的目的。与审计业务的明显差别是，审计中执行的程序是由注册会计师按照审计准则的要求和职业判断确定的，为实现审计目标，注册会计师可以使用各种审计程序；而商定程序业务中执行的程序，是由注册会计师与特定主体协商确定的。

2．执行商定程序的对象是财务信息

财务信息涉及的范围很广，通常包括特定财务数据、单一财务报表或整套财务报表等。特定财务数据通常包括财务报表特定项目、特定账户或特定账户的特定内容。特定财务数据可能直接出现在财务报表或其附注中，也可能是通过分析、累计、汇总等计算间接得出的，还可能直接取自会计记录。

3．注册会计师就执行的程序及其结果出具报告

商定程序业务报告只报告所执行的商定程序及其结果，不发表任何鉴证意见。

(二)商定程序的实施

提供商定程序服务也要遵循与提供其他鉴证业务相似的工作步骤。

1．签订业务约定书

在接受业务委托前，注册会计师应当与特定主体进行沟通，决定是否接受委托。在决定是否接受委托时，注册会计师主要应考虑的是特定主体要求执行哪些特定程序，以及注册会计师是否具有执行这些程序的专业胜任能力。通过沟通，注册会计要确保特定主体已经清楚地理解拟执行的商定程序和拟签订的业务约定书的相关条款。

会计师事务所如果决定接受委托，应当与委托人就约定事项达成一致意见，并签订业务约定书。

2．制订工作计划

为了有效地执行商定程序，注册会计师执行商定程序时应当在与特定主体充分沟通的基础上，合理地制订工作计划，对拟执行的商定程序、人员的选派、程序执行的时间、与特定主体之间的沟通等方面的事项作出适当的安排。

3．实施商定程序并编制工作底稿

注册会计师执行商定程序业务运用的程序通常包括：①询问和分析；②重新计算、比较和其他核对方法；③观察；④检查；⑤函证。注册会计师应当记录支持商定程序业务报告的重大事项，并记录按照本准则的规定和业务约定书的要求执行商定程序的证据。

(三)商定程序业务报告

注册会计师应当在执行商定程序后，以获取的证据为依据出具报告。商定程序业务报告应详细说明业务的目的和商定的程序，以便使用者了解所执行工作的性质和范围。在实施商定程序、取得适当的证据后，注册会计师应当以获取的证据为依据，恰当地报告由执行程序得出的结果。

商定程序业务报告应包括以下内容。

(1) 标题。注册会计师可以根据实际需要自行确定报告的标题。例如，对××执行商定程序的报告，××专项调查报告等。

(2) 收件人。收件人应当是特定主体，一般是委托人，也可以包括业务约定书指明的其他的报告致送对象，如××公司。

(3) 说明执行商定程序的财务信息。例如，"我们接受委托，对××公司20×6年12月31日的应收账款明细表执行了与贵公司商定的程序。"

(4) 说明执行的商定程序是与特定主体协商确定的。

(5) 说明已按照《中国注册会计师相关服务准则第4101号——对财务信息执行商定程序》的规定和业务约定书的要求执行了商定程序。

(6) 当注册会计师不具有独立性时，说明这一事实。

(7) 说明执行商定程序的目的。

(8) 列出执行的具体程序。

(9) 说明执行商定程序的结果，包括详细说明发现的错误和例外事项。

(10) 说明所执行的商定程序并不构成审计或审阅，注册会计师不提供鉴证结论。

(11) 说明如果执行商定程序以外的程序或执行审计或审阅，注册会计师可能得出其他应报告的结果。

(12) 说明报告仅限于特定主体使用。

(13) 在适用的情况下，说明报告仅与执行商定程序的特定财务数据有关，不得扩展到财务报表整体。

(14) 注册会计师的签名和盖章。

(15) 会计师事务所的名称、地址及盖章。

(16) 报告日期，是指注册会计完成商定程序的日期。

二、代编财务信息

代编财务信息的业务在我国十分普遍。比如，小企业客户在编制了符合《小企业会计制度》的财务报表后，需要编制一份符合《企业会计制度》的财务报表，以评估转换会计制度的可能影响。它可能委托注册会计师根据企业已有的会计记录，按照《企业会计制度》编制一套符合其需求的财务报表。

注册会计师在执行代编业务时，如果存在注册会计师不独立和注册会计师的名字与代编财务信息相联系的两种情形，就应当出具代编业务报告。这是因为，注册会计师与客户不独立，例如存在关联方关系，可能对代编的财务信息的真实性和可靠性产生影响。因此，注册会计师应当出具代编业务报告，向信息使用者说明这一情况。另外，通常情况下，注册会计师是作为鉴证服务提供者出现在信息使用者面前的。因此，如果注册会计师的名字与某项财务信息发生联系，便可能让人产生误解，以为注册会计师对代编的财务信息提供了某种程度的保证。一份措辞适当的代编业务报告，有助于说明注册会计师在代编业务中所扮演的角色，避免以后陷入不必要的纠纷。

代编业务报告通常应当包括以下内容。

(1) 标题。标题应为"代编财务报表业务报告"。

(2) 收件人。

(3) 说明注册会计师已按照《中国注册会计师相关服务准则第 4111 号——代编财务信息》的规定执行代编业务。

(4) 当注册会计师不具有独立性时，说明这一事实。

(5) 指出财务信息是在管理层提供信息的基础上代编的，并说明代编财务信息的名称、日期或涵盖的期间。

(6) 说明管理层对注册会计师代编的财务信息负责。

(7) 说明执行的业务既非审计，也非审阅，因此不对代编的财务信息提出鉴证结论。

(8) 必要时，应当增加一个段落，提醒财务信息使用者注意代编财务信息对采用的编制基础的重大背离。

(9) 注册会计师的签名及盖章。

(10) 会计师事务所的名称、地址及盖章。

(11) 报告日期。

本 章 小 结

注册会计师的业务范围很广，包括鉴证业务、非鉴证业务。鉴证业务又分为审计、审阅和其他鉴证业务。本章介绍了以财务报表审阅、内部控制审计为代表的其他鉴证业务和执行商定程序、代编财务报告等相关服务业务。财务报表审阅是指注册会计师接受委托，主要通过实施询问和分析程序为主的审阅程序，获取充分、适当的证据，对财务报表提供有限保证。审阅提供的保证程度低于审计，适用于被审阅单位或者财务信息的其他使用者不需要审计、但又对信息质量有一定要求的情况。其他相关服务业务是指除历史财务信息审计和审阅业务以外的鉴证业务，它是针对历史财务信息审计和历史财务信息审阅而言的。非鉴证业务是注册会计师利用自身的专业知识和技能为客户提供的以不发表鉴证意见为目标的服务。

复习思考题

1. 财务报表审阅的目标是什么？
2. 在财务报表审阅中，注册会计师对财务报表可能存在的重大错报应如何处理？
3. 从哪些方面理解对财务信息执行商定程序？
4. 签订执行商定程序业务书时与特定主体沟通的内容有哪些？
5. 内部控制审计报告的主要内容包括哪些？

参 考 文 献

[1] 中国注册会计师协会，中华人民共和国财政部. 中国注册会计师执业准则(2010)[M]. 北京：经济科学出版社，2010.

[2] 中国注册会计师协会. 中国注册会计师执业准则应用指南(2010)[M]. 北京：中国财政经济出版社，2010.

[3] 中国注册会计师协会. 审计[M]. 北京：经济科学出版社，2015.

[4] 秦荣生，卢春泉. 审计学[M]. 8版. 北京：中国人民大学出版社，2014.

[5] 李凤鸣. 审计学原理[M]. 5版. 上海：复旦大学出版社，2011.

[6] 何恩良，宋夏云. 审计学基础[M]. 北京：中国人民大学出版社，2014.

[7] 周友梅，阚京华，管亚梅. 审计学[M]. 北京：人民邮电出版社，2014.

[8] 毛华扬，张志恒. 审计信息化原理与方法[M]. 北京：清华大学出版社，2013.

[9] 田芬. 计算机审计[M]. 上海：复旦大学出版社，2007.

[10] 李晓慧. 审计学实务与案例[M]. 3版. 北京：中国人民大学出版社，2014.

[11] 马春静. 审计模拟实训教程[M]. 北京：中国人民大学出版社，2011.

[12] 企业内部审计编审委员会. 企业内部审计实务详解[M]. 北京：人民邮电出版社，2019.

[13] 宋常. 审计学[M]. 北京：中国人民大学出版社，2018.

[14] 中国注册会计师协会. 财务报表审计工作底稿编制指南[M]. 北京：经济科学出版社，2012.